역사산책 인문학총서 02

통일신라 석조미술사

이서현 지음

역사산책

목차

통일신라는 우리나라 고대 불교문화가 가장 꽃피운 시기이다. 그리고 그 중심에는 신라의 수도 서라벌이 있다. 《삼국유사》 홍법편에서는 서라벌의 모습을 다음과 같이 묘사하고 있다.

"寺寺星張(사사성장) 塔塔雁行(탑탑안행)"

"절들은 하늘의 별처럼 펼쳐져 있고, 탑들은 기러기가 날 듯이 늘어서 있다."

이 짧은 문장을 통해 당시 불교문화의 중심이었던 서라벌에 무수히 많은 사찰과 탑이 세워져 있는 모습을 상상할 수 있다. 그만큼 신라 불교미술에서 탑이 차지하는 비중은 매우 크다. 우리나라에 불교가 전래되고 탑이 만들어진 후 석탑으로 정착되면서 신라석탑은 '정형양식'이라고 하는 기본형이 완성되었다. 8세기 후반부터 신라석탑은 다양한 양식 변화 과정을 겪게 된다. 이러한 양식 변화 과정은 매우 복잡하면서도 다채롭게 나타나는데, 이는 통일신라 석탑의 다양성과 독창성을 보여줌과 동시에 고려석탑의 양식적 모태가 된다.

이처럼 통일신라 석탑은 신앙 측면 뿐만 아니라 정형양식이라는 조형적 완성을 이뤄내고 다양한 변화 과정을 보인다는 점에서 불교미술사 분야에서 매력적인 연구대상이다.

학부에서 역사학을 전공하고, 단국대학교 석사과정에 입학하게 되었다. 대학원 면접에서 무엇을 전공하겠냐는 교수님의 질문에 "석탑"을 공부하겠다고 대답했다. 당시 교수님은 미술사는 역사학, 고고학까지 모두 섭렵해야 하는, '인문학의 꽃'이라는 말씀을 해주셨고, 그 말씀이 내가 매우 어려운 공부를 선택했다는 의미라는 것을 나중에야 알게 되었다. 그렇게 미술사, 석탑과의 인연이 시작되었다.

어느 날 지도교수님께서 석사학위논문 주제로 화엄사 사사자삼층석탑을 써보라고 말씀해주셨다. 바로 화엄사로 내려가 몇날 며칠 절에 머물면서 석탑을 관찰하였고, 석사논문을 준비하면서 석탑의 양식 변화 양상에 대해 조금 이해할 수 있게 되었다. 동국대학교 미술사학과 박사과정에 진학하고 경주 정혜사지 십삼층석탑의 양식 특징이란 논문을 학회에서 발표한 것을 계기로 신라석탑 변화 양상으로 연구범위를 확장하였다. 그리고 몇 편의 논문을 더 발표하며 연구 내용을 심화시킬 수 있었고 이렇게 작성한 논문을 바탕으로 박사학위논문을 쓸 수 있었다.

이 책은 2018년의 박사학위논문을 수정·보완하여 다듬은 것으로 신라석탑의 건립배경과 변화요인, 통일신라 석탑의 변화 양상과 전개 과정, 조형적 특징 등에 대해 종합적으로 살펴보았다. 제목을 「통일신라 석조미술사」로 정한 이유는 통일신라 석탑 양식 변화 현상이 단순히 정형양식에서 외형적 형태 변화로 발생한 부수적인 결과가 아니기 때문이다. 다양한 변화 양상 이면에는 불탑관 변화, 발원계층의 다양화라는 사회 현상과 신라인의 예술적 역량, 전통의 계승과 변화 의지 등이 복합적으로 작용하여 발휘된 결과물이기 때문에 통일신라 석탑의 전체 흐름 속에서 이해해야 한다고 생각하였다. 이러한 통일신라 석탑 변화 현상이 한국 석탑 발달 과정에서 다양한 양식의 근간이 되고 고려석탑의 양식적 모태가 된다는 점을 강조하고자 하였다.

이 책이 출간되기까지 많은 분의 도움이 있었다. 이 자리를 빌려 그동안 감사했던 분들께 마음을 전하고 싶다. 역사학이라는 학문의 길로 인도해주신 가천대학교 명예교수 천화숙 교수님, 석조미술에 눈을 뜨게 해주신 단국대학교 박경식 교수님, 부족한 필자의 박사논문 지도교수를 맡아주시고 무사히 학위 과정을 마칠 수 있게 해주신 최응천 지도교수님께 깊은 존경과 감사의 마음을 드린다. 또한 공부하는 동안 불제자의 길로 인도해주신 반야선원 자광 큰스님께도 감사의 말씀을 드린다. 학부시절부터 지금까지 연구자로 성장할 수 있도록 항상 응원과 격려를 아끼지 않았던 서영일 원장님, 김상범 교수님, 정문상 교수님께도 진심으로 고마운 마음을 전한다. 다른 분야도 그렇지만 미술사는 무엇보다 연구대상의 현장 답사가 필수적인 학문이다. 석사시절부터 전공이 같다는 이유만으로 많은 답사와 조사에 참여시켜주시고 공부하는 동안 많은 도움을 주신 엄기표 교수님, 정성권 선생님께도 감사의 마음을 드린다. 지금까지 공부하는 딸을 묵묵히 응원해준 어머니와 아버지께도 감사하고 사랑한다는 말을 전하고 싶다.

끝으로 어려운 출판 시장 여건 속에서 이 책의 출간을 맡아주신 역사산책의 박종서 대표님과 깔끔하게 편집해주신 출판사 관계자 여러분에게 감사드린다.

2022. 5

Ⅰ. 들어가는 말

I

·

들어가는 말

1. 연구목적

이 책은 신라석탑의 양식 발달 과정 중 전형양식(典型樣式)을 기본으로, 석재를 판석형으로 가공하여 결구하는 방식을 사용하는 석탑에서 구조나 외형이 변형된 석탑들의 양식과 특성에 대해 규명하고자 한 것이다.

신라석탑의 양식 발달 과정에 대해서는 한국 최초의 미술사학자인 우현 고유섭(又玄 高裕燮)의 시원기(始原期)-전형기(典型期)-정형기(定型期)1 3시기로 구분한 기본틀이 근간을 이루고 있으며, 지금까지의 한국 석탑 연구도 우현 고유섭의 연구 성과를 대체로 수용하면서 진전되었다고 할 수 있다. 신라석탑 양식 발달사 상으로 볼 때 전형기에서 석탑의 기본 양식을 완성했다면, 정형기는 이를 바탕으로 양식적 표준화를 이룩한 시기로 보고 있다.2 그 결과 국내에 건립된 대부분의 석탑

---

1 고유섭의 石塔 世代論에 대해서는 高裕燮, 『朝鮮 塔婆의 硏究』, 을유문화사, 1948, pp. 30~115 내용을 참조.

은 신라 전형석탑 양식을 기본으로 하여 건립되었는데 이러한 방형

평면의 이중기단 석탑을 통칭하여 '일반형석탑(一般型石塔)'3으로 부르

고 있다.

이처럼 신라석탑은 전형양식이 정립된 이후 정형기를 거치면서 표

준화된 일반형석탑이 주류를 이루어 건립되는 흐름을 보인다. 통일신

라 석탑 건립 흐름은 8세기 중반 이후부터 조금씩 변화를 보이기 시

작하는데, 전형석탑과 전혀 다른 새로운 조형이 등장하거나, 전형석

---

2 고유섭 이후 황수영, 장충식, 정영호 등은 전형기 석탑에 대한 연구에서 전형기는
물론 정형기 양식의 석탑까지도 포함한 통시적인 관점에서의 신라 석탑 발달사를 서
술하고 있다. (황수영,「石塔(Ⅰ)-典型期의 石塔」,『考古美術』158·159합집, 한국미술사
학회, 1983; 장충식,『新羅石塔研究』, 일지사, 1987; 정영호,『한국의 석조미술』, 서울
대학교 출판부, 1998. 등) 이후 대부분의 신라석탑 양식에 대한 연구도 우현 선생이
정립한 시원기-전형기-정형기의 큰 틀에 맞춰 양식발달사에 초점을 맞추고 있다. (김
경표,「통일신라시대 석탑의 양식변천에 관한 연구」,『논문집』20, 부산공업대, 1979;
박홍재,「신라 석탑의 양식변천에 관한 연구-경주지방 석탑을 중심으로-」, 단국대 석
사논문, 1988; 박경식,「新羅 始原期 石塔에 대한 考察」,『文化史學』19, 한국문화사학
회, 2003; 박경식,「新羅 典型期 石塔에 대한 考察」,『文化史學』20, 한국문화사학회,
2003; 박경식,「新羅 定形期 石塔에 대한 小考」,『文化史學』21, 한국문화사학회,
2004. 6; 박경식,「신라 典型·定型期 석탑의 비교」,『文化史學』22호, 한국문화사학회,
2004. 12; 한정호,「경주지역 신라 전형석탑의 전개과정에 관한 연구」,『佛敎考古學』
4호, 위덕대학교박물관, 2004; 신용철,「新羅石塔의 발생과 成立過程에 대한 고찰」,
『건축역사연구』제19권 4호 통권 71호, 한국건축역사학회, 2010; 김지현,「통일신라
典型樣式 석탑의 기단부 유형과 8세기 석탑의 편년 검토」,『新羅文化』45, 동국대학교
신라문화연구소, 2015. 등)

3 후지시마 가이지로(藤島亥治郎)는 한국 석탑의 양식 변천에 대한 수 편의 논문을 발
표한 이후 한국 탑파양식에 의한「朝鮮塔婆의 樣式と變遷に就いて」와「慶州を中心と
せる新羅時代一般型三層石塔論」을 작성했는데 한국 탑파양식에 대한 최초의 계열화
를 시도했으며, 신라석탑을 대상으로 일반형석탑 양식개념을 처음으로 적용했다. (홍
대한,「月精寺 八角九層石塔의 造塔背景과 建立時期 硏究」,『한국선학』38호, 한국선
학회, 2014. 8, pp. 170~171 참조.) 鄭永鎬는 一般型石塔에 대해 '방형중층의 형태를
基本型으로 삼고 있으며 이러한 方塔의 基本形式은 각 시대에도 변함없이 우리나라
석탑의 한 特徵'이라고 언급한 바 있다. (鄭永鎬,「韓國石塔의 特殊樣式考察」(上),『論
文集』3, 단국대학교, 1969, p. 40.) 현재까지도 방형 평면을 기본으로 신라 전형석탑
의 기본양식을 벗어나지 않는 석탑들을 통칭하는 용어로 일반형석탑이란 용어가 사
용되고 있다.

탑 양식을 기본으로 하면서 기단부, 탑신부 등에서 구조나 외형이 변화된 석탑들이 등장한다.

한편, 백제는 목탑을 석재로 번안하며 석탑의 발생을 가져왔지만, 신라는 이와 달리 외형상 전탑과 유사한 양식의 모전석탑으로 발생시켰다. 신라는 분황사 석탑과 탑리리 오층석탑과 같이 소형석재를 전형(塼形)으로 가공하여 축조하거나, 옥개석 지붕면 외관을 계단형으로 조성하는 특징을 보이는 모전석탑(模塼石塔)을 시원석탑으로 건립하여 처음 석탑 건립을 시도하면서도 다각도의 노력을 기울였음을 보여주고 있다. 이러한 시원석탑은 이후 감은사지 삼층석탑, 고선사지 삼층석탑과 같이 전형양식의 성립을 가져오지만 이와 별도로 모전석탑 나름의 양식 변화를 거치면서 다양하게 변화되는 양상을 보인다.

전형양식을 기본으로 하는 일반형석탑에서 변화가 발생했다는 것은 불탑 조형에 대한 관점이 변화했다는 것을 의미한다. 아울러 신라에서 석탑이 성행하고 다양화할 수 있었던 중요한 배경으로 조탑경(造塔經)의 출현을 꼽을 수 있다. 조탑경에 의거하여 공덕을 쌓기 위한 불탑 건립이 성행하였고, 이는 특정 계층이 아닌 누구나 건립하여 공덕을 쌓을 수 있다는 불탑관의 변화를 가져왔다. 불탑관의 변화는 자연스럽게 건탑(建塔) 주체의 변화를 가져왔고 석탑 조형도 변화시키게 되었다. 또한 신라 사회에서 불교의 안정된 정착은 불교 경전의 서사적인 내용을 예술로 극대화시켜 구체적인 조형으로 승화시키는 등 다양한 원인으로 통일신라 석탑 변화가 발생하였다. 이러한 석탑 조형의 변화 흐름 속에서 모전석탑 역시 다양한 변화를 통해 양식 계보를 이루고 있어 신라 사회에서 불탑 조형에 대한 이해가 다양화되었음을 알 수 있다.

이 책은 통일신라 석탑의 조성배경과 변화요인에 대해 살펴보고 통일신라 석탑이 어떠한 양상으로 변화해 나가는지 분석하였다. 그리고 이와 같은 변화가 통일신라 석탑에 어떻게 반영되어 전개되는지 살펴보고, 아울러 모전석탑의 양식 정립과 변천과정에 대해서도 고찰해보고자 한다. 변화 양상 중 모전석탑에 주목한 이유는 신라 시원석탑으로 발생한 분황사 석탑과 탑리리 오층석탑이 전형석탑의 성립에 영향을 끼쳤지만, 8세기 이후에는 독자적인 형식 변화를 통해 나름의 양식계보를 이루며 지속되고 있어 이 역시 통일신라 석탑의 다양한 변화상으로 이해할 수 있기 때문이다.

통일신라 석탑은 8세기 중반 이후부터 변화를 보이고 이 시대에 발생한 석탑의 변화 조짐이 후대의 다양한 조형의 석탑 발생에 큰 영향을 끼치는 만큼, 별도의 연구주제로 조명할 가치가 있다. 따라서 통일신라 석탑의 전체적인 흐름 속에서 석탑 양식이 어떻게 변형되어 다양화되는지 종합적으로 살펴볼 필요가 있으며, 이러한 통일신라 석탑의 다양한 변화 과정이 한국 석탑사에서 갖는 의의에 대하여 조명해 보고자 한다.

2. 문제의식과 연구현황

1) 문제의식

지금까지 신라석탑에 대한 연구의 대부분은 일반형석탑의 양식 분석, 편년 검토, 조탑(造塔) 배경 등 다양한 방면에서 접근이 이루어져 왔으며 그 결과 상당한 연구성과가 축적되었다.[4] 또한 신라~고려시대

---

4 * 양식분석 및 편년 검토에 관한 대표적인 연구는 다음과 같다.
高裕燮, 『韓國塔婆의 研究』, 乙酉文化社, 1948; 高裕燮, 『韓國塔婆研究 各論草稿』, 한국미술사학회, 1967. 3; 鄭永鎬, 「襄陽 陳田寺址 三層石塔과 浮屠」, 『考古美術』83, 한국미술사학회, 1967. 5; 金禧庚, 『탑』한국의 미술2, 열화당, 1982; 黃壽永, 「石塔 (I)-典型期의 石塔」, 『考古美術』158·159합집, 한국미술사학회, 1983; 張忠植, 「統一新羅 石塔浮彫像의 研究」, 『考古美術』154·155, 한국미술사학회, 1982. 6; 張忠植, 『新羅石塔研究』, 일지사, 1987; 박경식, 『통일신라석조미술연구』, 학연문화사, 2002; 박경식, 「新羅 始原期 石塔에 대한 考察」, 『문화사학』19, 한국문화사학회, 2003; 박경식, 「新羅 典型期 石塔에 대한 考察」, 『문화사학』20, 한국문화사학회, 2003; 박경식, 「新羅 定形期 石塔에 대한 小考」, 『문화사학』21, 한국문화사학회, 2004; 박경식, 「신라 典型·定形期 석탑의 비교」, 『문화사학』22, 한국문화사학회, 2004; 신용철, 「慶州 南山 昌林寺址 三層石塔의 考察 - 石塔의 編年을 中心으로 -」, 『東岳美術史學』3, 동악미술사학회, 2002; 신용철, 「新羅石塔의 발생과 成立過程에 대한 고찰」, 『건축역사연구』제19권 4호 통권 71호, 한국건축역사학회, 2010; 李順英, 「蔚州 靑松寺址 三層石塔의 建立時期와 意義」, 『新羅文化』39, 동국대학교 신라문화연구소, 2012; 신용철, 「신라 단층기단 석탑의 편년과 특징」, 『한국민족문화』47, 부산대학교 한국민족문화연구소, 2013; 이순영, 「신라 香城寺址 3층석탑의 양식 특징과 건립시기」, 『신라사학보』35, 신라사학회, 2015 등 다수.
* 조탑배경 및 사리장치에 관한 연구는 다음과 같다.
黃壽永, 「新羅 敏哀大王 石塔記」, 『史學志』3, 단국사학회, 1969; 黃壽永, 「新羅 法光寺 石塔記」, 『白山學報』8, 1970. 6; 丁元卿, 「新羅下代 願塔建立에 관한 研究」, 동아대학교 대학원 석사학위논문, 1982; 金相鉉, 「新羅의 建塔과『造塔功德經』」, 『문화사학』6·7, 한국문화사학회, 1997; 崔玟熙, 「통일신라 3층석탑의 출현과『造塔功德經』의 관계 고찰」, 『佛敎考古學』3, 위덕대학교 박물관, 2003; 周炅美, 「韓國 佛舍利莊嚴에 있어서『無垢淨光大陀羅尼經』의 意義」, 『佛敎美術史學』2, 불교미술사학회, 2004; 한정호, 「新羅 無垢淨小塔 研究」, 『東岳美術史學』8, 동악미술사학회, 2007; 元善喜, 「신라하대 無垢淨의 건립과《無垢淨光大陀羅尼經》신앙」, 국민대학교 대학원 석사학위논문, 2004; 李仁淑, 「韓國石塔의 佛舍利 安置位置와 莊嚴內容에 對한 考察」, 『韓國學論集』13, 한양대학교 한국학연구소, 1988; 신용철, 「統一新羅 石塔 舍利安置場

의 일반형석탑의 통시대적인 양식 흐름을 살피는 박사학위 논문5도 꾸준히 발표되었고, 아울러 불교 석조미술의 시대 흐름 속에서 석탑의 변화 양상을 포함하는 연구6 성과도 발표되어 일반형석탑에 대한 연구는 어느 정도 집대성되었다고 할 수 있다.

통일신라 석탑은 전형양식 성립 이후 다양한 변화를 보이기 시작한다. 일반형석탑의 양식 변화 요인에 대한 기존의 견해는 전형양식의 성립 이후 석탑 외형을 장식하려는 의사가 석탑 자체의 양식 변화를 불러온 것이라고 보았고, 이러한 양식 변화 결과 비건축적인 장식적 탑파가 유행한 것으로 이해하였다.7 그러나 불국사 다보탑, 정혜사지 십삼층석탑 등은 일반형석탑에 비해 목조건축의 세부기법이 뚜렷하게 반영되어 있어 비건축적인 탑파, 즉 표면 장엄조식이 가해지는 석탑 변화 현상과는 거리가 있다고 생각된다. 이외에도 일반형석탑의 기단부, 탑신부 등에서 나타나는 구조나 외형의 변화 현상을 단순히 장식적인 의사의 유행에서 비롯되었다고 이해하기에는 다소 부족한

所에 관한 考察」, 『佛教美術史學』5, 불교미술사학회, 2007; 신용철, 「統一新羅時代 佛塔의 發願者와 製作者」, 『문화사학』31, 한국문화사학회, 2009; 신용철, 「慶州 南山 出所 國王慶應造無垢淨塔願記와 無垢淨塔」, 『東岳美術史學』15, 동악미술사학회, 2013; 주경미, 「한국 석탑 출현기 사리장엄방식의 변화 양상」, 『백제연구』62권, 충남대학교 백제연구소, 2015; 이분희, 「韓國 石塔 佛像 奉安 研究」, 동국대학교 박사학위논문, 2016 등 다수.

5 신용철, 「統一新羅 石塔 研究」, 동국대학교 대학원 박사학위논문, 2006; 홍대한, 「高麗 石塔 研究」, 단국대학교 대학원 박사학위 논문, 2012; 김지현, 「新羅 石塔의 構造와 造營 研究」, 동아대학교 대학원 박사학위논문, 2013.

6 박경식, 「9세기 신라 석조미술에 관한 연구」, 한국교원대학교 박사학위논문, 1992; 정성권, 「高麗 建國期 石造美術 研究」, 동국대학교 대학원 박사학위논문, 2012; 진정환, 「高麗前期 佛教石造美術 研究」, 동국대학교 대학원 박사학위논문, 2013.

7 高裕燮, 『韓國塔婆의 研究』, 동화출판공사, 1981, pp. 95~96; 鄭永鎬, 「韓國石塔의 特殊樣式考察」(上), 『論文集』3, 단국대학교, 1969, p. 42; 張忠植, 『新羅石塔研究』, 일지사, 1987, p. 145.

감이 있다. 또한 특수형 석탑이나 이형석탑과 같이 석탑 자체의 개별 특징이 강한 석탑에 대해 연구가 편중되어 있어 통일신라 석탑의 다양한 변화 양상에 대한 종합적인 검토는 부족한 편이다.

한편, 분황사 석탑과 탑리리 오층석탑은 신라 시원석탑인 동시에 모전석탑이라는 특징으로 일찍부터 주목받아 왔다. 이 2기의 석탑은 시원석탑으로서 전형석탑의 양식 정립에 영향을 끼친 것과 별도로 통일신라시대에 들어서면 독자적으로 다양한 유형으로 변화, 확대되는 양상을 대표한다. 이러한 모전석탑의 변화 역시 통일신라 석탑의 다양한 변화상으로 이해할 수 있으나 그동안 이에 대한 양식 특징 및 변천과정에 대한 연구는 많은 편은 아니다.

이에 대한 일차적인 이유는 그동안 신라석탑에 대한 연구가 시원기-전형기-정형기 3시기의 양식 발전 과정에 집중된 까닭에 석탑 조형의 변화와 그로 인해 발생하는 여러 현상에 대해서는 그다지 주목하지 않았기 때문이다. 그러나 전형양식이 정착된 이후 통일신라 석탑의 다양한 변화 현상은 한국 석탑이 다양한 유형으로 창안될 수 있는 근간을 마련해주었고, 통일신라 석탑의 다양성과 독창성을 보여준다는 점에서 중요한 의미가 있다. 또한 모전석탑 역시 전체 통일신라 석탑에 비하면 소수이지만 시원석탑으로서의 중요성과 더불어 통일신라시대에 들어 다양한 형식 변화를 보이고 있어, 이 역시 통일신라 석탑 변화상의 한 단면을 보여주며 독자적인 양식 계보를 확립했다는 점에서 한국 석탑사에서 차지하는 비중이 결코 작지 않다. 그동안 통일신라 석탑의 변화 양상에 대해 종합적인 관점에서 분석되지 못하였고 석탑의 다양한 변화 양상에 대해서도 체계적으로 접근한 연구는 이루어지지 않았다. 따라서 통일신라 석탑의 변화양상, 전개과정과 그에 따른 조형적 특성 등에 대한 종합적인 논의가 필요한 실정이다.

2) 연구현황

통일신라시대 일반형석탑의 변화상에 대해서는 석탑 외형의 장식 의사가 석탑 그 자체의 양식 변화를 일으켜 비건축적 탑파가 유행되 었다는 고유섭의 견해에 다른 연구자들도 대체적으로 동의하고 있 다.[8] 그리고 이와 같이 일반형석탑에서 구조나 외형이 변형된 결과 발생한 석탑들에 대해 일반적으로 이형석탑 또는 특수양식 석탑으로 통칭하여 왔다.[9]

이러한 석탑의 변화 양상에 대해서는 먼저 정영호에 의해 특수양 식으로 변화된 석탑들에 대한 통시대적 고찰이 시도되었다.[10] 그리고 진홍섭은 이를 좀 더 구체화하여 특수양식의 유형을 기단부와 탑신부 변형에 따라 나누었으며 후대에 끼친 영향 등에 대해 검토하여 이 분 야에 대한 기본체계를 마련하였다.[11] 장충식은 특수양식은 곧 전형양

---

8 각주 6) 참조.

9 鄭永鎬, 「韓國石塔의 特殊樣式考察」(上), 『論文集』3, 단국대학교, 1969; 秦弘燮, 「所謂 方壇式特殊形式의 石塔數例」, 『考古美術』110, 한국미술사학회, 1971; 秦弘燮, 「異型石塔의 一基壇形式의 考察」, 『考古美術』138·139, 한국미술사학회, 1978. 9; 秦弘燮, 「統一新羅時代 特殊樣式의 石塔」, 『考古美術』158·159, 한국미술사학회 1983; 張忠植, 『新羅石塔研究』, 일지사, 1987, p. 145.

10 鄭永鎬, 「韓國石塔의 特殊樣式考察」(上)·(下), 『論文集』3·4, 단국대학교, 1969·1970.

11 秦弘燮, 「異型石塔의 一基壇形式의 考察」, 『考古美術』138·139, 한국미술사학회, 1978; 秦弘燮, 「統一新羅時代 特殊樣式의 石塔」, 『考古美術』158·159, 한국미술사학회, 1983.

식과 상대되는 것으로서 이 역시 나름의 양식적 전개를 보이고 있다
는 점을 언급하며, 전형석탑과 완전히 다른 형태를 보이고 있는 석탑
을 이형석탑이라 하였다.[12] 박경식은 일반형석탑의 기존 틀에서 벗어
난 특수형 석탑은 지속적인 문화 발전 맥락에서 새로운 창작 욕구,
신라의 정치 사회적 안정, 경제적인 풍요 등 다양한 요인에 의한 변화
를 시도한 결과 새로운 형태가 탄생한 것으로 이해하였다.[13] 신용철
은 통일신라 석탑 중 특수형석탑을 일반형석탑의 평면이나 입면구조
에서 벗어나는 형식으로 구분하였다.[14]

　이와 같이 통일신라시대 일반형석탑의 변화상에 대해서는 이형석
탑 또는 특수양식석탑이라는 범주에 한정하여 연구되어 왔으며 주로
특이한 조형의 개별 석탑에 대한 연구가 주류를 이루었다. 가장 대표
적인 불국사 다보탑은 특이한 외형과 유일무이한 양식이라는 점에서
비교적 일찍부터 학계의 주목을 받았다. 일제강점기에는 주로 실측
자료를 바탕으로 조영계획에 대해 분석하였다. 세키노타다시(關野 貞)
는 최초로 다보탑의 실측 자료를 발표하였고[15], 요네다미요지(米田美代
治)는 측량 결과를 바탕으로 기하학적인 관점에서 불국사 다보탑의
비례를 분석하였다.[16] 고유섭은 다보탑의 독특한 조형의 출현 배경으
로『마하승기율(摩訶僧祇律)』의 작탑법(作塔法)에 주목하였는데,[17] 다보탑

12 張忠植, 앞 책, p. 146.
13 박경식,『한국의 석탑』, 학연문화사, 2008, pp. 346~347.
14 신용철,「統一新羅 石塔 硏究」, 동국대학교 박사학위논문, 2006, p. 80.
15 關野 貞,『韓國建築調査報告書』, 1904, p. 41.
16 米田美代治,「佛國寺多寶塔の比例構成に就いて」,『考古學』11-3, 東京考古學會,
　　1940;『朝鮮上代建築の硏究』, 2007, 慧文社 재수록.

의 독특한 구조와 실제로 잘 부합되고 있어 아직까지도 다보탑의 독특한 조형을 출현시킨 경전적 근거로 제시되고 있다.[18] 황수영은 다보탑의 팔각형 탑신 구조에 대해 신라 팔각당형 부도의 원형을 여기에서 찾을 수 있다고 하여 석조물간의 유기성에 대해 주목하였다.[19] 이후에도 구조와 경전 배경, 형태, 비례, 가람배치와의 관계, 미학적 관점 등 비교적 다양한 분야에서 지속적인 연구가 이뤄져 왔으나[20] 양식 연원, 구조 해석 등 아직까지 다보탑에 대해 풀어야 할 부분이 많다.[21] 난해한 양식과 특이한 구조로 인해 미술사 분야, 건축학 분야, 불교사상사 분야에서 관심이 높음에도 불구하고 다보탑을 단독 주제로 하는 박사학위 논문은 지금까지 건축공학 분야의 1편뿐이다. 김버들은 다보탑이 『법화경(法華經)』을 배경으로 발생하였고 건축적 구성원리는 만다라(曼茶羅)의 세계관을 불탑으로 형상화 한 것이라는 내

---

17 高裕燮, 『韓國塔婆의 研究』, 乙酉文化社, 1948, pp. 96~104; 高裕燮, 「朝鮮塔婆의 樣式 變遷」, 『佛敎學報』3·4合輯, 동국대학교 불교문화연구소, 1966, pp. 7~10; 김수현, 「불국사 다보탑 조성의 불교사상적 의의」, 동국대학교 석사학위논문, 1999.

18 임재완, 「경주 불국사 다보탑 연구」, 동국대학교 석사학위논문, 2004, p. 34.

19 黃壽永, 「多寶塔과 新羅八角浮圖」, 『考古美術』123·124, 한국미술사학회, 1974. 12, pp. 22~25.

20 박홍수, 「다보탑의 평면도와 영조척」, 『한국과학사학회지』1권1호, 한국과학사학회, 1979; 최미순, 「佛國寺釋迦塔·多寶塔의 構成에 대한 解釋試論」, 이화여자대학교 석사학위논문, 2000; 임재완, 「경주 불국사 다보탑 연구」, 동국대학교 석사학위논문, 2004; 김버들, 조정식, 「한·중·일 다보탑의 특징에 관한 상호 비교 연구」, 『대한건축학회 논문집 : 계획계』26권 6호, 대한건축학회, 2010; 염중섭, 「釋迦塔과 多寶塔의 명칭적인 타당성 검토」, 『건축역사연구』19권 4호, 한국건축역사학회, 2010, pp. 71~90; 염중섭, 「多寶塔의 경전적인 건립시점 고찰 - 多寶塔과 法華思想의 의미구현을 중심으로 -」, 『한국선학』29, 한국선학회, 2011. 8, pp. 439~492; 이해주, 「多寶塔의 美的 考察 : 曲線의 美와 空間 構成의 美를 中心으로」, 『사학지』41권, 단국사학회, 2009, pp. 5~25.

21 예를 들면, 다보탑의 층수에 대해서도 2층, 3층, 4층 등의 설이 아직까지 제기되고 있으며 이에 대해서도 여전히 다양한 주장이 있다.

용의 박사논문을 발표하였다.[22]

화엄사 사사자삼층석탑에 대해서는 그간 양식 특징[23], 건립배경[24], 건립시기[25] 등에 대해 다양한 연구가 발표되었다. 신용철은 화엄사 사사자삼층석탑의 경전적 배경을 『화엄경(華嚴經)』의 「입법계품(入法界品)」에서 찾았는데[26], 경전의 추상적인 내용을 시각적으로 구현했다는 점에서 석탑의 도상학적 근거를 제시한 논문으로 주목된다.

정혜사지 십삼층석탑에 대해서는 고유섭의 각론에서 백제계 석탑의 양식 수법을 연상하게 한다고 언급하였고, 일본의 단잔진자(談山神社)의 13층 목탑과 유사했을 것으로 추정하였다.[27] 박홍국은 정혜사지 십삼층석탑 하단부의 상태로 보아 석조 기단부가 있었을 가능성에 대해 언급하였다.[28] 이에 대해 필자는 정혜사지 십삼층석탑의 양식 특

22 김버들, 「佛敎經典과 曼茶羅에 나타난 多寶塔의 造營特性에 關한 硏究」, 동국대학교 건축공학과 박사학위논문, 2007.

23 秦弘燮, 「咸安 主吏寺 四獅石塔址의 調査」, 『考古美術』第3卷 第8號, 韓國美術史學會, 1964; 秦弘燮, 「石彫建造物의 獅子의 用例」, 『예술원논문』7집, 대한민국예술원, 1968; 김희경, 「금강산의 異形石塔에 대하여」, 『문화사학』창간호, 한국문화사학회, 1994; 宋芳松, 「華嚴寺 三層石塔의 奏樂像」, 『한국학보』108, 일지사, 2002; 金美子, 「華嚴寺 四獅子三層石塔 硏究」, 동국대학교 문화예술대학원 석사학위논문, 2004; 이순영, 「華嚴寺 四獅子三層石塔에 關한 硏究」, 단국대학교 석사학위논문, 2007.

24 김주성, 「화엄사 4사자석탑 건립배경」, 『한국상고사학보』18, 1995; 이은철, 「사자석탑의 기원과 건립배경」, 『청람사학』3, 한국교원대학교 청람사학회, 2000; 李順英, 「華嚴寺 四獅子三層石塔에 關한 硏究」, 단국대학교 석사학위논문, 2007; 李順英, 「華嚴寺 四獅子 三層石塔 建立背景 考察」, 『佛敎美術』22, 동국대학교박물관, 2011.

25 李順英, 「華嚴寺 四獅子三層石塔의 건립시기에 關한 考察」, 『文化史學』34, 한국문화사학회, 2010, pp. 63~85.

26 申龍澈, 「華嚴寺 四獅子石塔의 造營과 象徵 : 塔으로 구현된 光明의 法身」, 『美術史學硏究』250·251, 한국미술사학회, 2006, pp. 83~119.

27 高裕燮, 「朝鮮塔婆의 樣式 變遷」, 『佛敎學報』3·4合輯, 동국대학교 불교문화연구소, 1966, pp. 10~11.

28 朴洪國, 「慶州 安康邑 淨惠寺址 石塔의 持異點에 대하여」, 『佛敎考古學』4, 위덕대학교박물관, 2004, pp. 1~28.

징과 건립시기를 고찰하는 논문을 발표한 바 있다.[29] 이밖에 신라 일반형석탑의 변화상 중 단층기단의 발생에 주목한 논문이 있다.[30]

모전석탑은 시원석탑으로서 신라석탑의 발생과 성립과정에 있어 매우 중요한 탑파사적 위치를 차지하고 있던 까닭에 오랜 기간 중요 연구대상이었다.[31] 모전석탑이란 용어에 대해서는 최초에 일본학자들에 의해 잘못 사용된 용어[32]라는 점에서 재고의 여지가 있는 것은 분명하지만, 현재 이러한 석탑 유형을 대표하는 단일용어로 오랫동안 사용해왔고, 연구자간 이해에 어려움이 없을 정도로 고유명사화 되었으므로 이 책에서도 '모전석탑'의 용어를 그대로 사용하고자 한다. 일반적으로 모전석탑은 '전탑(塼塔)을 모방한 석탑'이란 의미로 받아들여지고 있지만 석재를 벽돌모양으로 가공하여 전탑과 같이 적층(積層)하는 축조방식을 사용한 점에서 목탑, 토탑, 석탑과 같이 탑재의 종류를 기준으로 한다면 '벽돌을 모방한 석재로 제작한 탑'이 본래 의미와 가깝다.[33] 따라서 모전석탑은 재료 특성에 따른 축조방식과 외형적 특징에 따라 살펴볼 수 있는데 분황사 석탑 계열과 탑리리 오층석탑 계열로 구분할 수 있다. 그러나 분황사 석탑과 탑리리 오층석탑은 옥개석 지붕면이 계단형이라는 점을 제외하면 구조나 외형의 차이가 크므

29 李順英, 「慶州 淨惠寺址十三層石塔의 樣式과 特徵」, 『東岳美術史學』13, 동악미술사학회, 2012.
30 신용철, 「신라 단층기단 석탑의 편년과 특징」, 『한국민족문화』47, 2013. 5, pp. 119~152.
31 關野貞, 『韓國建築調査報告』, 1904; 朝鮮總督府, 『朝鮮古蹟圖譜』3, 1915; 藤島亥治郎, 『建築雜誌』47, 1933. 12; 고유섭, 「朝鮮塔婆의 硏究」(其一), 『震檀學報』6, 1936, pp. 416~417.
32 김준영, 「芬皇寺石塔 硏究」, 영남대학교 박사학위논문, 2013, pp. 2~3.
33 김준영, 위 논문, 2013, pp. 1~2.

로 연구사 검토에 앞서 용어에 대한 기존의 견해와 필자의 생각을 정리하고자 한다.

분황사 석탑의 경우는 '전탑계모전석탑'[34], '순수 모전석탑[35]', '조적형 전탑계석탑'[36], '적판석탑'[37] 등의 용어가 사용되었는데, 이 석탑의 특징이 드러나고 있다. 최근 김준영은 분황사 석탑이 재료 상 '전축'한 결과 발생한 것이므로 형태적 특징을 반영하여 '전축형 석탑(塼築型石塔)'이란 용어가 외관과 형식을 직관적으로 설명해준다고 하였는데,[38] 이는 벽돌을 모방하여 가공한 소형의 석재를 이용한 쌓기 방식은 옥개석 상면이 필연적으로 계단형으로 조성될 수밖에 없다는 점[39]에서 분황사 석탑의 외형적인 특징을 단순하면서도 매우 직관적으로 표현한 것으로 생각된다.

탑리리 오층석탑의 경우 '전탑형 석탑'[40], '석탑계 모전석탑'[41], '변형 모전석탑'[42], '일반형 전탑계석탑'[43] 등 '전탑의 외관을 모방한 석탑'이란 의미를 담은 용어로 설명되고 있다. 그러나 탑리리 오층석탑은 옥개석이 계단형으로 조성되었다는 점을 제외하면 전체적인 양식은 전

---

34 문화재관리국, 『芬皇寺石塔 實測調査報告書』, 1992, pp. 14~16.

35 신용철, 「統一新羅 石塔 硏究」, 동국대학교 박사학위논문, 2006, p. 86.

36 김지현, 「新羅 石塔의 構造와 造營 硏究」, 동아대학교 박사학위논문, 2012, p. 36.

37 이희봉, 「신라 분황사탑의 模塼石塔說에 대한 문제제기와 고찰」, 『건축역사연구』20, 한국건축역사학회, 2011, p. 53.

38 김준영, 위 논문, 2013, pp. 2~3.

39 박경식, 「분황사 모전석탑의 양식 기원에 대한 고찰」, 『新羅文化』41, 동국대학교 신라문화연구소, 2013, p. 182.

40 박홍국, 『한국의 전탑연구』, 학연문화사, 1998, pp. 27~28.

41 문화재관리국, 『芬皇寺石塔 實測調査報告書』, 1992, pp. 14~16.

42 신용철, 「統一新羅 石塔 硏究」, 동국대학교 박사학위논문, 2006, p. 86.

43 김지현, 「新羅 石塔의 構造와 造營 硏究」, 동아대학교 박사학위논문, 2012, p. 36.

탑의 외관과 유사성을 찾기 어렵다. 옥개석이 계단형으로 조성되는 것은 전탑뿐만이 아니고 분황사 석탑에서도 나타나는 특징이다. 즉, 옥개석 지붕면이 계단형이라는 특징이 반드시 전탑만의 특징이 아니라는 점을 볼 때, 기존의 용어는 전탑을 모방했다는 의미에 한정되게 된다. 탑리리 오층석탑의 가장 큰 외형적 특징은 옥개석 지붕면이 계단형으로 조성된 것이다. 이 부분은 전탑이나 전축형 석탑에 상관없이 소형의 석재를 쌓기 방식으로 적층할 때, 필연적으로 발생하는 구조이므로 탑리리 오층석탑은 이러한 외관을 모방한 것으로 생각된다. 즉, 탑리리 오층석탑의 외형적 특징은 소형의 석재를 전축 방식으로 축조한 결과 나타나는 외형을 모방한 결과 발생한 것이다. 그리고 이 점은 모전석탑이 전탑의 모방이 아니라 '벽돌을 모방한 석재로 제작한 탑'으로서 출발한 것이 분명하다는 것을 보여준다. 따라서 이 책에서는 분황사 석탑과 같이 벽돌 모양으로 가공한 석재를 쌓아서 만든 석탑은 '전축형 석탑'으로, 탑리리 오층석탑과 같이 전축형 석탑의 옥개석 지붕면의 계단형 외관을 모방한 석탑은 '전축모방형 석탑(塼築模倣型 石塔)'이란 용어를 사용하였다.

　고유섭은 모전석탑의 발생을 특수양식의 유형으로서 고찰한 바 있는데 8세기 중반 이후 등장하는 모전석탑에 대해 정형양식이 발달될 때 새로운 장식적 조형이 추구되는 동향을 좇아 탑리리 오층석탑 양식이 복고되어 유행한 것으로 파악하였다.[44] 이후 진홍섭, 장충식에 의해 모전석탑 유형이 체계적으로 분류되었고 유형별로 양식 특성을

---

44 高裕燮, 『韓國塔婆의 硏究』, 乙酉文化社, 1948, pp. 104~115.

고찰한 논고가 발표되었다.[45] 1990년대에 주목되는 연구성과로는 박홍국의 한국 전탑에 대한 단독 저서의 발표이다. 이 단행본에서는 전탑과 모전석탑을 아울러 유형을 분류하고 새로 조사된 고고학 자료를 근거로 양식 특징, 편년 등을 다루었다.[46]

2000년대 이후 모전석탑에 대한 연구는 분황사 석탑 계열과 탑리리 오층석탑 계열로 나누어 볼 수 있다. 먼저 분황사 석탑 계열에 대한 주요 연구성과를 살펴보면, 박경식은 분황사 석탑의 양식 기원 및 시원석탑으로서 갖는 양식 특징에 대해 꾸준한 연구를 진행하여, 미륵사지 석탑, 수당대 정각형 불탑 등과의 비교를 통해 분황사 석탑이 중국 불탑의 영향이 아니라 신라에서 모전석재를 사용하여 목조건축을 번안한 독자적인 석탑으로 파악하였다.[47] 이희봉은 분황사 석탑의 모전석탑설에 대한 용어를 비판적으로 검토한 바 있다.[48] 분황사 인근에 위치한 구황동 폐탑은 안산암을 소형으로 가공한 석재가 남아 있어 분황사 석탑과 동일한 양식의 석탑이 있었을 것으로 추정하였으나[49], 장충식은 전형석탑재가 있는 것을 근거로 모전석탑이 아닌 별

---

45 秦弘燮, 「韓國模塼石塔의 類型」, 『文化財』3호, 국립문화재관리국, 1967; 張忠植, 「新羅 模塼石塔考」, 『新羅文化』1, 동국대학교 신라문화연구소, 1984.

46 朴洪國, 『한국의 전탑연구』, 학연문화사, 1998.

47 박경식, 「분황사 모전석탑에 대한 고찰」, 『신라문화제학술발표논문집』20, 1999; 박경식, 「隨·唐代의 佛塔研究(Ⅰ) : 亭閣形 石造塔婆」, 『文化史學』29, 한국문화사학회, 2008; 박경식, 「분황사 모전석탑의 양식기원에 관한 고찰」, 『新羅文化』41, 동국대학교 신라문화연구소, 2013; 박경식, 「미륵사지 석탑과 분황사 모전석탑의 비교 고찰」, 『백산학보』98, 백산학회, 2014.

48 이희봉, 「신라 분황사탑의 模塼石塔說에 대한 문제 제기와 고찰」, 『건축역사연구』20, 한국건축역사학회, 2011, pp. 39~54.

49 藤島亥治郎, 「朝鮮建築史論(其二)」, 『建築雜誌』, 昭和五年三月(1930.3), Vol.44 No.3.

개의 특이한 신라석탑의 변상(變相)으로 추정하였다.[50] 이에 대해 김은화는 구체적인 복원안을 제시하여 신라의 새로운 이형석탑일 가능성을 제시하였다.[51] 최근 김지현은 모전석탑재와 일반형석탑재의 조성 시기가 다르다는 것을 근거로 이형석탑이 아닐 가능성을 주장하였다.[52]

탑리리 오층석탑 계열에 대한 주요 연구성과를 살펴보면, 먼저 장충식은 죽장사지 오층석탑의 현재 복원 상태에 대한 문제점을 거론하고 모전석탑은 우주와 탱주가 생략된다는 점에 착안하여 기단부에 우주와 탱주가 없는 복원안을 제시하였다.[53] 박홍국은 경주 남산리 동삼층석탑은 모전석탑 형식이고 서삼층석탑은 전형석탑 양식인 점에 착안하여 두 석탑의 축선, 형태, 규모 등을 비교하여 쌍탑으로 조성되지 않았을 가능성에 대해 고찰하였다.[54] 필자는 죽장사지 오층석탑에서 상층기단받침에 원공이 있는 특이점을 발견하여 장충식의 복원안과 다른 새로운 복원안을 제시하였고[55] 탑리리 오층석탑 계열의 기단부 형식 변화에 주목하여 양식 특성과 전개과정에 대해 논증한 바 있다.[56] 또한 폐탑으로 남아 있는 상주 낙상동사지 석탑의 복원안을 구

---

50 장충식, 앞 논문, pp. 163~169.

51 김은화, 「慶州 九黃洞廢塔址의 復元的考察」, 『고구려발해연구』33, 고구려발해연구학회, 2009.

52 김지현, 「경주 구황동 塔址의 石塔材 고찰 : 異型石塔說에 대한 再論을 중심으로」, 『불교미술사학』20, 불교미술사학회, 2015.

53 張忠植, 「善山 竹杖寺 模塼石塔의 復元 問題」, 『東岳美術史學』3, 동악미술사학회, 2002.

54 朴洪國, 「경주 남산리 3층 석탑의 특이점에 대한 고찰」, 『新羅文化』36, 동국대학교 신라문화연구소, 2010.

55 李順英, 「新羅 竹杖寺址 五層石塔의 樣式과 特徵」, 『韓國古代史探究』14, 한국고대사탐구학회, 2013.

체적으로 제시하는 논문을 발표하였다.[57] 최근 김지현은 탑리리 오층
석탑이 중국 전탑을 모방해서 제작된 석탑일 가능성과 양식 특성에
대해 고구려의 영향을 받았을 가능성에 대해 고찰하였다.[58] 한편, 모
전석탑에 대한 미술사분야의 박사학위 논문으로는 김준영의 분황사
석탑을 단독 주제로 하는 논문이 발표되었다.[59]

이상의 연구 성과를 종합하면 통일신라 석탑의 변화 양상은 크게
일반형석탑과 모전석탑으로 구분할 수 있다. 일반형석탑은 전형양식
이 정형화된 이후 석탑 자체의 장식적 의사에서 출발한 것으로 이해
하여 왔으며, 이른바 이형석탑 또는 특수양식석탑으로 분류되는 석탑
의 특이점에 주목하여 이들 석탑에 편중되어 논의가 진행되어 왔다.
그러나 이러한 석탑군과 달리 일반형석탑에서도 기단부, 탑신부 등에
서 부분적인 변형을 보이며 신라석탑이 다양화되는 특성을 볼 수 있
는데 이와 같은 변화상에 대해 종합적인 고찰이 이뤄진 적은 없다.

모전석탑 역시 시원양식 이후 나름의 계보를 형성하며 전개되고
있는데 큰 틀에서 본다면 통일신라 석탑 변화 양상으로 이해할 수 있
다. 이러한 통일신라 석탑의 변화상은 고려석탑의 양식적 모태가 되
는 것이므로 이와 같은 다양한 변화 양상에 대해 보다 구체적인 분석
과 접근이 이뤄져야 할 필요성이 있다.

---

56 이순영, 「新羅 塼築模倣型 石塔의 특징과 전개과정」, 『美術史學研究』285, 한국미술
   사학회, 2015.
57 이순영, 「尙州 洛上洞寺址 石塔의 樣式과 復元檢討」, 『한국고대사탐구』24권, 한국고
   대사탐구학회, 2016.
58 김지현, 「의성 탑리리 오층석탑에 대한 고찰」, 『불교미술사학』22, 불교미술사학회,
   2016.
59 김준영, 「芬皇寺石塔 研究」, 영남대학교 박사학위논문, 2014.

3. 책의 구성과 내용

이 책은 선학들의 연구 성과를 바탕으로 먼저 신라석탑의 건립배경에 대해 불탑관의 성립과 변화과정, 이 과정에서 출현한 다양한 조탑경에 대해 살펴봄으로써 변화요인으로 석탑 조형에 대한 관점과 불탑관의 변화가 어떻게 전개되었는지 검토하였다. 그리고 통일신라 석탑 양식의 변화 양상에 대해 유형을 구분하여 양식적 특성을 밝히고자 한다. 아울러 이러한 석탑 변화를 통해 조형 특성을 규명하고 이후 고려석탑의 양식 성립에 어떻게 영향을 끼쳤는지를 살펴 통일신라 석탑의 변화 현상이 한국석탑사에서 갖는 의의를 조명하고자 한다.

이 책에서 언급하는 일반형석탑은 평면은 방형, 화강암을 판석형으로 가공하여 가구식의 이중기단을 갖춘 전형석탑 양식을 기준으로 삼았으며 석탑 표면의 장엄조식은 구조나 형태의 변화를 가져오지 않으므로 제외하였다. 모전석탑은 전축형 석탑과 전축모방형 석탑을 모두 대상으로 하였다. 따라서 이 책에서 다루고 있는 석탑은 일반형석탑에서 구조나 외형의 변화를 보이는 석탑들과 모전석탑이 해당되며, 조성시기를 알 수 있거나 양식 분석을 통해 편년을 설정할 수 있는 것들을 주 논의 대상으로 하였다. 그리고 자료의 한계가 있지만, 현재는 부재만 전해지거나 온전하게 조형을 갖추지 않은 폐탑인 경우에도 복원안을 상정할 수 있는 경우에는 포함시켰다.

그러나 석탑의 변화 현상이 어느 한 가지 변화 유형으로만 나타나지 않으며, 한 석탑에 여러 변화가 동시에 나타나기도 한다. 예를 들면, 도피안사 삼층석탑은 기단부가 불대좌형으로 변형됨과 동시에 초층탑신받침이 굽형괴임 형식을 보이며, 경주 남산 국사곡 4사지 삼층석탑은 기단부가 단층기단으로 변형됨과 동시에 초층탑신받침은 별석 형식을 보이고 있다. 이처럼 석탑의 변형이 중복적으로 나타나고 있어 하나의 변화 유형으로 석탑의 변화상을 규정짓기는 어렵다. 다만 이와 같은 중복 변화 현상을 배제하고, 신라석탑의 변화 양상을 전형양식에서 구조나 외형이 변화되었다는 큰 틀에서 본다면 크게 전체가 변형된 석탑, 기단부가 변형된 석탑, 탑신부가 변형된 석탑으로 살펴볼 수 있다.

전체가 변형된 석탑은 구조나 외형 모두가 전형양식과 공통된 요소를 찾아 볼 수 없는 경우로 불국사 다보탑이 해당된다. 기단부 변형 석탑은 결구방식에 따른 구조 변화와 외형의 변화로 나눌 수 있는데, 구조 변화는 전형양식의 판석형 결구방식이 정착된 것과 달리 별석 결구방식이 나타나는 것을 볼 수 있다. 외형의 변화는 단층기단, 삼중기단, 불대좌형기단(팔각형기단), 사사자형기단, 자연석기단 등의 변화 양상으로 살펴볼 수 있다. 탑신부의 구조 변화는 탑신석과 옥개석 구성을 별석으로 사용하는 방식이 등장한다. 외형의 변화는 초층탑신받침의 변화, 탑신석 형태의 변화, 옥개석 귀마루 표현, 밀첨식 탑신부 등 다양하게 나타난다. 초층 탑신받침의 변화는 전형양식의 조출형 각형2단에서 호각형2단, 각호각형3단 등 다양한 형태로 변화되며 외형적으로 목조건축의 세부기법이 표현된 백장암 삼층석탑은 탑신부 변화에 해당된다. 이 책에서는 기본형인 조출형 받침 변화를 제외하고 굽형괴임 형식과 별석받침 형식에 주목하였다.

한편, 모전석탑은 재료상 축조방식에 의해 구조와 외형의 변화에 따라 분황사 석탑 계열과 탑리리 오층석탑 계열로 나누어 볼 수 있다. 분황사 석탑 계열은 소형 석재를 전축하는 방식으로 구조와 외형 모두 일반형석탑과 차이를 보이며, 탑리리 오층석탑 계열은 전형양식과 같이 화강암을 재료로 사용하지만 옥개석 지붕면이 계단형으로 조성되고, 기단 형식의 변화를 살필 수 있어 외형적인 변화를 보인다.

이러한 기준을 바탕으로 석탑 62기를 선정하였으며, 다음의 〈표 1〉과 같다.

이 책의 구성을 살펴보면, Ⅱ장은 신라석탑의 조성배경으로 신라의 불탑관(佛塔觀)을 검토하였다. 아울러 일반형석탑의 성립과 정착 과정에서 다양한 조탑경이 끼친 영향을 살펴보고 그로 인행 성립된 불탑관의 변화가 통일신라 석탑 조형 변화에 어떻게 영향을 주었는지 검토하였다. 또한 신라 시원기 석탑이 모전석탑으로 발생한 이후 전형석탑으로 변화한 것에 대해 신라인의 석탑 조형에 대한 관점이라는 측면에서 살펴보았다.

Ⅲ장은 통일신라 석탑의 변화 양상과 전개과정에 대해 살펴보았다. 석탑의 변화 양상을 유형별로 검토하여 체계적으로 살펴본 후, 이와 같이 변형이 발생한 석탑의 분포 및 현황을 파악하여 특성을 분석하였으며, 일반형석탑과 모전석탑의 석탑 변화 유형이 어떻게 전개되어 가는지 살펴보았다.

Ⅳ장은 통일신라 석탑의 양식 변화에 따른 특성에 대해 살펴보았다. 먼저 일반형석탑의 변화 중 기단부의 별석 결구방식, 탑신부의 별석 초층탑신받침의 변화 현상을 주목하였다. 또한 새로운 양식이 적용된 사례로서 정혜사지 십삼층석탑에서 나타난 밀첨식 조형의 양식

연원에 대해 검토했다. 이어서 일반형석탑 중 변형이 발생한 석탑들의 건립시기를 살펴보았다.

V장은 모전석탑 중 전축모방형 석탑의 양식과 변천 과정에 주목하였다. 탑리리 오층석탑에서 전축모방형 석탑의 가구식기단이 정립된 후 발생한 변화 현상을 분석해 보았다. 자연석기단과 괴체석기단은 입지 변화에 따른 형식 변화를 검토하였으며, 이를 통해 전축모방형 석탑의 변천과정을 살펴보고, 전체 모전석탑의 편년을 검토하였다.

VI장은 통일신라 석탑의 변형에 따른 조형적 특징과 고려시대 석탑으로 어떻게 계승되고 영향을 끼쳤는지에 대해 살펴보았다. 이 책에서 살펴본 통일신라 석탑의 변화는 통일신라 석탑의 다양성과 독창성을 보여주면서 결국 고려시대 석탑의 양식적 모태가 되었다는 측면에서 중요한 의미가 있다. 따라서 통일신라 석탑에서 나타난 변화 유형이 고려석탑의 다양한 변화를 가능하게 하는 원동력이 되었던 것으로 고려시대 석탑에 계승되는 양상을 살펴보았다.

〈표 1〉 연구 대상 석탑 목록

연번	석 탑 명	소 재 지	시대	지정 현황
1	경주 불국사 다보탑	경상북도 경주시	통일신라	국보 제20호
2	경주 석굴암 삼층석탑	경상북도 경주시	통일신라	보물 제911호
3	경주 천관사지 석탑	경상북도 경주시	통일신라	-
4	경주 남산 늠비봉 오층석탑	경상북도 경주시	통일신라	-
5	경주 남산 비파곡2사지 삼층석탑	경상북도 경주시	통일신라	경상북도 유형문화재 제448호
6	경주 남산 지암곡3사지 삼층석탑	경상북도 경주시	통일신라	경상북도 유형문화재 제449호
7	경주 남산 삼릉계 삼층석탑	경상북도 경주시 (현위치 : 국립경주 박물관 야외전시장)	통일신라	-
8	경주 정혜사지 십삼층석탑	경상북도 경주시	통일신라	국보 제40호
9	경주 남산 국사곡4사지 삼층석탑	경상북도 경주시	통일신라	경상북도 유형문화재 제447호
10	경주 천룡사지 삼층석탑	경상북도 경주시	통일신라	보물 제1188호
11	경주 남산 용장사지 삼층석탑	경상북도 경주시	통일신라	보물 제186호
12	경주 마석산 삼층석탑	경상북도 경주시	통일신라	
13	경주 남산 탑곡 삼층석탑	경상북도 경주시	통일신라	-
14	경주 황오동 삼층석탑	경상북도 경주시	통일신라	-
15	경주 분황사 석탑	경상북도 경주시	신라	국보 제30호
16	경주 구황동 석탑 (폐탑)	경상북도 경주시	통일신라	-
17	경주 남산리 동삼층석탑	경상북도 경주시	통일신라	보물 제124호
18	경주 서악리 삼층석탑	경상북도 경주시	통일신라	보물 제65호
19	경주 남산 용장계 지곡 삼층석탑	경상북도 경주시	통일신라	보물 제1935호
20	경주 오야리 삼층석탑	경상북도 경주시	통일신라	경상북도 문화재자료 제93호
21	문경 봉암사 삼층석탑	경상북도 문경시	통일신라	보물 제169호
22	문경 내화리 삼층석탑	경상북도 문경시	통일신라	보물 제51호
23	도천사지 삼층석탑 2기	경상북도 문경시 (현위치 : 직지사 대웅전 앞)	통일신라	보물 제606호

연번	석 탑 명	소 재 지	시대	지정 현황
24	도천사지 삼층석탑	경상북도 문경시 (현위치 : 직지사 비로전 앞)	통일신라	보물 제607호
25	문경 봉서리 삼층석탑	경상북도 문경시	통일신라	-
26	傳 강락사지 삼층석탑	경상북도 구미시 (현위치 : 직지사 청풍료 앞)	통일신라	보물 제1186호
27	상주 화달리 삼층석탑	경상북도 상주시	통일신라	보물 제117호
28	청도 덕양동 삼층석탑	경상북도 청도군	통일신라	경상북도 유형문화재 제116호
29	청도 박곡리 석탑	경상북도 청도군	통일신라	
30	포항 법광사 삼층석탑	경상북도 포항시	통일신라	-
31	대구 동화사 비로암 삼층석탑	대구광역시	통일신라	보물 제247호
32	대구 부인사 동·서 삼층석탑 2기	대구광역시	통일신라	서탑 : 대구시 유형문화재 제17호
33	봉화 취서사 삼층석탑	경상북도 봉화군	통일신라	
34	영양 산해리 오층석탑	경상북도 영양군	통일신라	국보 제187호
35	영양 삼지동 석탑	경상북도 영양군	통일신라	경상북도 문화재자료 제83호
36	안동 대사동 석탑	경상북도 안동시	통일신라	경상북도 문화재자료 제70호
37	의성 탑리리 오층석탑	경상북도 의성군	신라	국보 제77호
38	의성 빙산사지 오층석탑	경상북도 의성군	통일신라	보물 제327호
39	구미 죽장사지 오층석탑	경상북도 구미시	통일신라	국보 제130호
40	구미 낙산리 삼층석탑	경상북도 구미시	통일신라	보물 제469호
41	상주 낙상동사지 석탑(폐탑)	경상북도 상주시 (현위치 : 상주박물관 야외전시장)	통일신라	경상북도 문화재자료 제127호
42	함안 주리사지 사자석탑	경상남도 함안군	통일신라	경상남도 유형문화재 제8호
43	합천 해인사 삼층석탑	경상남도 합천군	통일신라	경상남도 유형문화재 제254호
44	합천 영암사지 삼층석탑	경상남도 합천군	통일신라	보물 제480호
45	밀양 표충사 삼층석탑	경상남도 밀양시	통일신라	보물 제467호
46	산청 덕산사 삼층석탑[60]	경상남도 산청군	통일신라	보물 제1113호

연번	석 탑 명	소 재 지	시대	지정 현황
47	하동 탑리 삼층석탑	경상남도 하동군	통일신라	경상남도 유형문화재 제130호
48	울주 청송사지 삼층석탑	울산광역시	통일신라	보물 제382호
49	철원 도피안사 삼층석탑	강원도 철원군	통일신라	보물 제223호
50	속초 향성사지 삼층석탑	강원도 속초시	통일신라	보물 제443호
51	삼척 흥전리사지 삼층석탑	강원도 삼척시	통일신라	강원도 유형문화재 제127호
52	구례 화엄사 사사자삼층석탑	전라남도 구례군	통일신라	국보 제35호
53	구례 화엄사 구층암 삼층석탑	전라남도 구례군	통일신라	-
54	구례 연곡사 삼층석탑	전라남도 구례군	통일신라	보물 151호
55	보성 우천리 삼층석탑	전라남도 보성군	통일신라	보물 제943호
56	광주 약사사 삼층석탑	광주광역시	통일신라	-
57	남원 실상사 백장암 삼층석탑	전라북도 남원시	통일신라	국보 제10호
58	보령 성주사지 오층석탑	충청남도 보령시	통일신라	보물 제19호
59	보령 성주사지 동삼층석탑	충청남도 보령시	통일신라	보물 제2021호
60	보령 성주사지 중앙삼층석탑	충청남도 보령시	통일신라	보물 제20호
61	보령 성주사지 서삼층석탑	충청남도 보령시	통일신라	보물 제47호

---

60 원래는 '산청 내원사 삼층석탑'이었으나, 최근 지정 명칭이 '산청 덕산사 삼층석탑'으로 변경되었다.

Ⅱ. 신라석탑의 건립배경과 변화요인

Ⅱ
·
신라석탑의 건립배경과 변화요인

1. 건립배경

1) 7세기

신라는 삼국 중 가장 늦은 527년 불교를 공인하였는데 공인과정에서 어려움을 겪었던 것을 만회하려는 듯 짧은 시간 안에 사찰을 건립해 나갔으며, 이와 함께 불교에 대한 확고한 신념을 불국토사상(佛國土思想)을 통해 강조하였다. 따라서 신라의 불탑관 역시 불국토사상과 함께 전개된다고 할 수 있다.

신라의 불국토사상은 전불칠처가람지허(前佛七處伽藍之墟)와 관련하여 살펴볼 수 있다. '전불칠처가람터'는 신라에서 불교가 공인되기 이전에 과거불이 설법한 장소 7곳이 있는데, 법흥왕대에 불법이 다시 흥하게 되어 그 곳에 다시 사원을 건립했다는 내용이다.[61] 7곳의 사

---

61 『三國遺事』卷3 興法, 阿道基羅條.

찰을 살펴보면 천경림(天鏡林)의 흥륜사(興輪寺)(527년, 법흥왕 14년), 삼천기(三川岐)의 영흥사(永興寺: 527년, 법흥왕 14년), 용궁남(龍宮南)의 황룡사(黃龍寺: 553년, 진흥왕 14년), 용궁북(龍宮北)의 분황사(芬皇寺: 634년, 선덕왕 3년), 사천미(沙川尾)의 영묘사(靈妙寺)(635년, 선덕왕 4년), 신유림(神遊林)의 천왕사(天王寺: 679년, 문무왕 19년), 서청전(婿請田)의 담엄사(曇嚴寺)62로 모두 신라에서 중요시되던 사찰이다. 이 '전불칠처가람설'이 생성된 시기는 7처가람 중 마지막으로 세워진 사천왕사를 기준으로 하면 문무왕대 이후에 성립된 것을 알 수 있다. 이처럼 '칠처가람'에 대한 인식은 이전의 창건설화를 소재로 일곱 사찰을 하나로 묶어 형성되었을 것이란 견해가 있지만,63 일곱 사찰을 건립해 나가는 긴 시간동안 불국인연설을 형성해온 까닭으로 생각된다. 또한 왕실의 주도하에 공인된 불교의 위상을 높이기 위해 기존의 토착신앙과 관련있는 성소(聖所)를 선택하여 왕실사원으로 편입시키면서 왕권의 안정을 추구했던 것으로 생각된다.64 위에 언급한 7사찰 중 흥륜사는 "흥륜사의 전탑(殿塔)을 돌며 복을 빌었다"는 『삼국유사(三國遺事)』의 기록65으로 보아

---

62 담엄사는 창건시기 및 활동 승려에 대한 기록이 전혀 전해지지 않는다. 다만 『東國輿地勝覽』 등에서 오릉이 담엄사 북편에 있었다고 기록되어 있어 현재 오른 주차장 남쪽 부근이 담엄사지로 추정된다. (국립경주문화재연구소, 『사천왕사 녹유신장벽전』, 2012, p. 20.)

63 신동하는 개개의 사찰들을 살펴본 결과, 왕실과 유관 사찰의 승려들에 의해 중대 말에서 하대 전반기에 '7처가람설'이 생성되었다고 보았다(신동하, 「新羅 佛國土思想의 展開樣相과 歷史的 意義」, 서울대학교 박사학위논문, 2000, pp. 82~89.).

64 天鏡林, 神遊林 등의 지명으로 보아 이 지역은 재래의 토착신앙과 관련된 聖所였던 곳이며, 불교가 재래신앙을 흡수하여 사찰이 건립된 것으로 일찍부터 신라에서 중요시되던 곳이었다는 것을 보여준다(이기백, 『신라사상사연구』, 일조각, 1996, p. 29.).

65 『三國遺事』卷第5 感通, 金現感虎條.

불탑이 있었던 것으로 추정되며, 황룡사, 분황사, 영묘사, 사천왕사에서 석탑 또는 목탑지가 확인[66]되는 것으로 볼 때, 모두 불탑을 건립하였을 것으로 생각된다. 따라서 초기 불탑에 깃든 불탑관은 불교의 수승함을 나타내는 불사리 숭배를 위한 공간이라는 개념이었을 것이다.

당시 성행한 사리탑 신앙은 인도에서 석가모니 열반 직후부터 등장한 신앙형태이며 기원전 3세기 경 아육왕이 인도 전역을 통일하고 나서 8만 4천 개의 사리탑을 건립함으로써 역사상 유명해졌다. 그는 불교에서 이상적인 정복군주상으로서 정립한 전륜성왕(轉輪聖王)의 역사적 체현이었다. 중국에서는 남북조에서 수대에 걸쳐 점차 성행한 신앙으로 수 문제(581~604년 재위)의 인수(仁壽)년간(601~604)에 절정에 달하였는데 전국적으로 110여기의 사리탑을 세웠으며 흔히 이를 인수사리탑(仁壽舍利塔)이라 한다. 수 문제의 사리탑신앙은 삼국에도 영향을 미쳐서 고구려·백제·신라의 사신이 귀국할 때 사리를 하나씩 얻어서 돌아갔다고 한다. 또한 진흥왕 10년(549년) 봄 양(梁)나라에서 신라의 유학승 각덕(覺德)과 사신 심호(沈湖) 편에 불사리를 보내주었는데, 이 때 진흥왕은 백관으로 하여금 흥륜사 앞길에서 이를 맞이하도록 했었다[67]는 기록으로 보아 신라에서도 일찍부터 불사리신앙이 성행하였던 것으로 보인다.

---

66 국립문화재연구소, 『皇龍寺 遺蹟發掘調查報告書』, 문화재관리국 문화재연구소, 1984; 申昌秀, 「興輪寺의 發掘成果 檢討」, 『新羅文化』20, 동국대학교 신라문화연구소, 2002, pp. 287~308; 김정수, 「6~9세기 신라목탑 형태의 변천에 관한 연구」, 경기대학교 박사학위논문, 2006; 국립경주문화재연구소, 『四天王寺 I 金堂址 발굴조사보고서』, 2012.
67 『三國史記』 卷 4, 眞興王 10年條.

한편, 분황사의 창건은 선덕왕의 즉위를 정당화하기 위해 적통 왕계로서의 혈통적 우월성을 강조하고 왕권의 권위를 과시하기 위한 정치적 배경 아래 왕실에서 사찰건립을 주도했다는 것에 대부분 동의하고 있다.[68] 최근 분황사 석탑의 사리봉안 방식이 인수사리탑의 사리기 안치방식과 매우 유사하다는 점을 들어 수 문제가 불사리에 대한 신앙과 중국의 정신적 통일을 도모하고자 건립한 인수사리탑이 모델이 되었었을 것이라는 견해[69]가 주목된다. 그러나 인수사리탑에는 불탑의 건립으로 외적을 진압할 수 있다는 내용은 살펴볼 수 없다.[70] 이를 통해 본다면, 분황사 석탑의 건립은 대외적인 위기를 극복하기 위한 것보다는 왕실의 안정과 권위를 도모하기 위한 정치적 호불 행위의 일환으로 생각된다. 이는 신라 왕실의 석종의식(釋種意識)을 통해 살펴볼 수 있다. 불교 공인 후 법흥왕은 스스로가 전륜성왕임을 자처하며 신라는 전륜성왕이 통치하는 불국토라는 사상으로 왕권과 왕실의 권위를 강화하고자 하였다.[71] 따라서 왕실의 적극적인 호불 행위는 바로 왕권 강화를 의미하였다. 결국 호불 행위는 여왕후계의 위기를 극복하고 왕실의 지배체제를 공고히 하여 정통성을 높여주는 것과

---

68 이인철, 「분황사 창건의 정치·경제적 배경」, 『芬皇寺의 諸照明-신라문화제학술발표회논문집』20, 신라문화선양회, 1999, pp. 1~29; 남동신, 「신라 중고기 불교치국책과 황룡사」, 『皇龍寺의 綜合的 考察-신라문화제학술발표회논문집』22, 신라문화선양회, 2001, pp. 77~111.

69 박대남, 「사찰구조와 출토유물로 본 芬皇寺 성격 고찰」, 『한국고대사탐구』3, 한국고대사탐구학회, 2009. 12, pp. 75~79.

70 신용철, 「初期 新羅 佛塔觀에 대한 考察」, 『문화사학』27, 한국문화사학회, 2007, p. 451.

71 윤세원, 「불교의 정치사상과 법흥왕-전륜성왕 사상을 중심으로-」, 『한국동양정치사상사연구』12, 한국동양정치사상사학회, 2013. 9, pp. 7~32.

동일시되었던 것으로 생각되며, 이에 따라 신라의 초기 불탑관은 전륜성왕설을 바탕으로 불사리신앙 의식이 작용했던 것이다. 그러나 이 무렵부터 신라는 대외 정치·사회 분위기가 급변하기 시작하는데 643년 황룡사 9층 목탑을 기준으로 불탑관에도 변화가 생기기 시작한다.

황룡사 구층탑은 잘 알려져 있다시피 선덕왕 12년(643년)에 자장(慈藏)에 의해 건탑이 건의되었다. 왕은 이 문제를 제신들과 의논했고, 그 결과 백제로부터 아비지(阿非知)라는 기술자를 초청하고, 용춘(龍春)에게 감독을 맡겨 645년 3월에 공사를 시작해서 이듬해에 완성했다.[72] 황룡사 목탑 건립의 가장 중요한 이유로 언급되는 것이 고구려와 백제 등 이웃 국가들의 신라에 대한 공격으로 위기의식을 갖게 되었다는 것이다.[73]

황룡사 구층탑 건립이 구체적으로 논의된 643년 이전까지 7세기 전반 신라의 대외전투 기록을 보면, 고구려, 백제와 21차례의 전투를 치루고 있는데, 이 중 백제와는 16차례의 전투가 벌어졌다.[74] 대외적으로 심각한 위기의식을 느끼게 된 것은 642년 7월 백제의 대대적인

---

[72] 『三國遺事』卷3 塔像, 皇龍寺九層塔條.
이에 대해 『삼국사기』의 '創造皇龍寺塔', 『삼국유사』의 '塔初成', 『찰주본기』의 '立刹柱'의 의미를 검토한 결과, 643년 자장의 건의대로 건탑 계획을 수립하여 용춘을 총감독으로 계획을 세운 후, 645년 찰주를 세우는 것('立刹柱')을 시작으로 공사기간은 1년 남짓 걸려 그 이듬해인 646년에 완공한 것이라는 견해도 있다. (최희준, 「『三國遺事』皇龍寺九層塔條에 대한 재검토와 阿非의 출자」, 『한국학논총』39, 국민대학교 한국학연구소, 2011, p. 38; 박승범, 「7세기 전반기 新羅의 危機意識의 실상과 皇龍寺9층木塔」, 『신라사학보』30, 신라사학회, 2014, pp. 322~ 323.)

[73] 『三國遺事』卷3 塔像, 皇龍寺九層塔條.
"우리나라는 북쪽으로 靺鞨과 닿고 남쪽으로는 倭人과 접하였으며, 고구려와 백제 두 나라가 교대로 국경을 침범하며 이웃 도적들이 종횡하니, 이것이 백성들의 고통입니다."

[74] 박승범, 위 논문, pp. 306~307 〈표 1〉의 전투 기록 참조.

공격을 받아 대야성(합천)을 빼앗긴 것이 결정적이었던 것으로 보인다. 이 전투로 결국 국경선이 압독주(押督州, 지금의 경산)까지 후퇴하였으며, 8월에는 고구려와 백제가 공모하여 신라의 대당교통로를 차단하고자 당항성(黨項城)을 공격하였다.[75] 사태가 이처럼 긴박하게 돌아가자, 신라는 643년 9월에 당나라에 사신을 보내어 고구려·백제 양국의 협공을 고발하고 당의 구원병을 요청하였다. 그런데 사신을 접대하는 자리에서 당 태종은 사실상의 여왕퇴위를 조건부로 제시하였다.[76] 이와 같은 여왕퇴위론이 당으로부터 비롯되었다는 것은 신라지배계층에게는 충격과 함께 정치적 문제로 대두되었다. 따라서 대야성 전투의 패배와 당 태종으로부터의 모욕적인 언사는 선덕왕 지배체제에 위기의식으로 받아들여졌고, 이를 극복하기 위해 국가의 권위를 대내외적으로 과시하는 변화가 필요했던 것으로 생각되는데, 황룡사 구층탑의 연기설화에 이러한 의도가 잘 반영되어 있다.

"황룡사 구층탑은 선덕왕 때에 세운 것이다. 전에 선종랑(善宗郎)이라는 …… 법호를 자장(慈藏)이라 하였다. …… 선덕왕 12년 계묘년에 신라에 돌아오고자 하여 종남산(終南山)의 원향선사(圓香禪師)에게 머리를 조아려 사직하니, 선사가 "내가 관심(觀

---

[75] 『三國史記』卷5 善德王 11年.
[76] 『三國史記』卷5 善德王 12年 秋 9月.
"그대 나라는 부인을 임금으로 삼아 이웃 나라의 업신여김을 당하고 있으니 주인을 잃고 도적을 불러들여 편안한 세월이 없다. 내가 나의 친척 한 사람을 보내어 그대 나라의 임금으로 삼되, 자신이 홀로 임금이 되기 어려우니, 마땅히 군사를 보내어 호위하겠다. 그대 나라가 편안해짐을 기다려 그대들에게 맡겨 스스로 지키게 하겠다."

心)으로 그대의 나라를 보매, 황룡사에 9층 탑을 세우면 해동(海
東)의 여러 나라가 모두 그대의 나라에 항복할 것이다"라고 하
였다. 자장이 이 말을 듣고 돌아와 나라에 알렸다. 이에 (왕은)
이간(伊干) 용수(龍樹)를 감군(監君)으로 하여 대장(大匠)인 백제
의 아비(阿非) 등과 소장(小匠) 이백여 인을 데리고 이 탑을 만들
도록 하였다. 선덕왕 14년 을묘년에 처음 건립하기 시작하여 4
월……에 찰주(刹柱)를 세우고 이듬해에 모두 마치었다. 철반(鐵
盤) 이상은 높이가 7보이고 그 이하는 높이가 30보 3자이다. 과
연 삼한(三韓)을 통합하여 (하나로 만들고) 군신이 안락한 것은 지
금에 이르기까지 이에 힘입은 것이다."[77]

또한『삼국유사』황룡사구층탑조에서는 안홍(安弘)[78]의『동도성립기
(東都成立記)』를 인용하여 다음과 같은 내용을 전하고 있다.

"신라 27대는 여왕으로 임금을 삼음에 비록 원칙은 세웠다고
할 수 있지만, 위엄이 없으므로 九韓이 침략한다. 만약 용궁 남

---

77 정병삼,「皇龍寺刹柱本記」,『譯註韓國古代金石文』권3, 1992, pp. 372~373.
78 安弘과 安含은 기록마다 활동시기의 차이가 있는데 일찍이 覺訓은『海東高僧傳』을
   통해 동일인물로 평가하였다. 현재도 동일 인물 혹은 다른 인물인지 의견이 분분한
   가운데 동일인물로 보는 견해가 거의 정설로 받아들여지고 있다(신종원,「안홍과 신
   라 불국토설」,『신라초기불교사연구』, 민족사, 1992, pp. 244~245; 곽승훈,「해동고
   승전 안함전 연구」,『한국고대사탐구』17, 한국고대사탐구학회, 2014, pp. 117~145;
   장활식,『해동고승전』『釋안함』전의 분석」,『신라문화』46, 동국대학교 신라문화연
   구소, 2015. 8, pp. 243~277.). 安含(安含)은 601년 수나라에 유학갔다가 5년 후에
   귀국한 인물로, 일찍이 수나라에 유학시에 大興善寺 舍利塔을 보고 처음으로 황룡
   사에 건탑을 주장하였는데, 안홍의 건탑 건의는 당시에는 받아들여지지 않다가,
   643년 자장이 귀국하여 다시 건의함으로써 건립된 것이며, 자장은 입당 직전에 이
   미 이러한 사정을 알고 있었을 것이라는 견해가 있다.(신종원,『新羅初期佛教史研
   究』, 민족사, 1992, pp. 172~173.)

쪽 황룡사에 구층탑을 세우면 이웃 나라로부터의 재난을 진압할 수 있다. 제 1층은 일본(日本), 제 2층은 중화(中華), 제 3층은 오월(吳越), 제 4층은 탁라(托羅), 제 5층은 응유(鷹遊), 제 6층은 말갈(靺鞨), 제 7층은 단국(丹國), 제 8층은 여적(女狄), 제 9층은 예맥(穢貊)이다."

위의 두 자료는 황룡사 구층탑의 불탑관을 잘 보여주는데, 탑을 세움으로 인해 삼한을 통합하였고, 이웃의 9나라[79]의 침입을 물리칠 수 있다는 내용이다. 즉, 불탑을 건립해야 하는 당위성을 불국토인 신라를 수호해야 한다는 이념[80]으로 치환시키는 호국적 불탑관이 깃들어 있음을 보여준다.[81]

그러나 대내외적인 위기 상황 속에서 막대한 인력과 재원이 동원되는 불사는 일반 백성들에게는 불만을 가질만한 공사였을 것이다.

---

79 이 9나라에 대해 수 문제의 조칙 중 「四海以靜浪 九服所以息塵」이라고 한 구절에 주목하고, 九服이 중국 주변국의 총칭이듯, 안홍의 九韓도 막연히 이웃 나라들을 지칭한 것이라는 견해가 있다(신종원, 위 책, p. 170.).

80 太和池邊에서 만난 神人은 자장에게 황룡사에는 호법룡이 절을 수호하고 있다고 하면서, 탑을 세워 나라의 안녕을 도모하라고 했었다. 이러한 설은 신라가 불교와 인연을 지닌 곳으로서 호법룡에 의해 보호받고 있는 땅이라는 식으로 聖化되는 것을 의미한다. 이런 신라 불국토인연설은 그 왕족이 釋種이라는 것으로부터 더욱 강조되는 것이다(신동하, 「新羅 佛國土思想과 皇龍寺」, 『皇龍寺의 綜合的 考察-신라문화제학술발표회논문집』22, 신라문화선양회, 2001, p.74.).

81 호국적 불탑관은 자장에 의해 『灌頂經』, 『金光明經』의 호국사상이 배경이 된 것이며, 더 나아가 황룡사의 三金堂은 法身, 報身, 化身의 삼신불을 봉안한 것이고 구층탑은 華嚴密敎(神衆)思想에 의했을 것으로 보고 있다(홍윤식, 「新羅 皇龍寺 經營과 文化的 意味」, 『馬韓·百濟文化』7, 마한백제문화연구소, 1984, pp. 235~237). 이와 관련하여 황룡사 목탑 심초석에서 발견된 사리기 외함에 선각된 사천왕상이 주목되는데, 사천왕이 나라를 호위해준다는 것은 『灌頂經』, 『金光明經』의 공통된 사상이며, 황룡사 구층탑의 건립은 불국토인 신라에 외적이 침입할 수 없으리라는 안홍의 기본 사상에서 비롯된 것으로 보고 있다(신용철, 위 논문, 2007, p. 453.).

신라는 지속적인 군사적 위협과 내적인 정치 불안 속에 대규모 인력 동원의 불사는 종교적 이유를 넘어 일종의 정치적 모험이었을 것이다. 이를 극복하기 위해 '삼한통일'이라는 과제는 왕실만의 염원이 아니라 일반 백성들에게도 역사적 과제로 인식하게끔 하는 이념화가 필요했을 것이다. 이를 잘 보여주는 것이 『삼국유사』의 백제 장인 아비지와 관련된 내용이다. 황룡사 구층탑을 세우기 위해 백제의 장인 아비지가 초빙되었는데, 찰주를 세우는 날 본국이 멸망하는 꿈을 꾸자 그는 일을 멈추었다. 그러자 노승과 장사가 나타나 찰주를 세웠고 아비지가 이를 보고 뉘우쳐 탑을 완성하였다는 것이다.[82] 다분히 설화적 윤색이 포함되어 있으나, 이를 통해 백제 멸망은 불력으로 예정되어 있는 불가항력적 상황임을 효과적으로 전달할 수 있었던 것으로 생각된다. 아울러 불사에 참여하는 일반 백성들에게 불탑에 투영되는 어려운 불교 교리가 아니라 불탑의 조영으로 100여년에 걸쳐 지속된 고구려·백제 등 외국 세력과의 전쟁을 종식시킬 수 있는 힘을 갖게 된다는 이념은 충분히 납득하여 받아들여지고 공유될 수 있었던 것이다.

이와 같이 황룡사 구층탑을 통해 성립된 신라 불탑관은 불국토를 수호하고 삼한통일 이념의 호국적 염원을 불탑에 투영시킨 결과라고 할 수 있다. 그리고 이러한 호국적 불탑관은 본격적으로 신라가 통일 전쟁을 수행하면서 더욱 공고히되는데 이를 대표적으로 보여주는 예가 사천왕사(四天王寺)의 건립이다.

『삼국유사』에 전하는 사천왕사 창건 경위를 보면, 670년 당의 침략

---

82 『三國遺事』 卷3 塔像, 皇龍寺九層塔條.

을 물리치기 위해 낭산의 신유림에 명랑(明朗)이 사천왕사를 창건하였고, 채색비단으로 절을 짓고, 풀로 오방신상(五方神像)을 만들어 유가명승(瑜伽名僧) 12인과 함께 문두루비밀법(文豆婁秘密法)을 짓게 하자 당나라 군사의 배가 침몰하였다는 것이다.[83] 명랑이 행한 문두루비밀법은 『관정경(灌頂經)』「복마봉인대신주경(伏魔封印大神呪經)」의 문두루법에 입각한 것이다.[84] 이를 보면 황룡사 구층탑은 호국에 대한 불탑관을 처음으로 사상화시킨 단계였다면[85], 사천왕사에서는 적극적으로 호국밀법을 행하는 것으로 변화되었음을 보여주는데, 그만큼 당나라와의 전쟁이 임박하여 상황이 매우 급박하였다는 것을 의미한다.

그동안 사천왕사는 『관정경』에서 사천왕의 역할이 부각되지 않는다고 하여 『금광명경(金光明經)』의 사천왕품(四天王品)에 근거를 두고 있는 것으로 알려져 왔다.[86] 그러나 『관정경』에서도 문두루비밀법을 설한 부처에게 천제석이 "지금 부처님의 위신을 받들어 사천왕에게 명하여 그 신의 이름과 아울러 문두루법을 돕도록 하고자 합니다."고 하여 사천왕이 문두루법을 보좌하겠다고 다짐하고 있는 것[87]으로 볼

---

83 『三國遺事』卷第二 紀異 文武王法敏條.

84 朴泰華,「新羅時代의 密教 傳來考」,『曉成趙明基博士華甲記念 佛教學論文叢』, 불교사학논총 간행위원회, 1965, p. 73; 文明大,「新羅 神印宗 研究-新羅密敎와 統一新羅社會」,『震檀學報』41, 진단학회, 1976, pp. 187~21; 김상현,「사천왕사의 창건과 의의」,『新羅와 狼山-新羅文化祭學術發表會論文集』17, 1996, pp. 134~ 135; 신용철, 위 논문, 2007, p. 455.

85 황룡사에서는 진흥왕대 혜량을 국통으로 삼아 백좌강회를 실시하고 진평왕 35년(613년)도 『仁王經』을 강경하는 백고좌회를 여는 등 호국법회를 열어 호국 사상을 고취시키고자 하였다(김복순,「신라 왕경 사찰의 분포와 체계」,『신라왕경의 구조와 체계-新羅文化祭學術發表會論文集』27, 2006, pp. 124~125.).

86 高翊晉,『韓國古代佛教思想史』, 東國大學校出版部, 1989, p. 400; 金相鉉, 위 논문, 1996, p. 131.

87 『灌頂伏魔封印大神呪經』卷第七(大正藏 권21, p. 516a 18~516a 19.)

때, 기본적으로는 『관정경』에 의거한 것으로 볼 수 있다. 『금광명경』은 사천왕품이 따로 독립되어 있고 사천왕이 이 경을 듣는 국왕이나 인민을 편안히 지켜주겠다는 서원을 발원하고 있어[88] 『금광명경』은 부가적으로 사천왕사의 호국적 위력을 더욱 부각시키는 근거로서 영향을 준 것으로 생각된다.

이와 관련하여 2006년~2012년까지 발굴조사 결과 목탑 기단 외장에 장엄되었던 녹유신장벽전이 주목된다.[89] 녹유신장벽전은 사천왕사 목탑 기단의 면석 부재로 사용되었는데 당초문전+녹유신장벽전+당초문전의 세트 구성과 딱 맞게 구획되어 있어 처음부터 목탑 기단 면을 장엄하기 위해 제작되었다.[90] 『삼국유사』의 기록을 통해 양지(良志)가 만든 작품[91]으로 알려져 있는데 사천왕설과 팔부중설이 있으나 유형과 수량이 이들과 부합하지 않아 아직 도상과 존명이 확실하지는 않으며,[92] 사천왕이나 팔부중보다 포괄적인 의미의 '신왕(神王)'이란 견해도 있다.[93] 존명에 대한 검토는 차치하더라도, 이 벽전의 신장상 형태

---

[88] 『金光明經』券2, 四天王品 第六(大正藏 권16, p. 341 a)

[89] 기존연구에서는 '녹유소조상', '녹(채)유사천왕상', '녹유신장상' 등의 명칭을 사용하였는데, 최근 이 유물의 기능적인 면을 고려할 때 벽전이라는 용어가 보다 적합하다고 하다는 견해를 따랐다(김동하, 「신라 사천왕사 창건가람과 창건기 유물 검토-발굴조사 성과를 중심으로-」, 『한국고대사탐구』23, 한국고대사탐구학회, 2016.8, p. 219.).

[90] 김동하, 위 논문, p. 222.

[91] 『三國遺事』 권4, 意解5, 良志使錫條.

[92] 그간의 사천왕설과 팔부중설에 대한 견해는 다음의 논고에 자세히 정리되어 있다. 최성은, 「綠釉塑造神將像과 四天王寺의 佛教彫刻-研究成果와 向後의 課題-」, 『사천왕사 녹유신장벽전』, 국립경주문화재연구소, 2012, pp. 169~172.

[93] 이들 상에 대해 『灌頂經』에 자주 등장하는 '神王'으로, 신왕의 종류와 수는 셀 수 없이 많은데 각종 수호의 역할을 담당하는 존재로서 특히 탑을 수호하는 신왕으로 護塔善神이라는 것이다(임영애, 「四天王寺址 塑造像의 尊名」, 『美術史論壇』27, 한국미

를 보면 갑옷을 입고 있고, 손에는 무기를 쥐었으며, 악귀 위에 걸터 앉아 있는 등 무장의 모습에 가깝다.[94] 또한 목탑의 기단을 장엄하는 외호적 기능을 하고 있는 것으로 보아, 사천왕사 목탑에 깃든 불탑관은 외호 즉, 호국적 성격임을 짐작할 수 있다.

670년부터 신라는 치열하게 당나라와 통일 전쟁을 치루고 있었고 사천왕사 역시 670년 임시도량 설치 후 정식 낙성을 보기까지 『금광명경』의 호국적 기본사상이 바탕이 되었던 것으로 보인다.[95] 신라는 676년 기벌포 전투를 승리로 7년 동안의 당과의 전쟁을 종식하였고, 일반적으로 통일이 완성된 시점을 이 때로 보고 있다.

그러나 경주의 왕실 관련 유적에서 출토되는 '의봉사년개토(儀鳳四年皆土)'명 기와가 왕실에서 대대적으로 제작하여 공급한 것으로 보아 신라인들은 진정한 '일통삼한'을 이룬 시기를 679년으로 인식하고 있었던 것으로 볼 수 있다.[96] 이러한 인식은 사천왕사의 완공도 679년 이라는 점에서 의미를 갖는다. 즉, 사천왕사는 칠처가람터의 하나로 불국토사상이 깃들어 있는 곳으로 신라의 일통삼한은 결국 불국토를 수호하여 완성한 것이기 때문이다. 따라서 선덕왕이 자신의 능묘를 도리천(忉利天)이라 언급하여 낭산을 수미산으로 비정한 불국토사상이

술연구소, 2008, pp. 7~32.).

94 이와 관련하여 2011년 발굴조사 결과, 事蹟碑片이 발견되었는데, '神將'이란 글자가 확인되어 녹유전 조각이 '神將'일 가능성이 있다는 견해가 있다.(김태식, 「文豆婁法과 경주 四天王寺址 출토 유물」, 『新羅史學報』21, 신라사학회, 2011. 4, pp. 332~334.)

95 신용철, 위 논문, 2007, pp. 461~463.

96 최민희, 「『儀鳳四年皆土』글씨기와를 통해 본 新羅의 統一意識과 統一紀年」, 『慶州史學』21집, 경주사학회, 2002, pp. 1~29.

바로 사천왕사를 통해 완성된 것이다. 결국 사천왕사의 완공은 진정한 의미의 일통삼한을 기념하는 호국적 의미뿐 아니라 신라가 진정한 불국토라는 믿음을 제고시켰던 것이다.

이와 같은 호국적 불탑관은 통일 전쟁을 수행하던 시기에는 불탑 건립에 큰 동기가 되어 왔으나, 7세기 말부터 중국으로부터 조탑경전이 한역되어 신라에 전해지게 되자 신라의 불탑 건립은 큰 변화를 맞게 되었다.

『조탑공덕경(造塔功德經)』은 영융원년(永隆元年, 680년) 천축법사 지바하라(地婆訶羅, 613~687)와 서명사(西明寺)의 원측(圓測) 등 5명에 의해 한역되었다. 신라 출신의 원측은 이 경의 번역에 참여했을 뿐만 아니라 서문을 쓰기도 했다.[97] 원측은 613년 출생해서 3세 때 출가하고 15세 되던 진흥왕 48년(626년) 입당 후 불수기사(佛授記寺)에서 84세로 입적한다. 청소년기에 해당하는 잠시를 제외하곤 평생 중국에서 활동했던 인물이다.[98] 그러나 원측이 주석했던 서명사에는 원측의 제자인 승장(勝莊)과 도증(道證) 외에도 신라 출신의 승려가 많았던 까닭에 원측이 번역하고 서문까지 쓴 『조탑공덕경』이 번역 직후 신라로 전해져 유포되었을 것으로 짐작된다.[99]

『조탑공덕경』은 경문이 매우 간략한데, 도리천궁에 계신 세존이 관세음보살의 질문에 응해서 탑을 조성하는 법식과 그 공덕을 설한 것

---

[97] 김상현, 「新羅의 建塔과 『造塔功德經』」, 『文化史學』6·7호, 한국문화사학회, 1997. 6, p. 248.
[98] 조경철, 「신라 원측의 생애에 대한 검토」, 『한국고대사연구』57, 한국고대사학회, 2010. 3, pp. 357~388.
[99] 김상현, 위 논문, pp. 248~249.

으로 되어 있다. 내용을 보면, 탑을 조성하는 사람은 그 탑 안에 여래의 사리나 머리털, 치아, 수염, 손톱, 발톱 등을 하나라도 안치하고 법장(法藏)인 십이부경(十二部經)을 두거나 적어도 사구게(四句偈)만을 두어서라도 탑을 조성하면 그 공덕이 범천과 같다고 설하고 있다.[100] 『조탑공덕경』이전에도 불탑의 재료, 불탑을 세우거나 무너진 탑을 수리함으로서 쌓이는 공덕 또는 장엄방식 등에 관한 내용이 있었지만, 본격적으로 탑과 공덕과의 관계를 언급한 것은 이 경전이 처음이라고 할 수 있다.[101] 또한 신사리(身舍利)뿐만 아니라 법사리(法舍利), 즉 경권을 중시하는 경향도 나타나게 되었다. 경권을 중시하는 태도는『반야경』에서 '경전은 여래의 진실한 사리'라고 하며 그 공덕을 강조한 데에서 유래한다.『조탑공덕경』에서는 법의 요문, 그 중에서도 특히 '연기법송(緣起法頌)'을 탑 속에 봉안하는 것을 강조하고 있다.[102]

---

100 『大正藏』권16, p.800, "如是我聞. 一時, 佛在忉利天宮白玉座上, 與大比丘﹑大菩薩等, 及彼天主 無量衆俱. 時, 大梵天王 那羅延天大自在天, 及五乾闥婆王等, 各與眷屬俱來至佛所, 欲問如來造塔之法, 及塔所生功德之量. 會中有菩薩, 名觀世音知其意卽從座起偏袒右肩右膝著地, 合掌向佛, 而作是言「世尊, 今此諸天乾闥婆等, 故來至此, 欲請如來造塔之法及塔所生功德之量, 唯願世尊, 爲彼解說, 利益一切無量衆生.」爾時, 世尊告觀世音菩薩言「善男子, 若此現在諸天衆等及未來世一切衆生, 隨所在方未有塔處, 能於其中建立之者, 其狀高妙出過三界, 乃至 至小如菴羅果, 所有表刹上至梵天, 乃至至小猶如鍼等, 所有輪蓋覆彼大千乃至至小猶如棗葉於彼塔內處掩如來所有舍利, 髮牙髭爪下至一分, 或置如來所有法藏十二部經, 下至於一四句偈, 其人功德如彼梵天, 命終之後生於梵世, 於彼壽盡生五淨居, 與彼諸天等無有異. 善男子, 如我所說如是之事, 是彼塔量功德 因緣汝諸天等應當修學 爾時觀世音菩薩復白佛言世尊如向所說安置舍利, 及以法藏我已受持. 不審如來四句之義, 唯願爲我分別演說.」爾時, 世尊說是偈言: 諸法因緣生 我說是因緣 因緣盡故滅 我作如是說. 「善男子, 如是偈義, 名佛法身. 汝當書 寫置彼塔內. 何以故. 一切因緣及所生法, 性空寂故. 是故我說名爲法身. 若有衆生解了如是因緣之義, 當知是人卽爲見佛.」爾時, 觀世音菩薩及彼諸天一切大衆, 乾闥婆等, 聞佛所說, 皆大歡喜, 信受奉行. 佛說造塔功德經 辛丑歲高麗國大藏都監奉勅雕造."

101 홍대한, 「신라와 고려시대 조탑(造塔) 경전의 역할과 기능」,『史學志』42, 단국사학회, 2011, p. 116.

7세기 후반 건립된 신라 불탑을 보면, 사천왕사 목탑, 감은사 삼층석탑, 고선사 삼층석탑을 들 수 있다.[103] 사천왕사 목탑은 앞에서도 살펴본 바와 같이 나당전쟁 기간에 공사를 시작하여 679년에 완공한 사찰로, 사천왕의 위력으로 불국토를 수호하기 위한 호국적 성격을 반영하여 조영한다. 이후 당과의 전쟁에서 승리는 통일의 위업을 달성한 것과 동시에 호국의 대상이 사라졌음을 의미한다. 따라서 불탑 건립을 통한 호국의 대상도 변화한 것으로 보이는데,『삼국유사』만파식적조의 "문무왕욕진왜병(文武王欲鎭倭兵) 고시창차사(故始創此寺)" 기록으로 볼 때, 감은사 석탑은 호국의 대상이 왜로 변화하였음을 알 수 있다. 아울러 불탑 건립의 당위성은 이제 치열한 전쟁으로부터 불국토를 수호하는 것이 아니라, 통일의 위업을 기념하는 기념비적 성격과 전쟁 동안 죽은 자들을 기리기 위한 추복적 성격이 더해진 것으로 생각된다.[104] 이는 감은사가 왕실에서 국가적으로 조영한 사찰로 문무왕이 왜병을 진압하고자 짓기 시작하여 아들인 신문왕이 계속 공사

---

102 김상현, 위 논문, pp. 249~250; 옥나영, 「新羅時代 密教經典의 流通과 그 影響」, 숙명여자대학교 박사학위논문, 2017, p. 108.

103 685년 완공된 望德寺에도 목탑이 세워졌으나, 망덕사는 일반적으로 당을 위한 사찰로 지어진 것으로 다른 사찰들과는 성격의 차이가 있어 제외하였다. 최근 망덕사가 태종무열왕의 원찰이었을 것이라는 견해(장활식, 「통일신라 출범기의 봉성사와 망덕사 창건목적」, 『新羅文化』57집, 동국대학교 신라문화연구소, 2011. 2, pp. 51~89.)가 있지만, 망덕사의 성격에 대해서는 좀 더 검토가 필요하다.

104 이 시기에 신라는 장기간의 전쟁으로 혼란해진 사회를 수습하고 전쟁으로 죽은 자들의 극락 왕생을 기원하는 아미타신앙이 성행하였다. 대표적으로 『三國遺事』文虎王法敏條의 전쟁시기에 당나라에 잡혀있던 金仁問을 위하여 仁容寺를 짓고 觀音道場을 개설했는데, 김인문이 돌아오다가 바다에서 죽으니 彌陀道場으로 고쳤다는 내용을 통해 전쟁으로 죽은 자의 극락왕생을 기원하고 있음을 알 수 있다. 통일신라시대 아미타신앙에 대해서는 金英美, 「統一新羅時代 阿彌陀信仰의 歷史的 性格」, 『韓國史研究』50·51호, 한국사연구회, 1985. 12, pp. 37~78 논문 참조.

를 진행하여 완성한 것으로 문무왕을 추복하는 의미가[105] 담겨 있는 것을 통해 짐작해 볼 수 있다.

한편, 고선사에도 감은사와 동일한 양식의 거탑이 건립되었다는 것은 고선사 창건 공사에 막대한 인력과 재정이 투입되었을 것으로 짐작할 수 있다. 따라서 왕실과 같은 강력한 계층에 의해 창건되었을 것으로 볼 수 있으며 고선사 역시 중요한 의미를 갖고 있는 사찰이었던 것으로 생각된다.[106] 고선사는 잘 알려져 있다시피 원효가 주석한 사찰이다. 원효는 정토사상과 관련된 저술을 다수 남겼는데,『무량수경종요(無量壽經宗要)』,『아미타경소(阿彌陀經疏)』,『유심안락도(遊心安樂道)』,『무량수경사기(無量壽經私記)』,『반주삼매경략기(般舟三昧經略記)』등이 있었으나 소실되었고, 현재 전해지는 것은『무량수경종요』,『아미타경소』,『유심안락도』등 세 편의 저술이 있다.[107] 원효의 정토사상을 가장 잘 보여주는 것은 그의 염불관인데, 그는 "아미타불의 이름을 염하는 염불의 힘으로 모든 중생을 남김없이 깨달음에 들게 하겠다"는 아미타불 본원의 성취를 통하여 정토왕생의 논리와 근거를 마련하였다.[108] 즉, 원효는 미타정토의 우월성과 염불이라는 대중적이고 쉬운 수행방법을 통해 모든 대중을 포용하여 정토왕생으로 인도하고자 하였다. 나아가 불교 대중화를 통해 일반 서민에게 영향력이 컸던 원효

---

105 『三國遺事』卷第二, 紀異2, 萬波息笛條. "爲聖考文武大王 創感恩寺於東海邊"
106 박보경, 「慶州 高仙寺址 伽藍配置와 三層石塔 硏究」, 동국대학교 석사학위논문, 2004, pp. 43~44.
107 安啓賢, 『新羅淨土思想史硏究』, 현음사, 1987, p. 12.
108 高榮燮, 「元曉의 念佛觀과 淸華의 念佛禪」, 『佛教學報』71집, 동국대학교 불교문화연구원, 2015. 7, pp. 137~163.

가 이 시기에 고선사에 주석하게 된 것이 어쩌면 통일 전쟁으로 인해 죽은 일반 백성들을 기리고자 하는 정토사상 때문이 아니었을까 생각된다. 이를 통해 보면, 고선사의 창건에 정토사상이 바탕이 되었을 것으로 추정되므로 고선사 삼층석탑 역시 이러한 성격이 반영되어 있을 것으로 짐작된다.

그리고 이러한 추복적 성격이 더해진 배경으로『조탑공덕경』이 일정 역할을 하지 않았을까 생각된다.『조탑공덕경』의 주요 공덕 내용은 탑을 세움으로써 사후 범세(梵世)에서 태어나며 이후에는 성자가 거주하는 오정거천(五淨居天, Suddhavāsa)에 태어날 수 있다[109]는 것이기 때문이다.『조탑공덕경』의 한역시기를 고려하면, 7세기 후반에는 신라로 전해졌을 것으로 생각되므로 이 무렵의 신라석탑은 이 경전을 소의경전으로 건립되었을 가능성이 높으며, 진신사리와 함께 십이부경 또는 사구게를 탑 내에 봉안했을 것으로 짐작된다. 감은사 삼층석탑, 고선사 삼층석탑의 사리공[110]에서 법사리가 봉안되어 있던 흔적

---

109 물론 원시경전인『阿含部』의 여러 경전에서 조탑 공덕에 대해 죽은 자가 도솔천에 태어나거나, 재물이 늘어나거나, 나한도를 증득한다는 등의 공덕을 언급하고 있지만, 구체적으로 불탑을 조성하는 방식은 제시되지 않는다.(우인보, 위 논문, pp. 134~136.) 그러나『造塔功德經』은 관세음보살이 불타에게 조탑법과 공덕을 여쭈는 것을 통해 조탑 방식과 공덕의 인과 관계를 뚜렷하게 제시해주면서 조탑의 공덕을 좀 더 적극적으로 설명해주고 있다. 동시에 건탑에 소요되는 막대한 노동력과 경제력을 담당할 일반 민중들의 저항을 누그러뜨리는 기능과 건탑에 적극적인 참여를 담보하기 위한 건탑세력의 목적이 반영된 결과로 해석할 수 있다.(홍대한, 위논문, p. 119.)

110 두 석탑 모두 3층 탑신에 방형 사리공을 마련하였는데, 이와 관련하여 3층 탑신에 사리를 안치한 것이『造塔功德經』의 序文에서 이야기하는 '三界'와 '高昇有頂之宮'과 연관하여 해석하기도 하였다.(최민희,「통일신라 3층석탑의 출현과『造塔功德經』의 관계 고찰」,『佛敎考古學』3호, 위덕대학교 박물관, 2003, pp. 70~75.) 그러나 통일신라 말기까지 계속 3층 탑신에 사리봉안이 지속되고 있어 이러한 해석은 설득력이 약하다는 견해가 있다.(신용철,「統一新羅 石塔 硏究」, 동국대학교 박사학

은 확인되지 않았지만, 인쇄물로 납입되었다면 부식되어 남아있지 않았을 수도 있으므로 최소한 탑 내부에 법사리 봉안의 의례와 그로부터 얻을 수 있는 『조탑공덕경』의 공덕 효과에 대해서만큼은 인지하고 있었을 것이다.[111]

이와 같이 신라의 초기 불탑 건립 과정을 살펴보면 불탑의 일반적인 불사리신앙 성격을 기본 바탕으로 하였으나 당시의 정치·사회적 배경과 무관하지 않다. 불탑의 구조나 양식은 발원자의 요구와 건축을 맡은 장인에 의해 결정되는 것이 일반적이지만, 조탑의 소의경전이 출현하기 이전까지 신라의 불탑 조성은 당시 신라만의 정치·사회적 상황이 배경으로 작용하여 신라불국토설을 실현하고 국가 주도의 호국 대상체로서의 불탑관이 형성되었던 것으로 보인다. 이후 신라의 불탑관은 7세기 말에 전해진 『조탑공덕경』을 통해 호국적 불탑관에서 공덕 성취 개념으로 변화를 맞이한 것이다.

2) 8세기

앞에서 살펴본 바와 같이 신라의 초기 불탑은 불사리신앙의 성격과 함께 불국토사상에 입각한 호국적 성격의 대상물이었으나 7세기 말 『조탑공덕경』의 유입으로 불탑 건립은 공덕 성취의 개념이 자리잡게 되었다. 이러한 불탑에 대한 공덕성취 개념은 『무구정광대다라니경(無垢淨光大陀羅尼經)』의 유입으로 인해 더욱 확실하게 신라 사회에 퍼

위논문, 2006, p. 92.)
111 홍대한, 위 논문, p. 119.

지게 된다.

『무구정광대다라니경』은 704년경 미타산(彌陀山)과 법장(法藏)에 의해서 한역된 경전으로, 이 경전이 전래된 이후 신라 왕실에서는 이를 적극 수용하였으며, 이후 건립되는 대다수의 신라 석탑들은 이 경전을 소의경전으로 하여 건립되고 있다. 경전의 내용은 가비라성(迦毘羅城)의 겁비라전다(劫比羅戰茶)라는 바라문이 부처님을 찾아가 7일 후에 단명하여 지옥에 떨어지는 일이 없기를 바라며 죽음을 피할 수 있는 방법을 구하자 부처가 수명 연장과 도솔천에서 태어날 수 있는 공덕을 쌓기 위해 조탑공덕을 강조하고 구체적으로 ① 다라니를 서사하여 ② 소탑을 만들어 탑 안에 넣고 ③ 다라니를 염송하는데 ④ 그때 단을 만들어 의식을 치룰 것을 제시한다. 이와 같은 내용을 기본으로 총 6종의 다라니와 그에 따른 의식 방법과 공덕들을 설명하고 있다.[112]

이 경전에는 모두 6종의 다라니가 나오는데, 이 다라니들은 다시 설하는 대상에 따라 3가지 종류로 나누어진다. 먼저 제개장보살(除蓋障菩薩)의 청으로 부처님께서 겁비라전다 바라문에게 설하는 최승무구청정광명대단장법다라니(最勝無垢淸淨光明大檀場法陁羅尼)에 속하는 3종의 다라니가 있다. 이들은 ① 근본다라니(根本陁羅尼), ② 상륜당중다라니(相輪樘中陁羅尼), ③ 수조불탑다라니(修造佛塔陁羅尼) 등이다. 다음은 제개장보살이 설하는 ④ 자심인다라니(自心印陁羅尼)가 있고, 마지막으로 집금강대야차주(執金剛大夜叉主)의 요청에 의해 부처님께 설하는 ⑤ 대

---

112 『大正新修大藏經』, T1024, 19: 717c-721b.

공덕취다라니(大功德聚陀羅尼)와 ⑥ 육바라밀다라니(六波羅蜜陀羅尼)가 있다.[113] 이 6종 다라니 가운데 다섯 번째에 해당하는 대공덕취다라니와 여섯 번째의 육바라밀다라니는 서사후 탑내에 봉안되는 4종다라니(근본다라니, 상륜당중다라니, 수조불탑다라니, 자심인다라니)와는 달리 서사되지 않고 다라니 작법을 행할 때 염송하는 다라니이다.

〈표 2〉『무구정광대다라니경』6종 다라니 작법내용과 공덕

다라니법	처한 상황	작법내용	공덕
서문	지옥에 떨어지는 고통	오래된 탑을 중수하고 다라니를 탑에 안치하고 신주를 7번 염송하라 (古塔重修 寫陀羅尼置其中塔 七遍念誦神呪)	장수, 정토왕생, 업장소멸 등
	단명, 질병	오래된 탑을 중수하거나 작은 흙탑을 만들고 다라니를 사경하고 다라니로 단을 만들라 (修古塔 造小泥塔 書寫陀羅尼呪 呪索作壇)	장수, 치병 등
근본다라니		8일이나 13일이나 14일이나 15일에, 사리탑을 오른쪽으로 77바퀴를 돌면서 이 다라니를 77번 외우고,… 이 다라니를 77번 써 탑 안에 넣고 공양하며,… 혹은 작은 흙탑을 77개 만들고 주문 한 벌씩을 탑 속에 넣으면… (8·13·14·15日 右遶舍利塔滿七十七匝誦此陀羅尼 書寫此呪滿七十七本持呪本置於塔中… 作小泥塔滿足七十七各以一本置於塔中…)	장수, 피육도(避六道), 소원성취, 업장소멸 등
	병이 위중하여 죽음	네모난 단을 만들고 77번 주문을 외우고,… 하루 한번씩 이 주문을 읽어 백년을 채우면… (作方壇… 誦念七十七遍…護淨日別一遍誦念此呪滿足百年…)	장수, 극락왕생
	망자를 위함	지극정성으로 이 주문을 77번 외우고,… 이 다라니를 베껴서 탑에 넣으면…	피육도(避六道), 극락왕생

---

113 주경미,「韓國 佛舍利莊嚴에 있어서『無垢淨光大陀羅尼經』의 意義」『佛敎美術史學』 2, 불교미술사학회, 2004, p. 167.

다라니법	처한 상황	작법내용	공덕
근본다라니		(心誦呪滿七十七遍… 書寫此陀羅尼置佛塔…)	
		불탑을 오른쪽으로 돌거나 공양하면… (佛塔或右遶或禮…)	깨달음, 업장소멸
		탑의 그림자에 닿으면…(至塔影…)	피육도(避六道), 업장소멸
	나라에 나쁜 징조가 나타날 때		호국
상륜당중 다라니		이 주문을 99번 써서 상륜당에 두루 안치하고,… 작은 흙탑을 만들어 그 안에 다라니를 안치하면… (書寫此呪九十九本於相輪樘四周安置… 若造一小泥塔於中安置此陀羅尼…)	선근복덕 성취
		탑의 그림자에 닿으면…(至塔影…)	깨달음
		멀리서 이 탑을 바라보거나 탑의 풍경 소리를 듣거나 그 이름만 듣더라도…(遙見此塔或聞鈴聲或聞其名…)	업장소멸
수조불탑 다라니		먼저 주문을 1천8번 외운 후에…스스로 탑을 짓거나…남을 가르쳐 만들거나…오래된 탑을 수리하거나…흙 또는 벽돌로 작은 탑을 만들거나 (呪滿一千八遍然後…自造塔…教人造塔…修古塔…作小塔 或以泥作或用甎石)	선근복덕 성취, 장수, 극락왕생 등
		주문을 써서 탑 안에 안치하거나 중수한 탑이나 상륜당에 넣으면… (書呪印已置於塔中及所修塔內并相輪樘…)	선근복덕 성취
자심인다라 니		지극한 마음으로 다라니를 잠깐이라도 외우면… (至心暫念誦…)	업장소멸
		이 주문 99본을 써서 탑안에 또는 탑의 네 귀퉁이에 두면… (書寫此呪滿九十九本置於塔中或塔四周…)	업장소멸, 소원성취, 선근복덕 성취
		8일, 13일, 14일, 15일…불탑을 오른쪽으로 돌며 이 다라니를 108번 외우면… (8·13·14·15日…右繞佛塔誦此陀羅尼滿一百八遍…)	업장소멸~깨달음
		오래된 탑을 중수하고 탑을 오른쪽으로	소원성취

다라니법	처한 상황	작법내용	공덕
		돌면서 주문을 108번 외우면… (修古塔誦呪右遶滿百八遍…)	
대공덕취 다라니		네 가지 큰 다라니를 각각 99번 쓴 뒤 불탑 앞에 네모난 단을 만들고…다라니 주문을 상륜당 가운데 또는 탑 네 귀퉁 이에 두고…이 왕법을 탑 안에 안치하고 외우고…이 다라니를 28번 외우면… (書寫此四大陀羅尼呪法之王各九十九本 於佛塔前 造一方壇…以陀羅尼呪置相輪 樘中及塔四周…以呪王法置於塔內誦 念…此陀羅尼二十八遍…)	선근복덕 성취, 장수, 치병, 업장소멸
		이 탑을 보면…(見此塔…)	업장소멸
		탑의 방울소리만 들어도…(聞塔鈴聲…)	업장소멸, 정토왕생
		이 탑의 이름만 들어도…(聞此塔名…)	깨달음, 피육도(避六道)
육바라밀 다라니	육바라밀을 얻고자 할 때	네모난 단을 만들고…네 가지 다라니를 각 99번 쓰고, 작은 탑 99개를 손수 만 들어 그 안에 주문 한 본씩 넣고, 상륜다 라니는 작은 탑과 상륜당 안에 넣어 단 위에 벌려놓고…일곱번 이 다라니를 외 워라) (作方壇…四種陀羅尼呪各九十九本手作 小塔滿九十九於此塔中各置一本其相輪 呪還置小塔相輪樘中行列壇上…旋遶七 遍誦此陀羅尼)	육바라밀 성취
		이 주문을 여법히 쓰고 받아 지니고 읽 고 외고 공경하며 몸에 차면… (如法書寫受持讀誦供養恭敬佩於身上…)	업장소멸

　　이들 다라니 작법은 각각 세부의례가 조금씩 다르기는 하지만, 기본적으로 다라니를 필사하여 탑 내에 공양하는 법식으로 두 가지 유형으로 나누어 설명하고 있다. 그 하나는 다라니 77본을 서사하고 또 작은 흙탑 77기를 만들어 그 속에 다라니를 넣어서 불탑 내에 봉안하면 수명연장·멸죄 등을 성취함은 물론 일체소원을 다 만족하며 77억 부처님 장소에 선근을 심는 것이라 했다. 또 다른 하나는 상륜당 안

에 봉안하는 것으로서 다라니를 99본 서사하고 소탑 역시 99기를 조성하여 앞에서와 같이 하면 9만9천 상륜당을 세우는 것, 9만9천 불사리를 안치하는 것, 또 9만9천 불사리탑을 조성하는 것, 또 9만9천 팔대보탑과 9만9천 보리장탑(菩提場塔)을 조성하는 것이라 했다. 그리고 또 만약 한 개의 작은 흙탑을 만들고 이 속에 다라니를 안치하면 곧 9만9천의 소보탑(小寶塔)을 조성하는 것과 같고, 또 어떤 중생이 이 탑을 오른 쪽으로 돌거나, 한 번 예배하거나, 한 번 합장하거나, 꽃 한 송이 향 한 개나, 사루는 향, 바르는 향, 풍경, 깃발, 일산 등으로 공양하면, 9만9천의 불탑에 공양함과 같아서 광대한 선근과 복덕을 성취한다고 했다.

『무구정경』에 나와 있는 다라니의 주요 공덕은 장수·치병·소원성취·득선근복덕·업장소멸·피육도(避六道)·정토왕생·득정각 등 8가지이다. 망자의 극락왕생, 피육도 뿐만이 아니라 생자의 치병, 장수, 소원성취 등에 많은 분량을 할애하고 있어 앞선 『조탑공덕경』이 단순히 탑을 세우는 법식과 조탑으로 인한 공덕에 대해 설하고 있는 것과 달리, 『무구정경』은 구체적인 법사리 방식과 좀 더 현실적인 공덕을 제시하고 있는 점에서 차이가 있다.

좀 더 구체적으로 살펴보면, 근본다라니, 상륜당중다라니, 육바라밀다라니는 인간뿐 아니라 동물들도 탑의 그림자 안에만 들어도 같은 공덕을 받을 것이라고 하였고, 특히 육바라밀다라니는 다라니를 휴대하고 다닐 것을 당부하면서 그렇게 하면 그 사람과 대화하는 존재들도 같은 이익을 얻을 것이라 하였다.[114] 또한 수조불탑다라니의 경우 탑을 직접 조성한 사람뿐만 아니라 남에게 부탁하여 탑을 조성하여도

받는 공덕이 같다고 하였다. 이처럼『무구정경』은 탑의 중수나 조성의 발원 주체자에 공덕의 효험이 한정되는 것이 아니라 탑이 있는 주변의 모든 존재에게 미친다는 점을 여러 번 말한다는 특징이 있다.[115] 아울러 근본다라니에서는 나라에 생기는 나쁜 일을 모두 피할 수 있다[116]는 점을 덧붙이고 있어 이러한 호국의 기능과도 부합하여 신라 왕실에서 적극적으로『무구정경』을 받아들인 것으로 생각된다.

『무구정경』에 의한 확실한 불탑 건립의 가장 이른 예는 706년의 기년을 가진 전(傳) 황복사지 삼층석탑이다. 1942년 6월 황복사지 삼층석탑에서 발견된 금동사리함에 새겨진 명문에 따르면 황복사지 삼층석탑은 천수(天授) 3년(692년)에 승하한 신문왕의 명복을 빌기 위해 신목태후(神睦太后)와 아들인 효소왕이 건립하였다. 이후 성력(聖歷) 3년(700년)에 신목태후가 돌아가시고, 연이어 대족(大足) 2년(702년)에 효소왕이 승하하자 "신룡(神龍) 2년(706년) 경오년 5월 30일에 지금의 대왕(성덕왕)이 불사리 4과와 6촌 크기의 순금제미타상 1구와『무구정광대다라니경』1권을 석탑의 2층에 안치하였다"[117]라고 기록하여『무구정경』과 관련된 신라 최고(最古)의 기록을 남기고 있다.

황복사지 삼층석탑은 14년 만에 개탑(開塔)하여『무구정경』을 봉안

---

114 『無垢淨光大陀羅尼經』(『大正新修大藏經』, T1024, 19 721a11-721a12)
115 옥나영, 위 논문, 2017, p. 112.
116 『大正新修大藏經』, T1024, 19: 718c~719a. "於彼國土若有諸惡先相時 其塔卽便現於神變出大光焰 令彼諸惡不祥之事無不殄滅 若復於彼有惡心衆生 或是怨讎及怨伴侶 幷諸劫盜寇賊等類欲壞此國 其塔亦便出大火光 卽於其處現諸兵伏 惡賊見己自然退散 常有一切諸天善神守護其國 於國四周各百由旬結成大界…是名根本陀羅尼法"
117 황수영,『韓國金石遺文』, 일지사, 1994, p. 146. "神龍二年庚午五月卅日 今主大王佛舍利全金彌陀像六寸一軀無垢淨光大陀羅尼經一卷安置石塔第二層."

하고 있는데, 이는 오래된 탑을 수리한다는 경전의 법식을 충실히 따르기 위한 것이다. 특히 성덕왕이 공덕의 대상물로 황복사 석탑을 선택한 것은 이 탑이 이미 부친인 신문왕 원찰에 건립된 탑이고 당시 건탑 주체는 어머니인 신목태후와 형인 효소왕이라는 점은 자신을 포함한 왕실의 복덕을 빌고 나아가 국가의 태평을 빌 수 있는 적절한 대상물였기 때문이다.[118] 즉, 성덕왕은 부왕과 형의 추복이라는 개인적 염원을 기원함과 동시에 이를 통해 국가를 수호할 수 있다는 성격을 동시에 부여하고 있어 『무구정경』을 통한 신라왕실의 불탑 건립의도를 정확히 보여주고 있다.

석남사에서 출현한 영태2년명(永泰二年銘) 납석제호는 불탑이 아닌 석조비로자나불과 『무구정경』을 함께 봉안한 사례인데 표면에 새겨진 명문을 통하여 무구정광다라니를 봉안했음을 알 수 있다. 내용을 보면, 돌아가신 두온애랑(豆溫哀郞)과 불상을 조성한 법승(法勝)과 법연(法緣) 두 승려, 그리고 이 불상에 예를 표한 사람, 뿐만 아니라 듣거나 그림자를 지나간 사람 등 모든 이들이 나쁜 업이 없어져 스스로 비로자나불임을 깨닫길 바라고 있다.[119] 즉, 망자를 추복하고 있지만, 망자의 극락왕생보다는 정각을 염원하고 있는데, 이는 발원자가 승려이기 때문이다.(〈표 3〉 참조)

---

118 신용철, 「신라 불탑에 있어 『無垢淨光大陀羅尼經』의 영향」, 『불교학연구』23호, 불교학연구회, 2009. 8, p. 349.

119 「永泰二年銘蠟石製壺」, 『譯註 韓國古代金石文』III, 駕洛國史蹟開發研究院, 1992. "永泰二年丙午七月二日 釋法勝法緣二僧幷 內奉過去爲飛賜豆溫哀 郞願爲石毘盧遮那佛成內無垢淨光陀羅尼幷 石南巖藪觀音巖中 在內如願請內者豆溫 愛郞靈神賜那二僧那 若見內人那向尒頂禮爲那 遙聞內那隨喜爲內那 影中逕類那吹尒逕風 逕所方處一切衆生那一切 皆三惡道業滅尒自毘盧遮那是术覺去世爲尒誓 內之."

8세기는 삼국통일이라는 위업을 이룬 신라가 본격적으로 국력과 문화를 꽃피운 시기이다. 이전까지 신라는 국가가 주도한 불탑 건립을 통해 불국토를 수호하고자 하는 호국적 성격이 강하였다. 통일전

〈표 3〉 『무구정경』을 소의경전으로 건립된 8세기 불탑 사례

번호	명칭 및 출처	발원 내용	연대	사리장엄구			
				소탑		다라니	공반 유물
				재질	수량		
1	황복사지 삼층석탑	망자추복 생자장수 천하태평 피육도 득정각	706년	금동사 리함에 선각	99기	죽간	금동사리외함, 순금제불상2구, 금은제고배, 녹유리병파편 외
2	나원리 오층석탑120		8세기 초반	목제 금동제	다수	6종다라니 필사본121	금동사리함 금동불입상 외
3	영태이년명 납석제호	망자추선 파삼악도 중생성취 불도	766년				납석제호 명문 "영태이년병오칠월이일(永泰二年 丙午七月二日) …성납무구정광다라니병(成內無 垢淨光陁羅尼幷)…"
4	불국사 삼층석탑		8세기 중반	목제	16기	『무구정경』 1권 목판인쇄본	금동방형투조 사리함
5	전(傳) 남산출토 사리장엄구 122 (오구라 컬렉션)		8세기	금동사 리함에 선각	99기		금동원통형 사리함, 은제보탑형 사리기, 은제난형사리기, 은제사리소호 외
6	전(傳) 인용사지 동서탑123		8세기 후반	납석제 토제	2기		

120 나원리 오층석탑의 사리장엄에 대해 『경주 나원리 오층석탑 사리장엄』(1998년) 보고서에선 황복사지 삼층석탑에 비해 77 혹은 99기의 소탑 수를 채우지 못했으며, 사리함의 양식 역시 미숙함이 감지되고 있어 황복사지 삼층석탑 이전에 『무구정

쟁이 끝난 후 건립된 감은사지 삼층석탑과 고선사지 삼층석탑은 문무
왕을 추복하고, 전쟁으로 희생된 일반 백성들을 추복하기 위한 성격
도 일부 반영되었던 것이다. 그러나 무엇보다도 불력을 통해 불국토
를 수호하여 삼국통일을 이뤄낸 것을 기념하고자 하는 호국적 성격이
강했던 것으로 생각된다. 이러한 신라의 불탑관이 변화하여 이제 왕
실 구성원 개인의 염원을 담은 원탑(願塔)으로 조성되기 시작한다. 개
인 추복적 공덕의 성격은 기존의 호국적 불탑관에는 없었던 내용으
로, 『무구정경』에서 언급된 공덕의 개인적 성격을 위한 건탑을 합리
적으로 뒷받침해 주었던 것이다. 아울러 이러한 의미부여로 이미 건
립되어 있던 감은사지 삼층석탑의 문무왕에 대한 추복적 성격도 합리
화해주었던 것으로 보인다. 또한 이러한 불탑관은 신라 왕실에서 선
대 왕의 추모를 위한 불탑 건립이 곧 호국이라는 관념에 대한 근거를

경』의 법식을 완벽히 이해하지 못한 신라 최초의 『무구정경』 탑으로 파악하였다.
한편, 주경미는 나원리 오층석탑 사리장엄구에서 발견된 입체로 만든 금동 혹은
목조의 방형소탑은 다라니를 필사하고 그 필사한 것을 소탑에 매납하라는 무구정
경의 다라니작법, 혹은 법사리장엄 방식에 보다 근접한 것으로 황복사지 삼층석탑
의 사리함 표면에 선각으로 표현한 사리장엄보다 나원리 오층석탑이 경전상의 내
용에 충실한 것이므로 나원리 오층석탑이 본격적으로 『무구정경』의 장엄방식을 따
르고 있다는 견해를 제시하였다. (주경미, 위 논문, pp. 181~182.)

121 朴相國, 「舍利信仰과 陁羅尼經의 寫經 片」, 『경주 나원리 오층석탑 사리장엄』, 국립
문화재연구소, 1998.

122 이 사리합은 경주 남산의 어느 탑에서 출토되었다고 전하는데, 황복사지 삼층석탑
사리기와 마찬가지로 사리합 표면에 99기의 소탑이 새겨져 있다. 한정호는 이 사
리기의 출처에 대해서 함께 세트를 이루고 있는 은제보탑형사리기, 은제배형사리
기 등이 불국사 삼층석탑 사리기와 유사하여 같은 공방에서 제작되었을 가능성이
있다고 보고 불국사 다보탑에서 반출되었을 가능성을 제시하였다. (한정호, 「新羅
無垢淨小塔 硏究」, 『東岳美術史學』8, 동악미술사학회, 2007, pp. 44~47.)

123 납석제 소탑과 토제 소탑 바닥에 구경 1.5cm, 깊이 2.0/2.8cm의 구멍이 남아 있어
다라니경을 말아 소탑 내에 봉안했던 것으로 볼 수 있다. (경주시·국립경주문화재
연구소, 『傳 仁容寺址 發掘調査報告書』, 2009, p.100 및 242.)

『무구정경』을 통해 마련했던 것으로 볼 수 있으며 이로써 왕권 강화의 정당성을 확보하고자 했던 것으로 생각된다.

이처럼 8세기 신라에 전래된『무구정광대다라니경』에 따른 불탑 건립과 사리봉안 방식은 널리 유행하여 신라 불탑 건립에 새로운 전환을 가져왔다. 그러나 이 시기 건립되는 석탑은 7세기 말에 이미 성립된 전형양식의 기본에서 벗어나지 못하는 모습을 보이고 있어 외형적으로는『무구정경』에서 직접적인 영향 관계를 유추하기는 어렵다. 다만『무구정경』에 의한 불탑 건립은 신라 건탑 문화에 획기적인 변화를 일으켰고, 기존의 국가 중심적 불탑관에서 개인의 공덕을 위해서 누구든지 탑 건립에 참여할 수 있도록 불탑관의 변화를 가져왔다는 점에서 의의가 있다.

3) 9세기

『무구정경』을 소의경전으로 한 불탑 조성은 9세기에 더욱 증가하는데 수적인 증가와 함께 전국적으로 확산되는 양상을 보인다. 나아가『무구정경』의 유행은 '무구정탑'이란 탑명까지 등장시키고 있다. 경주 창림사지 삼층석탑의『창림사무구정탑원기(昌林寺無垢淨塔 願記)』의 내용을 보면 "국왕경응조무구정탑원기(國王慶膺造無垢淨塔願記) ⋯국왕영주인천회기보진지일사속산지명제어무상지위(國王永主人天會其報盡之日捨粟散之名齊於无上之位)⋯유당대중구년세재을해하수윤월일건(維唐大中九年歲在乙亥夏首閏月日建)"이라 하였다. 내용을 보면 무구정탑 건립의 공덕으로 인하여 국왕이 영구히 인간과 하늘 세계의 주인이 되고 그 목숨

이 다하는 날에는 작은 나라의 이름을 버리고 무상지위에 오르기를 발원하고 있다.[124] 여기에서 국왕 경응은 문성왕(839~857)이며, 대중 9년은 855년에 해당한다. 이 기록에 '무구정탑'이라는 명칭이 나타나는 것은 『무구정경』에 의한 조탑이 성행하였고, 탑은 곧 무구정경을 봉납하는 곳, 혹은 무구정법식을 행하는 곳이란 인식이 팽배해 있었음을 보여주는 사례로 파악할 수 있다.[125] 또한 『고한림낭김립지소찬성주사비(故翰林郎金立之所撰聖住寺碑)』의 일부를 보면 "…건립무구정석탑(建立無垢淨石塔)…" 이란 용어가 사용되고 있어 성주사지에 건립된 석탑 중 '무구정탑'으로 건립된 탑이 있었던 것으로 보인다.[126]

현재까지 '무구정탑'으로 볼 수 있는 사례는 위와 같이 기록에 '무구정탑'으로 불리는 경우와 『무구정경』 또는 다라니를 봉안한 소탑을 탑 안에 봉안한 것으로 볼 수 있다. 한편, 『무구정경』에서는 무구정단에서 의식을 치룰 것을 말하면서 그 단의 형태나 의식방법을 비교적 구체적으로 설명하고 있다.[127] 취서사 삼층석탑은 탑 안에서 발견된

---

[124] 문성왕은 재위 기간 4차례의 반란사건을 겪으며 왕권을 위협받았으나 왕실 외척으로서 공신세력을 대표하였던 金陽과 上大等 金禮徵의 활약 덕분에 모든 반란을 평정할 수 있었다. 이후 청해진 잔존 세력을 碧骨郡으로 이주시켰던 재위 13년(851)에는 唐나라로부터 佛經과 佛牙를 들여와 불교를 진흥시키는 한편 민심을 위무하고 왕실의 위엄을 드높이려 하였다. 그 결과 재위 17년(855)에 이르러 昌林寺에 「無垢淨塔願記」를 조성하여 祖父 金均貞의 淨土往生을 기원하는 한편 均貞系의 왕위계승을 정당화하고, 왕권의 신성함과 우월함을 대내외에 천명하고자 하였다(姜在光, 「文聖王代의 政局과「昌林寺 無垢淨塔願記」造成의 정치적 배경」, 『韓國古代史探究』7권, 한국고대사탐구학회, 2011. 4, pp. 97~138.).

[125] 신용철, 위 논문, 2009, p. 351.

[126] 장충식, 『新羅石塔硏究』, 일지사, 1987, pp. 219~220.

[127] 作壇法의 기본 형태는 方壇을 만들고 향을 사르며 단의 사방에 향수를 담은 병을 두며 음식을 넣은 그릇을 단 위에 놓고 공양하면서 다라니를 외워야 한다는 것이다. "然後於佛塔前 造一方壇牛糞塗地 於壇四角置香水滿瓶 香鑪布列以供養 鉢(盛香花水粳米)置於壇上 及三昧食(烏麻菉豆粳米和煮)幷三白食 各置瓶中布於壇上 種種果

사리합 명문에 의하여 경문왕 7년(867)에 이찬 김양종의 딸 명단의 발원에 의해 건립된 원탑으로 밝혀졌는데, 명문을 통해 무구정단을 설치하고 단사(壇師)로 황룡사 승려 현거(賢炬)를 두었다는 내용[128]으로 보아 취서사 삼층석탑을 건립할 때 무구정단을 만들었음을 알 수 있다.[129]

또한 황룡사 구층목탑은 문성왕 대에 동북방향으로 심하게 기울어졌다가 경문왕 12년에 보수하였다는 기록이 황룡사찰주본기에 남아 있다. 당시 보수 때『무구정경』에 의하여 불사리와 4종 다라니를 봉안한 소석탑 99기를 상륜부의 철반(鐵盤)에 안치하였다고[130] 전하고 있

子數滿九十九 并四種食一切所須 及諸香花皆置其上 以陀羅尼呪置相輪樸中及塔四周 以呪王法置於塔內 想十方佛至心誦念此陀羅尼"

128 사리합 표면에 "釋彦傳 母親諱明端 考伊湌金亮 宗公之季女 親自發弘誓 專起佛塔己感淨土之業 兼利穢國之 生孝順此志 建立玆塔在 佛舍利十粒 作无垢淨一 稟稟師皇龍 寺僧賢炬 大唐咸通 八年建", 저부에 "石匠神弩"의 명문이 있다(朝鮮總督府博物館,『博物館陳列品圖鑑』8, 1936.).

129 장충식은 戒壇과 舍利塔과의 관계로 볼 때, 본래 계단과 사리탑은 엄연한 구별이 있었지만 계단이 佛舍利를 봉안하는 고로 이를 후대에 와서 舍利塔이라 호칭했을 것이라고 하였을 것이라고 하여 '無垢淨檀'을 사리탑 즉, 석탑으로 보았다.(장충식, 위 책, 1987, pp. 140~141.). 신용철은 無垢淨壇을 만드는 방식을 2가지로 추정하였는데 탑을 건립하기 전 無垢淨壇을 만들고 탑을 그 단 위에 건립하는 경우와 석탑 앞에 배례석으로 불리는 구조물이 무구정단으로 만들어졌을 경우를 언급하고 취서사 삼층석탑은 전자의 경우로 보고 취서사 삼층석탑의 맨 아래 기단을 無垢淨壇으로 파악하였다.(신용철, 위 논문, 2009, pp. 356~359.) 만약 신용철의 이러한 견해를 따른다면 현재 삼중기단 석탑으로 알려진 봉화 취서사 삼층석탑을 비롯하여 합천 해인사 삼층석탑, 구례 연곡사 삼층석탑, 대구 부인사 동서 삼층석탑, 합천 영암사지 삼층석탑, 삼척 흥전리사지 삼층석탑 등도 무구정탑으로 조성되었을 가능성이 생기므로, 현재보다 무구정탑이 더 늘어날 수 있다. 한편, 무구정단에 대해 석탑과는 별도의 수법단으로 보아야 한다는 견해도 있다(주경미, 위 논문, p. 169; 한정호,「경주 구황동 삼층석탑 사리장엄구의 재조명」,『미술사논단』22, 한국미술연구소, 2006, pp. 75~76.). 이처럼 無垢淨壇에 대해서는 아직까지 이견이 많아 현재로선 無垢淨壇이 정확히 어떠한 형태였는지는 확실히 알 수 없다. 다만『無垢淨經』에 따른 석탑을 건립할 때 이와 같은 의례의 실행이 매우 자연스럽게 인지되고 활용되었음을 파악할 수 있다.

어 오래된 탑을 수리하여 다라니를 봉안한다는 법식을 그대로 따르고 있음을 보여준다.

　중화3년명(仲和三年銘) 사리기 역시 근본다라니의 고탑 중수 법식에 따라 이전에 건립된 석탑을 883년 수리하였다는 것으로 77기의 소탑에 77기의 다라니를 넣어 봉안하였다. 내용은 업적이 있는 인물을 기념하는 것이 탑을 세우는 목적이라 하면서 김유신을 위해 탑을 중수하고 이로써 모든 이들에게 좋은 일이 있고 육도의 중생들이 육도에서 벗어나 보리를 증득하기를 바란다[131]는 것이다. 이를 통해 보면 개인의 추복보다는 깨달음을 얻는 것에 일차적인 목적이 있는 것으로 생각된다.

　무구정탑의 주요 발원자는 대부분 왕실 또는 지배계층인데, 불탑이라는 조형물은 막대한 노동력과 경제력이 뒷받침되어야 건립 가능한 것이므로 일반인들이 발원의 주체가 되는 것은 불가능했다. 따라

---

130 "其中更依無垢淨經 置小石塔九十九軀 每軀納舍利一枚 陁羅尼四種 經一卷 卷上安舍利一具 於鐵盤之上…"

131 「仲和三年銘金銅舍利器記」, 『譯註 韓國古代金石文』Ⅲ, 1992. "夫以追攀聖跡行人妙趣興揚靈塔明王 通範也 昔有裕神角干成出生之業爲 ▨國之寶敬造此大石塔仲和三年更復 ▨▨將有普門寺玄如大德依无垢淨 光經造小塔七十七軀寫眞言七十七本安處大塔 願言表示家家有妙寶人人得靈 珠六道含識四生稟氣因此勝業共證菩提 仲和三年癸卯二月 日修▨"
"대저 성인의 자취와 행인(行人)의 묘취(妙趣)를 좇아 영탑(靈塔)을 세우는 것은 명철한 사람이 널리 행하는 규범이다. 옛날에 유신(裕神) 각간이 세상에 나서 대업(大業)을 이루어 나라의 보배가 되었기에 삼가 이 대석탑을 만들었다. 중화(仲和) 3년(883)에 다시 중수하고자 하여 …… 보문사(普門寺)의 현여(玄如)대덕이 무구정광경에 의거하여 소탑 77기를 만들고 진언(眞言) 77벌을 써서 대탑에 봉안하였다. 그리고 집집마다 신묘한 보배를 갖고 사람마다 영명한 구슬을 얻으며 육도(六道)의 중생이 모두 식(識)을 갖고 사생(四生)의 중생이 모두 기운을 품수하여 이 뛰어난 업력(業力)으로 인해 함께 보리를 증득하기를 바란다고 발원(發願)하였다. 중화(仲和) 3년 계묘년 2월 일에 중수함."

〈표 4〉『무구정경』을 소의경전으로 건립·중수된 9세기 불탑 사례

번호	명칭 및 출처	발원내용	연대	사리장엄구			
				소탑		다라니	공반 유물
				재질	수량		
1	창림사지 삼층석탑	중생이익 극락왕생 성취불도	855년			다라니경 1축 "국왕경응조무구정탑원기(國王慶膺造無垢淨塔願記)…"	
2	취서사 삼층석탑	극락왕생 중생이익	867년			"건립자탑재(建立玆塔在) 불사리십립(佛舍利十粒) 작무구정일단(作无垢淨一壇) 단사황룡(壇師黃龍)…"	
3	황룡사지 구층목탑		871년	석제	99기	"기중갱의무구정경치소석탑구십구구 (其中更依無垢淨經 置小石塔九十九軀) 매구납사리일매(每軀納舍利一枚) 다라니사종 경일권 권상안사리일구 어철반지상(陁羅尼四種 經一卷 卷上安舍利一具 於鐵盤之上)…"	
4	중화삼년명 사리기	중생보리 증득	883년		77기	"…중화삼년갱득□□장유보문사 현여대덕의무구정광경조소탑칠십 칠구사진언칠십칠본안처대탑(仲和三年更復□□將有普門寺玄如大德依无垢淨光經造小塔七十七軀寫眞言七十七本安處大塔)…"	
5	해인사 묘길상탑	망자추선 중생이익	895년	녹유 토제	176기 132	『무구정경』 1권, 다라니 176벌	탑지 4매 외
6	성주사지 삼층석탑		9세기			김립지찬성주사비 명문 "…무구정석탑(無垢淨石塔)…"	
7	동화사 석탑 사리장엄구		9세기	석제	53기		납석제 사리호
8	동화사 금당암 동·서삼층석탑		9세기	석제	99기 다수		유제사리합 향목편 외
9	동화사 비로암 삼층석탑133		863년	목제	3기		명문사리석합 금동사방불함 외
10	서동리 동삼층석탑		9세기	토제	99기	다라니편	납석제호 녹유사리병 외
11	선림원지 삼층석탑		9세기	납석제	64기		

번호	명칭 및 출처	발원내용	연대	사리장엄구			
				소탑		다라니	공반 유물
				재질	수량		
12	동원리 삼층석탑		9세기	납석제	7기		수정구 외
13	부석사 삼층석탑		9세기	철제	1기		
14	성주사지 동삼층석탑		9세기	토제	다수		
15	화엄사 서오층석탑134		9세기	종이	다수 (탑인)	6종 다라니 필사본	
16	삼화사 삼층석탑		9세기	납석제	25기		청동제 불대좌편, 철불편 등

서 무구정탑을 만들게 된 배경은 발원계층의 정치적 상황과 맞물려 이해해야 하는 부분이 많은데, 앞서 언급했듯이 선대 왕에 대한 추복이 곧 왕권 강화와 호국의 개념으로 상통하는 것으로 보아 무구정탑의 발원은 점차 정치적 불안정 요인을 극복하기 위한 불사로 발전한 것으로 생각된다. 특히 호국불탑을 대표하는 황룡사 구층목탑을 개건할 때 다라니를 봉안했다는 것은 앞서 선덕왕이 대내외적인 위기를 극복하기 위해 황룡사 구층목탑을 건립한 행위의 연장선상으로 볼 수 있다.135

---

132 이 사리구의 소탑은 원래 『무구정경』에 의거하여 77기, 99기를 조성하여 납입하였던 것으로 보이는데, 1966년 도굴되었다가 회수되었을 때 19기가 망실되어 현재는 157기만 남아 있다.

133 黃壽永, 「新羅 敏哀大王 石塔記」, 『史學志』3, 단국사학회, 1969.

134 정경재·박부자, 「화엄사 서오층석탑 발견 『무구정광다라니』의 서지적 연구」, 『서지학연구』65, 한국서지학회, 2016. 3, pp. 149~181.

135 신용철은 황룡사 구층탑의 수리와 무구정경에 따른 사리봉안은 무구정탑이 개인의 기복만을 의미하는 조탑경으로 쓰인 것이 아니라 국가와 대중 전체의 공덕개념으로 성립되고 발전하였음을 보여주는 중요한 사례로 황룡사탑의 중수는 무구정경을

이를 보면 무구정탑 발원자들이 반드시 망자의 정토왕생을 기원했던 것도 아니며 나아가 다라니의 영험함이 탑을 조성한 주체자 뿐만 아니라 다른 이들에게도 미치기를 기원하고 있어 다라니에 대한 공양과 다라니를 봉안한 탑의 건립과 중수에 따른 공덕에는 다양한 목적과 기원이 담겨 있음을 알 수 있다. 그리고 그 염원들은 모두『무구정경』에서 설명한 6종다라니의 공덕에 포함되고 있어 신라인들은 『무구정경』다라니의 역할과 그 의미를 중요하게 생각하였고 그에 근거하여 탑을 조성하였다는 것을 알 수 있다.

한편,『무구정경』외에도 다른 밀교경전이 조탑과 관련된 사례를 볼 수 있는데,『불정존승다라니경(佛頂尊勝陀羅尼經)』과『준제다라니경(准提陀羅尼經)』을 확인할 수 있다.『불정존승다라니경』은 법광사 삼층석탑에서 출토된 납석제 사리호에 묵서로 '불정존승다라니'라고 쓰여 있는 것이 확인된다. 법광사석탑기(法光寺石塔記) 내용을 보면, 828년(흥덕왕 3년)에 탑을 세운 후, 846년(문성왕 8년)에 탑을 옮겨 세우고 수리하였다고 되어 있어136 옛 탑을 중수하였다는 점에서『무구정경』에 근거한 것으로 보기도 하지만, 사리호의 묵서명으로 보아『불정존승다라니경』에 근거한 것으로 생각된다. 이는『불정존승다라니경』이 불탑을 수리하거나 다라니를 봉안하면 공덕을 얻을 수 있다는 내용으로『무구정경』과 상당히 유사한 까닭에137 조탑 경전으로 받아들여 진 것으

기본으로 이루어낸 통일신라 최대의 결과물로 의미를 부여하고 있다(신용철, 위 논문, p. 365.)

136 「法光寺石塔記」,『譯註 韓國古代金石文』Ⅲ, 1992. "法光寺石塔記 會昌六年丙寅九月 移 建兼脩治願代代壇越生 淨土今上福命長遠 內舍利卄二枚上座道興 大和二年戊申 七月香 照師圓寂尼捨財建塔 寺壇越成德大王典香純"

로 볼 수 있다.

『준제다라니경』은 갈항사지 동·서삼층석탑 중 서삼층석탑 내에서 발견된 사리병 안의 종이에 준제진언이 적혀 있는 것이 확인되었다.[138] 갈항사는 동삼층석탑의 상층기단 면석의 명문[139]을 통해 758년(경덕왕 17년)에 건립되었음을 알 수 있는데, 원성왕의 외가에 의해 중창된 것으로, 이 일가의 원찰 성격을 갖는 것으로 보인다.[140] 준제진언은 지바하라(地婆訶羅)의 『불설칠구지불모심대준제다라니경(佛說七俱胝佛母心大准提陀羅尼經)』, 금강지(金剛智)의 『불설칠구지불모준제대명다라니경(佛說七俱胝佛母准提大明陀羅尼經)』, 불공(不空)의 『칠구지불모소설준제

---

137 「佛頂尊勝陀羅尼經」의 내용을 살펴보면, 선주천자가 7일 후에 죽어서 염부주에 떨어져 지옥에서 고통 받을 것이며, 지옥에서 벗어나고 난 후에는 비천한 집안에 실명한 채 태어날 것이라는 것을 알게 되자, 여래에게 청하여 그 같은 일에서 벗어날 수 있는 방법을 듣는 것으로 시작한다. 이에 대하여 여래는 如來佛頂尊勝이라는 다라니를 설해준다. 그리고 長壽를 위해서는 재계한 후 보름날 다라니를 천편 송해야 하며, 다라니를 들으면 治病의 효험을 얻을 것이고, 설사 죽어서 지옥에 떨어져도 21편 염송한 뒤 죽은 자의 뼈 위에 흩뿌려주면 하늘에 다시 태어난다고 설하고 있다. 『佛頂尊勝陀羅尼經』에서도 직접 탑을 만들거나 수리하여 다라니를 안치하면 얻는 공덕으로 장수연명·득복덕이익·악업소멸·파지옥·청정악도 등을 제시하여 정토왕생이나 득정각을 제외하고는 『無垢淨經』과 매우 유사함을 알 수 있다. (옥나영, 위 논문, 2017, pp. 114~115.)

138 1916년 탑을 해체할 당시 기단부에서 발견되었던 사리장엄구와 함께 있었던 금동병, 금동제사리병, 종이조각 중 병속에 있던 것이 2005년 9월에 다시 정리할 때 수습된 것이다. 준제진언은 얇고 미색을 띤 上品의 신라 닥종이에 중앙에서부터 밖으로 원형의 이어진 묵선을 긋고 그 안쪽에 묵서로 진언을 기록한 것이다. 다른 유물과 기록으로 볼 때 건립당시 납탑되어진 것으로 추정된다. (남권희, 「韓國 記錄文化에 나타난 眞言의 流通」, 『密敎學報』7, 위덕대학교 밀교문화연구원, 2005, p. 67.)

139 "二塔, 天寶十七年戊戌中立在之, 娚姉妹三人, 業以成在之.」娚者, 零妙寺言寂法師在旀, 姉者, 照文皇太后君妳在旀, 妹者, 敬信太王妳在也."(황수영, 『韓國金石遺文』, 一志社, 1976.)

140 朱甫暾, 「『三國遺事』勝詮髑髏條의 吟味」, 『新羅文化祭學術發表會論文集』34輯, 동국대학교 신라문화연구소, 2013, pp. 54~56.

다라니경(七俱胝佛母所說准提陀羅尼經)』에서 설하는 다라니를 말한다. 이 다라니는 26자에 불과한데 "칠억의 정등각존(正等覺尊)에게 귀의합니다. 유행존(遊行尊), 정계존(頂髻尊), 청정존(淸淨尊)이여 환희있으리"라는 내용으로[141], 지바하라·금강지·불공 번역 경전에서 인(印)으로 탑을 만들고 다라니를 염송하면 관세음보살·다라보살·금강수 보살을 보거나 보리의 수기를 받을 수 있다고 한 것이나, 탑이나 사리탑 앞에서 주를 외고 공양하면 금강수 보살을 만난다거나, 전법륜탑 등 모든 탑 앞에서 주문을 외고 탑돌이를 하면 아발라시다보살(阿鉢羅是多菩薩)과 가리저보살(訶利底菩薩)을 보고 소원을 이룰 수 있다고 한 것에 따라 준제다라니를 적어 탑 안에 봉안한 것이다.[142]

지금까지 살펴본 불탑 관련 경전들은 이전의 호국적 불탑관이 아닌 불탑의 중수나 건립에 따른 다양한 공덕을 구체적으로 제시하였고 그 결과 불탑의 조영 개념에 변화를 주었던 것으로 보인다. 특히 개인적 공덕 성취를 가능하게 하고 있어 공덕을 쌓기 위해 불탑을 건립하는 현실적인 불탑관의 정립을 가져왔다. 또한 각 경전에서 다라니의 위력을 전면에 내세워 공덕을 부각시키고 있어 불탑 안에 사리를 봉안할 때 신사리 만큼 법사리를 중요하게 여겼다. 여러 조탑경 가운데 한역 직후 전해진『무구정광다라니경』이 가장 성행하여 신라석탑의 중수나 건립에 미친 영향이 매우 컸음을 알 수 있다. 이밖에도『불정존승다라니경』과『준제다라니경』도『무구정경』만큼은 아니지만 조탑의 사상적 배경으로 역할을 하였음을 확인하였다. 따라서 8세기 이

---

141 남권희, 위 논문, 2005, p. 68.
142 옥나영, 위 논문, 2017, pp. 143~144.

후 신라 사회는 불교가 안정적으로 정착하고 난 후 독자적인 방법으로 조탑 방법이 발전해 나갔으며 그 과정에서 다양한 조탑경의 유입이 큰 영향을 주었던 것을 확인할 수 있다. 결국『무구정경』의 전래에 의한 8세기 신라 불탑관의 변화는 9세기 이후 건탑 원인이 다양화될 수 있는 동인이 되었으며 이로 인해 석탑 양식도 다양하게 변화할 수 있는 길을 열어 주었다는 점에서 의의가 있다.

2. 변화요인

1) 석탑 조형에 대한 관점

삼국은 불교를 수용하면서 초기에는 모두 고층목탑을 건립했고 재료를 목재에서 석재로 전환하면서 조형적 차이가 발생하게 된다. 고구려는 남아 있는 자료를 확인할 수 없어 제외하면 백제는 화강암을 선택하였고, 신라는 안산암을 벽돌과 같이 가공한 모전석재를 선택하여 각각 미륵사지 석탑과 분황사 석탑을 건립한다. 두 석탑은 모두 목탑을 재현한 것이지만, 재료의 차이로 인하여 조형적으로도 차이가 발생하였다. 신라는 분황사 석탑을 모전석탑으로 제작하고 난 이후 전형석탑부터는 백제와 마찬가지로 화강암 석탑을 건립하고 있어 최초의 석탑을 모전석재를 사용하여 건립한 것은 나름의 이유가 있을 것으로 생각된다. 또한 이렇게 만들어진 모전석탑은 전탑과는 별도의 양식으로 계보를 형성하여 이후 신라석탑의 전개과정에서 중요한 위치를 차지하고 있다. 따라서 분황사 모전석탑 제작은 신라만의 불탑 조형에 대한 관점이 작용했던 것으로 생각되므로 이에 대해 살펴볼 필요가 있다. 이를 위해 불교의 원시경전인 아함부 경전(阿含部 經典) 중 『반니원경(般泥洹經)』과 『불반니원경(佛般泥洹經)』에 나와 있는 불탑조형에 대한 다음의 내용이 주목된다.[143]

"…'마땅히 성에서 40리쯤 되는 위치향(衛致鄕) 네거리 가운데 탑묘를 세울 것이다.' 구이국의 호족들이 함께 벽돌을 만들었는데, 가로와 세로가 3척씩이었다. 이를 모아서 탑을 쌓았으니 높이와 가로와 세로가 모두 1장 5척이나 되었다. 황금 항아리에 사리를 담아 그 속에 안치하고 찰간대를 세워 법륜(法輪)을 표시하고 그 위에 비단 번을 달았다."

"當出去城四十里 於衛致鄕四衢道中作塔廟 拘夷豪姓 共作石礜 縱廣三尺 集用作塔 高及縱廣 皆丈五尺 藏黃金甖 舍利於其中置 立長表法輪 枰蓋懸繒"[144]

"모든 비구들이 함께 아난에게 물었다. '장사지내는 법은 어떠합니까?' 아난이 대답하였다. '동쪽으로 나가서 성에서 30리 떨어진 곳에 마을이 있는데 그 마을은 이름이 위치(衛致)입니다. 그곳 네거리에 찰간을 높이 세우고 불탑[廟]을 세울 것입니다. 옥으로 벽돌을 만들되, 벽돌의 길이와 너비는 정방형으로

---

143 禹仁寶, 「阿含部 經典의 佛塔信仰思想」, 『文化史學』33호, 한국문화사학회, 2010, pp. 131~134.

144 『般泥洹經』卷下(大正藏1, p. 190, 下 9).

석 자가 되게 하고 탑의 길이와 너비는 한 길 다섯 자가 되게
하고, 사리를 모신 황금 병을 바로 그 중앙에 모십니다. 탑을 세
우고 찰간을 세우고 비단 번기를 높이 달고…"

　"諸比丘俱問阿難 葬法云何 答曰當東出 去城三十里 彼土有鄕
　　鄕名衛致 有四衢峙利立廟 以玉作墼 墼之縱廣其方三尺 塔縱廣
　　丈五尺矣 舍利金罌 正著中央 興塔樹利 高懸繪幡"[145]

　위 두 경전 내용은 석가의 열반 후 비구들이 아난에게 장례법을 묻
는 대목의 일부로 불탑을 제작하는 방법에 대한 언급을 볼 수 있는데
옥 또는 돌로 격(墼) 즉, 날벽돌을 제작하라고 하였다. 벽돌은 진흙을
방형 틀에 넣어 건조시키거나 소성하여 제작하는 것이므로, 위와 같
이 옥과 돌로 '날벽돌'을 제작하라는 것은 옥과 돌을 벽돌모양으로 가
공하여 불탑 재료로 사용하라는 것으로 이해되어 진다. 따라서 석재
를 벽돌 모양으로 가공하여 불탑을 건립하는 것은 일찍부터 불탑을
건립하는 한 방법이었던 것이다. 이와 같은 불탑 제작 방식으로만 본
다면, 일정한 모양으로 가공한 석재를 이용하여 불탑을 만드는 것은
인도의 산치 스투파에서부터 볼 수 있는 것으로, 방형의 가공한 석재
를 불탑재의 오리진(Origin)으로 이해해 볼 수 있지 않을까 한다.[146]
그렇다면 신라는 왜 최초의 석탑을 이와 같은 모전석재를 선택하여
건립했을까. 기왕에는 석재를 가공하여 쌓아 올렸다는 점에서 중국
신통사 사문탑(神通寺四門塔 611년)과의 연관성에 주목하였다. 사문탑은

---

[145] 『佛般泥洹經』卷下(大正藏1, p. 174, 下 9).
[146] 김영준, 「芬皇寺石塔 硏究」, 영남대학교 박사학위논문, 2013, p. 103.

사진 1. 인도 산치 제1스투파

사진 2. 중국 신통사 사문탑(611년)

611년 중국에서 최초로 건립된 석탑으로 분황사 석탑과 마찬가지로 석재를 방형으로 가공하여 쌓아 올린 형식을 보이고 있다.

사진 3. 신통사 사문탑 석재 크기

사진 4. 경주 분황사 석탑 석재 크기

축조 방식의 유사성을 이유로 분황사 모전석탑에 영향을 주었을 것으로 추정하였으나, 분황사 석탑에 사용된 석재의 크기는 길이 약

30cm 내외, 두께 4.5~5cm, 9cm의 벽돌형의 소형인데 반해 사문탑은 170cm × 43cm, 124cm × 57cm, 87cm × 30cm 크기로 석재를 가공하고 있어 근본적으로 석재의 가공 상태가 완전히 다르다. 또한 이와 같은 정각형 석탑은 보통 단층 또는 2층으로 구성된 것과 달리 분황사 석탑은 9층으로 추정되고 있으며, 내부 공간 구성 등에서 차이를 보이고 있어 두 석탑은 양식적으로 무관한 것으로 보는 것이 타당하다.[147]

따라서 분황사 석탑은 중국 불탑과 양식적 연관성보다는 신라에서 창안된 새로운 조형의 석탑으로 볼 수 있으며 이와 같은 석탑 조형이 추구되었던 이유는 당시 분황사 창건 상황과 관련이 있을 것으로 생각된다. 분황사는 634년 선덕왕 3년에 창건된 사찰로 칠처가람터 가운데 한 곳이다. 앞서 창건된 황룡사에 목탑을 세우는 것은 643년이므로, 신라는 분황사를 창건하면서 최초의 석탑을 모전석탑으로 건립한 것이다. 당시의 정치상황을 보면 선덕왕이 즉위하기 이전 진평왕 말부터 발생한 이찬 칠숙과 아찬 석품의 모반사건[148]을 비롯하여 고구려·백제와의 잦은 군사적 충돌로 인하여 정국은 매우 불안정했던 것으로 보인다. 특히 칠숙과 석품의 모반은 여왕 승계에 불만이 표출된 것으로서[149] 이러한 상황에서 여왕의 즉위는 정치세력 간의 내부

147 박경식, 「四門塔에 대한 考察」, 『文化史學』27, 韓國文化史學會, 2007, pp. 1161~1176; 박경식, 「분황사 모전석탑의 양식 기원에 대한 고찰」, 『新羅文化』41, 동국대학교 신라문화연구소, 2013, pp. 163~197.
148 『三國史記』卷4, 新羅本紀4, 眞平王 53年條.
149 김덕원, 「신라 中古期 叛亂의 원인과 성격」, 『민족문화논총』38, 영남대학교 민족문화연구소, 2008. 4, pp. 85~112; 박용국, 「善德王代 初의 政治的 實狀」, 『경북사학』23, 경북사학회, 2000, p. 258.

적 갈등을 우선적으로 극복하기 위한 정통성이 필요했던 것이다.

앞서 진흥왕도 왕권을 강화하기 위해 불교의 힘을 빌렸다. 불교문화권에서 가장 이상적인 통치자였던 전륜성왕을 자신의 롤모델로 삼아 황룡사를 창건하고, 인도의 아육왕과 연관하여 불국토 인연을 강조하는 장육존상을 주성하였다. 이는 진흥왕이 주체적으로 왕권을 강화하고자 한 종교적 결과물로,150 선덕왕 역시 집권 초반 흔들리던 정치적 권위를 세우기 위해서는 새로운 신앙적 명분이 필요했던 것으로 생각된다. 이를 위해 선덕왕 즉위 후 처음 창건한 분황사는 기존의 목탑과 다른 새로운 불탑 조형을 선택한 것으로 생각되는데, 불탑의 원류를 충실히 살리기 위해 벽돌모양으로 가공한 석재를 불탑재로 선택한 것으로 이해된다. 이는 왕실의 적극적 호불 행위가 석종의식(釋種意識)을 공고히 하여 왕권을 강화하는 명분으로 삼았던 진흥왕 때와 같은 맥락으로 볼 수 있다.

아울러 이와 같은 새로운 불탑조형에 대한 신라의 선택은 당시 삼국 중 불교를 가장 늦게 공인하면서 상대적으로 문화적 열등감을 극복하기 위해 불탑의 원류를 수용하고자 한 목적도 있었을 것으로 짐작된다. 따라서 선덕왕의 정치적 권위를 세우는 것과 동시에 불국토로서 불교 원류와의 인연을 강조하고자 모전석탑이라는 새로운 조형을 창안한 것으로 생각된다. 이는 분황사 모전석탑이 중국의 전탑 영향이 아니라 신라에서 창안된 새로운 형태라는 점에서 의미가 있다.

---

150 최선자, 「신라 황룡사의 창건과 진흥왕의 왕권 강화」, 『한국고대사연구』72, 한국고대사학회, 2013. 12, pp. 119~151.

이와 관련하여 분황사 석탑에서 출토된 사리장엄구 유물에 대한 박대
남의 다음과 같은 견해가 주목되는데, 공양품 중 패각류는 동남아산
으로 추정되며, 그동안 실패로 알려진 원형의 금제품이 인도인들이
장착하던 귀걸이라는 점에서 신라와 남방지역과의 교류관계를 짐작
할 수 있다는 것이다.[151] 이는 신라의 대외교류를 입증해 줄 수 있는
자료로 이러한 유물이 분황사 석탑 안에서 출토되었다는 것은 결국
신라가 인도식 불탑에 원류를 두고자 했음을 방증해주는 것으로 생각
된다.

그렇다면 분황사 석탑은 가공한 석재를 선택했으면서도 인도 스투
파와 같은 복발형이 아닌 고층형 목탑을 번안한 형태의 불탑을 조성
했을까. 국내에서는 산치탑과 같은 형태의 불탑 사례가 남아 있지 않
으나, 『삼국유사』에 고구려 요동성에 상면이 둥근 형태의 삼중토탑이
있었다는 기록을 볼 수 있다. 그러나 이후 이 자리에 7층 목탑을 다시
세웠다는 것으로 볼 때[152] 고층형 목조탑을 세운 것을 알 수 있다.

불탑이 중국으로 전해지면서 부처의 사리를 봉안한 일종의 무덤으
로 소개되었고 사리, 즉 유해를 안치하는 사당 또는 종묘의 의미와
상통되었다. 중국은 묘(廟)의 성격을 표현해주는 건축 형식으로 목조
중층형 건물을 사용하고 있었고 2~3세기 경 인도의 스투파가 고층화

---

151 박대남, 위 논문, 2009, pp. 73~74.
152 『三國遺事』권3 塔像 제4 遼東城育王塔條.
　　"高麗遼東城傍塔者 古老傳云 昔高麗聖王 按行國界次 至此城 見五色雲覆地 往尋雲
　　中 有僧執錫而立 旣至便滅 遠看還現 傍有土塔三重 上如覆釜 不知是何 更往覓僧 唯
　　有荒草 掘尋一丈 得杖并履 又掘得銘 上有梵書 侍臣識之 云是佛塔 王委曲問詰 答曰
　　漢國有之 彼名蒲圖 王因生信 起木塔七重 後佛法始末 今更損高 本塔朽壞 育王所統
　　一閻浮提洲 處處立塔 不足可怪"

되는 현상을 따라 자신들의 전통과 부합하는 고층 목조누각형 건물을 불탑의 기본형식으로 채용한 것으로 보인다.153 특히 『위서(魏書)』의 "무릇 궁탑(宮塔)의 제도는 천축의 옛 모습에 의지하여 이를 중층으로 건립하였다. 1층에서 3, 5, 7, 9층에 이른다."154라는 기록으로 보아 인도의 불탑도 중층형으로 변화하였으며 이러한 불탑 형식이 중국에 전해진 것을 알 수 있다. 이를 통해 보면, 불탑의 고층화 현상은 인도 산치탑 건립 이후 동아시아의 전반적인 현상으로 볼 수 있으며, 중국의 전통 목조누각형 건물과 결합하여 불사리를 봉안하는 묘탑으로서 고층형 목조탑이 기본형식으로 자리잡았던 것이다.

따라서 분황사 석탑은 불탑 원류에 대한 인식과 동경으로 벽돌모양으로 가공한 모전석재를 불탑재로 선택했던 것으로 생각되며, 당시 중국과의 교류를 통해 성행했던 불사리신앙을 강조하기 위해 부처의 사리를 모시는 묘탑이라는 근본에 충실한 조형으로 생각된다. 이는 분황사 석탑이 모전석탑으로서 전축형 축조방식을 보이지만, 전체 조형은 목조건축을 충실히 재현하고 있어 목조건축에 근본을 두고 있는 것을 보아 알 수 있다. 즉, 분황사 석탑의 건립은 선덕왕 집권 초반 흔들리는 왕권을 강화하기 위해 더욱 강력한 신앙적 명분이 필요했던 신라 왕실의 새로운 불탑에 대한 의지가 반영된 조형이다.

그러나 이와 같은 모전석탑은 신라석탑의 주류 양식으로 정착하지 못했는데, 여러 이유 중 재료의 전환에 따른 석탑 조형이 변화한 것도

---

153 조충현, 「後漢代 佛塔 認識과 基源 問題」, 단국대학교 석사학위논문, 2010, pp. 44~50.
154 『魏書』卷104, 「釋老志」 "凡宮塔制度 猶依天竺舊狀而重構之 從一級至三五七九"

중요한 이유였던 것으로 생각된다. 통일 이후 신라 불탑의 주류는 화강암제 석탑으로 전개되었는데, 전형양식이라고 불리는 신라식의 새로운 석탑 양식이 창안되었다. 화강암을 석탑 재료로 선택한 것에 대해서는 백제도 화강암을 사용하여 미륵사지 석탑을 재현한 것과 같이 기본적으로 돌이라는 재료 자체가 갖고 있는 견고함과 영원성을 인지하고 도처에 질좋은 화강암이 풍부하였기 때문으로 알려져 있다.[155] 또한 목탑은 화재에 취약하므로 목재의 재료적 단점을 대체하는 재료로서 화강암 석재를 석탑 재료로 선택한 것으로 보인다. 그러나 미륵사지 석탑이 석재로서 목탑을 충실히 번안하는 것이 일차적인 조형 목적이었다면, 신라는 목탑적 요소를 어느 정도 탈피하고 제한된 목탑적 요소를 번안하여 전형양식이라는 신라만의 새로운 석탑 조형을 만들어 내게 된다. 석탑이 목탑을 번안하여 발생한 것이라는 것은 백제와 신라의 동일한 조형의지라고 여겨지지만, 신라는 화강암이라는 석재의 재료적 특성을 이해하여 규모나 외형 등은 목탑뿐만 아니라 백제의 석탑과 다른 양식을 창안하였다. 그 결과 통일 직후 감은사 삼층석탑, 고선사 삼층석탑에서 화강암을 가공하여 결구하는 이중기단에 삼층탑신을 갖춘 전형양식이 정립되었고 이후에 전개되는 신라 석탑 양식의 기본형으로 정착된다.

그렇다면 신라 전형석탑은 어떻게 신라만의 석탑 조형으로 창안될 수 있었는지 살펴보고자 한다. 신라 전형석탑 역시 기본적으로 목탑을 석탑으로 번안한 것이지만, 미륵사지 석탑과 같이 목탑을 직역한

---

[155] 鄭永鎬,「韓國 石塔樣式의 變遷」,『石塔』韓國의美⑨, 中央日報社刊, 1989, pp. 168-169; 鄭永鎬,『석탑』, 대원사, 1999, pp. 64-65.

것과는 거리가 있는 조형이므로 건축적 측면이 아닌 조형 원리 측면에서도 바라봐야할 필요가 있다.

먼저 돌 스스로 내포하고 있는 자연적 괴량감에서 오는 경외감, 숭고함을 언급할 수 있다. 고대부터 자연석 또는 거석은 자연에 대한 경외심을 표현하는 수단으로 사용되어 왔으며, 바위의 견고함, 영속성, 불변성은 오랫동안 자연신앙의 기저에 깔려 있던 관념이다. 자연신앙보다 훨씬 체계화된 종교인 불교에서 종교적 조형물을 구현하고자 할 때 이와 같은 돌에 대한 기존의 관념들이 상징적으로 반영된 것으로 볼 수 있다. 또한 화강암이 지닌 순백의 색감은 이러한 숭고함과 경외감을 높이는데 있어 긍정적인 작용을 했을 것으로 생각된다. 아울러 화강암을 다듬었을 때의 미려함은 석탑을 비롯한 종교적 조형물을 제작할 경우 미감을 높이는데 적절한 재료로서 사용된 것으로 볼 수 있다.

신라 전형석탑의 조형적 특징으로 가장 눈에 띄는 것은 이중기단의 발생을 들 수 있다.[156] 신라석탑의 이중기단 발생에 대해 여러 견해가 있지만[157] 아직까지 명확하게 밝혀진 바는 없다. 물론 미륵사지

---

[156] 고유섭은 신라석탑의 典型樣式 특징으로 基壇이 二重基壇이며 下臺甲石에는 上臺中石을 받기 위한 角形과 弧形 몰딩, 그리고 上層基壇 甲石에는 重段角形의 괴임이 있음을 지적하였다. 그리고 屋身은 그 층수와 관계없이 1칸 평면으로 요약됨과 옥개석의 층급받침이 5단을 넘지 않음, 그리고 낙수면은 실제 건물에서처럼 層折이 없이 경사지게 처리하는 점 등을 특징으로 정리하였다.(고유섭, 「朝鮮塔婆의 硏究(期1)」, 『한국탑파의 연구』, 을유문화사, 1947. P.52.)

[157] 고유섭은 석탑자체의 樣式의 발전이 아니라 當代 실제 건물의 基壇形式을 채용했다는 견해를 언급하였다(고유섭, 위 논문, p. 52.). 장충식은 根本說一切有部毘奈耶雜事 卷第十八에 벽돌을 사용하여 基壇을 二重으로 하고 塔身 위에 覆鉢을 안치하되 높이는 뜻에 따르도록 하였으며, 위에 다시 平頭를 배치하되 높이는 보통 一二尺이며 폭은 二三尺이고 상륜은 一二三四 내지 十三重이며, 그 위에 寶瓶을 안

석탑에서부터 이중기단이 조성된 것으로 보아 신라석탑의 이중기단도 목탑의 번안 요소로 볼 수 있지만, 미륵사지 석탑은 목조건물에서와 같이 낮은 형태로 목탑의 직역임을 알 수 있으나 신라석탑은 이에 비해 기단의 높이가 눈에 띄게 높아지고 있어 차이가 있다. 이와 같은 신라석탑의 높직한 이중기단의 출현은 조형적으로 봤을 때, 전체적으로 층수가 감소한 석탑에 상승감을 높여주기 위한 발상으로 생각된다. 상승감은 위나 높은 곳으로 오르는 느낌을 말하는 것이며 고대에 높은 곳은 하늘, 즉 천공을 지향하는 것으로 초월적 세계를 지향하는 것을 뜻한다. 즉, 기단을 높임으로써 석탑 전체에 상승감을 주는 형태는 바꾸어 말하면 탑신의 층수 변화에 따라 시각적 상승감을 주고자 한 신라석탑의 새로운 조형의지라고 생각된다.

　신라석탑의 층수는 목탑의 고층에서 3층, 5층으로 변화하였지만 주로 나타나는 것은 전형양식으로 등장한 3층이다. 그렇다면 전형석탑은 어떤 이유로 고층에서 층수를 줄여 3층이란 층수를 채택하게 되

치하는 것으로 기록하고 있어 이를 이중기단의 발생과 연관시켰으나, 다시 根本說 一切有部가 710년 義淨(635~713)에 의하여 번역되었다는 점에서 682년 이전에 완공된 감은사지 석탑에 연결시키기에는 무리가 따른다고 하였다(張忠植, 『신라석탑연구』, 일지사, 1987. p.112.). 또한 감은사 석탑의 하층기단 주위에 시설된 塔區를 기단에 포함시켜 三重基壇형식을 취하는 것으로 판단하고 皇龍寺 木塔址에서 형식적 근거를 찾고자 하는 견해가 있다(국립경주문화재연구소·경주시, 『感恩寺 發掘調査報告書』, 1997, p. 227.). 한정호는 감은사지 금당의 기단 높이가 높아진 것과 관련하여 석탑의 기단도 높아진 것으로 파악하고, 구조적으로 감은사지 석탑의 기단은 板石을 조립한 架構式基壇으로 만약에 260cm 높이의 여러 장의 板石으로 기단이 구축되었다면 육중한 塔身에서 오는 엄청난 荷重과 橫壓力을 과연 얼마만큼 견딜 수 있을지 우려되는 구조이므로 이러한 구조적 불합리성을 합리적인 변화를 모색하는 과정에서 考案된 것이란 견해를 제기하였다(한정호, 「新羅石塔의 二重基壇 發生原因에 대한 고찰」, 『新羅文化祭學術發表會論文集』第24輯, 동국대학교 신라문화연구소, 2003. 2, pp. 61~95.).

었을까. 앞서 분황사 석탑의 경우 목조누각형의 목탑을 충실히 재현하고자 하는 조형의지의 반영으로 9층의 다층으로 구성된 것으로 생각되지만, 7세기 말부터 여러 조탑경이 전해지면서 불탑 건립 목적이 공덕성취로 변화한 까닭에 석탑의 층위를 올리는 것보다는 불탑내실에 따른 효능이 층수를 대신한 것으로 볼 수 있다.[158] 한편, 7세기 말 신라에 전해진 조탑경 중『조탑공덕경』의 '기상고묘출과삼계(其狀高妙出過三界)'라고 하여 탑의 형상을 높고 묘하여 3계를 지나게 하라는 내용에 주목하여 불교에서 이르는 욕계(欲界), 색계(色界), 무색계(無色界)의 이 3계를 3층의 형상으로 표현하여 전형석탑의 3층이 출현했다는 견해가[159] 있기도 하지만, 일반화된 해석으로 이해하기는 어렵다.

  탑에 관하여 언급한 경전은 총 84종 138권이며 그 내용은 탑의 공덕, 탑의 조성, 탑의 공양으로 분류할 수 있다.[160] 경전에 나타나는 조탑 관련 내용은 주로 불탑의 재료, 불탑을 세우거나 무너진 탑을 수리함으로서 쌓이는 공덕 또는 장엄방식 등에 관한 내용이 대부분인데, 대표적으로『조탑공덕경』,『무구정광대다라니경』등이 해당된다. 그러나 신라사회에서 방형 이중기단의 3층 석탑이 선호되었지만, 다양한 양식의 석탑들이 건립되었던 것을 보면, 신라사회에서 불탑은 불상과 달리 사리를 영구히 안정적으로 보존하고 불도들로 하여금 불타의 실재로만 인식된다면 평면 형태나 층수 등 기본 형태에 대하여

---

158 장충식, 위 책, 1987, p. 33.
159 최민희, 위 논문, 2003, pp. 68~70.
160 김버들, 「佛敎經典과 曼茶羅에 나타난 多寶塔의 造營特性에 關한 硏究」, 동국대학교 박사학위논문, 2006, p.13.

는 그다지 제한이 없었던 것으로 생각된다.[161] 다만 그동안 목재로 제작하던 고층탑을 석재로 그대로 재현하는 것이 기술적으로 어렵다는 것은 미륵사지 석탑을 통해 알고 있었으므로 석재 가공기술의 발전과 함께 조형기술적인 측면에서 본다면, 전체적인 규모의 축소에 따라 석탑 크기, 비례 등을 고려하여 층수도 조정되었을 것으로 볼 수 있다.

그렇지만 불탑은 기본적으로 종교적 상징물로 신앙 대상체로서 종교적 내용성이 강한 조형물이다. 따라서 석탑 규모의 축소는 종교적 조형물에 내재된 본질적인 종교적 위엄, 숭고함, 경외감 등이 약화될 수도 있다는 것을 의미한다. 이와 같은 석탑의 축소는 조형적으로는 본질적인 불탑의 내용성을 반영하는 숭고미를 유지하는 것이 매우 중요했을 것으로 생각된다. 따라서 전형석탑은 규모가 축소되었지만 대형의 거탑으로 건립하여 종교적 위엄성을 잃지 않으려 한 것으로 생각되는데 이는 이 시기의 조탑경이었던 『조탑공덕경』의 대형탑 건립 의지가 반영된 것으로 생각된다.[162] 또한 이와 같은 상징성을 강화하기 위해서는 조형적으로 기단을 높여 상승감을 줄 수 있는 이중기단으로 조성한 것으로 생각된다.

숭고미란 단어 그대로 숭고한 아름다움, 즉 절대적 가치를 지닌 숭고한 대상을 우러러 봄으로써 갖는 경이함, 외경심 등을 말한다. 또한 감은사지 삼층석탑과 고선사지 삼층석탑이 삼국을 통일한 것을 기념하기 위한 기념비적 성격을 갖고 있다는 점도 전형석탑이 종교적 내

161 신용철, 「蔚山 望海寺 雙塔의 造塔 性格에 관한 考察」, 『東岳美術史學』6, 동악미술사학회, 2005, p. 11.
162 홍대한, 「고려 석탑 연구」, 단국대학교 박사학위논문, 2011, p. 25.

용미와 숭고미를 표현해야 하는 조형물이어야 한다는 것을 의미한다. 더불어 삼국 통일 직후 건립되는 조형물로서 기존과 차별화된 새로운 조형에 대한 요구가 있었을 것으로 생각된다. 따라서 층수의 감소로 규모가 축소되는 것은 높직한 이중기단을 통해 석탑 전체에 상승감을 부여하고 위용을 잃지 않기 위해 크기를 대형화하여 거탑으로 건립한 것이며, 새로운 석탑 조형으로 본질적인 종교성과 기념비적 성격 등을 표현하고자 한 의도가 반영된 것으로 볼 수 있다.

한편, 백제 미륵사지 석탑의 경우, 화강암을 재료로 사용하였지만 목탑을 석재로 번안하고자 하는 일차적인 목적이 조형의지로 작용한 결과 건축적 특색이 강하게 반영되어 있다. 이와 달리 신라 전형석탑 은 제한된 목탑적 요소만을 적용하여 조형 양식을 정립하였는데, 석탑이 목탑을 번안한 조형으로 출발하였다는 것을 인지하면서도 지나치게 형식에 치중하지 않는 조형으로서 정제된 조형미를 추구한 것으로 생각된다. 이는 신라인들이 기술적으로 석재로서 목탑을 직역하는 방식이 구조적으로 여러 가지 취약점이 있다는 것을 인지하고 있었다는 것을 반증해주는 것이다. 그 결과 전형석탑은 목조건축의 구성 요소 중 과감히 생략해야할 요소들을 생략하여 정제된 양식의 신라석탑 조형을 창안한 것이라고 할 수 있다. 그러나 외형적으로는 많은 목조건축 요소들을 생략하였지만, 내재된 모든 수법은 목조건축의 그것을 충실히 재현하고 있다. 따라서 외형적으로 조형은 변화하였지만, 오히려 기술적으로는 석재에 대한 자신감과 기술력이 확보되었다는 것을 보여주는 것으로 생각된다. 이는 시원석탑의 기술적인 문제를 해결함과 동시에 조형적으로 건축적 요소를 단순화시켜 정제된 조형의 완성을 가져온 것으로 이해된다. 또한 기술적 완성이 불러온 이와 같은 정제된 조형미는 신앙 대상체 또는 기념비적 성격과 부합하여 단순함이 지극한 숭고함을 불러일으키는 미적체험[163]이 가능한 조형으로서 완성시킨 것으로 생각된다. 이러한 의미에서 신라 전형석탑은 이중기단의 상승감, 제한된 목탑적 요소의 정제된 조형미, 거대한 크기의 위용과 숭고미를 관찰자의 '미적체험'을 통해 본질적인 종교적 내용성과 상징적 기념성을 객관화할 수 있도록 만들어진 조형물이 아닌가 생각된다.

지금까지 살펴본 것과 같이 신라는 통일 이후 새로운 석탑 조형의 창안이 필요했던 것으로 보인다. 기본적으로 불교적 조형물로서 본질적 신앙에 대한 경외심을 나타내고, 통일의 위업을 기념하고자 하는 기념비적 성격을 표현할 수 있는 숭고미를 나타내기 위한 배경이 작용한 것으로 생각된다. 그 결과 신라는 재래부터 경외감의 대상이었던 자연석, 즉 화강암을 재료로 택하였고 기단을 이중기단으로 높여 전체적으로 상승감을 주고자 한 것으로 생각된다. 또한 목탑적 요소를 제한적으로 단순화시켜 목탑에서 출발한 조형이라는 것을 인지하면서도 형식에 치우치지 않는 단순화된 조형미를 추구한 것으로 생각된다. 이와 같은 신라의 석탑 조형에 대한 관점은 전형양식이라는 신라만의 새로운 석탑 양식이 창안된 배경이 되었던 것으로 생각된다. 그리고 이렇게 만들어진 신라석탑 양식의 완성은 석탑이 목탑에서 출

---

[163] 단순히 대상의 형태에 대한 공감이 아니라 대상의 아름다움을 관찰자와 동일화하여 체험하는 '미적체험' 이야말로 근원적으로 조형물의 본질을 이해하는 실재적 '객관적 미'라고 할 수 있다(박유정, 「미적 체험에서 본 아름다움의 본질에 관한 고찰」, 『문화와 융합』제38권 6호, 한국문화융합학회, 2016. 12, pp. 413~419.).

발하였지만 단순히 건축이라고 할 수도 없으며, 조각 또는 공예품이라고도 할 수 없는 나름대로의 미적 요소를 갖는 조형예술로[164] 점차 건축물로서의 발전이 아니라 조형적으로 양식 발전과 변화가 이뤄지게 된 것이다.

2) 불탑관의 변화

통일신라 석탑은 감은사 삼층석탑에서부터 방형의 이중기단과 삼층이라는 양식의 규범을 확립하였고 이후 8세기 석탑은 이를 정형화하여 양식적으로도 완성을 이룩하였다. 이처럼 하나의 규범적인 양식의 완성은 석탑의 전국적 확산에 기여하고 있지만 일률적인 틀을 벗어나지 못하고 동일한 조형을 반복하게 된다. 이는 앞에서 살펴본 바와 같이 『무구정경』에 근거하여 불탑 건립을 통해 공덕을 얻을 수 있다고 형성된 불탑관의 영향도 크다. 그러나 8세기 이후 건립되는 석탑은 기본적인 양식은 유지하지만 전대에 비해 점차 규모가 축소되었는데 이는 석탑의 외형적 변화보다는 조탑의 방법과 다라니 봉안에 따른 공덕이 강조되었기 때문으로 생각된다.

이처럼 정형화된 석탑의 반복은 8세기 후반부터 변화의 조짐이 보

---

[164] 河善容,「韓國塔婆의 造形史的 考察-宗敎的 崇高性과 美的 造形性으로서-」,『西原大學 論文集』20, 서원대학교, 1987, p. 345.

한편, 이러한 석탑의 조형적 특징은 현재의 한국미술사 장르 구분 경향과도 관련이 있다. 석탑이 목조건축을 번안한 건축물임에도 불구하고 건축학의 영역보다는 건축에서 석탑을 분리시켜 장르를 구분하고 있는데, 이는 결국 한국 석탑이 갖는 조형적 특징을 반영한 것으로 볼 수 있다.(남동신·최연식,「미술사의 과제와 역사학-불교미술사를 중심으로-」,『미술사학연구』268, 한국미술사학회, 2010. 12, p. 100.)

이기 시작한다. 통일 이전에 성립된 국가를 수호해준다는 국가 중심의 호국적 불탑관은 『무구정경』에 근거한 개인의 현세이익적 공덕 성취 불탑관으로 변화되었지만 여전히 왕 또는 왕실 등 특정한 계층의 공덕 성취와 왕권 강화라는 정치적 목적이 결합되는 양상을 보인다. 그러나 개인의 공덕 성취를 위해서라면 누구나 불탑 건립에 참여할 수 있다는 불탑 조영에 대한 개념 변화는 이제 특정 계층이 아닌 다양한 수요에 부응하게 되었고, 그에 따라 새로운 형태에 대한 수요와 새로운 양식에 대한 다양한 창작 욕구를 불러온 것으로 보인다. 또한 석재를 다루는 기술의 발전은 석탑의 조영에 자유로움과 다양성을 부가할 수 있었던 것으로 생각된다. 따라서 이와 같은 조탑 원인의 다양화는 결국 앞선 시기에 축적된 석탑 건립 기술을 바탕으로 석탑 조형의 다양한 변형으로 나타나게 되었다.

〈표 5〉와 같이 『무구정경』이 전래된 직후 이를 근거로 세운 개인 공덕 성취를 목적으로 하는 원탑 건립 현황을 보면 주로 왕이나 왕족 등에 의해 경주지역이 중심이 되어 건립되는 양상을 보이고 있음을 알 수 있다. 이후 9세기의 신라사회는 정치·사회적 변동과 함께 이제 특정 계층을 위해서만이 아닌 누구나 개인의 공덕을 위해서 불탑 건립이 가능해졌고 전국적으로 확산되는데 이러한 조영 개념의 변화는 석탑의 외형에도 변화를 가져온 것으로 생각된다.

9세기에 건립된 원탑을 보면, 동화사 비로암 삼층석탑과 보림사 삼층석탑과 같이 여전히 국왕 또는 왕족에 의해 발원된 원탑 건립이 지속되고 있어 선대 왕을 추모하여 왕권을 강화하고자 하는 모습을 볼 수 있다. 취서사 삼층석탑은 중앙 귀족인 이찬 김양종의 딸 명단(明端)이

〈표 5〉 원탑 건립과 발원층 현황

번호	석 탑 명	연대	발원층	발 원 내 용
1	황복사지 삼층석탑	692년	신목태후, 효소왕	"천수삼년임진칠월이일승천소이 신목태후 효조대왕봉위 종묘성령선원가람건립삼층석탑" "天授三年壬辰七月二日乘天所以 神睦太后 孝照大王奉爲 宗廟聖靈禪院伽藍建立三層石塔"
		706년 중수	성덕왕	"신룡이년경오오월삼일 금주대왕불사리전금미타상육촌일구무구정광대다라니경일권안치석탑제이층" "神龍二年庚午五月卅日 今主大王佛舍利全金彌陀像六寸一軀無垢淨光大陀羅尼經一卷安置石塔第二層"
2	갈항사 삼층석탑	758년	언적법사, 조문황태후, 원성왕의 이모[165]	"이탑천보십칠년무술중립재지 남자매삼인업이성재지 남자영묘사언적법사재며 자자조문황태후군니재며 매자경신태왕니재야" "二塔天寶十七年戊戌中立在之 娚姉妹三人業以成在之 娚者零妙寺言寂法師在於 姉者照文皇太后君妳在於 妹者敬信太王妳在也"
3	법광사 삼층석탑	828년	향조, 원적 단월 성덕대왕 (김균정)	"회창육년병인구월이건겸수치원대대단월생정토금상복명장원내사리입이매상좌도홍 대화이년무신칠월향조사원적니사재건탑 사단월성덕대왕전향순" "會昌六年丙寅九月移建兼脩治願代代壇越生淨土今上福命長遠內舍利十二枚上座道興 大和二年戊申七月香照師圓寂尼捨財建塔 寺檀越成德大王典香純"
		846년 중수	도홍, 향순	
4	창림사 무구정탑	855년	문성왕	"국왕경응조무구정탑원기…" "國王慶膺造無垢淨塔願記…"
5	동화사 비로암 삼층석탑	863년	경문왕	"국왕봉위민애대왕추숭복업조석탑기…동수원당지전창립석탑…" "國王奉爲敏哀大王追崇福業造石塔記…桐藪願堂之前創立石塔…"
7	도피안사 삼층석탑	865년 이후	향도	"…당천자함통육년을유정월일 신라국한주북계철원군도피안사성불지신사입용악견청우시입멱거사결연일천오백여인견김석지근불각노인" "…唐天子咸通六年乙酉正月日 新羅國漢州北界鐵員郡到彼岸寺成佛之信士入龍岳堅清于時入覓居士結緣一千五百餘人堅金石志勤不覺勞因"

---

[165] 기록에 등장하는 3인은 언적법사 중심의 세 남매로 조문황태후는 원성왕의 어머니 繼烏夫人 朴氏로 조문황태후는 원성왕 즉위년에 추봉받은 명칭이다. 또 다른 여성

번호	석 탑 명	연대	발원층	발 원 내 용
8	취서사 삼층석탑	867년	언전	"석언전 모친휘명단 고이찬김량종공지계여 친자 발홍서 전기불탑기 감정토지업 겸리에국지 생효 순차지 건립자탑재 불사리십립 작무구정일 품품 사황룡사승현거 대당함통 팔년건" "釋彦傳 母親諱明端 考伊湌金亮 宗公之季女 親 自發弘誓 專起佛塔己 感淨土之業 兼利穢國之 生 孝順此志 建立玆塔在 佛舍利十粒 作无垢淨一 裹 裹師皇龍寺僧賢炬 大唐咸通 八年建"
9	보림사 동·서삼층석 탑	870년	경문왕, 김수종	"조탑시 함통십일년 경인오월일시 응왕즉위십년 의 소유자 헌왕생경조지탑…" "造塔時 咸通十一年 庚寅五月日時 凝王卽位十年 矣 所由者 憲王往生慶造之塔…"
10	선방사 석탑	879년 중수	충심, 지원, 임전, 도여, 지공	"건부육년기해오월십오일 선방사탑 연치내기… 상화상충심 제이지원 대백사석림전도여 유내지 공" "乾符六年己亥五月十五日 禪房寺塔 練治內記… 上和上忠心 第二志萱 大伯士釋林典道如 唯乃志 空"
11	해인사 길상탑	895년	별대덕 승훈	"해인사묘길상탑기 최치원찬 당십구제중흥지제 병흉이재…해인사별대덕승훈" "海印寺妙吉祥塔記 崔致遠撰 唐十九帝中興之際 兵凶二災…海印寺別大德僧訓"

아들인 승려 언부(彦傳)와 함께 발원하였고, 법광사 삼층석탑은 승려
들이 발원하였지만, 왕족인 성덕대왕 즉, 김균정이 단월로 참여하고
있어 법광사는 왕족의 원찰로 이해할 수 있다. 이를 통해 보면 중앙
귀족에 의해 지방으로 석탑 건립이 확산되고 있음을 알 수 있다. 또
한 도피안사 삼층석탑은 신라의 최북단에 속하는 강원도 철원에서 지
방민에 의해 건립되고 있어 석탑 건립에 특정 계층만이 아니라 신분
에 구애되지 않고 다양한 계층이 참여하는 변화를 볼 수 있다.

은 경신태황의 이모라고 하였는데 원성왕의 휘가 敬信이므로 원성왕의 이모가 된
다(정병삼, 「갈항사 석탑기」, 『譯註 韓國古代金石文』Ⅲ, 駕洛國史蹟開發研究院,
1992, pp. 276~278.).

주목되는 것은 법광사 삼층석탑, 동화사 비로암 삼층석탑, 도피안사 삼층석탑 등에서 나타나는 초층 탑신받침 변화인데, 굽형괴임 형식이라는 새로운 받침 형식이 등장한다. 탑신받침의 변화는 초층에 안치된 사리 숭앙과 연관이 있을 것으로 생각되지만, 이러한 변화는 석탑 수량이 증가되고 발원계층이 다양해지면서 석탑 조형에 대한 차별성을 부각하고자 하는 조형의지가 반영된 것이다. 아울러 석공의 예술적 역량을 발휘할 수 있도록 어느 정도 제작의 자율성도 보장되었던 것으로 보인다. 특히 도피안사 삼층석탑은 기단을 불대좌형이라는 획기적인 형태로 변형하고 있어 발원계층의 다양화와 석탑 건립의 확산이 조형 변화의 동인이 되었을 것으로 짐작된다.

한편, 위와 같이 기록에 의해 원탑 성격을 확인할 수 있는 석탑뿐만 아니라 9세기 신라사회는 전체적으로 석탑 건립이 증가하면서 전국적으로 확산된다. 전형양식이라는 하나의 규범적인 양식의 완성 이후 자연스럽게 새로운 형태에 대한 수요와 새로운 양식에 대한 창작욕구가 함께 나타났을 것으로 생각된다. 이러한 새로운 석탑 조형에 대한 창작욕구는 파격적인 형태의 조형물을 탄생시키거나 부분적으로 변화된 석탑 등 이 시기 석탑의 다양한 변화 현상으로 볼 수 있다.

또한 누구나 공덕을 쌓기 위해 불탑을 건립할 수 있다는 불탑관의 변화는 기술적으로도 석탑 공사에 소요되는 비용과 시간을 단축하고자 했을 것으로 생각된다. 이러한 사회적 요구는 기존의 이중기단 석탑에서 가장 많은 석재가 들어가는 하층기단을 생략한 단층기단 석탑이 확산될 수 있었던 것과도 무관하지 않았던 것으로 보인다. 더불어 사찰의 입지가 평지에서 산지로 변화하여 산지사찰이 증가하는 것도 석탑의 입지를 변화시켰는데, 산 정상의 자연암반이나 자연석을 기단으로 대체하는 기단부 변화 역시 비보적 성격 외에도 사찰 입지 변화의 원인으로 작용한 것으로 생각된다.

앞에서 살펴본 조탑경은 불탑을 세우는 방식이나 그로 인한 공덕, 의식 방법을 설명하고 있지만, 불탑의 자세한 형태를 설명하진 않는다. 그러나 불탑은 신앙의 대상물이자 종교적 진리를 구체적으로 형상화한 예술작품이므로 창작자 또는 발원자가 전달하고자 하는 종교적 내용에 따라 얼마든지 새로운 형태로 창작이 가능한 조형물이다. 따라서 이전까지의 불탑 건립이 탑의 형태보다는 불탑 건립으로 인하여 공덕을 얻고자 하는 것이 궁극적 목표였다면, 8세기 중반 이후부터는 통일에 따른 정치 사회적 안정과 경제적인 풍요를 바탕으로 예술에 대한 창작 욕구가 높아지게 되자 새로운 조형을 창안하는 동기가 부여된 것으로 보인다. 예술의 발전이란 측면에서 볼 때 어떠한 양식의 완성은 소멸을 뜻하는 것이 아니라 새로운 창작 욕구를 불러 일으켜 이로 인해 전대미문의 예술품을 만들어 내는 것이다.[166] 따라서 이러한 문화적 현상은 예술적·기술적 역량을 최대한 발휘하여 석탑 조형의 다양한 변화가 용인될 수 있는 분위기를 형성한 것으로 생각된다.

불국사 다보탑은 다른 동아시아 불교 국가에서도 찾아 볼 수 없는 독특한 양식으로 『법화경(法華經)』「견보탑품(見寶塔品)」의 다보여래 상주증명(多寶如來 常住證明)의 내용을 조형화시킨 것이다.[167] 그러나 경전

---

166 박경식, 『한국의 석탑』, 학연문화사, 2008, p. 347.

의 내용만으로는 난간과 방이 존재하며 칠보로 화려하게 장엄이 가해
졌다는 정도의 정보만 알 수 있을 뿐 다보탑의 구조나 크기, 형태를
전혀 알 수가 없다. 다만 탑묘(塔廟)라고 지칭하고 있어 전체적으로 목
조건축을 번안한 구조를 보이는 이유를 짐작해 볼 수는 있다. 그러나
앞에서 언급한 것처럼 불교 조형물은 관념적인 종교적 진리를 시각적
으로 형상화한 것으로 불탑을 건립한 사람의 입장에서는 경전을 조형
화했다는 측면에서 비가시적인 세계를 가시화 해냈다는 것, 탑을 보
는 사람의 입장에서는 예술성에 감흥을 느껴 결국 불심을 높이는 결

---

167 "爾時佛前有七寶塔 高五百由旬 縱廣二百五十由旬 從地湧出空中住在 種種寶物而莊
校之 五千欄楯龕室千萬 無數幢幡以爲嚴飾 垂寶瓔珞 寶鈴萬億而懸其上 四面皆出多
摩羅跋栴檀之香 充遍世界 其諸幡蓋 以金銀琉璃車磲瑪瑙珍珠玫瑰七寶合成 高至四
天王宮 爾時 寶塔中出大音聲歎言 善哉善哉釋迦牟尼世尊 能以平等大慧教菩薩法佛
所護念 妙法華經爲大衆說 如是如是 釋迦牟尼世尊如所說者皆是眞實 爾時 佛告大樂
說菩薩 此寶塔中有如來全身 乃徃過去 東方無量千萬億劫阿僧祇世界國名寶淨 彼中
有佛 號曰多寶其佛本行菩薩道時作大誓願 我若成佛滅度之後 於十方國土 有說法法
華經處 我之塔廟爲聽是經故湧現其前爲作證明 讚言善哉"(『大正新修大藏經』 卷9,
No. 262, p. 32b.)
   "그 때에 부처님 앞에 일곱 가지 보배로 된 탑이 있으되, 높이는 오백 유순이요,
가로와 세로는 이백오십 유순이라, 땅으로부터 솟아나와서 공중에 머물러 있었소
이다. 여러 가지 보물로 이를 꾸미되 오천의 난간이 있고 방이 천만이고 수없는
당번으로 장엄하게 꾸며졌으며, 보배영락을 늘이고 보배방울 萬億을 그 위에 달았
으며, 四面에서 多摩羅跋栴檀 향의 향기가 나와 세계에 두루 가득 차며, 그 모든
幡蓋는 金·銀·琉璃·車磲·瑪瑙·珍珠·玫瑰의 칠보를 모아 이룩하였고, 높이는 四天王宮
에 이르렀다. …이 때에 보배탑 가운데에서 큰 음성이 나와서 찬탄하시어 말씀하시
되, '거룩하시고 거룩하시옵니다. 석가모니 세존이시여, 능히 평등한 큰 지혜로써,
보살을 가르치는 법이며, 부처님께옵서 생각하시어 두호하시는 바이신 묘법화경을
대중을 위하여 설하시나니, 그와 같고 그와 같으나이다. 석가모니 세존께옵서 말씀
하신 바와 같은 것은 모두 바로 진실이옵나이다.'…이 때에 부처님께옵서 대요설보
살에게 이르시되, '이 보배탑 가운데에는 여래의 온몸이 계심이니라. 옛 지난 예전
에 동방으로 헤아릴 수 없는 천만억 아승지 세계에 나라의 이름은 보정이요, 그
가운데에 부처님께옵서 계셨으니, 호는 가로되 다보이셨느니라.' 그 부처님께옵서
보살도를 행하실 때에 크게 맹세하여 원을 하시되, '만약 내가 부처님을 이루어서
멸도한 뒤에, 시방국토에서 법화경을 설하시는 곳이 있으면, 나의 塔廟는 이 경을
듣기 위한 까닭으로 그 앞에 솟아 나타나서 증명을 짓게 되고, 찬탄하여 거룩하시
다고 말하리라.' 하셨느니라."

과를 가져오는 훌륭한 시각적 교재가 된다.[168] 즉, 시각화된 형상은 문자를 모르는 불교도만이 아니라, 문자를 아는 승려들에게도 전달하고자 하는 종교적 메시지를 효과적으로 표현할 수 있는 매우 유용한 시각자료가 된다. 따라서 다보탑에 발휘된 예술의식과 미의식은 종교적 조형물의 지극한 경지가 곧 장엄 그 자체로서 존재할 수 있다는 것을 보여주는 대표적 사례이다.

화엄사 사사자삼층석탑 역시 이와 마찬가지로 『화엄경(華嚴經)』의 「입법계품(入法界品)」을 조형화한 것으로 알려져 있다. 「입법계품」에서는 삼매에 드는 것 자체를 사자의 기운에 빗대어 말하고 있는데,[169] 모든 대중들은 사자빈신삼매의 공덕을 찬탄하고 삼매에 들기를 원하므로 마지막으로 불타가 여러 대중들을 삼매에 머물게 하기 위해 비로자나의 대광명을 비춤으로서 화엄불국토는 완성된다고 할 수 있다.[170] 그러나 『화엄경』의 내용 역시 사자빈신삼매의 위력 또는 비로자나의 대광명 위력을 설명한 것으로 이 장면에 대한 구체적 내용은 확인할 수 없다. 다만 사자빈신삼매의 장면과 비로자나불이 연화장사자좌에 앉아 있다[171]라는 내용을 네 마리의 사자가 기단을 구성하고

---

168 이해주, 「多寶塔의 美的 考察 : 曲線의 美와 空間 構成의 美를 中心으로」, 『사학지』 41권, 단국사학회, 2009, pp. 5~23.

169 申龍澈, 「華嚴寺 四獅子三層石塔의 造營과 象徵-塔으로 구현된 光明의 法身」, 『美術史學硏究』250·251, 한국미술사학회, 2006, p. 92.

170 신용철, 앞 논문, 2006, p. 94.

171 「大方廣佛華嚴經」제5권, 「世主妙嚴品」5, 『華嚴經』1, pp. 85~86. "…이러한 구름을 나타내고는 세존은 오른쪽으로 한량없는 백천 겹을 돌았고, 제각기 온 방위를 따라서 부처님 계신 데서 멀지 아니한 곳에 한량없는 가지각색 보배 연꽃 사자좌를 변화하여 만들고 그 위에 결가부좌하고 앉았다. …毘盧遮那부처님 相好갖추고 蓮華藏獅子座에 앉으셨는데 갖가지 모인 대중 모두 청정해 고요히 머물러서 우러러 보도다."

있는 조형으로 창안한 것으로, 이 역시 다보탑과 마찬가지로 경전 내용을 시각화하여 신앙적 순수성을 극대화시키고자 종교적 조형물을 예술적으로 승화시켜 변용한 사례로 볼 수 있다.

이상에서 살펴본 바와 같이 신라 석탑의 변화 요인은 결국 호국적 불탑관에서 점차 개인 기복적 성격으로 불탑관이 변화한 것이 바탕이 되었던 것으로 보인다. 그 결과 전국적인 확산, 건탑 발원계층의 다양화, 예술적 역량 발휘 욕구 등 여러 변화 요인이 동인이 되어 8세기 후반부터 다양한 양식 변화가 가능했던 것으로 생각된다. 아울러 신라하대 선종의 유행에 따른 전국적인 석조미술의 증가와도 연관되는데, 국가나 왕실 주도의 정형화된 조형물이 아닌 조탑 발원층만의 차별성을 드러내 줄 수 있는 다양성이 보장되었기 때문으로 생각된다. 또한 이러한 석탑 양식의 변화는 신라석탑의 꾸준한 발전 과정 속에서 내재된 역량과 9세기의 시대상황과 맞물리며 나타난 것으로 8세기 석탑의 계승과 발전이란 측면과 통일신라 이후 고려시대 석탑 양식의 모태가 된다는 측면에서 중요한 의미를 갖는다.

Ⅲ. 통일신라 석탑의 변화양상과 전개

Ⅲ
·
통일신라 석탑의 변화양상과 전개

1. 변화양상

1) 용어와 개념

전형양식으로 대표되는 일반형석탑에서 새로운 양식으로의 변화를 보이는 석탑에 대한 상대적인 개념과 용어로 '이형석탑' 또는 '특수형 석탑' 등이 사용되고 있지만 용어에 대한 검토가 이뤄진 적은 없다. 따라서 유형 분류를 위해서 그동안 이러한 석탑 변화 양상에 대한 그간 연구에서 용어와 정의에 대해 살펴보고자 한다. 먼저 고유섭은 다음과 같이 언급하였다.

"…이리하여 탑파에 대한 장식 의사는 한갓 재래 전형 탑파 외부에 가식하려는 의사에 그치지 않고 탑파 그 자신의 외양에 까지 특별한 외양의 것을 내려 한 것이다. 이곳에 비로소 전형 적 양식 외에 특수 양식의 성립을 보게 된 것이니 그 좋은 예가 불국사 다보탑이라든지 선산 기타에 보이는 모전석탑이라든지 이러한 것들이 나오기 시작하여 대가 내릴수록 여러 가지 유형의 발생을 보게 된 것이며 동시에 전형적 탑파 그 자신에도 여러 가지 변천을 보게 된 것이니…"172

즉, 전형양식의 성립 이후 석탑 외형을 장식하려는 의사가 석탑 자체의 양식 변화를 불러온 것이라고 보았고, 이러한 양식 변화 결과 '특수 양식'이 성립되었다고 보았으며, 대표적으로 다보탑과 모전석탑을 언급하였다. 양식의 다름, 특수함이란 개념에 대해 인식하였으나, 별도로 이러한 석탑류를 통칭하는 용어를 사용하지는 않았다. 이후 진홍섭은 '방단식 석탑'에 대한 논문에서 다음과 같이 '이형(異型)'이란 용어를 언급하고 있다.

"…정형(定型)에서 벗어난 기발한 조형(造型)이 있기는 하지만 그러한 이형(異型)도 기본형식 위에서 부분적인 변형이지 기본형식을 전연 떠난 것은 아니었다. 다만 이 기본형식에서 벗어난 석탑으로는 선산 도리사에 전하는 「화엄석탑」을 주목하게 된다.…이 석탑이 한국에서 조성되었음이 분명하고 그 조성도 고려시대로 추정되고 있음에서 하나의 특수형식(特殊形式)의 석탑임에 틀림없다."173

---

172 高裕燮, 『韓國塔婆의 研究』, 동화출판공사, 1981, pp. 95~96.
173 秦弘燮, 「所謂 方壇式特殊形式의 石塔數例」, 『考古美術』110, 한국미술사학회, 1971, p. 2.

위 내용을 보면, 신라 '정형(定型)' 석탑에 대비되는 개념으로서 정형양식에서 벗어났지만 기본형식 위에서 부분적으로 변형을 준 양식으로 '이형(異型)'이라는 용어를 사용하였다. 이후 진홍섭은 기단부에 변형이 가해진 석탑에 대한 논문에서 '이형석탑(異型石塔)'이라는 용어를 사용하였는데, 내용을 보면 다음과 같다.

"우리가 이형(異型)이라고 호칭하는 석탑 중에는 여러 가지 형식이 포함되어 있다. 이형석탑의 개념은 시원양식을 제하고 전형양식에서 벗어난 양식의 석탑을 총칭하는 말로서 기단이 단층 혹은 삼층이거나, 상기단에 사자를 배치하거나, 탑신부가 층급에 따라 같은 비율로 체감되지 아니한 탑 또는 일전하여 불단같은 기단으로 된 탑 등을 모두 이형석탑 속에 포함시키고 있다."[174]

시원양식과 전형양식에서 벗어난 양식의 석탑을 모두 이형석탑 범주에 포함시키고 있으며, 주로 기단부에 변형이 가해진 석탑을 예로들고 있다. 이후 다른 논문에서 특수양식 석탑은 '전형양식에서 벗어나는 특이한 양식을 갖춘 석탑'을 말하며, 석탑 표면의 불교상 조각은 장엄으로 보아야 하지만 실상사 백장암 삼층석탑은 예외로 하였다.[175]

---

[174] 秦弘燮, 「異型石塔의 一基壇形式의 考察」, 『考古美術』138·139, 한국미술사학회, 1978. 9, p. 96.
[175] 秦弘燮, 「統一新羅時代 特殊樣式의 石塔」, 『考古美術』158·159, 한국미술사학회 1983, p. 19.

정영호는 신라 중대 후기인 8세기 중엽 이후에 이르러 전반적으로 장식적 탑파의 유행을 가져와 전형적인 양식을 기본으로 하는 석탑에서 기본양식과 형태를 달리 하는 특수양식이 발생한 것으로 이해하고 있어[176] 발생 배경은 고유섭의 견해에 동의하고 있음을 알 수 있다. 특수양식 석탑에 대해서는 '방형중층의 형태를 기본형으로 삼고 있는 일반형석탑의 그 기본의궤는 고수하면서 특이한 외양을 이루고 있는 유형'이라고 개념을 정의하였다.[177] 또한 특수양식 석탑의 유형을 4종류로 구분하고 그 중 하나로 이형석탑을 분류하였는데, '석탑의 건조 방법이나 각 부재의 결구양식이 전형적인 양식에서 벗어나 외관상 특이한 형태를 보이는 것'이라 하였다.[178] 특수형석탑의 유형 중 하나로 이형석탑을 구분하여 용어를 사용한 것이 주목된다.

장충식은 신라가 7세기 이후 이룩한 전형양식이 일반화되고 이러한 일반 양식의 전개과정에서 다시 특수양식이 발생한 것으로 보았는데, 이를 통칭하여 이형양식 또는 특수양식이라 하였다. 그리고 특수양식이 발생한 동기에 대해서는 고유섭과 마찬가지로 탑파에 장식적 의사가 가미되었기 때문으로 보았다.[179] 이러한 양식은 곧 전형양식과 상대되는 것으로 이 역시 나름의 양식적 전개를 보이고 있다는 점을 지적하며, 전형석탑(典型石塔)과 완전히 다른 형태를 보이고 있는 석탑을 이형석탑(異型石塔)이라 하였다.[180] 즉, 이형석탑의 발생 배경은

176 정영호, 「韓國石塔의 特殊樣式考察」(上), 『論文集』3, 단국대학교, 1969, p. 42.
177 정영호, 「韓國石塔의 特殊樣式考察」(下), 『論文集』4, 단국대학교, 1970, p. 55.
178 정영호, 위 논문, p. 44.
179 張忠植, 『新羅石塔研究』, 일지사, 1987, p. 145.
180 張忠植, 위 책, p. 146.

고유섭의 견해를, 유형 구분은 정영호의 견해를 따르고 있다. 그러나 두 연구자의 견해를 선택적으로 따른 결과 앞에서는 이러한 석탑을 이형양식 또는 특수양식으로 통칭한다고 하였으나, 다시 개별 석탑에 대해 언급할 때는 특수양식 석탑의 한 유형으로 이형석탑을 구분하고 있어 용어 사용이 중복되고 있다.

박경식은 기존의 틀에서 벗어나 새로운 양식으로, 일반형석탑과 상반되는 형식의 석탑을 특수형 석탑으로 정의하였다.[181] 발생 배경은 기본적으로 고유섭의 견해를 따르고 있으나, 특수형 석탑의 발생 원인을 지속적인 문화 발전 맥락에서 찾아야 한다고 한 점이 주목된다. 즉, 예술 발전이란 측면에서 새로운 창작 욕구와 신라의 정치 사회적 안정과 경제적인 풍요 등 다양한 요인에 의해 다양한 변화를 시도한 것에서 새로운 형태가 탄생한 것으로 보았다.[182]

신용철은 통일신라 석탑을 일반형석탑, 특수형석탑, 모전석탑의 세 형식으로 구분하였는데, 이 가운데 특수형석탑을 일반형석탑의 평면이나 입면구조에서 벗어나는 형식이라 하고 크게 팔각형을 가진 석탑, 전혀 다른 구조를 보이는 이형석탑, 기단형식과 탑신부의 구조가 일반형석탑과는 전혀 다른 석탑 등 3가지로 구분하였다.[183] 특수형의 하위개념으로 이형양식을 구분하여 사용하고 있어 용어 사용에 대한 부분은 정영호의 견해를 따른 것으로 보인다.

기존 연구자별로 석탑 변화 양상에 대한 용어와 정의를 정리해보

---

181 박경식, 『한국의 석탑』, 학연문화사, 2008, p. 346.
182 박경식, 위 책, p. 347.
183 신용철, 「統一新羅 石塔 硏究」, 동국대학교 박사학위논문, 2006, p. 80.

면 용어에 대해서는 특수형석탑과 이형석탑을 중복 사용하고 있음을 알 수 있으며, 정의에 대해서는 첫째, 일반형석탑과 완전히 다른 양식의 석탑, 둘째, 일반형석탑의 기본 위에 외형, 평면, 구조 등에서 변형이 가해져 다른 조형을 보이는 석탑이라는 개념이 공통적으로 도출된다. 즉, 양식 기준은 '일반형석탑'이고 정도의 차이는 있지만 이와는 다른 양식을 보이는 석탑을 포괄하고 있다. 이를 종합하면, 일반형석탑과 완전히 다른 양식의 석탑 또는 전형양식의 기본 위에 양식의 변형이 이루어진 석탑이라는 개념이 공통적으로 사용되었음을 알 수 있다.

2) 유형

앞에서 살펴본 통일신라 일반형석탑의 변화 양상에 대한 기본 개념을 바탕으로 기단부, 탑신부 등에서 다양하게 나타나는 변화 양상을 체계화하여 유형별로 살펴보는 것이 이러한 변화 양상을 이해하는 데 보다 합리적일 것이다.

정영호는 통일신라 석탑의 변화상에 대해 특수양식의 발생으로 보고 다음의 네 가지 유형으로 분류하였다. ① 이형적인 석탑으로 석탑의 건조방법이나 각 부재의 결구양식이 전형적인 양식의 정형에서 벗어나 외관상으로 특이한 형태를 보이는 것, ② 장식적인 석탑으로 외형은 신라식의 전형인 방형중층의 기본형을 갖추고 있으나 기단 및 탑신부 각면에 천인상, 팔부신중, 사방불, 보살상, 인왕상, 십이지신상, 안상 등 여러 상을 조각하여 장식적인 의장을 보이고 있는 것, ③ 모전석탑은 건조재료는 석재이나 그 형태가 전탑의 양식을 갖추고 있

어 각 석재의 축조 및 결구방법이 특이한 특수양식의 석탑, ④ 모전석
탑류는 조성재료가 석재임으로 곧 석탑이나 그 형태는 전탑을 모방하
였으되 모전의 석재로 건조한 것이 아니므로 모전석탑류로 별도의 유
형으로 분류하였다.[184]

　김희경은 신라석탑이 8세기 중엽부터 이형(異型)의 형태들이 ① 전
형적인 방형중층의 기본양식을 떠나 전연 다른 형태를 하는 것, ②
탑신부가 전형양식을 하면서 다른 형식의 기단부를 형성하는 것, ③
전형양식인 방형중층을 하면서 장식이 가해지는 것, ④ 모전석탑 등
으로 출현한다고 하였다.[185]

　진홍섭은 통일신라시대 특수양식 석탑이 전형양식에서 벗어난 특
이한 양식이라 정의하고 ① 기단부의 변형 ② 탑신부의 변형, ③ 전체
변형 등 크게 세 유형으로 구분하였는데, 기단부 변형 양식은 다시
단층기단, 불대좌형기단, 석괴형기단, 사사자형기단 등 네 종류로 세
분하였다.[186]

　박경식은 통일신라시대에 건립된 특수형석탑을 다음의 다섯 유형
으로 분류하였다. ① 기존에 확립된 석탑의 양식을 완전히 깨트린 것,
② 기본 양식을 지니면서 일부에서만 변형을 가해 건립된 것, ③ 새로
운 양식의 석탑, ④ 표면 전체에 장엄조식이 있는 탑, ⑤ 새로운 재료
를 채택한 석탑으로 점판암으로 건립된 청석탑 등으로 구분하였

---

184 鄭永鎬, 「韓國石塔의 特殊樣式考察」(上), 『단국대논문집』3, 단국대학교, 1969, p.
　　44.
185 金禧庚, 『韓國의 美術 2, 塔』, 열화당, 1982, pp. 42~49.
186 진홍섭, 「統一新羅時代 特殊樣式의 石塔」, 『考古美術』158·159, 한국미술사학회
　　1983, pp. 19~36.

다.[187]

신용철은 통일신라 석탑의 형식구분에 있어 일반형석탑, 모전석탑, 특수형석탑으로 분류하고, 특수형석탑의 유형을 ① 팔각석탑, ② 일반형석탑과 전혀 다른 구조를 보이는 이형석탑, ③ 기단형식과 탑신부의 구조가 일반형석탑과는 전혀 다른 석탑으로 분류하였다.[188]

〈표 6〉 연구자별 통일신라 석탑의 변화 유형 분류

연구자	유형구분		석 탑 명
정영호	이형적 석탑		불국사 다보탑, 석굴암 삼층석탑, 화엄사 사사자삼층석탑, 화엄사 원통전 앞 사자탑
	장식적 석탑		정혜사지 십삼층석탑, 백장암 삼층석탑
	모전석탑		분황사 모전석탑 계열
	모전석탑류		탑리리 오층석탑 계열
김희경	전연 다른 형태의 탑		불국사 다보탑, 화엄사 사사자 삼층석탑, 정혜사지 십삼층석탑
	기단부를 다른 형식으로 나타내는 탑		도피안사 삼층석탑, 석굴암 삼층석탑
	전형적 석탑의 기본양식을 갖추고 장식이 조각되는 탑		원원사지 삼층석탑, 화엄사 서오층석탑, 실상사 백장암 삼층석탑, 경주 남산리 서삼층석탑, 진전사지 삼층석탑, 선림원지 삼층석탑
	모전석탑	석재를 전과 같이 잘라서 축조	제천 장락리 칠층석탑, 영양 현이동 오층석탑, 영양 산해리 오층석탑, 영양 삼지동 석탑, 상주 석심회피탑 등
		일반형 석탑의 기본형식을 하면서 표면을 전탑과 같이 가공	의성 탑리리 오층석탑, 빙산사지 오층석탑, 죽장사지 오층석탑, 낙산리 삼층석탑, 경주 용장계 삼층석탑, 경주 오야리 삼층석탑, 청원 영하리 석탑, 경주 남산리 동삼층석탑, 경주 서악리 삼층석탑 등
진홍섭	기단부 변형	단층기단	봉암사 삼층석탑, 문경 내화리 삼층석탑, 직지사 대웅전 앞 삼층석탑 2기, 직지사 비로전 앞 삼층석탑, 상주 화달리 삼층석탑, 영천 화남동 삼층석탑, 청암사 수도암 동삼층석탑, 표충사 삼층석탑, 화엄사 동

---

187 박경식, 『한국의 석탑』, 학연문화사, 2008, pp. 346~387.
188 신용철, 「統一新羅 石塔 硏究」, 동국대학교 박사학위논문, 2006, pp. 80~82.

연구자	유형구분		석 탑 명
			오층석탑 등
	탑신부 변형	불대좌형 기단	도피안사 삼층석탑, 석굴암 삼층석탑
		석괴형 기단	경주 남산 용장사곡 삼층석탑, 안동 대사동 석탑, 경주 서악동 삼층석탑, 경주 남산동 삼층석탑,
		사사자형 기단	화엄사 사사자삼층석탑, 주리사지 사자석탑, 금장암지 사사자석탑
		별석삽입	성주사지 삼층석탑 3기
		탑신, 옥개석 장엄	실상사 백장암 삼층석탑
	전체 변형	-	다보탑, 정혜사지 십삼층석탑
		모전석탑	분황사 석탑(류), 의성 탑리리 오층석탑(류)
		방단형석탑	의성 석탑리 석탑, 안동 석탑리 석탑
박경식	기존 석탑 양식을 완전히 깨트린 것		불국사 다보탑
	기존 양식에서 일부만 변형		화엄사 사사자삼층석탑, 석굴암 삼층석탑, 정혜사지 십삼층석탑, 도피안사 삼층석탑 등
	새로운 양식		모전석탑 : 경주 남산리 동삼층석탑, 경주 서악리 삼층석탑, 선산 죽장사지 오층석탑, 선산 낙산리 삼층석탑 등
	표면 전체 장엄 조식		실상사 백장암 삼층석탑
	새로운 재료		해인사 원당암 다층석탑
신용철	팔각석탑		석굴암 삼층석탑, 도피안사 삼층석탑 등
	이형석탑		화엄사 사사자삼층석탑, 실상사 백장암 삼층석탑, 정혜사지 십삼층석탑 등
	기단형식과 탑신부의 구조가 다른 석탑		경주 남산 늠비봉 오층석탑

〈표 6〉에서 볼 수 있듯이 신라석탑의 변화상에 대해 세부적인 유형으로 분류하였지만, 큰 틀에서 본다면 일반형석탑에서 전체가 변형되었거나, 기단부 또는 탑신부가 부분적으로 변화되는 양상으로 살펴볼 수 있다. 한편, 진홍섭은 의성, 안동의 방단형석탑에 대해 감실에 모셔둔 불상의 시기를 나말여초로 추정하여 석탑의 시기도 나말여초

로 추정하기도 하지만,[189] 방단형석탑 자체의 건립연대에 대해서 900
년대 이전[190] 8세기 후반 이전[191] 등 범위가 넓고 명확하지 않다. 그
러나 기존의 연대 추정은 임세권이 언급했듯이 석탑의 감실과 석불이
탑의 처음 조성시 함께 조성, 안치되었다는 것을 전제로 하는 것으
로[192] 소형의 불상은 언제든 이동 가능성이 있고, 석탑의 구조 상 감
실 역시 후대에 조성했을 가능성이 높다.[193] 따라서 현재까지의 결과
로는 방단형석탑의 건립시기가 명확하지 않으므로 통일신라 석탑의
변화상으로 보기에는 다소 근거가 부족한 것으로 생각된다.

　이 책은 통일신라 석탑의 구조와 외형의 변화에 따른 변화상을 살
펴보는 것이므로 형태나 구조의 변화와는 상관이 없는 기단부, 탑신
부에 새겨진 표면장엄은 제외하였다.[194] 다만 백장암 삼층석탑의 경
우, 탑신 전체에 새겨진 조각상은 통일신라시대 유행한 표면장엄의
한 표현으로 볼 수도 있으나, 이와 같이 표면 전체에 조각을 새긴 경

189　秦弘燮,「所謂 方壇式特殊形式의 石塔 數例」,『考古美術』110호, 한국미술사학회,
　　1971. 6, pp. 2~7.
190　秦弘燮,「所謂 方壇式特殊形式의 石塔 數例 補」,『考古美術』121·122호, 한국미술사
　　학회, 1974. 6, p. 32.
191　임세권,「새롭게 보는 한국 계단식 적석탑」,『미술사학』16, 한국미술사교육학회,
　　2002, p. 21.
192　임세권, 위 논문, p. 20.
193　의성 석탑리 석탑의 감실은 석탑 조성시 함께 만들어진 것이 아니라 후대에 추가
　　설치된 것이다.(임세권, 위 논문, p. 17.)
194　정영호는 '裝飾的 石塔'에 대해 '외형은 신라식의 典型인 方形重層의 기본형을 갖추
　　고 있으나 기단 및 탑신부 각 면에 천인상, 팔부신중, 사방불, 보살상, 인왕상, 십이
　　지신상, 안상 등 諸像을 조각하여 一見 곧 裝飾的인 意匠을 보이고 있는 것'이라고
　　하여 통일신라 석탑의 일반적인 표면장엄 현상을 설명하고 있으나, 이러한 석탑은
　　구조나 외형은 전형양식과 동일하고, 조식의 유무로 인해 석탑 조형의 변화가 발생
　　하지 않으므로 본 연구에서는 제외하고자 한다.

우를 다른 석탑에서는 찾아 볼 수가 없고[195] 이 석탑은 평면 방형으로 전형양식을 따르고 있지만, 기단부의 구성이 변화하였으며 목조건축적 요소가 우주나 탱주 등 제한된 요소만 남아 있는 전형양식과 달리 세부 건축기법이 세밀하게 조각되어 있어 장엄적 특성이 아닌 외형의 변화로 간주할 수 있다. 따라서 일반적인 장엄조식이 가해진 석탑을 제외하면, 통일신라 석탑의 변화 양상은 크게 일반형석탑에서 전체가 변형된 석탑, 기단부 또는 탑신부가 변형된 석탑과 모전석탑으로 살펴볼 수 있다.

한편, 일반형석탑의 변화 양상 유형과 별도로 모전석탑이 시원기 이후 독자적으로 다양한 형식변화를 보이고 있다는 것에 주목하여 진홍섭, 장충식, 박홍국, 신용철 등은 탑재 가공상태, 감실 유무 및 배치, 탑신부의 우주 유무, 기단부 형태를 기준으로 세부적인 형식 분류를 시도하였다.[196]

---

195 秦弘燮,「統一新羅時代 特殊樣式의 石塔」,『考古美術』158·159, 한국미술사학회 1983, p. 25.

196 진홍섭은 분황사계를 따르는 순수 모전탑의 부류를 第一類, 또 이와 같은 형식에서 이탈되어 옥개석을 보다 크게 절단하거나 기단 또는 탑신에 석괴를 그대로 이용한 모전형식을 第二類로 구분하였다.(진홍섭, 위의 논문, 1967, pp. 1~21.)
   장충식은 1층 탑신사방에 감실과 인왕을 배치하는 경우를 제 I 형식, 1층 탑신의 남쪽면에만 감실을 모각하고 좌우에 인왕을 두었으나 기단은 거대한 방형석으로 대치되는 경우를 제 II 형식, 1층 탑신에 전혀 장식을 두지 않으나 기단은 제 II 형식과 같은 경우를 제 III 형식, 1층 탑신 남쪽 면에만 감실을 조성하고 기단은 단층이면서 각부에 우주·탱주를 모각한 경우를 제 IV 형식, 탑신부는 IV형식과 거의 같으나 기단부는 이중기단의 전형석탑 양식을 반영하고 있는 경우를 제 V 형식으로 구분하였다.(장충식, 위의 논문, 1984, pp. 6~19.)
   박홍국은 모전석탑과 전탑형 석탑을 구분하였는데, 모전석탑은 모전재와 구별되는 석재로 입구에 감실을 축조하고 인왕상을 배치한 것을 제 I 형식, 제 I 형식에서 인왕상이 없는 것을 제 II 형식, 감실입구를 모전석재로 축조하거나 현재 감실이 없으며, 돌출된 암봉, 암석, 암반 위에 건립된 것을 제 III 형식, 감실은 있으나 小型이며 바깥면에 석회를 발랐던 것을 제 IV 형식, 가공석 다층기단 위에 있는 것을 제 V 형

〈표 7〉 연구자별 모전석탑 유형 분류

연구자	모전석탑	
	분황사 석탑 계열	탑리리 오층석탑 계열
진홍섭	제1류 A형(型)(분황사탑계)	제2류 A형(型)(탑리리 석탑계)
	제1류 B형(型)(상주탑계)	제2류 B형(型)(선산 죽장사 석탑계)
		제2류 C형(型)(경주 남산리 석탑계)
장충식	I 형식 : 분황사 석탑	II 형식 : 경주 서악동 삼층석탑
		III형식 : 경주 남산동 동삼층석탑, 용장계 지곡 석탑
		IV형식 : 탑리리 오층석탑, 빙산사지 오층석탑
		V 형식 : 죽장사지 오층석탑, 낙산리 삼층석탑
박홍국	I 형식 : 분황사 석탑	I 형식 : 탑리리 오층석탑, 빙산사지 오층석탑
	II 형식 : 현일동 석탑, 산해리 오층석탑, 장락동 석탑	II 형식 : 죽장사지 오층석탑, 낙산리 삼층석탑
	III형식 : 삼지동 석탑, 대사동 석탑	III형식 : 경주 남산동 동삼층석탑, 서악동 삼층석탑, 용장계 지곡 삼층석탑
	IV형식 : 상주 석심회피탑(방실)	
	V 형식 : 정암사 수마노탑	IV형식 : 경주 오야리 삼층석탑
	VI형식 : 군위 모전석탑	V 형식 : 안동 하리동 석탑, 다탑봉 석탑
신용철	분황사 석탑, 산해리 오층석탑, 현일동 석탑, 군위 모전석탑 등	결구기단식 : 탑리리 석탑, 빙산사지 석탑, 낙산리 석탑, 죽장사지 석탑
		괴체기단식 : 남산동 동삼층석탑, 서악동 석탑, 용장계 지곡 석탑
		자연기단식 : 오야리 삼층석탑, 하리동 석탑

식, 제 I ~ V 형식에 속하지 않는 것을 VI형식으로 하였다. 전탑형 석탑은 입구를 별석으로 조성한 1층의 감실과 단층 면석조립기단을 갖추고 옥신에 우주, 탱주를 모각한 것을 제 I 형식, 감실입구에 별석을 사용하지 않고 이중기단을 갖추고 있으나 옥신에 우주, 탱주가 없는 것을 제II형식, 단층기단이지만 육면체의 거석으로 축조되었으며, 옥신 및 옥개석이 각 1석으로 된 것을 제III형식, 자연암 위에 조성한 것을 제IV형식, 옥신 및 옥개석은 제III형식과 같으나 小型이고 단층기단 위에 조성한 것을 제V형식으로 구분하였다. (박홍국, 위 책, 1998, pp. 28~33.)

신용철은 분황사 석탑 계열을 小石材를 이용하여 造積하고 주로 초층탑신에 감실을 개설한 것을 전탑계 모전석탑으로 탑리리 오층석탑 계열은 석탑계 모전석탑으로 구분하고 다시 결구기단식, 괴체기단식, 자연기단식 등 세 형식으로 분류하였다.(신용철, 「경북 안동지역 佛塔의 편년과 특징」, 『한국민족문화』34호, 부산대학교 한국민족문화연구소, 2009. 7, p. 116.)

〈표 7〉과 같이 모전석탑에 대한 기존 연구자들의 유형 분류는 각각 특징과 장점이 있으나, 여러 사항을 고려한 나머지 형식이 지나치게 세분화된 감이 없지 않다. 앞서 검토한 것처럼 외형적 특징에 따라 분황사 석탑 계열과 탑리리 오층석탑 계열로 구분하고, 큰 틀에서 세부적인 변화 양상을 살펴보는 것이 합리적일 것으로 생각된다.

이러한 변화 양상 기준을 바탕으로 이 책에서는 다음과 같이 전형

〈표 8〉 통일신라 석탑의 변화 유형

변화 양상			석탑 유형	비고
I	(A)전체가 변형된 석탑		(a)전형양식의 구조와 외형에서 전체가 변형된 석탑	
II	(A)기단부가 변형된 석탑		(a)별석 결구방식이 나타나는 석탑	
			(b)단층기단으로 변형된 석탑	
			(c)불대좌형기단(팔각형기단)으로 변형된 석탑	
			(d)사사자상을 상층기단부에 배치하여 변형된 석탑	
			(e)자연석(자연암반)을 기단의 일부로 사용한 석탑	
			(f)삼중기단으로 변형된 석탑	
	(B)탑신부가 변형된 석탑		(a)탑신석과 옥개석을 별석으로 구성한 석탑	
			(b)초층탑신받침이 변형된 석탑(별석받침, 굽형괴임)	
			(c)탑신석과 옥개석이 팔각형으로 변형된 석탑	
			(d)옥개석 지붕면에 귀마루가 표현되는 석탑	
			(e)다층의 밀첨식 탑신 체감율을 보이는 석탑	
			(f)탑신 표면에 목조건축 세부기법이 표현된 석탑	
III	(C)모전석탑	전축형 석탑 (분황사 석탑 계열)	(a)석재를 벽돌형으로 가공하여 전축방식으로 축조한 석탑	
		전축모방형 석탑 (탑리리 오층석탑 계열)	(b)화강암을 가공하여 사용하면서, 옥개석 지붕면이 계단형으로 전축방식의 외형을 보이는 석탑	

양식을 기본으로 전체가 변형된 석탑, 기단부 또는 탑신부가 변형된 석탑, 모전석탑으로 변화 유형을 살펴보고자 하며, 기술의 편의상 변화 양상에 대해 Ⅰ/Ⅱ/Ⅲ형으로 세분하였다.

3) 분포

신라 일반형석탑의 다양한 변화 양상은 지역적 분포 특징과 유형별 특징으로 살펴볼 수 있다.

첫째, 석탑의 변화상을 확인할 수 있는 대상은 전국 24곳에 62기가 산재하고 있다. 지역별 분포를 살펴보면, 경상북도 지역에 43기, 경상남도 지역에 7기로 경상도지역에서 가장 많은 분포를 보이고 있다. 다음으로는 전라남도 5기, 충청남도 4기, 강원도 3기, 전라북도에 1기씩 산재해 있다. 특히 경상북도 지역 중에서도 경주에 20기가 분포하고 있어 전체 대상 석탑의 비율로 보면 32%를 차지하고 있어 경주에 집중적으로 모여 있다. 또한 경주에서는 전체가 변형된 석탑, 기단부 또는 탑신부가 변형된 석탑, 모전석탑 등의 변화 유형이 골고루 발생하고 있어 석탑 변화의 발생과 양식 계승 과정에서 중요한 역할을 한 것으로 파악된다. 경남에는 청송사지 삼층석탑, 표충사 삼층석탑, 주리사지 사사자석탑, 덕산사 삼층석탑, 해인사 삼층석탑, 하동 탑리 삼층석탑 등 6기를 확인할 수 있는데 모두 기단부가 변형된 유형이다. 단층기단, 별석 초층탑신받침 등의 변화는 경주지역에서 발생한 석탑 변화에 영향을 받은 것으로 보이지만, 사사자형기단인 주리사지 사자석탑은 화엄사 사사자삼층석탑의 영향을 받은 것으로 지리산 일대 불

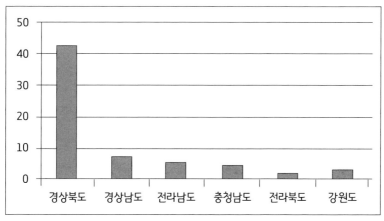

그림1 지역별 분포 현황

교미술의 영향을 받은 것으로 생각된다.

모전석탑은 경주, 영양, 안동, 의성, 구미, 상주 등에 주로 분포하고 있는데, 전축형 석탑은 분황사 석탑 이후 구황동 석탑 1기만 건립되어 경주에서는 더 이상 건립되지 않는다. 이후 영양, 안동에 주로 건립되었는데 안동과 영양 지역에 전탑이 집중되어 있는 것으로 보아 조탑방식에서 지역적 특징을 볼 수 있다. 전축모방형 석탑은 탑리리 오층석탑이 건립된 의성이 중심이 되어 구미, 상주 등 주변 지역으로 영향을 준 것으로 생각된다.

둘째, 전라도 지역은 현재의 행정구역상 전라남도 5기, 전라북도 1기이나 화엄사 2기, 연곡사 1기, 실상사 1기는 모두 지리산을 중심으로 하는 동일한 불교문화권에 속하고 있다. 지리산 지역은 화엄사를 중심으로 연곡사, 쌍계사, 실상사 등의 사찰에 다수의 석조물이 분포되어 있다. 지리산은 중사를 지냈던 5악의 한 산으로[197] 9산선문의 하나인 실상사와 더불어 화엄십찰의 하나인 화엄사가 있어 선교 양종

총본산으로 중요시되었던 것으로 보인다.[198] 실상사는 9산선문 가운데 제일 먼저 개창하였다. 흥덕왕과 선강태자(宣康太子, 김충공)는 홍척(洪陟)을 후원하여 실상산문을 개창케 하였는데, 이것은 종래 배척하였던 선종에 대한 국가적 공인이며, 최초의 선종산문의 출현이었다.[199] 지리산 일원에는 화엄사, 실상사 외에도 천은사, 연곡사, 쌍계사 등 다수의 사찰과 석조미술이 발달하여 석탑의 다양한 변화 현상이 발생할 수 있는 충분한 문화적 역량이 축적되어 있었던 것으로 보이며, 이 지역 불교문화의 다양성을 보여주는 것으로 이해된다.

셋째, 강원도 지역은 도피안사 삼층석탑, 향성사지 삼층석탑, 삼척 홍전리사지 삼층석탑 등 3기로 분포 수량은 많지 않다. 그러나 도피안사 삼층석탑은 불대좌형의 팔각형기단과 초층탑신받침이 굽형괴임 형식을 보이는 등 자유로운 변화 현상을 보이고 있어 주목된다. 강원도 지역은 크게 강릉을 중심으로 하는 설악산 문화권과 경북 북부를 걸치는 태백산을 중심으로 하는 문화권, 그리고 영서지방의 원주를 중심으로 하는 남한강 문화권[200]을 중심으로 석조미술이 집중되어 있다. 철원은 이들 문화권에 속하지 않고 신라석탑 중 가장 북쪽에 있어, 신라의 전통적인 일반형석탑의 영향에서 상대적으로 자유로운 지역이었던 것으로 보인다. 그 이유는 강원도 지역과 경기도 북부지역 일대는 475년 장수왕에 의해 고구려의 영토에 편입된 후 551년경 신

---

197 이기백, 「新羅五岳의 成立과 그 意義」, 『新羅政治史研究』, 일조각, 1974.
198 박경식, 앞 책, 2002, p. 47.
199 이계표, 「新羅 下代의 迦智山門」, 전남대학교 석사논문, 1982, pp. 12~13.
200 李順英, 「三陟地域 新羅石塔의 樣式과 特徵」, 『이사부와 동해』10호, 한국이사부학회, 2015. 8, p. 138.

라가 한강유역을 점령한 이후에도 신라의 변방으로 남아있었기 때문으로 보이며, 또 다른 이유는 이 지역이 고구려 국계의식(國系意識)이 상대적으로 강하게 남아 있었던 지역이기 때문으로 추정된다.[201]

또한 도피안사 삼층석탑의 팔각형 기단은 팔각형 목탑이 기본 양식이었던 고구려 불탑의 영향이 일정정도 반영된 것으로 추정된다. 이는 고구려 국계의식의 반영으로 이 지역에서는 불탑이 팔각형 구조라는 것에 대한 거부감이 없었던 것으로 생각된다. 이와 더불어 강원 영동지방 석조미술의 영향도 있었던 것으로 보이는데, 여기에서도 전통적 신라 석조미술의 기존 틀을 깬 파격적인 양식이 등장하고 있다.

속초 향성사지 삼층석탑의 기단부 결구방식은 귀틀식 결구방식을 보이지만 하층기단에 1주, 상층기단에 2주의 탱주가 조성되어 현존하는 신라석탑 중 유일한 특이성을 보여주고 있다.[202] 또한 그동안 초층 탑신받침이 생략된 것으로 알려졌던 향성사지 삼층석탑의 갑석 상면에 별석 탑신받침을 올려 놓았던 홈이 남아 있는 것으로 보아, 원래는 별석의 탑신받침이 있었던 것으로 생각된다.[203] 양양 진전사지 석조부도의 방형 기단부 형식은 일반형석탑에서, 탑신과 옥개석에서의 팔각형은 석등에 연원을 두고 있는 양식이 혼재된 양상을 보이고 있어 팔각원당형 석조부도 양식이 정형화되기 전 과도기적 모습을 보인다.[204] 이외에도 중대석에 용문이 새겨진 선림원지 부도, 고복형 석등

---

201 정성권, 「고려 건국기 석조미술 연구」, 동국대학교 박사학위논문, 2012, p. 39.
202 이순영, 「신라 香城寺址 3층석탑의 양식 특징과 건립시기」, 『新羅史學報』35, 신라사학회, 2015. 12, p. 110.
203 이순영, 위 논문, pp. 114~116.
204 박경식, 『통일신라 석조미술 연구』, 학연문화사, 1994, p. 211.

인 선림원지 석등의 간주석 등도 정형화된 양식에서 벗어난 파격성을 보여주고 있는데, 이처럼 설악산을 중심으로 하는 석조미술 양상은 전통적인 신라 석조미술의 영향을 받음과 동시에 다양한 변화가 시도 되었음을 알 수 있다.[205] 즉, 고구려 국계의식이 강하게 남아있었던 지역적 특성상 전통적인 신라 석조미술이 스며들지 못하였지만, 지리 적으로 가까운 강원도 영동지역에서 나타났던 다양한 석조미술의 변 화는 철원지역에서 변형을 통해 새로운 양식의 석탑 탄생에 영향을 미친 것으로 보인다.[206] 삼척 홍전리사지는 정확한 연혁을 알 수 없으 나 한산사(寒山寺) 또는 돈각사(頓覺寺)로 추정하고 있으며 삼층석탑은 삼중기단을 갖춘 석탑으로 일찍부터 주목받아 왔다.[207]

초층탑신받침의 변화 현상에서 강원도지역이 주목된다. 도피안사 삼층석탑에서 굽형괴임 형식이 확인되고, 향성사지 삼층석탑에서 별 석받침 형식이 확인된다. 동해 삼화사 삼층석탑은 나말려초기에 조성 된 것으로 생각되는데 성주사지 석탑과 같은 변형 별석받침 형식으로 초층탑신받침 변형 유형이 모두 확인되는 지역은 강원지역이 유일하 다고 할 수 있다. 이는 강원지역이 통일신라 석탑이 다양하게 변화되 는 과정에서 매우 중요한 위치였음을 보여주는 지역적 특징으로 생각 된다.

넷째, 유형별로 석탑에 반영된 변화 양상의 빈도를 보면, 전형양식

---

205 박경식, 「9世紀 新羅 地域美術의 硏究(1)-雪嶽山의 石造 造形物을 中心으로-」, 『史 學志』28집, 단국대사학회, 1995, pp. 603~609.

206 정성권, 위 논문, p. 41.

207 洪永鎬, 「韓國 三重基壇 石塔의 出現과 展開에 관한 試考」, 『文化史學』 10號, 한국 문화사학회, 1998, p. 51~74.

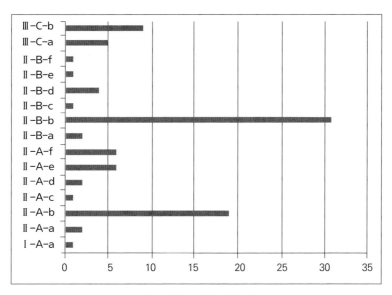

그림2 유형별 변화 발생 빈도

에서 기단부 또는 탑신부가 부분적으로 변형되는 양상이 가장 많은 것으로 확인된다. 기단부 변화는 단층기단으로의 변화가 21%로 가장 많은 비율을 차지하며, 탑신부 변화는 초층탑신받침 변화가 34%를 보이고 있어 두 변화 유형이 가장 높은 분포비율을 보이고 있다. 다음으로 기단부 변화 중 자연석기단과 삼중기단이 제일 많은데 자연석기단은 대부분 경주 남산에 집중되어 있어 신라석탑에서 자연석기단 발생에 경주 남산이 중요한 역할을 한 것으로 생각된다. 모전석탑 중 탑리리 오층석탑 계열 석탑의 등장이 눈에 띄게 증가하여 전체에서 약 10%가량을 차지하는데 탑리리 오층석탑 이후 형식변화를 거쳐 계보를 형성한 결과로 파악된다.

다섯째, 초층탑신받침의 변화는 유형별로 지역적 특징을 보인다.

그림 3 초층탑신받침이 변형된 석탑 분포 현황

현재까지 확인된 별석 초층탑신받침이 조성된 신라석탑은 약 25기 정도로, 주로 경상도 지역에 분포하고 있으며, 경주지역에서 가장 많이 나타난다. 별석 초층탑신받침이 조성된 석탑을 보면, 이중기단 석탑, 단층기단 석탑, 자연석기단 석탑, 전축모방형 석탑 등인데 단층기단 석탑에서 가장 많이 차용하고 있다.

충청남도에는 보령에 4기가 집중되어 있는데, 성주사지에 건립된 4기의 석탑에서 모두 초층탑신받침의 변화를 보인다. 이들 석탑의 주목되는 변화상은 갑석 상면에 조출한 받침 위로 다시 별석의 탑신받침을 감입하는 방식을 최초로 사용한 것인데, 통일신라 석탑의 초층탑신받침 형식의 변화과정을 살펴볼 수 있는 중요한 사례로 여겨진다. 성주사지 석탑 4기는 모두 전형양식을 따른 이중기단을 갖춘 일반형석탑이다. 『숭엄산성주사사적(崇嚴山聖住寺事蹟)』의 "석가여래사리탑(釋迦如來舍利塔) 정광여래사리탑(定光如來舍利塔) 가섭여래사리탑(迦葉如來舍利塔) 약사여래사리탑(藥師如來舍利塔) 사탑(四塔)"이라 한 기록208을 통해 일반적으로 금당지 앞에 위치한 오층석탑을 석가여래사리탑, 금당지 뒤에 위치한 삼층석탑 3기를 정광여래사리탑, 가섭여래사리탑, 약사여래사리탑으로 부르고 있어 통일신라시대에 다양한 성격의 불탑이 존재했을 가능성도 시사해 준다. 굽형괴임 형식은 지역적 편중 현상없이 경상도, 강원도, 전라도 지역에서 골고루 확인되는데 석조부도, 석등, 불상대좌에 공통적으로 나타나고 있어 전국적인 변화 현상임을 알 수 있다.

한편, 한 석탑에서 여러 변화 현상이 중복되어 나타나는 것을 볼 수 있다. 전체 62기 석탑 중 25기 석탑에서 두 가지 이상의 변화 현상이 중복적으로 나타나는데, 이는 석탑의 변화 현상이 적극적이고 다양하게 나타나고 있기 때문으로 생각된다. 단층기단 석탑은 보성 우천리 삼층석탑을 제외하면 대부분 경상도 지역에만 분포하고 있는데 경주와 경북 북부지역에 집중되어 있음은 기존의 연구성과를 통해 알려져 있다.209 이 책에서 주목한 점은 단층기단 석탑 중에서 별석 초층탑신받침의 변화가 중복적으로 나타나는 경우가 두드러진다는 것이다.

현재까지 신라 단층기단 석탑으로 알려진 석탑은 약 24기210인데,

---

208 黃壽永, 「崇嚴山聖住寺事蹟」, 『考古美術』 9卷, 9號 通卷98號, 1968, p. 450.
209 신용철, 「신라 단층기단 석탑의 편년과 특징」, 『한국민족문화』47, 부산대학교 한국민족문화연구소, 2013, p. 125.

이 가운데 별석으로 초층탑신받침을 조성한 경우가 약 50%정도이다.
별석으로 초층탑신받침을 조성한 단층기단 석탑은 경주 남산 국사곡
4사지 삼층석탑, 경주 남산 지암곡 2사지 삼층석탑, 경주 남산 탑곡
삼층석탑, 경주 황오동 삼층석탑(전(傳)사자사지 삼층석탑), 문경 내화리
삼층석탑, 문경 도천사지 삼층석탑 2기, 청도 박곡리 석탑, 하동 탑리
삼층석탑 등이 해당되며, 정혜사지 십삼층석탑도 포함시킬 수 있
다.[211] 또한 단층기단 석탑 가운데 자연암반 위에 기단부를 올린 경우

그림4 단층기단 석탑 분포 현황

---

210 신용철, 위 논문, 2013, p. 122.
211 정혜사지 십삼층석탑은 일제시대부터 몇 차례에 걸쳐 기단부 복원이 이뤄져 왔다.
    현재는 방형의 토축기단을 조성하여 탑신부를 올렸는데 원래는 단층의 석조기단부
    를 가졌을 것으로 추정된다.(李順英,「慶州 淨惠寺址 十三層石塔의 樣式과 特徵」,
    『東岳美術史學』13, 동악미술사학회, 2012, p. 108.)

〈표 9〉 통일신라 석탑의 변화 유형에 따른 현황

연번	석탑명	소재지		변화 유형
1	경주 불국사 다보탑	경상 북도 (43기)	경주 (20기)	Ⅰ-A-a
2	경주 남산 국사곡4사지 삼층석탑			Ⅱ-A-a / Ⅱ-A-b / Ⅱ-B-b
3	경주 천룡사지 삼층석탑			Ⅱ-A-b
4	경주 남산 용장사지 삼층석탑			Ⅱ-A-b
5	경주 마석산 삼층석탑			Ⅱ-A-b
6	경주 황오동 삼층석탑			Ⅱ-A-b / Ⅱ-B-b
7	경주 남산 탑곡 삼층석탑			Ⅱ-A-b / Ⅱ-B-b / Ⅱ-B-d
8	경주 석굴암 삼층석탑			Ⅱ-A-c
9	경주 남산 늠비봉 오층석탑			Ⅱ-A-e / Ⅱ-B-a / Ⅱ-B-b / Ⅱ-B-d
10	경주 남산 비파곡2사지 삼층석탑			Ⅱ-A-e / Ⅱ-B-b
11	경주 남산 지암곡3사지 삼층석탑			Ⅱ-A-e / Ⅱ-B-b
12	경주 남산 삼릉계 삼층석탑			Ⅱ-A-e / Ⅱ-B-b
13	경주 천관사지 석탑			Ⅱ-B-c
14	경주 정혜사지 십삼층석탑			Ⅱ-B-a / Ⅱ-B-b / Ⅱ-B-e / Ⅱ-B-d
15	경주 분황사 석탑			Ⅲ-C-a
16	경주 구황동 석탑(폐탑)			Ⅲ-C-a
17	경주 남산리 동삼층석탑			Ⅲ-C-b / Ⅱ-B-b
18	경주 서악리 삼층석탑			Ⅲ-C-b / Ⅱ-B-b
19	경주 남산 용장계 지곡 삼층석탑			Ⅲ-C-b / Ⅱ-B-b
20	경주 오야리 삼층석탑			Ⅲ-C-b / Ⅱ-B-b
21	문경 봉암사 삼층석탑		문경(6기)	Ⅱ-A-b
22	문경 내화리 삼층석탑			Ⅱ-A-b / Ⅱ-B-b
23	문경 도천사지 삼층석탑 2기 (직지사 대웅전 앞)			Ⅱ-A-b / Ⅱ-B-b
24	문경 도천사지 삼층석탑 (직지사 비로전 앞)			Ⅱ-A-b
25	문경 봉서리 삼층석탑			Ⅱ-A-b / Ⅱ-B-b
26	傳 강락사지 삼층석탑 (직지사 청풍료 앞)		구미(3기)	Ⅱ-A-b
27	구미 죽장사지 오층석탑			Ⅲ-C-b / Ⅱ-B-b
28	구미 낙산리 삼층석탑			Ⅲ-C-b
29	의성 탑리리 오층석탑		의성(2기)	Ⅲ-C-b / Ⅱ-B-b

연번	석탑명	소재지		변화 유형
30	의성 빙산사지 오층석탑			III-C-b / II-B-b
31	상주 화달리 삼층석탑		상주(2기)	II-A-b
32	상주 낙상동사지 석탑(폐탑)			III-C-b
33	청도 덕양동 삼층석탑		청도(2기)	II-A-b
34	청도 박곡리 석탑			II-A-b / II-B-b
35	영양 산해리 오층석탑		영양(2기)	III-C-a
36	영양 삼지동 석탑			III-C-a / II-A-e
37	안동 대사동 석탑		안동(1기)	III-C-a / II-A-e
38	대구 동화사 비로암 삼층석탑		대구(3기)	II-B-b
39	대구 부인사 동서 삼층석탑(2기)			II-A-f
40	포항 법광사지 삼층석탑		포항(1기)	II-B-b
41	봉화 취서사 삼층석탑		봉화(1기)	II-A-f
40	울산 청송사 삼층석탑	경상남도 (7기)	울산(1기)	II-A-a / II-B-b
41	합천 해인사 삼층석탑		합천(2기)	II-A-f
42	합천 영암사지 삼층석탑			II-A-f
43	밀양 표충사 삼층석탑		밀양(1기)	II-A-b
44	함안 주리사지 사자석탑		함안(1기)	II-A-d
45	산청 덕산사 삼층석탑		산청(1기)	II-B-b
46	하동 탑리 삼층석탑		하동(1기)	II-A-b / II-B-b
47	보령 성주사지 오층석탑	충청남도 (4기)	보령(4기)	II-B-b
48	보령 성주사지 동삼층석탑			II-B-b
49	보령 성주사지 중앙삼층석탑			II-B-b
50	보령 성주사지 서삼층석탑			II-B-b
51	구례 화엄사 사사자삼층석탑	전라남도 (5기)	구례(3기)	II-A-d
52	구례 화엄사 구층암 삼층석탑			II-B-b
53	구례 연곡사 삼층석탑			II-A-f
54	보성 우천리 삼층석탑		보성(1기)	II-A-b
55	광주 약사사 삼층석탑		광주(1기)	II-B-b
56	남원 실상사 백장암 삼층석탑	전라북도 (1기)	남원(1기)	II-B-d / II-B-f
57	철원 도피안사 삼층석탑	강원도 (3기)	철원(1기)	II-A-c / II-B-b
58	삼척 홍전리사지 삼층석탑		삼척(1기)	II-A-f
59	속초 향성사지 삼층석탑		속초(1기)	II-B-b
총 계		24곳 62기		

도 확인되는데 경주 남산 늠비봉 오층석탑, 문경 봉서리 삼층석탑 등 12기가 확인된다. 이러한 별석 초층탑신받침과 단층기단의 변화 유형이 중복적으로 나타나는 것은 두 유형의 발생이 밀접한 관련이 있기 때문으로 생각된다.

2. 전개과정

이 절에서는 통일신라 석탑의 변화상이 전개되는 과정을 크게 일 반형석탑과 모전석탑으로 나누어 살펴보고자 한다. 일반형석탑은 전체가 변형된 석탑과 기단부 또는 탑신부가 변형된 석탑의 양식 특성과 변화상의 전개과정을 살펴보겠다. 모전석탑은 일반형석탑에서 변화가 발생하는 8세기 중반 이후부터 분황사 석탑과 탑리리 오층석탑을 계승한 석탑들이 등장하고 있어 이들에 대한 양식 특징과 변화상에 대해 살펴보겠다.

1) 일반형석탑의 변화와 전개

(1) 전체 변형 석탑

불국사 다보탑은 신라 전형석탑 양식에서 완전히 벗어난 유일무이한 양식의 석탑으로『법화경』「견보탑품」의 경전 내용을 구체적으로 조형화하여 독창적인 형태로 창안되었다. 각 부분의 구성은 일반적 양식과 같이 기단부, 탑신부, 상륜부로 구성되었다고 볼 수 있으나,

기단부는 방형을 기본으로 십자형태이며, 탑신부는 팔각형, 상륜부는 원형으로 여러 평면구도가 복합되어 있어 전형석탑과는 완전히 다른 모습이다. [212]

다보탑의 기단부는 사방으로 계단을 두어서 전체적으로는 십자형의 평면을 보인다. 지대석은 방형 판석 4매를 서로 맞닿게 '전(田)'자 모양으로 놓고 그 위에 우주를 세우고 우주와 탱주사이는 면석을 별석으로 결구하였다. 2주의 우주를 모서리에 두고 중앙에 2주의 탱주를 일렬로 더 세우고 그 사이에 면석을 끼워 전체적으로 우주-면석-탱주-면석-탱주-면석-우주로 구성되는 3칸 면 분할을 이루고 있다. 부재는 우주 및 탱주 12매와 면석 8매로 구성하였다. 기단 중앙 사방으로 계단을 설치하여 기단석 전체가 십자형 평면이다. 신라석탑에서 기단 사방의 계단 설치는 동일한 시기에 제작된 일반적인 석탑에서 확인되지 않는 독창적인 구조이다. 주로 통일신라시대의 사천왕사 목

---

212 다보탑이 전형석탑에서 벗어나는 구조이므로 층수에 대해서도 2층, 3층, 4층설 등의 다양한 견해가 있다. 먼저 고유섭은 '이 탑의 주체적 本源 형태를 팔각원형 탑신에 있다고 본다면 方圓 1층은 가상적 1층이며 欄楯에 싸인 것을 탑의 주체로 본다면 方圓互角의 三級塔이며, 盤蓋 위에 있다는 사실을 중요시한다면 4층의 탑이라고도 말할 수 있다.'하여 4층의 견해를 밝힌 바 있다(高裕燮,「朝鮮 塔婆의 樣式 變遷(各論·續)」,『佛敎學報』3·4合輯, 동국대학교 불교문화연구소, 1966, p. 179.). 장충식은 기본적으로 신라석탑과 동일한 기단부-탑신부-상륜부 구조이므로 2중기단의 3층이라는 견해이다(장충식, 앞 책, p. 148.). 한편, 층수를 결정짓는 구성 요소가 탑신과 옥개석이므로 단층기단에 2층의 석탑으로 보는 견해가 있다(국립문화재연구소,『경상북도의 석탑 I』, 국립문화재연구소, 2007, p.266.). 기본적으로 다보탑이 목탑의 구조를 모방한 구성을 보인다는 것을 전제로 하면 실제 목탑에서도 계단이 설치된 기단 상부가 탑신이 되므로 다보탑 역시 단층기단으로 파악하는 것이 타당할 것으로 생각된다. 또한 탑신과 옥개석이 한 세트로 한 층을 이루는 것이 기본이지만 실제 목조건물에서도 난간이 설치된 부분이 하나의 층을 이루는 것을 생각하면 4층일 가능성이 있으나, 아직까지 학계에서 이견이 있어 명확하게 밝히긴 어렵다. 이 책에서는 층수에 대한 구체적인 논의는 제외하고 우선적으로 조형의 특이점에 대해 분석하고자 한다.

탑이나 망덕사 목탑, 일본 호류지(法隆寺) 목탑 등의 목탑에서 사용되는 기단 구성요소로 다보탑이 목탑의 구조를 모방한 것을 알 수 있다. 한편 동일한 사역에 위치하고 있는 대웅전의 기단에서도 건물 기단으로는 보기 드물게 사방으로 계단을 두는 공통점이 나타나고 있다. 석탑의 계단은 사방이 동일한 구성으로 결구되어 있는데 지대석 앞쪽으로 법수석을 세우고 그 양측면에 소맷돌과 계단면석을 조립하고 그 사이에 가로로 9단의 디딤돌을 놓아 완성하고 있다. 계단 법수석 후면에 구멍이 뚫려있어 난간을 연결한 흔적을 확인할 수 있다.[213]

다보탑의 계단면석은 일반적인 건물의 계단면석과 다르게 중간에 탱주를 감입하여 면석-탱주-면석으로 분할되는 독특한 의장을 적용하

사진 5. 불국사 다보탑 계단 면석   사진 6. 불국사 대웅전 계단 소맷돌

---

213 기단 네 면에는 갑석까지 갖춘 계단이 있다. 계단 입구 양쪽에는 엄지기둥을 세우고 엄지기둥에는 동자주와 소로를 모각하고 돌난대를 끼웠던 원형 구멍이 파여 있어서 계단에 난간이 있었다고 기술하고 있으나, 갑석 위에는 엄지기둥이나 동자주를 세웠던 난간시설의 흔적이 없다. 따라서 계단에 난간설치 여부는 미완성이거나, 설계가 변경되었을 가능성 등이 대두되는데, 아마도 미완성으로 보기보다는 설계가 변경되었을 가능성이 높은 것으로 생각된다. 아무튼 다보탑에 실제 난간 설치 여부는 깊이 생각해 보아야 할 문제이다. 디딤돌은 기단갑석까지 9단이며, 소맷돌은 기단석부와 같이 탱주와 면석을 입석으로 마감하였다. (국립문화재연구소, 『경상북도의 석탑Ⅰ』, 국립문화재연구소, 2007, p. 267.)

사진 7. 불국사 다보탑(조선고적도보)

고 있다. 신라의 건축물에서 계단을 조성하는 방식은 일반적으로 감은사지 금당지나 황룡사지 목탑지에서 사용된 지대석, 면석, 소맷돌을 별도로 구성하여 결합하는 방식과 불국사 대웅전이나 숙수사지 출토 계단 소맷돌처럼 지대석+면석+소맷돌을 모두 1매의 석재로 구성하는 방식으로 구분할 수 있지만 이 두 방식 모두 계단면석을 1매의 석재로 구성하는 공통점을 갖는다.[214] 다보탑처럼 면석 중앙에 1매의 탱주를 두어 면석-탱주-면석으로 분할하는 방식의 계단면석은 다른 사례로는 찾아 볼 수 없다.

이러한 독자적인 석탑 계단 면석의 사용은 구조적인 측면보다는 의장적인 요소의 반영일 가능성이 높다. 1910년대 일제강점기에 찍은 다보탑 사진을 보면 계단면석의 중앙에 탱주와 면석이 이격되어 간격이 벌어진 사실을 확인할 수 있는데 일반적인 통일신라시대 건물에 사용된 1매의 계단면석이 깨지거나 터지는 경우가 거의 없어 다보탑에서 사용된 계단면석의 2분할 방식은 구조면에서 취약성이 확인된다. 이는 다보탑의 계단면석의 2분할 방식이 구조적인 측면이 아니라 실제 목조건물 기단의 의장적인 측면을 고려한 설정을 보여주는 것으로 생각된다. 이러한 계단면석 2분할 방식과 함께 기단부 전체 구성에서 정형기 석탑과 다른 여러 가지 의장 요소가 확인되고 있는데, 예를 들어 기단의 구성이 상·하 2중기단이 아닌 단층기단으로 구성되어 있다는 점이다. 실제 목조건물에서 2중으로 기단을 구성하는 사례가 없는 것을 본다면, 다보탑이 단층으로 기단을 구성한 것도 실제 목조건축의 의장을 따른 것으로 볼 수 있다. 또한 일반형석탑에서 상대갑석은 하면에 부연을 두어 이중으로 모접이된 석재를 사용하는 반면 다보탑은 모접이가 없는 단순한 판석형으로 상대갑석을 결구하고 있어 차이가 있다. 이는 다보탑이 기단부를 통해 탑의 상승감을 극대화시키기 위한 노력으로 생각되는데, 실제 목조건물의 기단보다 높은 단층기단과 그 사이에 상층으로 오르는 계단 의장, 판석형태의

---

214 이순영, 「榮州 宿水寺址 석조유물에 대한 考察」, 『史林』40권, 수선사학회, 2011, p. 195.

상대갑석의 단순함, 계단의 면석마저 동일한 상승감을 주기 위해서 탱주를 감입하는 독자적인 방식이 차용된 것으로 생각된다.

탑신부는 크게 네 부분으로 나누어지는데 먼저 최하층은 8매의 기단갑석 상부로 중앙과 그 외단으로 탑신석 받침을 놓고 중앙 기둥을 중심으로 사방으로 기둥을 배열하여 방형을 이루고 있다. 중앙 기둥을 중심으로 사방으로 기둥을 배열하는 형식은 일본의 야쿠시지(藥師寺) 목탑과 시텐노지(四天王寺) 목탑에서 주로 사용되는 사천주식 구성과 유사하다. 1층 중앙기둥 하부와 상부로 기둥보다 더 큰 폭의 받침과 주두를 놓아 중심을 견고하게 받치고 있으며, 하부 받침과 상부의 주두 부재는 2중으로 모각하여 장식적 효과를 주고 있다. 4개의 'ㄱ'자형 우주를 네 모서리에 배치하여 탑신부를 받치고 있는데, 기둥 안쪽을 'ㄱ'자형으로 치석한 부분이 주목된다. 이는 내부의 공간이 트여 있지만, 의도적으로 안쪽 각을 깎아 'ㄱ'자형으로 치석한 것으로 빈 공간이지만 건축적으로 고유한 내부 공간이 있음을 암시해주는 것으로 생각된다. 또한 이러한 공간 구성은 기단부 사방에 설치된 계단으로

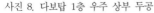
사진 8. 다보탑 1층 우주 상부 두공   사진 9. 다보탑 1층 내부

올랐을 경우 십자형 구조가 유기적으로 연결될 수 있게끔 해주고 있다. 이처럼 기단 사방에 계단이 설치되고, 내부가 십자형으로 연결되며, 중앙에 심주석을 배치하는 1층 탑신부 구조는 미륵사지 석탑 1층 탑신 구성 방식과도 매우 유사하여 주목된다.

우주 상부로는 십자형 부재를 사용하여 2단을 포개놓아 두공형(枓栱形)을 보인다. 마치 목조건물의 살미첨차처럼 상부의 옥개를 받고 있어 전체적으로 상부 옥개에서 하부 기둥 사이를 2단의 교두형 살미첨차가 받고 있는 것처럼 보이지만 실제 목조와 같은 짜임 구조는 아니다. 이러한 교두형 살미첨차로 인해 전체적으로 옥개받침을 곡선형으로 보이게 하는데 백제석탑인 정림사지 오층석탑에서 보이는 의장 처리와 동일한 방식이라는 견해[215]가 있다. 방형 옥개석은 가운데 넓은 판석을 놓고 그 외곽으로 4매의 판석을 돌려 결합되는 구성으로 이루어져 있는데 전체적으로 평박한 처마선을 유지하다 끝단에서 반전하는 형태 역시 정림사지 오층석탑의 옥개석과 매우 유사하다.

2층 탑신은 하층의 방형 옥개석 상부로 방형 난간을 두르고 있다. 이 사방 난간은 하층의 옥개석 가운데 위치한 넓은 판석과 외곽으로 둘러놓은 판석 이음부에 방형 대석을 깔고 그 위에 방형 동자주를 네 모서리와 각 면 중앙에 각각 1개씩 모두 8개를 세우고 단면이 마름모 인 하인방과 방형의 중방 원형 돌난대를 둘러 구성하고 있다. 마름모

---

[215] 이에 대해 고유섭은 "隅柱의 坐斗形式에서 屋蓋石 광활한 형식에서 屋板石의 엇맞춤 수법에서 후에 말할 玉山 淨惠寺址 13層塔과 함께 百濟의 遺構인 定林寺址塔의 造型 意思와 일맥 통하는 점이 없지도 않으니 즉 백제의 餘韻이 그윽히 숨어져 있다고도 할 만한 것이다."라고 하여 백제석탑과의 관련성에 대해 언급하였다. (高裕燮, 「朝鮮塔婆의 研究(三)」, 『震檀學報』14, 震檀學會, 1941, pp. 237~238.)

의 하인방은 사방모서리 기둥과 그 중간에 있는 동자기둥을 연결하여 결합되어 있는 반면 그 상부에서 있는 방형의 중방은 동자기둥과 중간기둥의 머리에 올려있는 구조로 차이가 있다. 중방 상부의 돌난대는 중방 하부에서 동일한 위치에 놓인 모서리기둥과 동자기둥을 올려 받고 있으며, 그 기둥 상부는 원형의 돌난대 끝단을 받기위해 모서리 기둥에는 십자형 홈을, 중간기둥에는 일자형 홈을 파고 있다. 2층의 난간대 안쪽의 방형 판석은 각호각형 3단 8각 받침을 새기고 중앙에 팔각형 탑신석을 올렸다. 그 가장자리 받침판석 꼭짓점에 8방향으로 기대(器臺)모양의 바깥 기둥을 세워 내부 공간과 외부 공간을 분리하고 있다.

3층 공간은 2층의 상부에 8각 받침판석 외곽부분에 낮은 8각 지대석을 두르고 그 상부로 동자기둥을 8면에 세웠다. 동자기둥 외곽면으로 연꽃잎을 조각한 석조 부재로 마감하여 구조와 의장적 효과를 동시에 살리고 있으며, 동자기둥 상부는 양쪽으로 파내어 중간에 원형 돌난대를 끼우고 있다. 3층의 낮은 외곽 난간대 내부로는 복판의 원형 앙련의 판석을 중심으로 그 하부에 팔각형의 중앙기둥과 그 가장

사진 10. 다보탑 2-3층 난간

사진 11. 다보탑 4층 탑신부

자리 판석 꼭짓점에는 8방향으로 4마디가 모각된 죽절형 기둥을 세우고 있어 2층과 동일하게 내외의 공간을 분화하고 있다.

4층 구조는 팔각형의 낮은 돌대가 있는 지대석과 상부의 팔각형 옥개석 중앙에 있는 팔각형의 중앙기둥과 꽃술 모양의 외곽 기둥부재[216]가 받고 있는 형식으로 하부의 2층, 3층과 동일한 구성을 보이고 있으나 난간을 두지 않은 점과 바깥으로 꽃술 모양의 기둥을 세웠으나 안쪽으로 공간을 두지 않고 있어 내외 공간이 분할되지 않는 차이점이 있다. 꽃술 모양 부재의 끝점은 점이 아니라 곡선으로 이루어져 있어 가장자리 외곽선을 연결하면 가장 외곽 평면은 원형을 구성하게 된다. 옥개석은 1석으로 8각형 모양인데 일반 석등의 옥개석과 같은 형태를 보이고 있다.[217] 팔각형 옥개석의 내접원의 크기, 4층 하단의 연화받침의 원형 평면 그리고 꽃술 모양의 부재 끝점을 연결한 원형이 동일한 크기로 중첩되고 있어 4층 내부는 팔각형이지만 외곽은 원형 구조를 표현하고 있는 것으로 생각된다.[218] 옥개석 전각부에는 풍탁을 달았던 작은 구멍이 합각선 끝부분과 전각부 양쪽에 1개씩 남아 있다.

---

216 이 부재에 대한 명칭은 최근 판독된 「무구정광탑중수기」를 통해 花蕊로 사용되었음이 밝혀졌다. (남동신·최연식, 「미술사의 과제와 역사학-불교미술사를 중심으로-」, 『미술사학연구』268, 한국미술사학회, 2010. 12, p. 101.)

217 장충식, 앞 책, p. 149. 한편, 팔각형의 옥개석 수법과 탑신이 신라 八角浮屠의 起源으로 보는 견해가 있다. (황수영, 「多寶塔과 新羅八角浮圖」, 『考古美術』123·124, 1974. 12, pp. 22~25.)

218 다보탑의 조형계획이 기단과 1층 탑신은 입방체가 중첩되고 상층의 팔각형 구조는 내접원의 지름이 동일한 것을 보아 원통형이 중첩된 구조라는 견해가 주목된다. (김지윤, 「다보탑을 통해 본 통일신라시대의 營造尺」, 『미술사논단』44, 한국미술연구소, 2017, pp. 9~15.)

상륜부는 노반, 복발, 앙화, 보륜, 보개가 모두 남아 있어 보존상태가 양호한 편이다. 노반은 8각형으로 상부에 2단의 모접이가 된 돌대가 있고, 복발은 편구형 상부에 두 줄로 돌대를 두르고 있으며, 그 중앙에 4면으로 연화가 장식되어 있다. 앙화의 상부는 반원형의 팔각면에 꽃장식이 모각되어 있으며 그 하단으로 모줄임 3단 팔각기둥이 확인된다. 보륜은 원형으로 3단으로 구성되어 있으며, 그 상부에 있는 보개는 사방으로 귀꽃을 표현하고 있으며, 그 상부의 수연, 용차, 보주는 확인되지 않고 있다.

다보탑에서 보이는 특이한 양식 요소에 대해서는 크게 두 부분으로 정리할 수 있다. 우선 실제 목조건축을 번안한 요소이다. 사방의 계단 설치와 1층의 사천주식 기둥배열, 1층 우주 상부의 살미첨차석 배열, 2~3층의 방형과 팔각형의 난간표현과 그 난간석의 세부적인 건축적 구성요소, 예를 들면 돌난대를 두고 돌난대를 받기 위해서 십자형, 일자형 홈을 파내는 요소 등이다. 또한 1~4층까지 모두 중앙에 방형과 팔각형의 기둥을 중심으로 그 바깥으로 별도의 기둥을 두고 있어 내부공간과 외부공간으로 철저하게 분리하고 있는 모습 역시 목조탑의 내외진 구조를 충실히 번안하고 있다.

다음으로 의장적 요소인데 특히 기단부 구성이 주목된다. 전체적으로 목조건축을 모방한 여러 기법이 표현되었지만 기단을 높이 올림으로써 이미 실제 건축기단에서 떠나 석조로 번안한 장엄적 석탑으로의 변화 의사를 보이는 부분이다.[219] 이러한 건축 의장은 기단의 변화

---

219 장충식, 앞 책, p. 150.

에서 두드러지는데 단층기단의 표현에 있어 기단을 높이 올리고 사방에 계단을 두어 상부로 올라가는 구조를 시각화하였다. 계단은 건축에서 상징적 의미와 구조적 의미로 나누어 볼 수 있다. 상징적으로는 입체적 방향성을 나타내는데 중층 목탑의 경우 내부 공간 사용을 위해 필수적인 요소이지만, 동시에 수직적 방향성을 유도한다. 다보탑의 계단은 높고 강한 체감을 갖고 있어 수직적 상승작용과 함께 시각적 상승효과를 높이고 있다. 이러한 단계의 상승감은 기능적인 면보다는 의장적인 역할이 더 큰 것으로 생각된다. 또한 기단 각 면석에 세로 부재인 우주석과 탱주석을 감입하고, 계단 면석에도 다른 건축물과 달리 중간에 탱주석을 감입하여 실제 목조건물의 기단보다는 전체적으로 상승감을 표현하고 있다. 이는『법화경』에 보탑이 대지에서 솟아 올라와 허공에 머물렀다는 '종지용출 주재공중(從地踊出 住在空中)'의 장면을 조형화하기 위해 상승감을 강조하는 구조를 재현한 것으로 생각된다. 즉, 무명의 대지를 뚫고 허공으로 올라온 보탑의 상승과정을 계단의 상승감을 강조하여 표현하고 있다. 그리고 이러한 의사는 다보탑의 전체 평면 형태의 조화를 통해서도 볼 수 있다. 기단과 1층은 방형이고, 그 상부로 2~3층 탑신석은 팔각형, 4층 탑신석은 원형을 표방하고 있는데 하부의 방형에서 팔각형을 거쳐 상부의 원형으로 변화하는 과정을 평면 형태의 변화와 체감율을 통해 보여준다. 이와 같이 방형→팔각형→원형의 평면 변화는 하늘은 둥글고 땅은 방형이라는 동아시아의 전통적 우주관인 천원지방을 효과적으로 나타낸 구성으로 생각된다.

한편, 불국사 다보탑의 계단과 관련하여『삼국유사』권제4 의해 제5

의상전교조의 다음의 내용을 주목하여 살펴볼 필요가 있다.

> "의상이 황복사에 있을 때 무리들과 함께 탑을 돌았는데, 매
> 번 허공을 밟고 올라갔으며 **계단**으로 오르지 않았기 때문에 그
> 탑에는 **돌층계**가 설치되어 있지 않았다. 그 신도들도 계단에서
> 세 자나 떨어져 공중을 밟고 돌았다."
>
> "湘住皇福寺時 與徒衆繞塔 每步虛而上 <u>不以階升</u> 故其塔不設
> <u>梯磴</u> 其徒<u>離階</u>三尺 履空而旋"

위 기록은 의상의 신이한 행적을 보여주는 것인데 불탑에 계단이
설치되는 사례로 주목된다. 이에 대해 고유섭은 일반적으로 석탑에
계단이 설치되지 않고 보통 목탑에 설치되므로 현존하는 황복사지 삼
층석탑 이전에 목탑이 있었던 것으로 추정하고[220] 황복사 인근에서
목탑지를 비정[221]한 바 있으나, 최근 이곳에 대한 발굴조사 결과 통일
신라시대 가릉(假陵)이 확인[222]되어 이 기록에 해당하는 불탑은 현존하
는 삼층석탑일 확률이 높다. 그러나 이 기사가 의상의 제자들에 관한
내용 중에 갑자기 끼어들어 있고, 최치원의 「의상전」에는 없는 내용
이며, 의상은 철저한 수행위주의 수도생활과 제자양성에 힘쓴 인물로
신이한 행적을 직접 보인 적이 거의 없는 점, 의상이 황복사에서 출가
는 하였으나 이후에 이곳에 머무르지 않았던 점에 주목하여 신이한

---

220 고유섭, 『조선탑파연구』, 1975, 동화출판공사, pp. 179~180.
221 장충식, 『新羅狼山 遺蹟調査』, 동국대경주캠퍼스박물관, 1985, p. 20.
222 문화재청 보도자료, 「경주 낭산에서 통일신라시대 가릉(假陵) 발견」, 2017. 2. 9.

행적으로 잘 알려져 있는 의상의 제자인 표훈(表訓)이 했을 것이라는 견해223가 주목된다. 기사 내용대로 요탑의례(繞塔儀禮) 행위는 실제로는 표훈이 한 것이나 스승인 의상이 한 것으로 부회되어 기록된 것으로 추정할 수 있다. 이는 이 기사의 바로 앞에 '표훈은 일찍이 불국사에 있으면서 항상 천궁을 왕래하였다.'224는 문장과 자연스럽게 연결되므로, 탑돌이를 한 사찰이 황복사가 아니라 불국사였을 가능성이 매우 높다고 생각된다.

기사 내용을 다시 한번 살펴보면, 탑돌이를 하는 주체는 표훈과 신도들로 나눌 수 있다. 즉, 표훈은 신이한 능력으로 계단을 밟지 않고

사진 12. 경주 황복사지 삼층석탑

---

223 김복순, 「義湘과 皇福寺」, 『新羅文化祭學術發表會論文集』 第17輯, 1996. 10, pp. 152~158.
224 "訓曾住佛國寺 當往來天宮"

허공에 오르므로 그 탑엔 계단이 없었다는 내용과 신도들은 계단에서 세자 떨어진 곳에서 마찬가지로 공중으로 올랐다는 내용이다. 이를 따르면 표훈이 탑돌이를 한 불탑은 계단이 설치되지 않았고, 신도들이 탑돌이를 한 불탑에는 계단이 설치되어 있었으나 신도들 역시 계단에서 떨어진 곳에서 허공에 올랐다는 것으로 볼 수 있다. 앞서 이 요탑의례가 이뤄진 곳이 불국사였을 것으로 추정하였으므로, 표훈과 신도들이 요탑의례를 행한 불탑은 현재 불국사의 석가탑과 다보탑이었을 가능성이 높다고 생각된다. 따라서 표훈은 석가탑에서, 신도들은 다보탑에서 요탑의례를 했을 가능성이 매우 높다. 표훈은 계단이 설치되지 않은 불탑을 돌았고, 신도들은 분명 불탑의 계단에서 3자 떨어져서 허공을 밟았다고 언급하고 있어 신도들이 탑돌이를 한 탑에는 계단이 설치되어 있었던 것으로 생각된다. 또한 '제등(梯磴)'은 분명 돌계단을 의미하므로 이 기록에서 요탑의례를 했던 곳이 불국사였다면, 석가탑과 다보탑에서 탑돌이가 이루어졌을 가능성이 매우 높다고 생각된다.

(2) 기단부 변형 석탑

신라 일반형석탑의 발전과정을 큰 틀에서 보면 부재 수의 감소와 더불어 결구방식의 정립 및 단순화 과정이라고 할 수 있다. 결구방식의 변화를 보면, 신라 일반형석탑은 감은사지 삼층석탑, 고선사지 삼층석탑의 전형기를 지나 황복사지 삼층석탑 단계를 거치면서 기단 모서리에는 귀틀석을 사용하고 중간 중석은 탱주를 모각하여 별석으로 감입하는 방식으로 변화한다. 전형기 단계까지는 1층 탑신의 우주를 별석으로 조성하는 방식이 남아 있지만, 황복사지 삼층석탑 단계에서는 탑신은 우주를 모각하여 1석으로 만드는 방식이 완전히 정착된다. 이후 신라석탑은 기단부 규모가 줄어들면서 탱주의 수도 줄어들고 별석 결구방식은 탱주와 면석이 하나의 판석으로 조성되는 등 점차 형식적으로 변화한다. 이를 보면 전형기에서 양식적 완성을 이룬 뒤 상하층 기단부 탱주가 1:2로 변화하는 과정에서 기단부 탱주가 별석으로 감입되는 방식은 사라지고 있음을 알 수 있다.[225]

이러한 기단부 결구방식의 변화는 그만큼 석탑을 건립하는데 따른 기술력이 발전되었음을 의미한다. 신라석탑은 시원기에서 전형기를 거치면서 기단부 규모가 축소되면서 결구방식이 별석형에서 판석형으로 변화되었고 내부 적심체를 통해 상부의 수직하중을 받을 수 있도록 하여 양식적인 면과 더불어 기술적인 측면에서도 완성을 이룩하였다.[226] 이처럼 판석형 결구방식이 기술적·양식적으로 점차 일반형석탑의 기본적인 기단부 형식으로 정착되는 상황에서, 기단부에 별석의 탱주를 감입하는 결구방식이 다시 적용된 석탑들이 나타나는 것은 일반적인 양식 흐름과는 다른 현상으로 볼 수 있다. 이러한 별석 결구방식이 다시 나타나는 대표적 사례로 청송사지 삼층석탑과 경주 남산 국사곡4사지 삼층석탑을 들 수 있다. 두 석탑의 상층기단에서는 탱주가 1주이지만 별석으로 감입하는 방식을 보이고 있는데, 이미 별석 결구방식이 완전히 소멸하는 단계에 해당됨에도 불구하고 시원양식

---

225 申龍澈,「統一新羅 二重基壇石塔의 形式과 編年」,『東岳美術史學』9, 동악미술사학회, 2008, p. 216.
226 박경식, 앞 책, 2016, pp. 284~285.

사진 13. 청송사지 삼층석탑

에서 나타나는 고식을 따르고 있어 의도적으로 이 방식을 채택한 것으로 생각된다.

외형의 변화는 비교적 다양하게 나타나는데 가장 많은 변화 유형은 이중기단에서 단층기단으로의 변화이다. 단층기단 석탑은 이중기단의 신라 전형양식에서 하층기단이 생략된 형태인데, 지대석 또는 자연암반 위에 전형양식에서의 상층기단이 놓이게 된다. 기단부의 변화는 받침 형태의 변화까지 불러왔는데, 전형석탑에서 하층기단 갑석의 호각형2단 받침이 각형2단 받침으로 변형되어 기단을 받치는 형태를 보인다. 단층기단 석탑은 경북지역 특히 경주에 집중되어 있으며[227], 경주 남산에서 최초로 발생하여 점차 확대된 것으로 보인다.

227 신용철은 현재까지 확인된 신라 단층기단 석탑의 현황에 대해 경주를 포함한 경북

사진 14. 경주 남산 국사곡 4사지 삼층석탑

이는 신라의 땅이 불국토라는 관념으로 하층기단을 대신하였고, 수미산을 불탑으로서 세우는데 이미 불국토로 장엄되었던 경주 남산의 독특한 공간성에서 기인한 것으로 생각된다.[228]

한편, 이중기단에서 하층기단을 생략한 단층기단으로의 변화와 달리 이중기단 아래에 기단을 한 단 더 마련하는 삼중기단으로의 변화도 볼 수 있다. 지금까지 삼중기단으로 확인된 석탑으로는 삼척 흥전

에 20기, 경남에 3기, 전남에 1기로 약 24기로 파악하였다. (申龍澈, 「신라 단층기단 석탑의 편년과 특징」, 『한국민족문화』47, 부산대학교 한국민족문화연구소, 2013, pp. 122~125.) 경북의 20기 중 10기가 경주에 분포하고 있어 경주에 가장 많은 수량이 남아 있는 것으로 보아 경주에서 단층기단의 발생과 확산이 이뤄진 것으로 생각된다.

[228] 신라 단층기단석탑에 대해서는 다음의 논문에서 자세히 고찰한 바 있다.
申龍澈, 「신라 단층기단 석탑의 편년과 특징」, 『한국민족문화』47, 부산대학교 한국민족문화연구소, 2013, pp. 119~152.

사진 15. 봉화 취서사 삼층석탑

사진 16. 구례 연곡사 삼층석탑

리사지 삼층석탑, 봉화 취서사 삼층석탑, 합천 해인사 삼층석탑, 합천 영암사지 삼층석탑, 구례 연곡사 삼층석탑, 대구 부인사 동·서 삼층석탑 등이 있다. 삼중기단의 출현 배경에 대해서는 탑구가 기단부로 변화하였을 것이라는 견해[229]와 삼중기단 석탑이 탑을 건립하기 전에 무구정단을 만들고 작단법을 행한 뒤 그 단 자체에 탑을 건립했을 것이라는 견해[230]가 주목된다. 삼중기단은 단층기단에 비해 제작 빈도가 많지 않은데, 이중기단에서 삼중기단으로 제작한다는 것은 아무래도 비용과 석재 수급, 제작 기간 등 경제성과 연관이 크기 때문이 아닐까 생각된다.

불대좌형기단은 탑신부는 전형양식의 방형을 유지하면서 기단부만 불상대좌와 같이 평면 팔각형 또는 원형으로 변형된 형태로 도피안사 삼층석탑과 석굴암 삼층석탑을 들 수 있다. 기단을 불대좌형으로 변형하였다는 것은 탑신부에 안치되는 불사리를 의식한 것으로 부처=사리=탑의 개념으로 탑신에 대한 숭앙의 의미[231]가 반영된 것이다. 도피안사 삼층석탑의 불대좌형기단은 상대, 중대, 하대로 구성되어 있어 통일신라 불상의 '삼단팔각 연화대좌'[232]의 전형적인 모습을 보인다. 그러나 이 시기 불상 대좌 대부분은 중대석에 안상이나 부조상 등이 등장하지만, 도피안사 석탑은 중대석에 아무런 조식이 없으며 심지어 우주도 모각하지 않아 차이를 보이고 있다. 이는 석탑과 불상이라는 조형물의 차이에서 비롯된 것으로 생각된다. 통일신라 불상에서 팔각형대좌가 유행하였음에도 불구하고 석탑에서는 단 2기만 나

---

229 洪永鎬, 위 논문, p.58~63.
230 장충식, 『新羅石塔硏究』, 일지사, 1987, p. 219~220 ; 신용철, 「신라 불탑에 있어 『무구정광대다라니경』의 영향」, 『불교학연구』23, 불교학연구회, 2009, p. 71~73.
231 박경식, 『통일신라 석조미술 연구』, 학연문화사, 2002, p. 119.
232 임영애, 「'삼단팔각' 연화대좌의 통일신라 수용과 전개」, 『신라문화』38, 동국대학교 신라문화연구소, 2011. 8, p. 281.

사진 17. 철원 도피안사 삼층석탑

사진 18. 경주 석굴암 삼층석탑

타나고 있어 석탑으로의 변형은 비교적 늦게 시도된 것이 아닐까 생각된다.

석굴암 삼층석탑은 기단부가 이중기단이지만 평면 형태가 하층은 원형, 상층은 팔각형으로 변형되었다. 기단의 상하층이 각각 팔각형과 원형으로 형태가 다른 평면이 중복되어 있는 석탑으로 유일하다. 이러한 형태는 석굴암 본존불 대좌에서 가장 먼저 등장하는 것으로 이를 모방한 것으로 생각된다. 그러나 석굴암 본존불 대좌의 중대는 팔각형의 중대석 바깥으로 모서리마다 별석으로 기둥을 세웠으며 하대석과 상대석에는 각각 복련과 앙련의 연화문을 조식하였는데, 석굴암 삼층석탑에서는 장엄조식은 없이 형태적인 변화만 보이고 있어 완벽한 형태의 불대좌형 기단은 도피안사 삼층석탑에서 완성된 것으로 생각된다.

사사자형기단은 석탑 주변에 사자상을 배치하는 형식이 아니라 석탑 자체에 직접 사자상을 배치하는 것을 말한다. 상층기단 네 모서리에 사자상을 배치하여 탑신을 받치게 하고 중앙에 존상을 두는 구조이다. 따라서 상층기단부를 제외한 하층기단부 및 탑신부의 양식은 결국 일반형석탑의 양식변천과 그 맥락을 같이하고 있다고 볼 수 있다.[233]

사자상이 불교 조형물에 처음 나타나는 것은 인도 아쇼카왕의 기념석주, 산치 1탑 등에서부터이지만, 불교에서 사자는 부처의 32상(相) 중 '상신여사자상(上身如獅子相)'이라 하여 '부처의 상체는 사자와 같은 모습'이고, '사자협상(獅子頰相)', 즉 '부처님의 얼굴은 사자와 같다'라고 하여 부처와 동일시되거나, 부처님이 앉는 대좌로 나타난다. 이는

---

233 李順英, 「華嚴寺 四獅子三層石塔의 건립시기에 關한 考察」, 『文化史學』34, 한국문화사학회, 2010, p. 64.

인도와 중국 초기의 불상대좌 좌우에 사자상이 배치된 사례를 다수 확인할 수 있어 불법을 수호하고, 부처가 앉는 사자좌를 나타냄을 알 수 있다.

우리나라에서는 삼국시대 불교 전래 이후 다양한 불교 조형물에 사자상이 등장하는데, 가장 이른 시기의 불교미술 사자상은 뚝섬 출토 금동여래좌상의 대좌이다. 사자상은 대좌 좌우에 배치되어 있으며, 명확한 형태를 알 수 없지만, 입을 벌리고 앉아 있는 것을 볼 수 있다.[234] 고구려 고분벽화 장천1호분에는 묘주로 보이는 인물이 불상에 예배하는 장면이 그려져 있는데 중앙의 불좌상 대좌 좌우에 사자상이 그려져 있다. 이 사자상은 조각이 아닌 실제 살아있는 듯한 사자상으로 묘사되어 있어 사자가 부처님을 수호하는 구실을 충분히 이행한다고 믿게끔 한다.[235]

신라에서 불탑에 사자를 배치하는 형식은 분황사 석탑에서부터 확인되지만, 이 사자상은 통일신라시대에 조성된 다른 왕릉에서 옮겨온 것으로 보는 것이 타당하므로[236] 최초부터 사자상을 불탑에 배치했는지 여부는 알 수 없다. 이를 제외하면 신라에서 불탑 주변에 사자상을 배치한 가장 이른 예는 경주 남산 탑곡 마애조상군이다. 북면에 새겨진 마애탑 기단 하단에 2마리의 사자가 마주보며 배치되어 있으며, 갈기의 유무로 암수를 구별하기도 한다. 불탑의 기단부 주변에 2

---

234 金元龍,「纛島出土 金銅佛像」,『歷史敎育』5집, 역사교육연구회, 1961.
235 文明大,「佛像의 受容問題와 長川1號墓 佛像禮佛圖壁畵」,『講座 美術史』10, 한국불교미술사학회, 1998, p. 62.
236 박경식, 위 책, pp. 148~149.

사진 19-1. 탑곡 마애조상군 사자상1   사진 19-2. 탑곡 마애조상군 사자상2

마리가 배치되어 있어 쌍사자상의 기원으로 볼 수도 있으나, 불탑과 직접적인 관련성을 보이지 않아 불탑의 조형을 변화시키는 사자기단으로는 보기 어렵다. 오히려 여기에 배치된 사자상은 불탑 사이의 상부에 위치한 부처가 허공에 올라 있는 것과 관련하여 그 아래에 사자좌가 있음을 암시하는 것으로 생각된다.

이처럼 불교 조형물에서 사자는 주로 대좌에 직접 들어가 부처가 앉는 사자좌를 표현하거나 또는 그 주변에 배치하여 불상 또는 불사리를 수호하는 의미가 부여된 것임을 알 수 있다. 이러한 사자좌는 앞서 살펴본 불대좌형기단이 부처=사리=탑의 개념으로 사리를 안치한 탑신에 대한 숭배로서 석탑의 변형을 발생시킨 것과 동일한 맥락으로 석탑 조형의 변화를 가져왔다. 즉, 전형양식의 이중기단에서 상층기단에 사자상을 배치하여 탑신을 받치는 형식으로 사자상이 배치된 불대좌를 석탑으로 변형시킨 것으로 볼 수 있다. 그리고 이러한 조형 변화는 상층기단 내부를 열린 공간으로 조성하여 중앙에 존상을 봉안할 수 있게끔 한 불대좌형식과 또 다른 변형 양상을 보여준다. 사자상을 석탑 주변에 배치하는 사례는 의성 관덕동 삼층석탑, 광양

중흥산성 삼층석탑 등에서도 나타나지만[237], 이러한 배치형식은 석탑 조형에 직접적인 변화를 발생시키긴 않는다. 따라서 사자상을 직접 석탑에 차용하여 석탑 조형을 변화시킨 최초의 사사자형기단은 화엄사 사사자삼층석탑에서 시작되었으며[238], 이후 함안 주리사지 사사자

사진 20. 구례 화엄사 사사자삼층석탑

---

237 통일신라시대 사자상에 대해서는 다음의 논문 참조.
　　權江美, 「통일신라시대 사자상의 수용과 전개」, 『新羅의 獅子』, 국립경주박물관, 2006.

238 金美子, 「華嚴寺 四獅子三層石塔 硏究」, 동국대학교 문화예술대학원 석사논문, 2004; 신문주, 「韓國의 獅子石塔에 관한 硏究」, 강릉대학교 교육대학원 석사논문, 2006; 李垠澈, 「獅子石塔의 起源과 建立背景」, 『靑藍史學』3, 청람사학회, 2000; 鄭永鎬, 「韓國石塔의 特殊樣式考察」(上), 『論文集』3, 단국대학교, 1969; 秦弘燮, 「統一新羅時代 特殊樣式의 石塔」, 『考古美術』158·159, 韓國美術史學會, 1983; 진홍섭, 「石造建築物의 獅子의 用例」, 『藝術院論文』7集, 大韓民國藝術院, 1968; 李順英, 「華嚴寺 四獅子三層石塔의 건립시기에 關한 考察」, 『文化史學』34, 한국문화사학회, 2010; 신용철, 「華嚴寺 四獅子石塔의 造營과 象徵」, 『미술사학연구』250·251, 한국미술사학회, 2006. 9, pp. 83~119.

석탑239이 확인된다.

신라는 8세기 후반 무렵부터 경주 남산에 불교미술의 수량이 폭발적으로 증가하는데, 석탑 역시 마찬가지의 현상을 보인다. 이처럼 남산으로 석탑 입지가 옮겨가면서 자연암석을 이용하여 조망이 좋은 위치에 석탑을 건립하는 일이 유행하게 되었고, 앞서 살펴본 단층기단 석탑 역시 경주 남산의 자연암반을 지대석으로 삼는 변화를 보이고 있다. 이러한 입지는 고려석탑에서 성행한 산천비보사상에 의한 건탑이 통일신라부터 등장한 것으로 볼 수 있다. 또한 불사리를 봉안한

사진 21. 함안 주리사지 사사자석탑

---

239 秦弘燮, 「咸安 主吏寺 四獅石塔址의 調査」, 『考古美術』第5卷 第6·7號, 한국미술사학회, 1964. 7, pp. 534~536.

불탑 자체를 우주의 축으로 생각하는 신앙적 형태에서 볼 때 기단 자체를 불교 우주관에서 말하는 수미산으로 여겼던 것으로 이해된다.[240] 이와 같이 자연암반 위를 입지로 삼아 석탑을 조성하는 방식은 두 가지가 등장하는데, 암반을 지대석 삼아 전형양식의 하층기단을 생략한 단층기단 석탑과 자연암반 또는 자연석 자체를 기단으로 대신하는 방식이다. 전자로 대표되는 석탑이 용장사지 삼층석탑으로 전형양식에서 하층기단을 생략하였지만, 어쨌든 전형양식의 기단 형식이 일부 남아 있으므로 단층기단으로 볼 수 있다. 따라서 여기에서 더 나아가 기단 자체를 자연석 또는 자연암반을 활용하는 변형이 진정한 자연석 기단 석탑으로 생각된다. 이 같은 탑은 남산 비파곡 2사지 삼층석탑,

사진 22. 경주 남산 비파곡 2사지 삼층석탑

---

240 장충식, 위 책, 1987, p. 97.

지암곡 3사지 삼층석탑241, 삼릉계 삼층석탑242 등으로 자연석을 적당히 치석하여 바로 탑신을 올리는 형식으로 변형되었으며, 대부분 9세기 후반 이후에 등장하는 것으로 생각된다.

한편, 늠비봉 오층석탑은 2000년 발굴조사를 실시하고 2002년 현재의 모습으로 복원하였다. 기단면석을 일부 가공하여 사용하였으나, 동쪽 면석은 자연암반을 다듬어 그대로 이용하고 다른 3면의 기단면석 역시 암반을 'ㄴ'자 모양으로 따내어 면석의 뿌리가 밖으로 밀려나

사진 23. 경주 남산 지암곡 3사지 삼층석탑

---

241 국립경주문화재연구소·경주시, 『慶州南山 石塔 發掘·復元整備 報告書』, 2004.
242 삼릉계 석불좌상 정비를 위한 발굴조사를 통해 자연암반 위에 건립된 형식이었음이 확인되었다.
국립경주문화재연구소·경주시, 『경주 남산 삼릉계 석불좌상 보수·정비 보고서』, 2010, pp. 51~55.

사진 24. 경주 남산 삼릉계 삼층석탑

사진 25. 경주 남산 늠비봉 오층석탑

지 않도록 치석한 것243으로 볼 때, 자연암반을 적극적으로 기단으로
활용한 것으로 생각된다. 단층기단이지만 기단부는 전체적으로 우주

와 탱주를 모각하지 않아 신라 일반형석탑의 기단 형식과도 차이를 보이고 있어, 자연석기단 변화로 볼 수 있다.

이처럼 신라 일반형석탑의 기단부 변화 양상은 결구방식에 따른 구조적 변화와 양식변화에 따른 외형적 변화로 나누어 볼 수 있다. 구조적 변화는 판석형 결구방식이 정착된 상황에서 복고적인 별석 결구방식이 나타난다. 외형적 변화는 전형양식의 이중기단에서 단층기단, 사사자형기단, 불대좌형기단, 자연석기단 등으로 다양한 형태로 변형이 발생하였다. 별석 결구방식이 다시 등장한 것은 시원양식의 결구방식을 차용하면서 변형된 것으로 복고적인 방식으로 볼 수 있다. 반면 외형적 변화는 다른 불교미술 조형에서 착안한 변화와 기존에 없던 변형 유형을 보이고 있어 이 시기에 새롭게 창안되어 적용된 것으로 생각된다.

(3) 탑신부 변형 석탑

통일신라 일반형석탑의 탑신부 구조 역시 기단부와 마찬가지로 여러 매의 별석을 사용하는 방식에서 점차 부재를 줄여나가는 방식을 채택한다. 감은사지 삼층석탑과 고선사지 삼층석탑 단계에서는 1층 탑신에서 여전히 우주와 면석을 별석으로 결구하는 방식이 등장하지만, 황복사지 삼층석탑 단계에서는 탑신석은 완전히 1석으로 변화한다. 옥개석 역시 지붕부와 받침부를 분리하여 결구하는 방식이 나원리 오층석탑에서 1~2층 옥개석이 지붕부와 받침부가 분리되는 방식

---

243 국립경주문화재연구소·경주시, 『慶州南山 石塔 發掘·復元整備 報告書』, 2004, p. 577.

이 남아 있다가, 장항리사지 오층석탑에서는 옥개석도 완전히 1석으로 변화한다. 이후 발생한 일반형석탑은 탑신석과 옥개석이 각각 1석으로 조성되는 방식이 정착되었다. 이러한 흐름과 달리 탑신부 부재를 별석으로 조성하여 결구하는 석탑이 다시 등장하는데, 기단부 변형에서 별석 결구방식이 다시 등장하는 것과 마찬가지로 목탑을 직역한 결구방식의 재등장이다. 이와 같은 석탑 사례로는 정혜사지 십삼층석탑과 경주 남산 늠비봉 오층석탑을 들 수 있다.

정혜사지 십삼층석탑은 1층 탑신부에서 전체적으로 수 매의 별석재로 조립하여 목탑에 가까운 구성을 보이는 것이 특징이다. 특히, 1층 탑신 내부에 4단의 방형석을 중첩해서 심주를 쌓았는데 이는 목탑의 번안에 충실한 것으로 신라 전형석탑보다 목탑을 직역하고 있음을 방증해준다. 1층 옥개석 역시 옥개받침과 지붕면이 별석으로 결구되었는데, 옥개받침은 4매의 석재로 결구되었고, 지붕면은 네 모서리와 각 면에 1매씩 모두 8매로 결구되어 위(囲)자형의 정연한 결구법을 보인다. 이와 함께 1층이 강조되고 2층부터 급격히 줄어드는 밀첨식 체감율을 보이고 있어 독특한 변화 현상을 보인다. 늠비봉 오층석탑은 위에서 살펴본 바와 같이 자연석기단으로 변화가 나타났는데 탑신부에서는 지붕부와 받침부를 분리하여 여러 매의 별석을 사용하는 결구방식을 보인다. 특히 이 두 석탑은 별석 결구방식과 함께 초층탑신받침도 별석형이고 옥개석 귀마루가 돌출되어 표현되는 변형도 함께 나타나고 있어 신라지역 석탑에서 등장하는 백제양식석탑으로 주목된다.[244]

두 석탑에서 확인되는 공통된 변화상으로 별석 초층탑신받침을 볼

사진 26. 경주 정혜사지 십삼층석탑   사진 27. 정혜사지 석탑 1층 옥개석 귀마루

수 있는데, 다른 일반형석탑에도 적용되어 변화를 보인다. 탑신받침
은 탑의 기단 갑석과 옥개석 상부에 층별로 조성되어 탑신을 올리기
위한 지지부 역할을 하는 부분이다. 신라석탑은 감은사지 삼층석탑
단계에서 이미 초층탑신받침은 갑석 상면에 조출하는 방식이 기본 방
식으로 정착되었으며, 이러한 조출형 탑신받침은 신라석탑 탑신받침
형식의 시원[245]이 된다. 그리고 이러한 탑신받침의 추이는 거의 대부
분의 이중기단 신라 일반형석탑이 소멸되는 시점까지 지속된다.[246]
따라서 초층탑신받침 자체가 별석으로 조성되었다는 것은 전형석탑
의 일반적인 특징에서 벗어난 것이며, 목탑에서 석탑으로 번안될 때
각별한 고려대상이었을 것으로 생각된다.[247] 이러한 탑신받침의 기원
에 대해서는 장식적 의미, 난간의 변형, 중층건물의 평좌(平座) 구조의
변형[248] 등 다양한 견해가 있는데 목탑의 가구식 구조에서 조영되었

---

244 전지혜, 위 논문, p. 110.

245 張忠植, 『新羅石塔硏究』, 일지사, 1987, p. 119.

246 신용철, 「軍威 持寶寺 三層石塔에 대한 考察」, 『東岳美術史學』16, 동악미술사학회,
2014, p. 60.

247 洪大韓, 「高麗初 石塔의 塔身받침 造形特性에 관한 硏究-塔身받침의 起源과 變化를
중심으로-」, 『文化史學』27, 한국문화사학회, 2007. 6, p. 603.

던 부분이 석탑으로 전환되면서 발생한 것은 분명해 보인다. 그렇다면 석탑으로 조영시 특별히 초층탑신받침을 별석으로 조성하였다는 것은 목탑의 어느 한 부분의 잔영을 의도적으로 표현한 것으로 생각된다.

현재 우리나라에 고대 목탑이 남아 있지 않은 상황에서 비교적 고대 목탑들이 유지되어 남아 있는 일본의 목탑을 살펴보았을 때, 기단 상부에 카즈라이시(葛石)이라는 부분이 주목된다. 카즈라이시는 기단 상부에 기단과 건물사이에 조영된 헤리이시(緣石)로 지방석의 역할을 하는 것으로 보이는데, 호류지(法隆寺) 오중탑, 고후쿠지(興福寺) 오중탑 등에서 확인된다. 이러한 구조는 5층 규모의 목조건축물을 안정적으로 만들기 위해 필연적으로 기단과 본 건물 사이에 별도의 받침부가 등장한 것으로 생각되며 이는 별도의 부재로 돌이나 나무로 조영되었던 것으로 보인다. 이러한 의도라면 당연히 건물에서 1층 부분만을 받치기 위한 목적이었을 것이고 목탑에서 석탑으로 전환될 경우 이 부분 역시 자연스럽게 고려해야 할 부분이었을 것으로 생각되며 그 결과 1층 탑신받침만 별석으로 나타난 것으로 이해된다.[249]

신라석탑에서 별석 초층탑신받침은 탑리리 오층석탑에서부터 등장하는데, 이는 탑리리 오층석탑에 반영되어 있는 목탑의 흔적을 여실히 보여주는 것이다. 이후 별석 초층탑신받침은 전형석탑의 조출형

---

248 洪大韓, 위의 논문, pp. 603~613; 曹永洙, 「石塔에 있는 塔身받침의 起源과 變化에 관한 硏究」, 성균관대학교 석사학위논문, 2005, pp. 48~51.
249 이순영, 「新羅 石塔에서 別石 塔身받침의 形式과 特徵」, 『新羅史學報』32, 신라사학회, 2014, pp. 393~394.

사진 28. 탑리리 오층석탑 탑신받침   사진 29. 감은사지 동삼층석탑 탑신받침

탑신받침과는 별도로 일반형석탑과 모전석탑에서 나타나고 있어 초층탑신받침의 특별한 변화 유형으로 볼 수 있다. 그리고 단층기단 석탑에서 별석 초층탑신받침이 중복적으로 나타나는 경우가 많은데, 경주 남산에서 발생한 단층기단 석탑인 국사곡 4사지 삼층석탑에서 별석 초층탑신받침을 적용했기 때문으로 보인다. 또한 앞에서 살펴본 자연석기단 석탑은 모두 별석 초층탑신받침을 채택하고 있는데, 이는 뒤에서 언급하겠지만, 괴체석기단 석탑의 입지 변화와 관련이 있는 것으로 생각된다.

초층탑신받침의 변화는 이 외에도 갑석 상면에 받침을 조출하고 그 위에 별석받침을 다시 감입하는 변형 별석받침 형태와 별석받침을 감입한 형태처럼 다단의 받침과 굴곡이 표현된 굽형괴임 형식도 나타난다. 변형 별석받침 형태는 성주사지에 건립된 4기의 석탑들에서 가장 먼저 등장한다. 굽형괴임 형식은 포항 법광사 삼층석탑에서 가장 초기적인 모습을 보여주고 있으며, 동화사 비로암 삼층석탑, 화엄사 구층암 삼층석탑, 광주 약사사 삼층석탑, 도피안사 삼층석탑에서 볼 수 있다.

신라 일반형석탑의 옥개석 지붕의 합각선은 경사형의 단순한 형태가 기본인데, 8세기 중엽 이후 지붕면 모서리에 귀마루가 돌출되는 변화가 발생한다.[250] 지붕 귀마루를 돌출시켜 표현한 것은 목탑의 지붕부를 세밀히 관찰하여 목탑 마루부에서 적새 등을 비롯한 마룻장기와까지 올려진 부분을 간략화시켜 번안한 것으로 목탑을 충실히 따른 것임을 알 수 있다. 귀마루가 돌출된 표현은 미륵사지 석탑에서 처음 확인되는데 옥개석 상부 합각부가 60㎜정도 높이로 거칠게 다듬어져 볼록하게 귀마루를 표현하고 있는 것을 볼 수 있으며[251] 정림사지 오층석탑 역시 폭 12㎝정도로 일정하게 우동(隅棟)을 표현하였다.[252] 특히 미륵사지 석탑 4층 옥개석은 귀마루가 분명히 표현되어 있으나 옥개석 모서리에서 급격히 사라지고 있는 모습을 볼 수 있는데 정혜사지 십삼층석탑 또한 귀마루 아래쪽 부분이 약 19㎝정도 생략되어 있어 실제 목조건축을 충실히 모방한 것으로 생각된다. 이러한 옥개석 변화는 남산 탑곡 삼층석탑에서도 나타나는데, 단층기단 석탑이면서 옥개석에서도 변화 현상이 확인되어 주목된다. 그러나 확실히 돌출된 형태가 아니라 음각선을 새겨 형식적으로 표현하였다.

이밖에 경주 천관사지 석탑은 발굴조사 결과 기단부와 탑신석 일

---

250 경주지역에서 확인되는 귀마루 조식 석탑에 대해서는 다음 논문 참조.
　　박홍국, 「경주지역의 옥개석 귀마루(隅棟) 彫飾 석탑연구」, 『경주사학』19, 경주사학회, 2000.

251 미륵사지 서탑과 동탑의 귀마루 형태는 다르게 표현되어 있다. 서탑은 이처럼 볼록하고 두툼하게 표현되었는데 동탑에서는 간소화시켜 가느다란 선으로 표현하였다. (국립문화재연구소·전라북도, 『彌勒寺址石塔 解體調査報告書Ⅰ』, 국립문화재연구소, 2003, p. 196.)

252 洪思俊, 「扶餘 定林寺址 五層石塔-實測에서 나타난 事實-」, 『考古美術』통권 47·48호, 한국미술사학회, 1964, p. 533.

사진 30. 경주 남산 늠비봉 오층석탑 사진 31. 경주 탑곡 삼층석탑 옥개석 귀마루
옥개석 귀마루

부만 확인되었는데, 상층기단 갑석 상면의 탑신받침이 팔각형으로 되어 있고, 1층 탑신석 역시 팔각형으로 출토되어 탑신부가 팔각형으로 변형되었음을 알 수 있다. 앞에서 살펴보았듯이 기단부를 팔각형의 불대좌형식으로 변형한 것이 상부에 놓이는 탑신, 즉 불사리에 대한 숭앙을 표현하려 한 변형으로 볼 수 있는데 탑신부 평면을 팔각형으로 변형한 것 역시 불교에서의 팔각형 조형에 대한 의미가 반영된 것으로 볼 수 있다.

팔각형의 조형은 불교 전래 직후 여러 조형물에서 채택하고 있다. 고구려에서는 영탑사 석탑[253], 정릉사지 목탑, 금강사지 목탑, 상오리사지 목탑 등 초기 불탑에서부터 팔각형을 기본 평면으로 사용하였다.[254] 신라에서는 불탑 자체 조형이 팔각형 형태를 보이는 사례를 확인할 수는 없지만, 황룡사 목탑의 심초석 사리공에서 금동팔각사리탑

---

253 『三國遺事』제3권 塔像 제4 靈塔寺條.
254 김성우, 「중국 사례와의 비교를 통해 본 5세기 고구려 사지의 역사적 의미」, 『大韓建築學會論文集』 計劃系 제30권 제6호(통권308호), 大韓建築學會, 2014. 6, p. 161.

이 출토되고, 망덕사지 목탑 심초석도 팔각형의 형태를 보이고 있어 팔각형 구도는 사리봉안처와 깊은 관련이 있는 것으로 생각된다. 따라서 탑신부의 형태를 팔각형으로 변형한 것은 팔각형 형태가 사리봉안처를 의미하는 것과 연관이 있을 것으로 생각된다. 따라서, 기단부를 팔각형의 불대좌형으로 변형한 것과 탑신부를 팔각형으로 변형한 것은 탑신의 불사리에 대한 숭앙 의미가 반영된 것으로 생각된다.

한편, 천관사지 발굴조사 보고서에서 탱주가 2주 모각된 전형석탑의 이중기단의 규모 및 비례를 고려하여 팔각형 탑신이 3층으로 올라갔을 것으로 추정하였는데, 탑신의 평면만 팔각형이고 옥개받침은 일반형석탑과 동일하게 복원안을 제시하였다.[255] 최근 불교문화재연구소에서『우메하라스에지 고고자료(梅原末治 考古資料)』를 바탕으로 현재 국립경주박물관 야외전시장의 옥개받침부에 3중 앙련이 조각된 팔각형 옥개석이 천관사지 석탑의 옥개석으로 추정하여 장식적 요소가 가미된 이형석탑이었을 것이라는 복원안을 제시하기도 하였다.[256] 그러

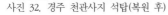

사진 32. 경주 천관사지 석탑(복원 후)   사진 33. 국립경주박물관 팔각형 옥개석

---

[255] 국립경주문화재연구소, 위 보고서, p. 43.
[256] 문화재청·불교문화재연구소,『한국의 사지 현황조사 보고서(대구광역시·경상북도)』, 2015, pp. 348~353.

나 경주박물관의 옥개석 연화문 형식과 낙수면의 경사도가『우메하라 스에지 고고자료』의 사진에서 보이는 것과는 차이가 있다. 이와 같이 받침부에 연화문이 장식된 다각형 옥개석은 경주 교동 최씨 고택에서 도 1점 확인되고 있어 천관사지 석탑의 원형에 대한 접근은 신중해야 할 것으로 생각된다.[257]

마지막으로 탑신 표면에 목조건축 세부기법이 표현된 변형이 확인 되는데, 실상사 백장암 삼층석탑이 유일하다. 목조건축적 요소가 우 주나 탱주 등 제한된 요소만 남아 있는 전형양식과 달리 세부 건축기 법이 세밀하게 조각되어 있어 외형의 변화로 간주할 수 있다. 기본 평면은 방형으로 신라 전형석탑을 따르고 있으나 석탑 주변을 발굴조 사한 결과 탑 주위에서 기단석으로 보이는 부재들이 출토되었다. 표 면에 팔부중상으로 보이는 부조상이 새겨져 있었으나[258] 이를 통해 기단부의 원형을 정확히 파악하긴 어렵다. 그러나 출토된 부재와 현 재의 상태로 보아도 전형양식의 이중기단에서 변형되었을 것으로 추 정된다. 이 석탑은 탑신받침부터 매층 탑신 표면, 3층 옥개석에 이르 기까지 옥개석 상면을 제외하고는 표면 전체에 다양한 장엄을 가하고 있어 장식성이 돋보이기도 하지만[259] 실제 목조건축에서 표현되는 난

---

257 최근 천관사지 석탑의 복원안에 대해 발표된 한정호의 논문에 의하면 다른 형태의 팔각형 옥개석이 존재하는 것으로 볼 때, 천관사지 석탑과 유사한 양식의 또 다른 팔각형 석탑이 있었을 것으로 추정하였다. (한정호,「경주 천관사지 삼층석탑의 복 원적 고찰」,『美術史學』35호, 한국미술사교육학회, 2018, pp. 61~87.)

258 南原市, 圓光大學校馬韓·百濟文化 硏究所,『南原實相寺百丈庵試掘및金堂址 周邊發 掘調査報告書』, 2001, pp. 149~159.

259 徐延受,「實相寺 百丈庵 三層石塔의 表面莊嚴에 對한 硏究」,『梨大史苑』13집, 1976, pp. 27~58; 허형욱,「實相寺百丈庵석탑의 五方神像에 관한 고찰」,『미술사연구』19, 미술사연구회, 2005. 12, pp. 3~30.

간, 공포, 기둥 등을 표현하여 외형적인 변화를 주고 있다. 이 중 1층 탑신에 표현된 1두 3승식의 공포 형태는 안학 2호분, 안학 3호분, 무영총, 각저총, 감신총 등의 고구려 고분벽화[260] 중국 운강석굴에서 1굴, 2굴 등 주로 471~494년 사이에 개창된 초창기 석굴의 불탑 표면 장엄 건축 요소로 사용되고 있어 석탑의 조성시기와는 차이가 있는 고식의 표현으로 보여진다.[261] 아울러 옥개석 모서리에는 두툼한 귀마루가 표현되었는데, 이 탑의 전체적인 건축의장의 표현으로 생각된다.

이처럼 일반형석탑의 탑신부 변화 유형 역시 구조적 변화와 외형적 변화로 살펴볼 수 있다. 구조적으로는 탑신석과 옥개석이 단일석화된 것과 달리 시원석탑에서 나타나는 별석으로 결구하는 방식이 다시 등장하고 있다. 외형적으로는 탑신석의 변화와 옥개석의 변화로 살펴볼 수 있다. 외형 전체의 변화는 체감율의 변형, 탑신석과 옥개석의 평면이 방형에서 팔각형으로 변형된 형태를 볼 수 있다. 또한 탑

사진 34. 남원 실상사 백장암 삼층석탑   사진 35. 백장암 삼층석탑 1층 탑신부

---

260 김버들·조성석, 『大韓建築學會 論文集 計劃系』, 17권12호(통권 158호), 2001, p.109.
261 국립문화재연구소, 위 책, p. 21.

신석의 변화는 초층탑신받침의 변형, 표면에 목조건축의 세부기법이
표현되는 형태, 옥개석의 변화는 옥개석 지붕면에 귀마루가 조식되는
변화 형태로 살펴볼 수 있다. 전체적으로 목조건축적 요소의 번안으
로 생각되는 별석 결구방식, 별석 초층탑신받침, 옥개석 귀마루 등의
변화가 눈에 띄는데 이러한 변화상이 한 석탑에 중복되는 경우가 주
목되는 특징이다. 특히 정혜사지 십삼층석탑의 체감율 변형으로 인한
외형 변화는 매우 이례적인 유형으로 연원에 대한 검토가 필요할 것
으로 생각된다.

2) 모전석탑의 건립과 전개

(1) 전축형 석탑

분황사 석탑은 안산암을 벽돌모양으로 가공하여 쌓은 축조방식으
로 전축 형태의 외형을 보이고 있어 전탑과 거의 차이가 없다. 이러
한 특징으로 인해 이 석탑의 축조방식 성격을 '전축형 석탑'으로 볼
수 있다. 지금까지 분황사 석탑은 이와 같은 '전축방식'으로 인해 그
동안 중국 전탑의 영향이라는 설이 거의 정설처럼 받아들여졌다. 그
러나 중국 전탑의 직접적인 영향보다는 소형의 석재를 사용하여 지붕
을 형성할 때 필연적으로 계단형의 지붕부가 나타나는 것[262]으로 여
겨지므로, 단순히 외형적 유사성으로 중국 전탑과의 관계에서 이해하
던 인식은 벗어나야 할 것으로 생각된다. 즉, 외형이 중국의 방형전탑

---

[262] 박경식,『한국석탑의 양식기원-미륵사지석탑과 분황사모전석탑』, 학연문화사, 2016,
    pp. 159~165.

과 유사한 것은 당시에 이미 보편화되어 있던 방형불탑의 형태적 특징, 그리고 전탑과 동일한 쌓기 방식에 의한 결과이지 처음부터 중국식 전탑을 염두에 두었던 것은 아니다.[263]

석재를 가공하여 쌓는 방식은 시대와 지역을 막론하고 인도의 산치 스투파(BC 3세기), 중국 사문탑(611년), 인도네시아 자바(Java)의 보르부드르(Borobudur) 사원(8세기), 캄보디아 아슈람(Ashram)(5~6세기), 캄보디아 프레 룹(Pre rup)(9~10세기) 등 아시아 여러 곳에서 발견되고 있다. 따라서 일정한 모양의 가공석재를 이용하는 축조법은 전탑을 모방하기 위한 것이 아니라 석탑 제작 방식의 하나로 이해해야 한다. 방형의 가공 석재를 사용하여 쌓은 석탑이 시대를 불문하고 여러 지역에서 만들어졌다는 점은 이런 류의 탑이 전탑과는 별개의 양식으로 자리매김하고 있었음을 보여주는 것이다.[264] 따라서 분황사 석탑의 소형석재를 사용한 쌓기 방식 역시 당시 동아시아 불탑의 여러 제작 방식 중 하나를 채택하여 신라가 독자적으로 창안한 새로운 형태의 석탑[265]으로 파악된다. 이처럼 재료 특성상 필연적인 축조방식에 의해 옥개석 지붕면이 계단형이라는 외형적 특이점이 발생하였고 이것이 모전석탑의 외형 특징을 판단하는 기준이 되었다. 즉, 옥개석 지붕부가 계단형으로 조성되는 외형은 분황사 석탑에서 발생한 이후 모전석탑 양식 특성을 구분하는 기준이 된다는 점에서 중요성을 갖는다. 또한 분황사 석탑은 목조건축을 원형으로 삼은 시원석탑임에도 불구하

---

263 김준영, 「분황사 석탑 연구」, 영남대학교 박사학위논문, 2013, p. 138.
264 김준영, 위 논문, p. 111.
265 박경식, 위 책, p. 140.

고 탑신에 우주가 생략되었는데, 이 역시 모전에 의한 축조방식 결과에서 비롯된 것으로 생각된다.

분황사 석탑은 신라석탑의 시원이라는 점에서 백제 미륵사지 석탑과 자주 비교된다. 그러나 두 석탑은 모두 목탑을 최대한 직역하여 석탑으로 번안한 것으로 미륵사지 석탑은 화강석을 사용하였고, 분황사 석탑은 모전석을 사용한 차이로 인해 외형과 구조에서 필연적 차이가 발생한 것으로 볼 수 있다.[266] 이는 두 석탑 모두 1층 탑신 사면에 문을 개설하고 내부 공간을 마련하여 목조건축의 공간성을 구현하는데 치중하였음을 알 수 있다.[267] 반면 일반형석탑은 직접적으로 내부 공간을 개설하는 대신에 고선사지 삼층석탑에서 탑신 표면에 문비를 새기는 방식을 고안하여 내부 공간성 문제를 해결하였다. 따라서 문비를 새기는 방식이 아닌 직접적으로 감실을 조성하는 방식은 분황사 석탑에 연원이 있다고 할 수 있다.

경주지역에서 전탑이 다수 제작되었다[268]고는 하나, 이러한 전축형 석탑은 분황사 석탑과 구황동 석탑 외에는 확인되지 않는다. 구황동 석탑은 분황사 인근에 위치하는데 현재는 폐탑으로 남아 있으나 그동안 다양한 연구 결과 어느 정도 복원에 대한 의견이 제시되었다.[269]

---

266 전축방식으로 중층형의 석탑을 조성하면서 1층에 내부 공간을 조성한다면, 상부의 하중을 받기 어려웠을 것으로 생각된다. 따라서 1층 탑신에 조성된 감실은 내부에서 연결되는 구조가 아닌 폐쇄형 구조로 만든 것으로 생각된다.

267 박경식, 위 책, p. 242.

268 박홍국, 위 책, pp. 124~138.

269 藤島亥治郎, 「朝鮮建築史論-其二」, 『建築雜誌』44, 1930; 고유섭, 『韓國塔婆의 硏究』, 을유문화사, 1950, p. 23; 秦弘燮, 「韓國模塼石塔의 類型」, 『文化財』3호, 국립문화재관리국, 1967, p. 6; 박홍국, 『한국의 전탑연구』, 학연문화사, 1998, pp. 191~196; 장충식, 『新羅石塔硏究』, 일지사, 1987, pp. 100~105; 김은화, 「경주 구황동 폐탑지

여러 가능성을 염두해 보아도 지금까지의 연구결과로 본다면, 최초 건립 시점에는 모전석재를 사용한 전축형 석탑이 있었던 것은 확실한 것으로 생각된다. 현재 남아 있는 인왕상이 조각된 문설주석으로 보아 분황사 석탑처럼 4면에 감실을 개설한 형식이었음을 알 수 있다.

이후 전축형 석탑은 경주를 벗어나 영양, 안동 등에 집중되는데, 기단형식의 변화와 함께 전체적인 석탑의 규모도 변화하는 양상을 보인다. 기단은 분황사 석탑과 같이 단층기단이 기본 형식인데 이러한 기단형식이 유지되면서 영양, 안동 등지에서 자연석 위에 탑신을 올리는 형식으로 변화가 나타난다. 단층기단을 유지하는 경우는 영양 산해리 오층석탑으로 규모가 5층으로 줄어들면서 1층 탑신에 개설되던 감실도 1면 개설로 변화하였지만, 내부 공간을 직접적으로 나타내는 방식은 계속해서 유지되고 있다.

자연석기단은 공통적으로 산 아래를 조망할 수 있는 절벽이나 강기슭에 위치하여 강 아래를 내려다 볼 수 있는 위치에 자연석을 기슭

사진 36. 분황사 석탑 감실과 문비   사진 37. 경주 구황동 석탑 문비석

의 복원적 고찰」, 『고구려발해연구』33, 고구려발해학회, 2009, 157~180; 김지현, 「경주 구황동 塔址의 石塔材 고찰 : 異型石塔說에 대한 再論을 중심으로」, 『불교미술사학』20집, 불교미술사학회, 2015, pp. 7~38.

에 위치하여 강 아래를 내려다 볼 수 있는 위치에 있는 자연석을 선택하여 탑신을 올렸다. 이와 같은 모전석탑의 입지조건에 대해 안동지역의 강안형 전탑의 영향으로 발생하였다는 견해가 있는데,[270] 전축형 석탑이 자연석기단으로 변화한 유형은 영양, 안동 외에는 더 이상 건립되지 않기 때문이다. 따라서 이러한 기단 형식으로의 변화는 지역적 특성이 반영된 것으로 생각된다. 영양 삼지동 석탑과 안동 대사동 석탑이 이와 같은 자연석기단 형식으로 변화를 보이는데, 그 결과 자연스럽게 기단 위에 탑신을 올릴 수 있는 면적이 좁아지게 되자 이전에 비해 석탑의 규모는 3층 이하로 축소되어 전체적으로 소형으

사진 38. 영양 산해리 오층석탑

270 임세권, 「한국 전탑의 전래와 변천과정」, 『미술사학연구』242·243, 한국미술사학회, 2004, pp. 15~17.

사진 39. 영양 삼지동 모전석탑   사진 40. 안동 대사동 모전석탑

로 제작되었다.[271] 그럼에도 불구하고 삼지동 석탑은 1층에 여전히
감실을 개설하여 공간성을 유지하고 있다. 반면 대사동 석탑은 1층에
조성되던 감실이 생략되고 삼지동 석탑에 비해 잔존 상태도 좋지 못
하여 전축형 석탑 자연석기단 변형의 마지막 단계로 생각된다.

이처럼 전축형 석탑은 축조방식의 변화는 거의 없으며, 1층 탑신에
개설되던 감실이 4면에서 1면으로 줄어드는 등 규모가 축소되는 것에
따른 세부 형식의 변화를 보인다. 기단부 형식은 분황사 석탑의 단층
기단 형식이 기본으로 유지되는데, 영양, 안동 지역에서 자연석기단
형식으로의 변화가 발생하는 것을 확인할 수 있다.

(2) 전축모방형 석탑

전축모방형 석탑은 옥개석 지붕면을 계단형으로 조성하는 외형 변

---

271 삼지동 석탑의 현재 잔존 높이는 3.14m정도이고, 대사동 석탑은 2m 남짓 되어,
원래도 소형이었을 것으로 생각된다. 한편, 삼지동 석탑의 비례와 체감율에 맞추
어 보면 3층으로의 복원이 가능한데, 이 경우에도 4m를 넘지 않을 것으로 보인
다.(안선우, 「경북 북부지역의 모전석탑 연구」, 『안동사학』13, 안동사학회, 2009,
pp. 31~32.)

화가 기본적인 특성으로 세부적인 변화 양상은 기단부 형식 변화를 통해 살펴볼 수 있다.

가구식기단 전축모방형 석탑으로는 단층기단의 탑리리 오층석탑, 빙산사지 오층석탑과 이중기단의 죽장사지 오층석탑, 낙산리 삼층석탑 그리고 상주 낙상동사지 석탑[272]이 해당된다. 기단부 형식을 정확하게 알 수 없는 낙상동사지 석탑[273]을 제외하면 단층과 이층이라는 기단 층수의 차이만 있을 뿐 가구식기단, 초층 탑신의 감실, 계단형의 옥개석 낙수면 등을 공통점으로 하고 있다. 초층 탑신의 감실은 입구부의 조식 수법만 다를 뿐 모두 안쪽에 문짝을 달았던 지도리 구멍이 남아 있어 실제 문을 달았음을 알 수 있다. 그러나 탑리리 오층석탑, 빙산사지 오층석탑, 죽장사지 오층석탑은 기단부를 별석으로 조성하였으나, 낙산리 삼층석탑은 판석형으로 조성하였다는 점에서 차이가 있다. 또한 낙산리 삼층석탑을 제외하고는 모두 별석의 초층탑신받침을 두었다는 점도 공통된 특징이다. 초층탑신받침은 탑리리 오층석탑과 빙산사지 오층석탑은 각형 1단으로 조성하였고 죽장사지 오층석

---

272 상주 낙상동사지 폐탑은 상주 낙상천에서 사벌면 금흔리로 가는 석문정 고개 우측 산기슭 '절골'이라고 부르는 곳에서 발견되었다. 잔존하는 부재는 대부분 옥개석인데, 옥개받침부와 지붕부분이 계단형으로 조성되었다. 잔존하는 형태로 보아 옥개받침 부재 위로 지붕 부재를 끼우는 형식이었을 것으로 추정되고 있다.(상주박물관, 『상주지역 석탑 조사연구 보고서』(상주박물관, 2008), p. 24). 현재 남아 있는 상태만으로는 정확히 알 수 없지만, 한 변의 길이를 알 수 있는 옥개석의 크기가 170cm 정도이고 옥개석이 여러 매의 부재로 결구하는 방식을 보이고 있어 비교적 규모가 큰 석탑이었을 것으로 추정된다. 옥개석의 크기를 고려해 볼 때, 의성과 구미에서 건립된 전축모방형 석탑들과 유사했을 것으로 생각되며, 기단 역시 가구식 기단이었을 것으로 추정된다.

273 낙상동사지 석탑의 기단형식과 복원안에 대해서는 본 연구의 Ⅴ장에서 자세히 고찰하고자 한다.

| 사진 41. 의성 탑리리 오층석탑 | 사진 42. 의성 빙산사지 오층석탑 |

탑은 각형 2단으로 조성하여 차이가 있다. 그리고 전축모방형 석탑의 대부분은 우주를 생략하는 모습을 보이는데 비해 탑리리 오층석탑은 각 층 탑신석에 우주 및 탱주를 표현하고 있고 오야리 삼층석탑은 1층에는 우주가 생략되었지만 2층에는 표현되어 있는 점이 다르다. 특히 탑리리 오층석탑의 1층 탑신부에는 우주를 별석으로 세우고 민흘림 기법을 보이고 있으며 옥개를 받치는 부분에는 주두까지 표현하는 등 목조건축적 요소를 보여주고 있다. 이처럼 탑리리 오층석탑에서 가장 충실한 목조건축 요소의 번안이 이뤄진 것으로 보아 전축모방형 석탑 가운데 가장 먼저 건립된 것으로 생각되며 이후 죽장사지 오층석탑, 낙산리 삼층석탑, 빙산사지 오층석탑이 건립된 것으로 보인다.

괴체석기단 전축모방형 석탑은 경주에서만 나타나는데 남산리 동 삼층석탑, 서악리 삼층석탑, 경주 남산 용장계 지곡 삼층석탑이 해당된다. 이들은 기단부를 장방형의 괴석 8매로 구성한 것이 가장 큰 특징인데, 전축모방형 석탑의 다른 기단 형식, 즉 가구식기단과 자연석기단은 일반형석탑의 변형 유형에서도 찾아볼 수 있으나 이와 같은

사진 43. 구미 죽장사지 오층석탑　　　사진 44. 구미 낙산리 삼층석탑

사진 45-1. 상주 낙상동사지 석탑　　　사진 45-2. 상주 낙상동사지 석탑

괴체석기단 형식은 일반형석탑에서는 보이지 않아 매우 특이한 변형
이다. 기단부를 구성하는 석재는 중앙에 모눈을 맞추지 않고 엇물림
구조를 하고 있어 안정성을 높이고 있으며 탑신석과 옥개석은 각각
1석으로 조성하였고[274] 우주는 모두 생략되었다. 괴체석기단 형식의
석탑 역시 모두 초층탑신받침을 1매의 별석으로 조성하여 전축모방

사진 46. 경주 남산리 동삼층석탑　　　사진 47. 경주 서악리 삼층석탑

사진 48. 경주 남산 용장계 지곡 삼층석탑　　　사진 49. 경주 오야리 석탑

형 석탑의 공통된 특징으로 볼 수 있다. 남산리 동삼층석탑, 용장계
지곡 삼층석탑은 각형 3단이고 서악리 삼층석탑만 각형 1단으로 조성
하여 나름의 형식 변화가 이뤄졌음을 알 수 있다. 또한 서악리 삼층
석탑에서만 1층 탑신 남면에 문비와 인왕상 2구가 조각되어 있어 차
이를 보인다. 전체적인 규모나 치석수법 등으로 볼 때, 남산리 동삼층
석탑이 가장 먼저 건립된 것으로 추정되며 서악리 삼층석탑, 용장계
지곡 삼층석탑의 순서로 건립된 것으로 생각된다.

---

274 용장계 모전석탑은 2층 옥개 상면과 3층 옥개 하면에 공간을 두어 3층 탑신을 생략
하는 독특한 구조를 보인다는 견해가 있다(신용철, 「신라 단층기단 석탑의 편년과
특징」,『한국민족문화』47(부산대학교 한국민족문화연구소, 2013), p. 27.). 그러나
2층 옥개석 상면의 총 4단 중 마지막 네 번째 층급이 아래 3단의 층급보다 비교적
높게 조성되어 있어 3층의 옥개 하면과 함께 부재를 단일화하여 탑신부를 구성하
려는 의도가 엿보인다고 생각된다.

자연석기단 전축모방형 석탑은 경주시 천북면 오야리에 1기만 전하고 있다. 마을 뒤편의 산자락 중턱에 형산강이 내려다보이는 자연 암석 위에 건립되었는데 현재 3층 탑신부와 상륜부가 결실된 상태이다. 1층 탑신부에 감실이 조성되어 있고 옥개석 지붕면이 계단형으로 조성되어 있는데, 받침부가 대칭되지 않고 각형 1단만 조출되어 있어 차이를 보인다.

　이처럼 전축모방형 석탑은 기단 형식의 변화에 따라 탑신부도 변형이 이뤄지고 있음을 볼 수 있다. 가장 눈에 띄는 변화는 기단부 변화와 같이 탑신의 규모가 점점 줄어들면서 1층에 조성된 감실은 문비를 새기는 방식으로 변화하고 결국에는 사라지는 것이다. 그리고 전축모방형 석탑의 공통된 특성으로 초층탑신받침이 별석형으로 조성된다는 점도 주목되는 현상이다. 별석 초층탑신받침은 탑리리 오층석탑에서부터 등장하는 것으로 이후 발생되는 모든 전축모방형 석탑은 물론이고 앞에서 살펴본 것처럼 일반형석탑의 탑신부 변형에도 영향

삽도 5. 전축모방형 석탑 기단부 형식 변화 양상
(좌: 가구식기단(탑리리 오층석탑) / 가운데: 괴체석기단(남산리 동삼층석탑) /
우: 자연석기단(오야리 삼층석탑)

을 끼치고 있다. 또한 탑리리 오층석탑에서 발생한 별석 결구방식의 가구식기단은 신라석탑의 시원으로서 전형석탑에도 영향을 주었지만, 마찬가지로 앞서 살펴본 일반형석탑의 기단부 변형에도 등장하고 있어 탑리리 오층석탑에서 나타나는 별석 결구방식, 별석 초층탑신받침의 특성이 신라석탑의 변화 현상에서 매우 중요한 요인으로 작용했던 것으로 생각된다.

Ⅳ. 통일신라 석탑의
양식 특성

Ⅳ
·
통일신라 석탑의 양식 특성

1. 양식의 특수성

1) 기단부와 탑신받침의 변화

(1) 기단부 결구방식

통일신라 전형석탑의 양식 변화의 큰 흐름을 본다면, 정형화된 석탑 양식이 정립된 이후 큰 변화없이 신라하대까지 계승되는 듯 보이지만, 석재 수의 감소, 결구구조 및 조형의 단순화 과정을 통해 변화가 일어나고 있음을 알 수 있다. 이 과정에서 기단부 면석 구성과 결구방식의 변화는 신라석탑의 조탑기술 발전과정을 보여준다는 측면에서도 의미가 있지만, 이러한 결구방식의 변화를 통해 통일신라 석탑 조형의 다양성이 표출된다는 점에서도 중요한 의미가 있다.

결구구조는 기단부를 구성하는 석재의 수와도 관련이 있다. 석조가구식기단의 시원인 탑리리 오층석탑은 탱주가 2주인 단층기단으로 면석, 우주, 탱주 모두를 별석으로 구성하여 24매의 석재로 결구하는 방식을 사용한다. 아울러 기단부 면석뿐만 아니라 갑석은 신재가 보충되었지만 총 10매의 석재로 구성되어 있고, 초층탑신받침도 별석형으로 조성하는 등 목조건축의 가구식 구조를 석재로 번안하는 초기적인 방식을 보여준다.

통일신라 전형석탑의 양식이 정립되는 감은사지 삼층석탑과 고선사지 삼층석탑의 하층기단은 탱주 3주, 우주 2주 및 상층기단은 탱주 2주, 우주 2주의 이중기단으로 구성되어 있다. 상하층기단 모두 여러 매의 석재를 사용하여 결합하였는데 모서리에 'ㄱ'자형 부재를 사용하는 귀틀방식이 등장하면서 면석과 우주 및 탱주를 모두 별석으로 조성하는 시원 방식에서 면석에 우주와 탱주를 함께 조성하는 방식으로 변화하였다. 또한 갑석은 하층은 12매, 상층은 8매를 균등하게 분할하여 결합하고 있는데, 하층기단은 지대석과 면석을 결합하여 1매석으로 조성하고 갑석은 별도로 조성하고 있어 전체적으로 기단부 석재 구성이 석재 수를 줄어나가는 경향을 보인다.

통일신라 전형석탑의 획기적인 변화 중의 하나는 하층기단 탱주의 수가 감은사지 삼층석탑, 고선사지 삼층석탑의 3주가 황복사지 삼층석탑에서는 2주로 줄어드는 변화이다. 이 과정에서 황복사지 삼층석탑은 앞선 석탑들에 비해 부재의 수 감소, 결구방식의 변화 등에서 급격한 기술적 변화를 보여준다. 황복사지 삼층석탑은 상층기단 가운데에 감입되는 부재에 일률적으로 탱주가 모각되어 있지 않고, 양쪽의 귀틀석에 모각되어 있거나, 가운데 면석의 한쪽에만 모각되고 귀틀석에 모각되는 등 아직까지 부재 조성 방법이 정립되지 못한 초기적인 모습을 보인다. 이는 앞서 건립된 감은사지 삼층석탑, 고선사지 삼층석탑에 비해 부재의 수를 줄이고 단순화시키기 위해 급격한 기술적 변화가 있었기 때문이다.[275] 이후 귀틀식 결구방식은 좌우에 탱주가 모각된 면석을 가운데 감입하는 방식이 완성된 결구방식이라고 할 수 있는데 건천 용명리 삼층석탑, 경주 원원사지 삼층석탑, 울주 간월사지 삼층석탑이 해당된다.[276]

황복사지 삼층석탑 하층기단의 조성 방식은 저석/갑석+면석, 저석+면석+갑석의 방식으로 혼재되어 있는가하면, 하층기단 부재 이음부가 우주와 탱주의 위치에 맞춰지는 방식과 이음부가 면석 중간으로 드러나는 방식 역시 혼재되어 사용되었다. 이러한 하층기단부의 결구방식은 탱주가 3주에서 2주로 줄어드는 것과 동시에, 앞선 석탑들에서 노출된 취약점을 보완하기 위해 안정적인 결구법을 고심하는 과정에서 발생한 것으로 생각된다. 따라서 상하층기단의 탱주 수를 2:2로 유지하면서 귀틀석을 사용하는 결구방식을 안정적으로 구현해내는

삽도 6. 황복사지 삼층석탑 상층기단 탱주 구성 방식

---

275 申龍澈, 「統一新羅 二重基壇石塔의 形式과 編年」, 『東岳美術史學』9, 동악미술사학회, 2008, p. 210.
276 申龍澈, 위 논문, 2008, pp. 211~212.

것이 가장 중요했을 것으로 생각된다.[277] 이러한 전형양식의 변화과정 속에서 기단부와 탑신부에서 탱주 또는 우주를 별석으로 조성하는 방식은 면석에 모각하는 방식으로 완전히 정착되며, 부재의 이음부가 부재간 결합하는 위치가 아니라 중간에 노출되기도 하는 등 탱주의 수가 감소하면서 그에 따른 결구방식을 정립하는 과정이 발생하게 된다.

이러한 과도기적 변화 현상은 경주 마동사지 삼층석탑에서도 볼 수 있는데, 상하층 기단 탱주 수가 2주이면서 귀틀식과 판석형 부재를 사용한 엇물림식 결구방식이 혼재되는 모습을 보여준다. 하층기단에서 이음부가 면석 중간에 위치하는 현상을 보이고 있으며 상층기단도 황복사지 삼층석탑의 탱주 구성 방식에서 판석형으로 변화하는 과도기적인 모습을 보인다. 이러한 귀틀식+엇물림식 방식은 이전 시기에 나타나지 않았던 새로운 방식으로 마동사지 삼층석탑은 결구방식 변화를 통해 조형의 다양성이 표출되는 변화과정을 보여주는 석탑으로 볼 수 있다.[278]

8세기 통일신라 석탑은 황복사지 삼층석탑의 상하층기단의 탱주가 2:2인 형식이 기본형으로 정립된 후 결구구조 및 석재의 구성과 결합 방식은 석재 수의 감소 및 귀틀식에서 판석형으로 점차 정착되어 간다. 그리고 상층기단의 탱주의 수도 2주에서 1주로 감소하는데 이러한 변화는 기단부를 구성하는 한 면을 1매의 장대석으로 치석할 수

---

277 이순영, 「신라 崇城寺址 3층석탑의 양식 특징과 건립시기」, 『신라사학보』35, 신라사학회, 2015, p. 110.
278 김지현, 「통일신라 典型樣式 석탑의 기단부 유형과 8세기 석탑의 편년 검토」, 『新羅文化』, 동국대학교 신라문화연구소, 2015, p. 212.

사진 50. 경주 마동사지 삼층석탑 기단부

있는 기술력과 구조적 안정성이 뒷받침되었다는 것을 의미한다. 따라서 판석형으로 가공하여 부재 수를 최소화하여 석탑을 건립하는 기술력이 완성된 8세기에 시원기의 별석 결구방식을 다시 차용하는 경우는 매우 이례적인 경우로 많은 예가 확인되진 않지만 주목할 필요가 있다. 대표적으로 청송사지 삼층석탑과 경주 남산 국사곡4사지 삼층석탑을 들 수 있다. 결국 별석 결구방식이 소멸하는 단계에서 고식을 따르고 있다는 것은 신라석탑의 양식 발전 과정에서 나타날 수 있는 여러 기단부 결구방식 중 별석 결구방식에 대한 이해를 바탕으로 의도적인 변형으로 볼 수 있다. 그러나 이 단계에서는 탑리리 오층석탑과 같이 우주와 탱주, 면석 모두를 각각 별석으로 결구하는 완전한 별석 결구방식이 아니라 가운데 탱주 1주만 별석으로 감입하는 방식

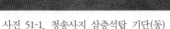

사진 51-1. 청송사지 삼층석탑 기단(동)   사진 51-2. 청송사지 삼층석탑 기단(남)

사진 51-3. 청송사지 삼층석탑 기단(서)   사진 51-4. 청송사지 삼층석탑 기단(북)

을 적용하고 있는데 이는 탱주 수가 줄어들면서 기단부 규모가 축소
된 것과도 관련이 있다.

청송사지 삼층석탑은 이중기단의 일반형석탑 양식으로 상하층기단
의 탱주 수는 상층 1주, 하층 2주로 구성되어 있다. 전체적으로 전형
양식을 기본으로 하고 있지만 상층기단의 구성에서 3가지 결구방식
을 확인할 수 있다. 서쪽 면은 가운데 탱주를 별석으로 감입하였고,
북쪽 면은 2매의 석재로 면석 이음 부분에 탱주를 반쪽씩 새겨 1주를
이루게 하였는데, 두 방식 모두 신라 전형석탑에서는 나타나지 않는
다. 다른 두 면은 면석에 탱주를 모각하는 방식을 보인다.

이와 같은 기단부 결구방식의 변화는 기단부 규모 변화에 따른 탱주 수 변화와 밀접한 연관이 있다. 석탑의 기단부 규모가 줄어들면서 상층기단 탱주 수도 2주에서 1주로 변화하고 그에 따라 결구방식도 변화한다. 황복사지 삼층석탑과 같이 상층기단에 귀틀석을 사용하고, 가운데 중석에 탱주 2주를 모각하여 결구하는 기존의 결구방식을 따르면서 탱주를 2주에서 1주로 줄인다고 하면 4면의 탱주를 모두 별석으로 조성하여 감입하거나, 탱주를 모두 면석에 새기는 방법이 가장 합리적일 것이다. 그러나 청송사지 삼층석탑은 별석의 탱주를 감입하는 방식과 더불어 반쪽씩 탱주를 새기는 방식, 귀틀석 면석에 탱주를 새기는 방식 등 여러 가지 모습을 보이고 있다. 이는 탱주의 수가 1주로 줄어들면서 귀틀석 사이에 넣던 면석을 어떻게 처리할지를 고심하던 흔적이 여실히 드러난 것이다. 즉, 탱주의 수를 2주에서 1주로 줄이면서 판석형이 아닌 귀틀석을 사용하여 결구할 때 발생할 수 있는 탱주 방식 3가지가 한 석탑에 모두 표현된 것이라고 할 수 있다. 물론 한 석탑에서 3면이 다른 결구방식을 보이는 것은 신라석탑에서는 대단히 예외적인 경우로, 이러한 결과가 치석과정에서 석재의 수급이 원활하지 않았을 가능성 등을 생각해 볼 수 있다. 그러나 상층기단 받침이 하층기단 갑석 상면에 조출되는 일반적인 방식이 아니라 상층기단 면석과 받침이 함께 조성되는 등 결구방식과 치석수법에서 전체적으로 예외적인 면을 보이고 있다는 점에서 석재의 문제보다는 의도적으로 여러 결구방식을 시도해 본 것으로 생각된다. 따라서 청송사지 삼층석탑의 결구방식은 단순히 다른 석탑의 복제가 아니라[279] 별

---

279 이근우, 「통일신라시대 석탑의 기단 결구방식에 대하여-7~8세기 석탑을 중심으로-」, 『역사와 경계』63, 부산경남사학회, 2007, p. 179.

석 결구방식에 대한 이해를 바탕으로 의도적인 변형이 이뤄진 것으로 볼 수 있다. 청송사지 삼층석탑은 황복사지 삼층석탑에서 상층기단 탱주 2주가 모각된 중석을 감입하는 방식에서 탱주가 1주로 감소하면서 발생하는 결구방식의 문제를 탑리리 오층석탑과 같은 고식의 결구원리를 적용하여 해결방안을 찾은 것으로 생각된다.[280]

별석 결구방식과 함께 청송사지 삼층석탑은 기단부 및 탑신부의 우주와 탱주에서 강한 민흘림 기법이 보인다는 것도 특징적이다. 대부분 신라석탑이 민흘림을 보이고 있으나 이 탑처럼 시각적으로 강하게 표현된 예는 드물다. 즉, 우주와 탱주의 상·하 폭이 2~2.5㎝ 정도의 차이를 보이고 있어 시각적으로도 확연히 드러난다. 또한 탑신부의 안쏠림 현상도 매우 강하게 나타나고 있다. 이와 같이 민흘림이나 안쏠림 현상이 뚜렷하게 나타나는 것은 앞 시기 석탑인 황복사지 삼층석탑, 나원리 오층석탑에서는 뚜렷하게 표현되지 않으므로 청송사지 삼층석탑은 단순히 탱주 감소에 따른 결구원리를 여러 방식으로 시험해 본 것은 아니라고 추정할 수 있다. 즉, 전형양식에서는 이미 사라진 별석 결구방식, 우주·탱주의 민흘림 표현, 안쏠림 현상이 분명하게 나타나는 것은 청송사지 삼층석탑 조성자가 탑리리 오층석탑과 같은 고식 양식과 결구원리를 충분히 이해하고 있었던 것으로 볼 수 있다.

경주 남산에 위치한 국사곡 제4사지 삼층석탑은 2000년~2001년 사이 발굴조사를 실시하고 2002년 현재 상태로 복원하였다.[281] 지대

---

280 이순영, 「蔚州 靑松寺址 三層石塔의 建立時期와 意義」, 『新羅文化』39, 동국대학교 신라문화연구소, 2012, p. 190.

석 주변에 판석형282 탑구(塔區)를 복원하고 각형 2단 받침 위에 단층 기단을 조성하였다. 기단부는 양 우주와 가운데 탱주 1주로 구성되었 는데 이 석탑 역시 네 모서리에 우주를 새긴 귀틀석을 배치하고 가운 데 탱주는 별석으로 감입하는 결구방식을 사용한다. 이는 비슷한 시 기에 같은 남산에 건립된 다른 단층기단 석탑인 용장사지 삼층석탑, 천룡사지 삼층석탑이 판석형 결구방식을 차용한 것과는 다른 구조이 다. 이처럼 4면에 탱주 1주를 별석으로 감입하는 방식은 통일신라 이 층기단과 단층기단 석탑을 모두 살펴봐도 이 석탑을 제외하면 찾아 볼 수 없는 수법이다.283 따라서 국사곡 4사지 삼층석탑의 별석 탱주 감입 방식은 이례적인 경우로 같은 남산에 건립된 단층기단 석탑과 같이 판석형 결구방식을 선택할 수도 있었음에도 불구하고 청송사지 삼층석탑과 마찬가지로 고식의 결구방식을 차용한 것으로 생각된다.

이와 같이 탱주를 감입하는 별석 결구방식은 통일신라 석탑의 상 하층 탱주 수가 1:2 또는 1:1인 다른 석탑에서는 거의 나타나지 않지 만 소수의 석탑에서 나타나는 흔적이다. 다른 사례를 살펴보면, 속초 향성사지 삼층석탑의 하층기단은 탱주가 1주로 감소하면서 한쪽으로 길게 조성된 면석에 탱주를 모각하면서 중간에 별도의 면석을 감입하 고 있어 귀틀식에 별석 감입 방식을 고수하려 했던 흔적이 확인된다.

---

281 국립경주문화재연구소, 『경주 남산 석탑 발굴조사 보고서』, 2004, pp. 64~171.
282 탑구의 형식에 대해 판석형, 띠형, 이중 지대형으로 분류할 수 있다.(정해두·장석 하, 「석탑 탑구(塔區)의 역할 및 변천에 관한 연구」, 『건축역사연구』19권 1호 통권 68호, 한국건축역사학회, 2010, p. 97.)
283 신용철, 「신라 단층기단 석탑의 편년과 특징」, 『한국민족문화』47, 부산대학교 한국 민족문화연구소, 2013, p. 135.

사진 52. 경주 남산 국사곡4사지 삼층석탑 기단부

또한 홍천 물걸리사지 삼층석탑은 상하층기단의 탱주가 각 1주로 줄어들어 축소되었고 결구방식은 H자형 물림방식을 기본으로 하고 있어 통일신라 9세기 후반의 양식을 보이고 있지만, 하층기단의 북면에서 탱주 1주만 별석으로 감입하는 현상이 관찰되고 있어 별석 결구방식의 영향이 지속적으로 남아 있었던 것으로 생각된다.

사진 53. 청송사지 삼층석탑 별석 탑신받침

사진 54. 국사곡 4사지 삼층석탑 별석 탑신받침

석탑의 결구방식은 시대적인 양식 흐름과 함께 변화하는 것이 일반적인데, 청송사지 삼층석탑과 국사곡 4사지 삼층석탑에서는 별석 결구방식이라는 뚜렷한 공통 특징이 확인된다. 이는 두 석탑의 기단부 결구방식이 시대양식에서 예외적이라는 것을 뜻하며 발생 원인도 이러한 관점에서 찾아야 할 것이다. 두 석탑은 이중기단과 단층기단이라는 차이가 있지만, 청송사지 삼층석탑에서 하층기단이 생략된 모습을 보면[284] 두 석탑은 전체적으로 매우 유사한 양식을 보이고 있다. 따라서 두 석탑의 기단부 결구방식 변화는 신라석탑이 기단부 탱주 수를 줄여나가는 과정에서 중석에 탱주가 모각된 방식뿐만 아니라 고식의 별석 결구방식을 차용하여 발생한 변형 유형으로 생각된다. 흥미로운 점은 청송사지 삼층석탑과 국사곡 4사지 삼층석탑 모두 별석 초층 탑신받침을 보인다는 점이다. 이는 결국 탑리리 오층석탑에서 발생한 별석 결구방식과 별석 초층탑신받침이라는 요소가 전형양식이 정착된 이후에도 영향을 준 것으로 생각된다.

(2) 별석 탑신받침의 형식과 특징

통일신라 석탑은 감은사지 삼층석탑에서 등장한 조출형 탑신받침이 기본형식으로 시원양식인 탑리리 오층석탑에서 발생한 별석 초층

---

[284] 청송사지 삼층석탑의 상층기단 받침은 호각형 2단의 일반형이 아닌 각형 2단으로 하층기단 갑석 상면에 조출된 것이 아니고 상층기단 면석 하단에 조성되어 있어 받침부가 지지하는 아래 부재에 조출되는 일반적인 방식과도 차이를 보인다. 청송사지 삼층석탑의 하층기단이 생략되면 각형 2단의 상층기단 받침이 단층기단 석탑의 각형 2단 지대석과 매우 유사한 형식이 된다. (이순영, 「新羅 石塔에서 別石 塔身받침의 形式과 特徵」, 『新羅史學報』32, 신라사학회, 2014, p. 406.)

탑신받침은 전형양식에서는 나타나지 않는다. 이러한 별석 초층탑신받침은 8세기 중엽부터 통일신라 석탑의 다양한 변화 추이와 함께 다시 등장하는데, 이중기단 석탑, 단층기단 석탑, 자연석기단 석탑 등 다양한 석탑 양식에 차용되어 변화를 보인다. 또한 탑리리 오층석탑 계열인 전축모방형 석탑은 모두 별석 초층탑신받침을 보이고 있어, 받침형식이 계승되는 현상을 볼 수 있다.

별석 초층탑신받침은 조성 방식에 따라 감입형과 판석형으로 구분할 수 있다. 감입형은 별석의 탑신받침을 갑석 부재 사이에 끼워 넣듯이 감입한 형식을 말하며, 이때 갑석은 대부분 별석으로 결구된다. 판석형은 갑석 상면에 홈을 치석하거나 또는 아무런 가공없이 판석형태로 탑신받침을 올려놓는 형식을 말한다. 감입형은 갑석의 세부 구성 방식에 따라 2형식으로 구분할 수 있으며, 판석형 역시 갑석의 세부 구성 방식에 따라 3형식으로 구분할 수 있다. 받침형은 각형 1단~3단으로 가공한 판석을 사용하였다. 탑리리 오층석탑은 3매의 석재로 각형 1단의 받침을 두었고 경주 남산리 동삼층석탑은 1매의 판석으로 각형 3단을 보이는데, 대부분은 각형 2단 받침형을 사용하고 있다. 이는 탑리리 오층석탑에서 처음 각형 1단형으로 등장하였으나 신라 전형석탑 양식 확립 후에는 별석 받침 역시 각형 2단형의 틀에서 크게 벗어나지 않았던 것으로 생각된다.[285]

감입형-1은 탑리리 오층석탑을 모방한 가구식기단 전축모방형 석탑에서 주로 보이며, 경주 남산 늠비봉 오층석탑도 여기에 속한다. 감

---

285 이순영, 위 논문, 2014, p. 402.

형식	도면	조성방식	석탑
감입형-1		갑석8매, 가운데 탑신받침 감입	의성 탑리리 오층석탑, 구미 죽장사지 오층석탑, 의성 빙산사지 오층석탑, 경주 남산 늠비봉 오층석탑
감입형-2		갑석 4매 귀틀형, 가운데 탑신받침 감입	울주 청송사지 삼층석탑
판석형-1		갑석 4매 판석형, 탑신받침 홈 치석	경주 남산 국사곡 4사지 삼층석탑, 경주 남산 지암곡 2사지 삼층석탑, 경주 남산 탑곡 삼층석탑, 경주 황오동 삼층석탑(傳 사자사지 삼층석탑)286, 문경 내화리 삼층석탑, 문경 도천사지 삼층석탑 2기(받침 홈X), 산청 덕산사 삼층석탑(받침 홈X), 하동 탑리 삼층석탑(받침 홈X), 속초 향성사지 삼층석탑287
판석형-2		갑석 2매 판석형	청도 박곡리 석탑

---

286 황오동 삼층석탑(傳 사자사지 석탑)의 경우 기단부에 탱주가 생략되고 귀틀석의 이음선을 탱주처럼 남겨둔 독특한 탑형이라는 견해가 있다(신용철, 위 논문, p.137.). 그러나 황오동 삼층석탑의 면석 이음부분은 사선으로 모죽임하는 방식으

형식	도면	조성방식	석탑
판석형-3		갑석 1매(또는 갑석 생략-자연석 기단, 괴체석 기단), 탑신받침 홈 치석	문경 봉서리 삼층석탑, 경주 남산 지암곡 3사지 삼층석탑, 경주 남산 비파곡 2사지 삼층석탑, 경주 남산 삼릉계 삼층석탑, 경주 오야리 삼층석탑, 경주 남산리 동삼층석탑, 경주 서악리 삼층석탑, 경주 남산 용장계 석탑, 경주 정혜사지 십삼층석탑

입형-1에서 감입형-2로의 변화는 부재의 수를 줄이기 위한 자연스러운 발상인데, 기본적으로는 탑리리 오층석탑의 갑석 결구방식의 변형이다. 감입형-2 형식은 유일하게 청송사지 삼층석탑만 확인되고 있어 이 석탑이 탑리리 오층석탑의 결구방식을 따르고 있다는 것을 다시 한번 확인할 수 있다.

판석형-1은 갑석을 판석형 부재 4매로 결구하고 상면에 받침부분

로 치석되어 있다. 이처럼 면석의 이음부를 모죽임으로 치석한 것은 부재들의 결구를 용이하게 하기 위한 것으로 황오동 삼층석탑 역시 국사곡 4사지 삼층석탑과 같이 기단부에 별석의 탱주가 결구되었던 것으로 생각된다. 단층기단 석탑의 경우 기단부는 지대석 폭과 거의 일치하는 크기로 조성되는데, 황오동 석탑의 경우 우주의 폭이 약 25cm정도이며 지대석과 갑석의 양 쪽으로 각각 12cm정도의 여유가 있어 25cm 폭의 탱주석이 감입된다고 하더라도 탱주석 머리는 면석 위로 돌출되므로 지대석 폭을 벗어나지 않을 것으로 생각된다. 또한 황오동 삼층석탑이 원 위치가 아니고 이동해온 것임을 감안한다면, 이동과정 또는 복원과정에서 별석 탱주, 별석 받침 등의 부재가 망실되었을 가능성을 고려해 볼 수 있을 것이다. 한편, 현재는 탑신받침이 결실되었지만, 갑석 상면에 탑신받침을 올려 놓기 위해 얕은 홈을 치석해 놓은 것이 확인되고 있어 판석형-1형식의 별석 탑신받침이 조성되었던 것으로 생각된다.

287 현재까지 향성사지 삼층석탑은 초층 탑신받침이 확인되지 않는 관계로 그동안 탑신받침이 생략된 석탑으로 이해되어 왔다. 그러나 갑석 상면을 자세히 살펴보면, 탑신받침 홈이 조성된 것을 볼 수 있어 별석 탑신받침을 올린 석탑이었을 것으로 추정된다. (이순영, 「신라 향성사지 삼층석탑의 양식 특징과 건립시기」, 『신라사학보』35, 신라사학회, 2015. 12, pp. 114~116.)

홈을 판 후 별석받침을 올리는 방식인데 감입형-2의 귀틀석보다 치석과 결구를 쉽게하는 방식으로 발전한 것이다. 판석형-1은 별석 초층 탑신받침 조성 방식 중에 가장 많이 사용된 사례로 이러한 방식이 최초로 시도된 석탑이 국사곡 제4사지 삼층석탑이다. 또한 같은 남산에 건립된 지암곡 2사지 삼층석탑 역시 단층기단 석탑으로 기단부 면석은 4매의 판석형 석재를 결구하는 방식으로 단순화되었지만 1층 탑신받침은 판석형-1형식으로 조성되어 있어 국사곡 4사지 삼층석탑의 영향을 받은 것으로 생각된다. 신라 단층기단 석탑은 약 24기 남아 있

사진 55. 경주 남산 지암곡 2사지 삼층석탑
별석 탑신받침

사진 56. 경주 남산 탑곡 삼층석탑 별석
탑신받침

사진 57. 문경 도천사지 삼층석탑 별석
탑신받침

사진 58. 문경 봉서리 삼층석탑 별석
탑신받침

는데288, 이 가운데 11기에서 별석 초층탑신받침을 채택하고 있어 흥미롭다. 단층기단 석탑에서 탑신받침이 별석으로 등장하는 것에 대해 하층기단을 생략한 후 약화된 탑의 상승감을 강조하기 위한 수법으로 탑신의 상승감을 강조하기 위해서라는 견해289가 있지만, 청송사지 삼층석탑, 산청 덕산사 삼층석탑 등 이중기단 석탑에서도 변형을 보이고 있어 단층기단 석탑만의 특징으로 보긴 어렵다. 오히려 이른 시기의 단층기단 석탑인 국사곡 4사지 삼층석탑에서 별석 초층 탑신받침을 채택한 이후 단층기단 석탑의 확산과 함께 별석 탑신받침도 확산된 것으로 생각된다.

이후 청도, 하동, 문경 등으로 단층기단 석탑의 지역적 확산과 함께 별석 탑신받침도 확산된 것으로 보인다. 이들은 주로 판석형-1형식을 채택하였는데 받침석 자리에 홈을 파던 방식은 점차 생략되고 갑석 위에 바로 별석 탑신받침을 올리는 방식으로 변화한다. 그리고 갑석의 부재 수도 4매에서 2매로 줄어드는데 청도 박곡리 석탑의 경우 갑석 부재가 2매로 줄고 상면에는 탑신받침 홈을 파지 않는 판석형-2형식을 보이고 있어 갑석의 결구방식도 시대 흐름에 따라 점차 단순화되고 간략화됨을 알 수 있다.290

산청 덕산사 삼층석탑은 청송사지 삼층석탑 이후 경상도지역에서 별석 초층탑신받침을 차용한 유일한 이중기단 일반형석탑이다. 인근의 하동 탑리 삼층석탑은 단층기단 석탑으로 갑석 상면에 홈은 생략

---

288 신용철, 위 논문, pp. 122~125 참조.
289 신용철, 위의 논문, 12쪽.
290 이순영, 위 논문, 2014. 12, pp. 409~410.

사진 59. 청도 박곡리 삼층석탑 별석　　사진 60. 산청 덕산사 삼층석탑 별석
　　　　　탑신받침　　　　　　　　　　　　탑신받침

된 채 판석형-1형식을 보이고 있어[291] 두 석탑이 이중기단과 단층기
단의 차이는 있지만, 경상도와 전라도의 경계에 해당하는 지역이라는
점에서 별석 초층탑신받침의 변화 현상이 지리산 지역까지 확산되었
음을 확인할 수 있는 사례이다.

〈표 11〉 별석 초층탑신받침 석탑 양식 특징

연번	석탑명	양식 특징				소재지	비고
		기단부	받침 형식	탑신부	상륜부		
1	경주 남산 국사곡 4사지 삼층석탑	<u>단층기단,</u> 탱주1(별석)	각형 2단	우주○, 1석, 옥개받침4단	노반 (복원)	경북 경주시	별석 결구 방식
2	경주 남산 지암곡 2사지 삼층석탑	<u>단층기단,</u> 탱주1(판석)	각형 2단	우주○, 1석, 옥개받침4단	노반 (복원)	경북 경주시	
3	경주 남산 늠비봉 오층석탑	자연석 단층기단	각형 1단	우주X, 별석, 옥개받침3단, **옥개석 귀마루**	노반 (복원)	경북 경주시	

---

[291] 하동 탑리 삼층석탑은 기단부 우주에서 민흘림이 나타나며, 부재 이음에서 턱을
　　마련하여 끼우는 방식이 남아 있다. 또한 탑신받침 뿐만 아니라 1층 옥개석 하면
　　옥개받침부 일부를 별석으로 구성한 점이 주목된다.

연번	석탑명	양식 특징					소재지	비고
		기단부	받침 형식	탑신부	상륜부			
4	경주 남산 탑곡 삼층석탑	단층기단, 탱주X(판석)	각형 2단	우주○, 1석, 옥개받침3단, **옥개석 귀마루**	결실	경북 경주시	
5	경주 황오동 삼층석탑	단층기단, 탱주1(별석) 추정	?	우주○, 1석, 옥개받침4단	노반	경북 경주시	
6	경주 정혜사지 십삼층석탑	단층기단	각형 2단	1층 별석, 감실, 옥개받침3단, **옥개석 귀마루**	노반	경북 경주시	밀첨식 탑신
7	경주 남산 지암곡 3사지 삼층석탑	자연석기단	각형 2단	우주○, 1석, 옥개받침4단	노반	경북 경주시	
8	경주 남산 비파곡 2사지 삼층석탑	자연석기단	각형 2단	우주○, 1석, 옥개받침4단	노반	경북 경주시	
9	경주 남산 삼릉계 삼층석탑	자연석기단	각형 2단	우주○, 1석, 옥개받침5단 (3층 3단)	노반	경북 경주시	
10	문경 내화리 삼층석탑	단층기단, 탱주1(판석)	결실	우주○, 1석, 옥개받침4단	노반	경북 문경시	
11	문경 도천사지 삼층석탑 2기	단층기단	각형 2단	우주○, 1석, 옥개받침5단 (3층 옥개석 4단)	복원	경북 문경시	
12	문경 봉서리 삼층석탑	자연석 단층기단, 탱주1(판석)	각형 2단	우주○, 1석, 옥개받침5단	노반	경북 문경시	
13	청도 박곡리 석탑	단층기단, 탱주X(판석)	각형 2단	우주○, 1석, 옥개받침3단	결실	경북 청도군	
14	의성 탑리리 오층석탑	단층기단, 탱주2(별석)	각형 1단	우주○, 탱주○, 별석, 1층 감실, **계단형 옥개석**	노반	경북 의성군	전축모 방형 석탑
15	의성 빙산사지 오층석탑	단층기단, 탱주1(별석)	각형 1단	우주X, 별석, 1층 감실, **계단형 옥개석**	노반	경북 의성군	전축모 방형 석탑
16	구미 죽장사지 오층석탑	이층기단, 탱주3(별석)	각형 2단	우주X, 별석, 1층 감실, **계단형 옥개석**	노반	경북 구미시	전축모 방형 석탑

연번	석탑명	양식 특징				소재지	비고
		기단부	받침형식	탑신부	상륜부		
17	경주 남산리 동삼층석탑	괴체석기단	각형 3단	우주X, 1석, **계단형 옥개석**	노반	경북 경주시	전축모방형석탑
18	경주 서악리 삼층석탑	괴체석기단	각형 1단	우주X, 1석, 1층 문비, 인왕상, **계단형 옥개석**	결실	경북 경주시	전축모방형석탑
19	경주 남산 용장계 삼층석탑	괴체석기단	각형 3단	우주X, 1석, **계단형 옥개석**	노반 (복원)	경북 경주시	전축모방형석탑
20	경주 오야리 석탑	자연석기단	각형 2단	2층만 우주○, 1층 감실, 계단형 옥개석	결실	경북 경주시	전축모방형석탑
21	청송사지 삼층석탑	이층기단, 탱주(2:1), 부분별석	각형 2단	우주○, 1석, 옥개받침5단	노반	경남 울산시	별석 결구 방식
22	산청 덕산사 삼층석탑	이층기단, 탱주(2:1), 판석	각형 2단	우주○, 1석, 옥개받침4단	결실	경남 산청군	
23	하동 탑리 삼층석탑	<u>단층기단</u>, 탱주1(판석)	각형 2단	우주○, 1층 옥개만 별석, 옥개받침4단	노반	경남 하동군	
24	속초 향성사지 삼층석탑	이층기단, 탱주(1:2)	각형 2단 (추정)	우주○, 1석, 옥개받침5단	결실	강원도 속초시	

　이와 같은 초층탑신받침의 변화는 보령 성주사지에 건립된 4기의 석탑에서 각호각형으로 갑석 상면에 조출된 3단의 받침 위에 별석받침을 다시 올린 변형 별석 탑신받침이라는 새로운 변화를 가져온 것으로 생각된다. 292

292 '중앙탑'이라고 불리는 충주 탑평리 칠층석탑의 초층탑신받침 형식을 보면, 각호각형 3단의 조출형 받침 위로 큼직한 각형 1단의 별석 받침을 올리고 있다. 조출된 받침 위에 각형 1단의 받침을 올린 형식은 이 석탑이 유일하며 성주사지 석탑과 같은 변형 별석받침 형식으로 볼 수 있다. 그러나 이 석탑은 기단부 형식이 불분명

사진 61. 성주사지 오층석탑 초층탑신받침   사진 62. 성주사지 서삼층석탑 초층탑신받침

사진 63. 성주사지 중앙삼층석탑   사진 64. 성주사지 동삼층석탑 초층탑신받침
　　　　초층탑신받침

　　변형 별석 탑신받침은 통일신라 석탑 가운데 처음 등장하는 것으
로 탑신받침 형식의 새로운 변화상으로 주목된다. 탑신받침의 변화는
이 시기에 탑신부에 안치된 불사리에 대한 숭앙의식이 반영되어 기단
부, 탑신부 형태가 변화하는 것과 같은 맥락으로 여겨진다. 한편 이와
함께 새롭게 등장한 탑신받침 형식으로 굽형괴임은 별석받침 형태 또
는 굽형괴임대라는 용어를 사용하기도 하는데, 탑신받침을 다단으로

하고 여러 차례 해체 보수 과정을 거치면서 기단부 원형이 확실치 않아 탑평리 칠
층석탑의 양식과 원형에 대해서는 개별적인 고찰이 필요하다고 생각된다. 그러나
만약 받침 형식은 기단부 수리에 영향을 받지 않은 원형이라면 성주사지 석탑의
변형 별석받침보다 이른 형식으로 파악될 여지도 있다. 이에 대해서는 추후 별도
의 논문으로 고찰하고자 한다.

조성하면서 중간 부분을 둥글게 내만하여 마치 변형 별석 탑신받침과
같은 시각효과를 보여주고 있다.

굽형괴임의 받침형식이 성주사지 석탑의 변형 별석받침 형식보다
선행양식으로 파악하는 견해293가 있는데 이에 대해 자세히 검토해
보고자 한다. 탑지석의 명문을 통해 828년(홍덕왕 3년)에 건립294된 것
으로 알려진 법광사 삼층석탑에서 가장 초기적인 형태를 확인할 수
있다. 그러나 굽형괴임 형식이 호각형 2단에서 각형 측면 부분을 안

사진 65. 포항 법광사 삼층석탑 초층탑신 받침   사진 66. 동화사 비로암 삼층석탑 초층탑 신받침

사진 67. 도피안사 삼층석탑 초층탑신받침   사진 68. 화엄사 구층암 삼층석탑 초층탑 신받침

---

293 홍대한, 「高麗初 石塔의 塔身받침 造形特性에 관한 硏究-塔身받침의 起源과 變化를
　　중심으로-」, 『文化史學』27, 한국문화사학회, 2007. 6, pp. 614~615.
294 黃壽永, 『韓國金石遺文』, 일지사, 1976, pp. 145~147.

쪽으로 둥글게 내만시키는 정도로 완벽한 형태 변화로 보기는 어렵다. 굽형괴임 탑신받침을 보이는 석탑들을 보면 동화사 비로암 삼층석탑은 탑 안에서 출토된 사리석함의 명문에 의하여 863년(경문왕 3년)에 민애대왕을 위해 건립된 원탑임이 밝혀졌고,[295] 도피안사 삼층석탑은 865년(경문왕 5년)[296] 무렵에 건립된 것으로 볼 때 굽형괴임형 탑신받침이 일반적으로 유행한 시기는 9세기 후기로 생각된다. 반면 낭혜화상 무염(無染)이 성주사를 개창한 시기가 847년[297]이므로 성주사지 석탑에서 보이는 완벽한 변형 별석받침 형식이 굽형괴임 형식보다 선행한 형식으로 생각된다.

이를 정리하면, 별석 초층탑신받침은 받침 자체를 별석으로 조성하는 방식이 탑리리 오층석탑에서 시원적으로 발생하였고 이후 전형양식에서는 조출형 받침이 기본형식으로 정착되면서 나타나지 않는다. 8세기 중엽 이후가 되면 신라석탑의 다양한 변화 현상과 함께 초층탑신받침의 변화 양상으로 별석형이 다시 등장한 것으로 생각된다. 이러한 변화는 9세기에 초층 탑신의 불사리 숭앙의식이 반영되어 갑석 상면의 조출한 받침 위에 별석 받침을 올리는 새로운 형식이 창안되는데 영향을 준 것이다. 또한 변형 별석받침과 같은 시각효과를 보이는 굽형괴임 형식으로 변화된 것으로 보인다.

---

295 黃壽永, 「新羅敏哀大王石塔記-桐華寺毘盧庵三層石塔의 調査」, 『史學志』3, 단국대학교사학회, 1969, pp. 53~86.
296 박경식, 『통일신라 석조미술 연구』, 학연문화사, 2002, p. 105.
297 黃壽永, 「崇嚴山聖住寺事蹟」, 『考古美術』 9卷, 9號 通卷98號, 한국미술사학회, 1968.

2) 새로운 양식의 적용

이 책에서 살펴본 통일신라 석탑의 변화 양상은 표준화된 일반형 석탑 양식을 유지하면서 결구방식이나 초층탑신받침 등 세부 형식이 변화되는 경우이다. 다보탑과 같이 일반형석탑과 전혀 다른 양식의 석탑 역시 특수양식 석탑이지만, 세부 의장은 당시 통일신라의 불교 미술에서 나타나는 의장과 공통된 요소를 찾을 수 있다. 이와 같은 관점에서 정혜사지 십삼층석탑을 살펴보면, 외관상 평면이 방형이라 는 보편적인 형태를 보이지만, 13층이라는 층수와 1층이 강조되고 2 층부터 급격히 줄어드는 밀첨식 탑신부 형태는 일반형석탑과 전혀 다 른 독특한 조형을 보인다. 아울러 국내에서 이러한 외형을 보이는 석 탑으로는 정혜사지 십삼층석탑이 유일하다. 따라서 통일신라 석탑의 보편적 변화상 속에서 독특한 조형을 보이고 있다는 점에서 이 석탑 의 특수한 양식 연원에 대해 고찰해 보고자 한다.

우선 13층이라는 층수의 개념을 경전에서 살펴보면 '13'이라는 숫 자가 불교에서 중요한 의미를 지니고 있음을 알 수 있다. 부처의 열 반이라는 역사적 사실에 기반한 『대반열반경후분(大般涅槃經後分)』의 「유교품(遺敎品)」에서 부처님께서 사후의 문제에 대하여 유언하고 자신 의 시신을 어떻게 장사지낼 것인가에 대하여 설하는데, 여기서 칠보 탑을 13층으로 세우라는 내용이 등장한다.[298] 화엄사상에서 13이라는

---

298 『大般涅槃經後分』上권 p. 15. "부처님께서 아난에게 말씀하셨다. '부처님이 반열반 한 뒤, 다비가 이미 끝나면 일체 사부대중은 사리를 수습하여 7보병에 담아 拘尸那 伽城 안에서 네거리 길 가운데 7보탑을 세우되, 높이는 13층이어야 하고, 위에는 相輪이 있고, 일체 묘한 보배로 사이사이를 장식해야 한다. 일체 세간의 뭇 묘한

개념을 찾아보면, 십삼천세계의 우주를 말한 것이라고 하는데, 80권 『화엄경』에서 "지면의 몸체는 금강으로 되어 있으며, 여러 가지가 어우러진 기묘한 보배로 장식되어 있다. 중심에 있는 한 세계종은 20겹으로 쌓여 있으며, 이 사바세계는 13겹에 위치하는데 비로자나여래께서 상주하는 곳이다."[299]라는 내용이 확인된다. 즉, 법신여래가 상주하는 곳이 세계종의 13겹에 위치하며, 이곳은 중생이 거주하는 사바세계라는 것이다.[300]

이러한 13층에 대해 고유섭은 "태장계현도만다라(胎藏界現圖漫茶羅)에 십이대원(十二大院)이 있는데 청룡의궤(靑龍儀軌)에서는 다시 사대호원(四大護院)을 가하여 십삼대원(十三大院)으로 말하였고 혹자는 이 십삼대원이란 법계 십삼층탑과 응하는 것이라 해석하기도 하니…"[301]라고 하여 태장계 만다라의 십이대원에 하나를 더 추가하여 십삼대원을 의미하며, 한편으로는 십삼불회(十三佛會)와 관련하여 법계십삼층탑(法界十三層塔)과 연관성이 있을 가능성을 말하기도 하였다.

이밖에도 『법화경과주(法華經科註)』에서는 탑 공양을 할 때 탑의 높이를 여래(如來)는 13층, 벽지불(辟支佛)은 11층, 나한(羅漢)은 4층, 윤왕(輪王)

꽃과 번기[幡]로써 그것을 장엄하고, 네 변의 난간도 7보로 합성하고, 울타리를 장엄하되 두루 하지 아니함이 없게 하여라. 그 탑의 네 방면마다 열 수 있는 하나의 문을 달고 층층의 사이사이에 다음으로 창문과 바라지창을 알맞게 내고, 보배병에 담은 여래의 사리를 안치하여 하늘 사람과 사부대중이 우러르고 공양 올리게 하여라.' "

299 "此上過佛刹微塵數世界至此世界名娑婆以金剛莊嚴爲際依種種色風輪所持蓮華網住狀如虛空以普圓滿天宮殿莊嚴虛空而覆其上十三佛刹微塵數世界周圍其佛卽是毘盧遮那如來世尊"(「華藏世界品」卷5, T.10, 39a.)

300 洪大韓, 「高麗初 石塔의 塔身받침 造形特性에 관한 硏究」, 『文化史學』27, 한국문화사학회, 2007, p. 623.

301 고유섭, 『松都의 古蹟』, 悅話堂, 1979, p. 130.

은 무층302이라 하였는데, 조탑에서 13층이란 층수는 여래를 상징하는 층수임을 알 수 있다. 또한 13층이란 층수는 불탑 건립 초기부터 건립에 의미가 반영된 것으로 생각된다. 『낙양가람기(洛陽伽藍記)』권 5에 건다라성(乾陀羅城) 동남쪽 7리를 가면 작리탑(雀離塔)이 있다고 하였는데, 이 탑은 그 높이가 13층이고, 찰주(鐵柱)의 높이는 삼백척 금반(金盤) 13층으로 모두 7백척이라고 하였다. 또한 이 작리탑은 쿠샨왕조의 카니시카 왕이 건립한 것으로서 서역의 탑 가운데 최고였다고 한다.303 작리탑은 현재 카니시카 대탑으로 알려진 것으로 페샤와르 동남쪽으로 1킬로미터 떨어진 지점에 위치하고 있다. 탑지만 남아 있어 구체적으로 어떤 형태였는지 알 수 없으나, 불탑 건립 초기부터 13층으로 건립되었던 것이 주목된다. 따라서 이러한 내용들을 볼 때, 정혜사지 십삼층석탑에 반영된 13층의 층수는 단순히 다층이라는 의미가 아니라 화엄사상과 관련이 있는 것으로 생각되며, 13이라는 숫자가 여래를 상징한다는 개념이 반영되어 있는 것으로 생각된다.304

다음으로 조형에 대해 살펴보면, 10층 이상의 고층탑은 중국의 밀첨식 불탑에서 주로 확인된다. 중국의 불탑 가운데 현재까지 알려진 당대 석탑의 양식을 분류해 보면 크게 단층첨형(單層檐型), 다층첨형(多層檐型), 정각형(亭閣型) 양식 등으로 구분된다.305 이러한 당대 석탑

---

302 『法華經科註』"應當起塔供養之也如來塔者高十三層辟支佛塔應十一層羅漢四層輪王無級"

303 『洛陽伽藍記』卷 5. "復西南行六十里 至乾陀羅城 東南七里 有雀離浮圖....道榮傳云 其高三丈 悉用文石爲階砌櫨栱 上構衆木 凡十三級. 上有鐵柱 高三百尺 金盤十三重 合去地七百尺......西域浮圖 最爲第一"

304 李順英,「慶州 淨惠寺址十三層石塔의 樣式과 特徵」,『東岳美術史學』13, 동악미술사학회, 2012, p. 104.

은 전탑과 마찬가지로 다층첨형 양식이 주류를 형성하고 있다. 다층
첨형 양식은 기단부를 간략하게 구성하고, 1층 탑신을 높게 마련하여
사각형 감실을 마련하였으며, 탑신부는 다층으로 결구하여 소위 밀첨
형 석탑으로도 불리는데, 대표적으로 베이징 윈쥐쓰(云居寺)에 건립된
당대 석탑들이 이에 해당된다. 밀첨형 탑파는 중국의 모든 시대에 걸
친 주류 양식으로 특히 당대 건립된 전탑과 석탑들이 대부분 밀첨형
양식을 취하고 있다.306 그러나 정혜사지 석탑의 1층 탑신부는 우주

사진 69. 중국 베이징 윈쥐쓰 석탑(712년)　　사진 70. 중국 베이징 윈쥐쓰 석탑(727년)

305 常靑, 『中國古塔的藝術歷程』, 陝西人民美術出版社, 1998, p. 132.
306 엄기표, 「中國 云居寺의 唐代 石塔에 대한 考察」, 『東岳美術史學』9, 동악미술사학
　　회, 2008, p. 244.

석, 하방, 인방 결구 및 심주석 등이 별석으로 결구되어 있어 목조건축적 특징이 강하게 반영되어 있어 당대 다층첨형 석탑과는 차이를 보인다.

정혜사지 십삼층석탑처럼 1층에 목조건축적 의장이 강조된 밀첨식 불탑은 중국에서는 당대 이후의 석탑에서 주로 확인할 수 있다. 먼저 중국 쓰촨성(四川省) 충라이시(邛崍市) 시타쓰(石塔寺)에 건립된 석가여래진신보탑(釋迦如來眞身宝塔)이라 불리우는 13층의 석탑을 들 수 있다. 이 탑은 남송 건도(乾道) 5년(1169년)에 건립되었지만, 1층 탑신 주변으로 옥개석을 받치는 기둥을 세워 회랑을 조성하고 별석으로 감실을 조성하는 등 목조건축적 요소가 강하게 남아 있고[307] 2층 탑신부터는 확연히 체감이 줄어드는 밀첨식으로 조성되어 있어[308] 정혜사지 석탑과 같은 양식을 보이는 점이 주목된다. 이를 통해 본다면 이전에 이와 같은 양식의 목탑이 앞서 건립되었던 것으로 생각된다.

이와 같은 밀첨식 불탑은 룽먼석굴(龍門石窟) 불탑 부조에서도 볼 수 있다. 룽먼석굴 77호탑(2166龕)은 감실 우측벽에 부조로 조각되어 있는데 룽먼석굴 불탑 중 유일하게 송대(宋代)에 제작된 것이다. 이 탑은 방형 구조의 밀첨식으로 표현되어 있는데, 전체 높이는 173㎝이다. 낮은 단층기단 위 중앙에 위로 올라가는 계단이 표현되어 있고, 그 위로 전당형(殿堂形)의 탑신이 올려져 있는데 옥개석에 기와를 올린 형

---

[307] 이처럼 일층에 여전히 옥개를 받치는 기둥을 두고 회랑을 만드는 형식을 樓閣式과 密檐式이 결합된 탑으로 보기도 한다. (张馭寰, 『中國塔』, 山西人民出版社, 2000, p. 142.)

[308] 朱耀廷 外, 『古代名塔』, 辽宁师范大学出版社, 1996, pp. 215~216.

식으로 기와골까지 사실적으로 표현되어 있다. 또 그 위로는 능형의 높은 탑신이 한층 더 올라가 있고 그 위로는 매우 낮은 탑신과 옥개석이 7층으로 올려져 있다.[309] 이를 통해 볼 때, 중국 전시대에 나타나는 밀첨형 불탑 양식과 별도로 이와 같이 1층에 목조건축적 요소가 특별히 강조되고 2층부터 급격한 체감율을 보이는 고층 불탑 양식이 별도로 존재했던 것으로 생각되며 정혜사지 석탑의 조형은 이러한 불탑 양식에 좀 더 가까운 것으로 보인다.

일본 역시 불교 전래 초기부터 주로 목탑이 건립되었고 현재도 다수의 목탑이 남아 있는데 현존하는 밀첨식 고층 목탑으로 나라현에 위치한 단잔진자(談山神社) 13층 목탑이 주목된다. 단잔진자는 창건 당시에는 묘라쿠지(妙樂寺)로 불리었으며 일본에서 현존 유일한 목조 13층탑이 남아 있다. 현재 남아 있는 것은 678년 건립 이후 망실되었던 것을 향록(享祿) 5년(1532년) 옛 모습으로 복원한 것이다. 비록 후대에 복원하였지만, 건탑과 관련된 『다무봉연기(多武峯緣起)』의 내용이 주목된다. 이 목탑은 일본 후지와라씨의 시조인 후지와라 가마타리(藤原謙足) 사후에 그의 장남인 승려 조에(定惠(慧))가 당에서 귀국하여 아버지를 추복하기 위해 678년 건립한 것으로 당의 칭량산(淸凉山) 보우쉬엔(宝池院)의 13층 탑을 모방하여 건립한 것으로 전하고 있다.[310] 그리고 이와 관련하여 설화적인 내용도 전하고 있다. 내용을 보면, 조에(定惠)

---

309 楊超杰, 严辉, 『龍門石窟 雕刻粹編 佛塔』, 大百科全書出版社, 2002, p. 112.
310 一條兼良,『多武峯緣起』緣起條. "定慧和尙在唐時夢云 吾身忽居談岑父大臣告言吾今上天汝此地建寺塔修淨業吾降神當嶺擁護後葉流布釋教 定慧和尙爲起塔婆先公境墓之上攀登淸凉山移取寶池院十三重塔以靈木一株爲其材木"

가 당에서 귀국할 때, 탑 건립에 필요한 목재를 모아서 가지고 오려 하였으나, 배가 좁아 1층의 재료만 갖고 왔다. 귀국 후 탑을 세우는데 어느 날 밤 폭풍우가 몰아치고 다음날 당에 두고 온 나머지 12층의 목재와 기와가 쌓여 있어 조에가 감동하였다고 하는 내용이다.[311] 하룻밤 사이에 중국에서 일본으로 목재가 날라 왔다는 등 다소 믿기 어려운 설화적인 내용이지만 단잔진자 목탑의 현존하는 형태로 보아 일본의 자생적인 불탑 양식보다는 다른 나라에서 유입된 양식으로 추정되며, 외형적으로 정혜사지 십삼층석탑과 유사성을 보인다는 점에서

사진 71. 일본 로쿠탄지(鹿谷寺) 13층 석탑

---

311 一條兼良,『多武峯緣起』緣起條. "定慧和尙調儲十三重塔材木瓦等欲歸朝處依乘船狹
　　一重之具雷棄渡海…和尙攀躋談峰奉瘞御骨其上起塔歎言材瓦不備所願何遂漸及十
　　二重歎息無措夜半雷電霹靂大雨大風　忽然天晴明朝見之材瓦積重形色無異知飛來也
　　和尙感然伏地見聞奇異"

매우 주목된다.

목탑 외에 일본 오사카 로쿠탄지(鹿谷寺)에는 8세기 후반 경에 제작된 것으로 보이는 일본 최초의 다층석탑인 로쿠탄지 13층 석탑도 볼 수 있다. 높이 약 5미터 가량의 이 석탑은 나라시대 후기에 만들어진 것으로 알려졌다. 일반적인 석탑과는 달리 1층부터 13층까지 한 돌로 조각되었으며, 옥개석은 형태만 유지하고 있을 뿐 탑의 일반적인 옥개석으로 보기 힘들 정도로 간략하게 치석되어 있다. 초층 남면 중앙에는 높이 30㎝, 너비 19㎝, 깊이 40㎝의 방형 사리공이 남아 있다. 전체가 한 돌로 조각되어 있고 건축적 의장이 거의 생략되었지만, 13층의 층수와 사리공의 형태 등은 당시 일본의 불탑 양식보다는 중국의 영향으로 추정된다.[312] 이를 통해 보면 일본 역시 이른 시기에 다층 밀첨식 불탑 양식이 전해진 것을 알 수 있다.[313]

지금까지 살펴본 통일신라 정혜사지 십삼층석탑을 비롯하여 중국, 일본의 밀첨식 불탑들은 모두 기단이나 1층 탑신부에 목조건축 의장이 반영되어 있고 1층 옥개부분은 강조되었으며 2층 이상의 탑신부가 1층에 비해 세장한 모습으로 급격한 체감율을 갖는다는 공통적인 특징을 보여주고 있다. 따라서 정혜사지 십삼층석탑의 특이한 조형은

---

312 로쿠탄지 13층 석탑은 13층이라는 다층으로 만들어졌지만, 전체적인 조영으로 미루어 볼 때, 도래계 중국 장인에 의해 건립되었다고 보기는 힘들고, 나라시대 이후 견당사 파견 등 중국과의 교류가 빈번해지면서 중국의 탑형이 일본에 전래되었고 이 과정에서 중국의 다층 밀첨식을 재현하려는 일본 내 석공에 의해 건립된 것으로 보인다.(신용철, 「일본 다층석탑의 성립과 발전-나라현 히노쿠마데라(檜隈寺) 석탑을 중심으로-」, 『미술사와 시각문화』8, 2009, pp. 109~110.)

313 이순영, 「慶州 淨惠寺址 十三層石塔의 樣式과 特徵」, 『동악미술사학』13호, 동악미술사학회, 2012, p. 100.

반드시 중국적인 것으로 볼 수 없으며, 오히려 이와 같은 형식의 밀첨식 불탑이 동아시아 곳곳에 다수 존재하고 있다는 점에서 신라의 독자적인 양식으로 존재했을 가능성을 생각해 볼 수 있다.

이와 관련하여 정혜사지 십삼층석탑과 같은 독특한 불탑 조형이 중국, 일본뿐만 아니라 동남아시아 지역에서도 확인되는 점이 매우 주목된다. 대표적으로 인도네시아 브사키 사원(Pura Besakih), 따만 아윤 사원(Pura Taman Ayun) 등에서 건립된 고층 목탑인데 1층이 높고 그이상은 급격히 체감되는 고층의 밀첨식 구조를 보이고 있다. 인도네시아의 자바와 발리는 인도문화의 강력한 영향을 받은 지역으로 인도의 종교 영향을 많이 받았다. 수마트라와 말레이반도에서 발흥한 스리위쟈야(Sri Wijaya) 왕국과 자바의 사일렌드라(Sailendra) 왕국은 모두 7~8세기에는 대승불교가 크게 성행한 왕국으로[314], 브사키 사원과 따만 아윤 사원은 힌두교가 전래되기 이전에는 불교 사원이었을 것으로 생각된다.

우리나라의 불탑과 동남아시아 불탑과의 직접적인 연관성을 찾기는 매우 힘든 편이다. 이는 현재 남아 있는 동남아시아 탑파와 우리나라의 불탑이 동일한 시대에 건립된 예가 많지 않고, 동남아시아 불교미술은 힌두교와 결합하여 다양한 형태로 변화되었기 때문으로 생각된다. 또한 우리나라의 불교 전래는 중국을 통해 들어온 북방불교라는 것이 지배적으로 인식되었기 때문이다. 그러나 인도 혹은 동남아시아의 불교문화가 남인도와 동남아시아의 주요 교역로였던 남해

---

314 양승윤, 「인도네시아의 인도문화 영향에 대한 역사적 고찰」, 『인도연구』13, 한국인도학회, 2008, pp. 74~80.

로(南海路)를 통해 신라로 유입되었을 가능성도 적지 않다.

이와 관련하여 가야의 수로왕비 허황옥이 서역 아유타국 출신이며 왕후사(王后寺)를 짓고 파사석탑(婆娑石塔)을 싣고 왔다315는 내용을 살펴볼 수 있다. 물론 학계에서 이 기사에 대해 여러 이견이 있지만, 왕후사를 건립한 시기가 신라 눌지왕(417~458) 재위기간에 해당하고 이 시기에 고구려와 신라에서도 불교를 인지하고 있던 시기이므로 가야 역시 인도 문화 혹은 인도문화를 중개한 동남아시아 문화와 직접 혹은 간접적으로라도 접촉했을 가능성이 있다.316 이 외에도 신라 황룡사 장육상은 서축의 아육왕이 주조에 실패하자 인연이 있는 국토인 신라로 보낸 것이라는『삼국유사』의 기사 내용317 역시 인도와의 관련성을 시사한다. 아울러 황룡사지 출토 금동여래입상, 숙수사지 출토 금동불상 등 7세기 신라의 편단우견 여래입상들은 중국불상의 영향보다 오히려 남인도나 동남아시아 지역의 불상과 더 직접 비교되어 인도 불상의 표현이 더 농후하게 드러나고 있다는 점318에서 당시 해로를 통한 교류가 생각보다 활발했던 것으로 추정된다.

실크로드와 함께 중국의 주요 대외 무역로였던 남해로는 인도로 떠나는 중국의 구법승을 비롯하여 인도와 서역, 동남아시아의 전법승

---

315 『三國遺事』卷第2 紀異2 駕洛國記條 및 『三國遺事』卷第3 塔像4 金官城婆娑石塔條 참조.

316 여기에서 더 나아가 고구려로부터 신라 일선군에서 전법했다는 墨胡子가 가락국과 낙동강을 경유해 온 인도 혹은 동남아 출신이었을 가능성을 조심스럽게 제기하기도 한다.(김영태, 「駕洛佛敎의 전래와 그 전개」, 『불교학보』27, 동국대학교 불교문화연구원, 1990, pp. 57~60.)

317 『三國遺事』卷第3 塔像4 黃龍寺丈六像條.

318 정예경, 『중국 불교조각사 연구』, 혜안, 1998, p. 56; 김춘실, 「中國 山東省 佛像과 三國時代 佛像」, 『美術史論壇』19호, 한국미술연구소, 2004. 12, pp. 36~37.

에게 중요한 경로로, 특히 7세기 초반 산동지역은 인도에서 중국을 이어주는 남해로의 종착지였다.[319] 또한 산동지역은 해로를 통한 중국의 대외교섭 창구로 당대에도 중심적 위치를 차지했으며 신라 역시 산동지역을 통해 중국으로 유입되던 다양한 외국문화와 문물을 접할 수 있었다. 그리고 신라의 승려들이 구법을 위해 인도로 떠난 사실들이 기록[320]으로 전하고 있어 신라가 인도와 동남아시아의의 불교문화를 직접 접할 수 있는 기회가 생각보다 많았음을 짐작할 수 있다.

따라서 동남아시아의 불교문화가 신라로 유입되었을 가능성이 적지 않으며, 다양한 문화교류의 측면에서 동남아시아의 고층 밀첨식 목탑 양식이 통일신라 정혜사지 십삼층석탑 건립에 영향을 주었을 것이라는 적극적 해석이 가능하다. 또한 신라뿐만 아니라 중국, 일본도 동남아시아로부터 영향을 받았을 가능성이 충분한데, 앞에서 살펴본 바와 같이 중국에서는 정혜사지 십삼층석탑과 동일한 불탑 양식이 동시기에는 확인되지 않고, 일본의 단잔진자 목탑 역시 자생적 발생이 아니라 국외에서 유입되어 발생한 것으로 추정할 수 있다. 당시 인도네시아는 7~8세기에 불교가 매우 성행하였고[321] 자바지역의 사일렌드라 왕국은 이 시기에 보로부두르 사원을 축조한 것을 보면 당시 인도네시아의 불교건축 수준이 상당히 높았음을 짐작할 수 있다.

---

[319] 정수일,『문명교류사의 연구』, 사계절, 2002, pp. 139~141.

[320] 『三國遺事』卷第四 義解 歸竺諸師條.

[321] 당시 스리위자야의 번영은 義淨(635~713)의 여행기인『大唐西域求法高僧傳』과『南海寄歸內法傳』에 상세히 기록되어 있다. 이에 따르면 7세기 당시 스리위자야 왕국은 불교의 학문적 중심지로서 인도로 가는 승려는 한 두해 쯤 스리위자야에 머무르면서 공부할 가치가 있다고 추천하고 있다.(양승윤, 위 논문, p. 80.)

이를 통해 보면, 당시 동남아시아의 불교문화는 중국 못지않게 선진적이었음을 알 수 있으며 해상루트를 통해 동아시아 곳곳으로 전파된 것으로 생각된다. 그리고 이러한 문화 교류 현상 속에서 신라도 동남아시아의 불교문화가 유입되었을 가능성을 적극적으로 열어둔다면, 정혜사지 십삼층석탑은 당시 통일신라 일반형석탑이라는 보편성속에서 국제화된 독특한 불탑 양식을 수용하여 발생한 것으로 생각된다.[322]

지금까지 통일신라 일반형석탑의 양식 변화에 따른 특징에 대해살펴보았다. 일반형석탑의 기단부 변화 중 결구방식에서 판석형이 아닌 별석 결구방식이 등장하는데, 상층기단부 탱주가 감소하는 과정에서 다양한 결구방식을 시험하였고 그 중의 한 방식으로 탑리리 오층석탑과 같이 고식의 결구원리를 차용한 것으로 보인다. 그리고 별석결구방식을 보이는 청송사지 삼층석탑, 국사곡 4사지 삼층석탑에서별석 초층탑신받침을 공통적으로 채택하고 있어 두 변화 유형이 연관성이 있는 것으로 생각되는데 이러한 방식의 시원이 탑리리 오층석탑이라는 점이 주목된다.

별석 초층탑신받침은 받침 자체를 별석으로 조성하는 방식으로 전형양식에서 조출형 받침이 기본형식으로 정착되면서 나타나지 않다

---

322 정혜사지 석탑 외에 망덕사 목탑도 13층이라는 기록으로 보아 이와 같은 밀첨식구조였을 것으로 추정되는데, 망덕사가 중국과 관련있는 사찰이었기 때문에 13층의 밀첨식 조형이 중국의 영향을 받았을 것이라는 견해가 있다(金正守, 「望德寺十三層木塔의 形態推定에 관한 研究」, 『大韓建築學會誌』28卷 119號, 大韓建築學會, 1984, p. 11.). 그러나 이같은 밀첨식 조형이 중국, 일본, 동남아시아 곳곳에서 확인되고 있어 반드시 중국의 영향이라기 보다는 국제화된 양식으로서 유입되었을것으로 생각된다.

가 8세기 중엽 이후 통일신라 석탑의 다양한 변화 현상과 함께 이중기단, 단층기단, 모전석탑 등에서 나타난다. 주목되는 점은 주로 단층기단 석탑에서 보이는데 이른 시기의 단층기단 석탑인 국사곡 4사지 석탑에서 별석 초층탑신받침이 나타난 까닭에 단층기단 석탑에 확산된 것으로 생각된다. 이러한 별석 초층탑신받침 변화는 변형 별석 초층탑신받침, 굽형괴임 형식 등과 함께 신라석탑에서 다양한 초층탑신받침 변화 양상을 보여주고 있다. 아울러 통일신라 석탑에서 유일한 밀첨식인 정혜사지 십삼층석탑의 양식 연원을 살펴보기 위해 중국 불탑과 동남아시아 불탑을 살펴본 결과, 당시 국제적인 불탑 양식의 영향을 받았을 것으로 추정하였다.

이와 같이 통일신라 일반형석탑의 기단부 변화, 초층탑신받침 변화 등은 대부분 전형석탑의 양식 변화 과정을 통해 나타난 것으로 통일신라 석탑의 자생적인 변화 현상으로 볼 수 있다. 또한 정혜사지 십삼층석탑은 국제적인 불탑 양식이 유입된 결과 외부적 요인이 작용하여 석탑 양식이 변화한 사례로서 의미가 있다. 그러나 이러한 외형적 변화는 이례적인 것으로 국외에서 새로운 양식을 적용하여 발생하였지만 결국은 통일신라 석탑 기술력으로 신라화하여 만들어진 것으로 볼 수 있다. 따라서 정혜사지 십삼층석탑은 내부적 요인과 외부적 요인이 복합적으로 혼재되어 발생한 유일한 사례로 이를 통해 통일신라 석탑 변화의 특수성을 확인할 수 있다.

2. 변형 석탑의 편년 검토

일반형석탑에서 변형이 이뤄진 석탑은 다보탑[323]을 제외하고 대부분 통일신라 9세기 대에 건립된 것으로 알려졌거나 추정되어 왔다. 그러나 건립시기에 대해 이견이 있는 석탑들도 있으며 앞에서 양식특징에 대해 살펴본 결과 양식분석을 통해 석탑의 편년에 대해 면밀히 검토할 필요성이 있다고 생각된다. 이 절에서는 일반형석탑에서 변형된 석탑의 양식적 특징을 토대로 8세기, 9세기로 시기를 구분하여 건립시기를 고찰하고자 한다.

1) 8세기

8세기의 일반형석탑은 전형양식이 완전히 정착되어 정립되며 이후 건립되는 모든 석탑의 양식적 근원을 이루고 있다. 이와 같이 8세기 석탑은 양식적인 면에서 획일성을 보이지만, 8세기 후반부터 전체 양식이 변화되거나 전형양식을 기본으로 변화되는 조짐이 나타나는 것을 볼 수 있어 이후 진행되는 일반형석탑 다양화의 시작이라고 할 수 있다.

먼저 전형양식의 기본을 유지하면서 변화를 보이는 석탑으로는 청

---

323 다보탑은 그동안 불국사 창건을 기준으로 석가탑과 함께 751년으로 추정해 왔으나, 1966년 석가탑 2층 탑신 사리공에서 출토된 무구정광다라니경과 함께 출토된 묵서명에 의해 석가탑 건립연대가 혜공왕(765~780)대로 밝혀져 다보탑 역시 이 무렵 건립된 것으로 추정된다(국립문화재연구소, 『경상북도의 석탑 I』, 국립문화재연구소, 2007, p. 266.).

송사지 삼층석탑, 향성사지 삼층석탑을 살필 수 있다. 청송사지 삼층석탑은 귀틀석을 사용하고 상하층기단 탱주가 2:2인 석탑에서 상층기단 탱주가 1주로 변화하는 과도기적인 모습을 보여주고 있으므로 상층기단 탱주의 수가 2주인 석탑보다는 앞서 건립될 수 없다고 생각된다. 귀틀석을 사용하고 상하층기단 탱주가 2:2인 석탑으로는 원원사지 삼층석탑, 남산 남리사지 삼층석탑, 추령재 황룡사지 삼층석탑, 건천 용명리 삼층석탑, 청도 봉기동 삼층석탑, 울주 간월사지 삼층석탑, 선본사지 삼층석탑 등이 있으며 이들 석탑의 결구법은 모두 황복사지 삼층석탑에 기본을 두고 발전한 것이다.[324] 그리고 이들의 건립시기는 대부분 9세기를 넘지 않는 시기에 건립된 것이다. 이들 석탑과 비교해 본다면 청송사지 삼층석탑은 결구방식에서 과도기적인 모습을 보이지만, 탑리리 오층석탑과 황복사지 삼층석탑의 양식 및 결구원리와 연관성을 보이고 있다. 특히 기단부에서 민흘림, 안쏠림 등 목조건축적 요소가 동시대의 다른 석탑들에 비해 정확히 반영되고 있어 판석형으로 부재의 단일화가 진행되는 9세기보다는 앞서 8세기 후반에 건립된 것으로 생각된다.

국사곡 제4사지 삼층석탑은 단층기단이지만 청송사지 삼층석탑과 마찬가지로 기단부 탱주를 별석으로 감입하는 결구방식을 보이고 있고 기단부에서 안쏠림과 민흘림 등 고식의 기법이 확인되는 것으로 볼 때, 마찬가지로 결구원리는 9세기를 넘지 않을 것으로 생각된다. 이를 통해 볼 때, 국사곡4사지 삼층석탑은 8세기 후반 경주에서 이른

---

324 신용철, 위 논문, 2006, p. 210.

사진 72. 속초 향성사지 삼층석탑   사진 73. 향성사지 삼층석탑 기단부

시기에 등장한 단층기단 석탑으로 생각되며 동시에 별석 초층탑신받 침이 조성된 석탑이다.

향성사지 삼층석탑은 그동안 상층기단은 2주의 탱주를 유지하는 반면, 하층기단의 탱주가 1주로 변화되어 기단부 탱주의 수가 규율성 을 잃은 점, 초층탑신받침이 생략된 점과 함께 둔중한 옥개석의 형태 와 전체적인 치석 수법이 떨어지는 것 등으로 인해 9세기[325] 또는 9세 기 전기[326]로 편년되어 왔다. 그러나 초층탑신받침이 생략된 것이 아 니라 원래는 각형 2단의 별석 초층탑신받침을 올린 것으로 추정되므 로 초층탑신받침의 변화를 보이는 석탑으로 이해할 수 있다.[327] 향성 사지 삼층석탑은 하층기단 탱주가 1주로 감소하였지만 귀틀식 결구 방식이 잔존하고 있고, 특히 상층기단부는 귀틀식 결구방식에 탱주가 2주인 모습을 보여주고 있어 판석식 결구방식 이전의 모습을 보여준 다고 할 수 있다. 따라서 귀틀식과 판석식 결구방식이 혼재되어 나타

325 정영호, 「香城寺址 三層石塔」, 『史學研究』21, 한국사학회, 1969. 9, p. 11.
326 박경식, 앞 책, 2002, p. 76.
327 이순영, 위 논문, 2015, pp. 114~116.

나는 8세기 후반의 결구방식의 변화를 보여주는 것으로 판단되며, 강원지역에서 가장 이른 시기의 신라석탑으로 생각된다.[328]

천관사지 석탑은 탑신부를 팔각형으로 변형한 양식이지만 기단부는 이중기단의 정형양식을 그대로 따르고 있다. 최근 복원안의 옥개받침 연화문의 장식성을 시대 하강의 요소로 보고 9세기에 조성된 것으로 추정[329]하기도 하지만, 석탑의 기단부는 시대를 대표하는 기본적인 구조가 일반적으로 유지되기 때문 이를 통해 건립시기를 살펴보고자 한다. 천관사지 석탑의 하층기단은 8매의 석재가 귀틀식으로 결구되는 방식으로 우주와 탱주가 각 2주씩 모각되어 있다. 하층기단 갑석은 7매가 확인되었는데, 하층기단과 마찬가지로 귀틀식 결구법을 보인다. 상층기단 면석은 원래는 1석이나 깨진 상태로 2매로 분리되어 있다. 탱주가 2주 새겨져 있고, 우주는 한쪽 모서리에만 새겨져 있는데, 결구되는 다른 면석에 새겨져 있었을 것으로 여겨진다. 이처럼 상하층에 각각 2주의 탱주가 모각되어 있으며 하층기단은 귀틀식 결구방식을 보이고 있는 등 정형양식을 그대로 따르고 있는 것으로 볼 때 8세기 후반에 건립된 것으로 생각된다.

---

328 '香城'이란 《般若經》에서 설한 法涌菩薩의 住處로, 常啼菩薩이 이곳에서 몸을 희생하여 반야바라밀다를 구했다고 전한다. 法涌菩薩은 法起菩薩, 曇無竭菩薩이라고도 하는데, 曇無竭菩薩은 衆香城에 거주하고 있다고 한다. 금강산이라는 山名이 신라 사회에 통용되기 시작한 것은 8세기 전반 이후로 금강산 중향성 담무갈보살 주처 신앙 역시 8세기 이후에 형성된 것이다. 香城寺가 직접적으로 '香城'을 寺名으로 사용한 것으로 보아 금강산에서 성행하고 있는 담무갈보살 신앙의 영향으로 생각된다. 또한 〈神興寺史蹟〉을 보면 香城寺는 禪定寺, 神興寺 순서로 중건을 거듭하여 현재의 新興寺에 이르고 있는데, 禪定寺는 〈神興寺大法堂石砌記〉, 〈神興寺事蹟碑〉의 기록을 통해 신라 애장왕대(800~808년)에 중건된 것으로 보아 향성사는 8세기 대에 이미 존재하고 있었던 것으로 생각된다.

329 문화재청·불교문화재연구소, 위 보고서, p. 351.

늠비봉 오층석탑의 건립시기는 8~9세기[330]에서 10세기[331]까지 보기도 하며, 탑신에 우주가 생략된 점을 들어 8세기로 소급될 수는 없다는 견해[332] 등 통일신라에서 고려 초까지 편년 설정 폭이 넓다. 통일신라로 보는 견해는 경주지역에서 뚜렷하게 고려시대에 조성되었다고 생각되는 불사를 찾아보기 어렵다는 관점[333]이고 고려시대로 보는 것은 백제양식석탑이 고려시대에 등장한 복고적 양식이라는 관점[334]에서 출발한다. 따라서 늠비봉 오층석탑의 건립시기는 보다 자세한 양식 분석을 통해 검토할 필요가 있다.

기단갑석 부재는 확인되지 않아 정확한 원형은 알 수 없으나 발굴조사 당시 탑신받침이 놓여 있던 형태와 탑신받침석의 하부 높이가 기단면석의 상면보다 낮았던 것을 근거로 현재는 초층탑신받침은 1단의 별석으로, 갑석은 하단에 부연 1단이 있는 판석 8매로 결구하여 탑신받침을 둘러싸고 있는 형태로 복원하였다.[335] IV장에서 살펴본 별석 초층탑신받침의 조성 방식 변화에 따르면, 늠비봉 오층석탑은 감입형-1에 해당되며 비교적 초기의 모습을 보이고 있다.

탑신부를 보면 탑신석은 우주를 생략하였고, 옥개받침은 각형 3단이며, 지붕면은 귀마루가 돌출되어 있고, 2층~5층 사이에는 각형 2단

330 박홍국, 「경주지역의 옥개석 귀마루(隅棟) 彫飾 석탑연구」, 『慶州史學』19집, 경주사학회, 2000, p. 116.
331 국립경주문화재연구소, 『경주 남산 석탑 발굴조사 보고서』, 2004, p. 587.
332 전지혜, 「백제양식석탑의 양식과 건립연대에 관한 검토」, 『불교미술사학』12집, 불교미술사학회, 2011, p. 109.
333 박홍국, 위 논문, p. 117.
334 전지혜, 위 논문, p. 110.
335 국립경주문화재연구소·경주시, 위 보고서, p. 577.

의 별석 탑신받침이 감입되어 있다. 이처럼 층마다 별석의 탑신받침을 올리고 있는 모습은 고려시대 백제양식석탑으로 보는 근거가 된다. 그러나 능비봉 오층석탑은 옥개석을 충분히 1석으로 조성할 수 있는 크기이지만 별석으로 분리하여 결구하고 있는 반면, 담양읍 오층석탑, 곡성 가곡리 오층석탑, 담양 연동사지 삼층석탑, 만복사지 오층석탑, 서울 홍제동 오층석탑 등 고려시대 석탑 대부분은 탑신석과 옥개석을 1석으로 단일화하고 있어 시대양식을 반영하고 있다. 또한 고려시대 백제양식석탑의 별석받침은 대부분 각형 1단으로 능비봉 오층석탑의 각형2단과도 차이를 보인다. 따라서 능비봉 오층석탑과 고려시대 백제양식석탑과의 이러한 차이는 건립시기가 다름을 의미한다. 옥개석 결구방식 및 귀마루 표현, 별석 결구 방식 등 목조건축적 요소가 충실히 재현되었고 각형2단의 별석 초층탑신받침 형식으로 미루어 통일신라로 생각된다. 다만 능비봉 오층석탑의 기단이 자연석을 사용하면서 치석 상태가 정연하지 못한 점과 경주 남산에서 자연석을 기단으로 삼는 방식이 9세기 전반에 등장하는 점으로 미루어 볼 때 능비봉 오층석탑은 8세기 후반~9세기 초 무렵으로 편년 설

사진 74. 능비봉 오층석탑 탑신받침　　사진 75. 담양 읍내리 오층석탑 탑신받침

사진 76. 곡성 가곡리 오층석탑 탑신받침   사진 77. 남원 만복사지 오층석탑 탑신받침

정이 가능하다.

다음으로 정혜사지 십삼층석탑은 그동안 석탑 조형이 일반형석탑과 차이를 보이는 까닭에 석탑 변화가 다양해지는 9세기 경[336]으로 추정되어 왔다. 현재 정혜사와 관련된 기록으로는 조선시대의 기록들이 전하고 있는데 대부분의 기록에서 신라시대 창건된 사찰로 전하고 있지만[337] 유일하게 『동경통지(東京通誌)』[338]에서 정혜사의 창건에 관한

---

336 고유섭, 「朝鮮塔婆의 樣式 變遷」, 『佛敎學報』3·4合輯, 동국대학교 불교문화연구소, 1966, p. 181; 정영호, 앞 논문, 1969, p. 54.

337 "定惠寺新羅寺 浮圖十二層 峯奇山崒崪 松老葉鬚髻 出峀雲無住 尋源水自澄 海棠寧擅美 冬柏傲寒氷"(高裕燮, 「朝鮮塔婆의 樣式變遷: 各論 續」, 『佛敎學報』3·4合輯, 동국대학교 불교문화연구소, 1966. 12, p. 180에서 재인용.)
『東京雜記』卷2, 佛宇條. "(新增)淨惠寺.在紫玉山下.晦齋李先生少時肄業於斯.其創建不知其幾年.自古傳稱新羅古刹.佛前卓子足.有致和元年正月日造八字.而有先生手書同遊錄.在於法堂北壁中楹.箴七句.在於北壁東窓之左.後人恐其塵汚.遂皆刻其字.粉而籠之.玉山書院創建後.因爲完護寺"
"之惠寺坐法堂寺卽新羅時所創而堅完不傾在道德山下"(丁時翰 著 ;延世大學校人文科學研究所 [編],『山中日記』下, 연세대학교 출판부, 1968, p. 44.)
"□□□定慧..(下缺). 羅代所創也, 如來四聖各安于□...八隅至今爲蕞□...膽仰而世久代遠□...諸比丘俏取檀□□...片 木數行書而一日□...月日重修一日康□二十□...障石重修監役湖□執□...蹟不少槪見意者□□...滅而然耶塔之久□...望 □事越四月吉□... 不壞也乾隆三十年乙酉三月 大施主 大德比丘如觀伏爲□比□..."(黃壽永, 『韓國金石遺文』, 一志社, 1985, pp. 478~479.)
『考往錄』甲午 十一月初一日條. "本院□屬之惠寺災羅代古刹之一時災爐..."

자세한 내용을 볼 수 있다. 신라 선덕왕대(780~785년)에 당의 첨의사(僉議使) 백우경(白宇經)이 참소를 입어 이곳 자옥산 아래에 우거하게 되었고, 그가 절경의 터를 골라 영월당과 만세암을 건립하였는데 선덕왕도 행차한 적이 있으며, 이곳을 고쳐 세운 것이 정혜사라는 것이다.[339] 『동경통지』의 이와 같은 내용은 출전을 밝히지 않아 다소 의심스러우나, 비교적 구체적으로 연대와 이름, 관직명까지 밝히고 있어 주목되는 기록이다. '백우경'이란 인물은 현재 '수원 백씨'의 시조로 확인되고 있다.[340] 따라서 『동경통지』의 선덕왕(宣德王)(780~785)이 행차

---

[338] 『東京通誌』는 1910년대에 『東京雜記』를 수정·증보한 것으로 『東京通誌』는 조선시대부터 여러 번에 걸쳐 수정되어 간행되었다. 간행연대가 확실하게 알려지지 않은 『東京誌』를 朝鮮 顯宗朝에 慶州都護府使 閔周冕(1629~1670)이 主幹하고 纂集都監인 李堟 이하 14명의 有司들과 함께 『東國通鑑』, 『輿地勝覽』, 『三國史記』, 『麗史地理志』 등의 문헌을 토대로 『東京雜記』라는 이름으로 초판 編刊되었다. 이후 1711년(숙종 37) 慶州府尹 南至薰이 重刊하였으며, 또다시 1845년(헌종 11) 慶州府尹 成原黙(1785~1865)이 정정하여 다시 중간하였다. 1910년 朝鮮古書刊行會가 1845년 重刊되었던 『東京雜記』를 修正·增補하여 『東京通誌』로 간행하였다. (한국정신문화연구원, 『藏書閣圖書韓國本解題輯』 地理類 1, 한국정신문화연구원, 1993, pp. 319~320 참조.)

[339] 『東京通誌』, 佛寺條, "淨惠寺址在紫玉山下 新羅宣德王庚申 唐朝僉議使白宇經被讒來寓紫玉山下 建迎月堂萬歲庵 宣德王幸行改庵爲淨惠寺堂爲景春云"

[340] 한편, 『水原白氏大同譜』에는 『東京通誌』의 내용과 거의 유사하나, 구체적으로 백우경이 중국 蘇州 사람으로 등장하고 있어 정혜사지 십삼층석탑의 밀첨식 양식 연원이 국내가 아니라는 것을 방증해 준다고 생각된다.
"始祖 宇經(우경) 字는 擎天이요 號는 松溪인데 당나라 蘇州 사람이다. 당나라 조정에서 僉議使 左僕射 司空大司徒 벼슬에 올랐으나 간신배들의 모함을 당하자 스스로 당나라를 떠나 신라로 망명해 계림 자옥산하에 거처를 정했다. 그때는 신라 宣德王 원년이었다. 그는 그 후 신라에 벼슬하여 大相에 올랐다."(水原白氏大同譜 編纂委員會 編, 『水原白氏大同譜』 1권, 1997, p. 9 참조.)
그런데, 한반도에도 '蘇州'라는 지명으로 불린 곳이 있어 주목되는데, 바로 충청남도 태안이다. 태안은 원래 백제의 省大號縣(또는 省大兮縣)으로 경덕왕 대에 '蘇泰縣'으로 고쳤다고 하였다.
『三國史記』 卷 34, 「雜志」 3, 地理 3. "…蘇泰縣 本百濟省大號縣 景德王改名 今因之…"
『三國史記』 卷 37, 「雜志」 6, 地理 4 高句麗百濟條. "熊川州(一云熊津) …省大兮

하여 정혜사를 창건하였다는 내용은 어느 정도 신빙성이 있는 것으로
보인다. 또한 앞장에서 정혜사지 석탑 조형 연원에 살펴본 바와 같이
국제적인 불탑 양식이 적용된 것으로 생각되지만, 석탑 건립 자체는
신라인에 의해 자생적으로 이뤄진 것이므로『동경통지』의 내용과 양
식 검토를 통해 건립시기를 살필 수 있다.

정혜사지 십삼층석탑은 그동안 일제시대부터 여러 차례 보수정비
가 있어 왔고 특히 기단은 최근까지 여러 번 변형되어 왔다.[341] 현재
지대석처럼 보이는 초층 탑신받침 하면이 정교하게 연마되어 있다는
것[342]과 1911년과 1916년 사진 자료를 통해 볼 때 높이 약 50cm~60cm

縣…"
이러한 내용은『新增東國輿地勝覽』에서도 확인되며, 특히 '蘇泰縣'을 '蘇州'라고도
불렀다.
『新增東國輿地勝覽』, 卷十九 泰安郡 郡名條. "省大兮 蘇泰或云蘇州"
또한 백제에서 백씨가 '大姓八族'의 하나로 강력한 세력을 누린 집단이었다는 것
(李基白,「熊津時代 百濟의 貴族勢力」,『百濟研究』9, 충남대학교 백제연구소, 1978,
pp. 17~19.)으로 볼 때, 자료의 한계가 있어 백우경의 출신을 단정할 수 없지만,
이 석탑에서 백제석탑 양식이 간취되는 것과 관련하여 백우경이 백제 출신 인물이
었을 가능성도 배제할 수 없다.
341 1922년 일본인에 의해 탑신부와 기단은 시멘트로 복원되었고(문화재청,『문화재대
관』, 경주시, 2004, p. 114.) 1931년 후지시마에 의한 조사에 의하면 1922년 복원
당시 시멘트로 복원한 기단은 다시 그 시멘트가 녹아 대형의 자연석으로 기단을
조성하였다고 하였다.(藤島亥治郎,『建築雜誌』578號, 1933. 12.(국립문화재연구소,
『日本 東京大學 所藏 韓國建築·考古資料』, 2005, p. 229에서 재인용.) 1998년 9월
2일 도굴이 시도되었으나 미수에 그쳤으나 1층 탑신 일부가 훼손되었다.(국립경주
문화재연구소,「경주 정혜사지 십삼층석탑 현장조사」,『年報』제9호, 1998, p. 112.)
2007년 석탑 정비 공사로 인해 기단시설 없이 둔덕 위에 석탑을 올린 상태로 변형
되기도 하였다. 2011년 정혜사지 석탑 주변으로 발굴조사가 진행되어 건립시기를
알 수 있는 단서를 제공할 것으로 생각되었으나, 현재까지는 통일신라시대까지 올
라가는 유구 및 유물이 확인되지 않았다.(신라문화유산연구원,『경주 정혜사지 십
삼층석탑 정비공사부지내 유적』, 2013.) 다만 발굴조사를 통해 최근까지 남아 있던
토석축기단은 일제시대의 여러 차례 중수로 인해 만들어진 것이고 원래의 기단부
시설은 이미 훼손되었던 것으로 생각되지만, 현재는 토석축 기단이 있는 상태로
복원되었다.
342 박홍국,「慶州 安康邑 淨惠寺址 石塔의 特異點에 대하여」,『佛教考古學』4, 위덕대학

의 단층의 낮은 석조기단이 있었을 것으로 추정된다.[343]

사진 78. 정혜사지 십삼층석탑(1910년대)

 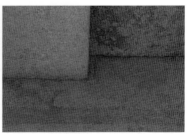

사진 79. 정혜사지 십삼층석탑 1층 탑신부   사진 80. 정혜사지 십삼층석탑 우주석 결
구수법

교박물관, 2004, p. 7.
343 이순영, 「慶州 淨惠寺址 十三層石塔의 樣式과 特徵」, 『동악미술사학』13호, 동악미술
사학회, 2012, p. 108.

정혜사지 십삼층석탑의 1층 탑신부는 전체적으로 정교하게 다듬어진 석재들을 별석으로 처리한 결구수법을 보이고 있어 일반적으로 석재의 수를 줄여나가는 9세기 대의 석탑과는 다른 모습을 보이며 이는 목조건축을 충실히 번안한 것이라 생각된다. 물론 2층 이상은 탑신과 옥개를 1석으로 처리하여 부재를 줄이는 모습을 보이고 있다. 그러나 이는 1층을 강조하고 13층의 의도를 살리기 위해 구조적으로 부재를 단일화한 것[344]으로 볼 수도 있으나, 탑신과 옥개를 단일화할 수 있는

사진 81. 경주 황룡골 황룡사지 석탑 옥개석   사진 82. 경주 진현동 석탑 옥개석

사진 83. 경주 포석정 서북편사지 석탑 옥개석

---

[344] 이에 대해 고유섭은 "각층 短小함으로써 옥개와 탑신 軸部를 합일하여 一石造로 하고 있는 것도 말기적인 便法이기는 하지만, 구조 수단의 하나의 필연적인 편법이었다고 양해된다."고 하였다. (高裕燮, 「朝鮮塔婆의 樣式變遷: 各論 續」, 『佛教學報』 3·4合輯, 동국대학교 불교문화연구소, 1966. 12, p. 181.)

데도 불구하고 1층을 여러 매의 석재로 조립하였다는 것은 목탑을 충실히 번안하는 결구방식의 전통을 고수하였다는 것을 강력히 시사한다. 아울러 부재간 이음부가 밀리지 않게 초층탑신 받침 상면에 홈을 파서 우주를 세우는 수법을 보이고 있어 별석 결구방식의 의도를 잘 보여준다. 이와 함께 1층 탑신 내부에 4단으로 심주를 중첩해서 쌓은 것 역시 같은 맥락으로 이해할 수 있다. 9세기의 신라 일반형석탑은 부재를 단일화하여 석탑의 크기가 작아지고 이음부 연결부분은 맞댄 이음 방식으로 홈을 파서 결구하지 않아도 구조적으로 별다른 문제가 없어지게 되었다. 따라서 9세기의 일반형석탑은 부재 이음부에 홈을 파서 조립하는 수법을 고수하지 않아도 되었으며 부재를 별석으로 조성하는 방식 역시 마찬가지이다. 이처럼 별석 결구방식과 부재 이음 수법, 내부 심주 조성 등의 방식은 정혜사지 십삼층석탑이 9세기 이전에 건립되었음을 보여주는 요소라고 생각된다.

정혜사지 십삼층석탑의 가장 큰 양식 특징 중 하나는 옥개석 네모서리에 귀마루가 높게 돌출되어 있는 것이다. 이처럼 귀마루가 돌출된 석탑은 경주 남산 늠비봉 오층석탑, 경주 황룡골 황룡사지 석탑, 경주 진현동 석탑, 포석정 서북편사지 석탑, 남산 탑곡 삼층석탑 등 소수이지만 통일신라시대 경주지역을 중심으로 확인되고 있다.[345] 정

---

345 박홍국, 「경주지역의 옥개석 귀마루(隅棟) 彫飾 석탑연구」, 『경주사학』19, 경주사학회, 2000.
　　최근 복원된 늠비봉 석탑을 제외하면 나머지는 복원된 사례가 없어 전체 양식을 파악하기 어려우나 진현동 석탑, 남산 탑곡 삼층석탑을 제외한 다른 귀마루 석탑들은 기단부 및 탑신부를 여러 매의 석재를 사용하여 결구성이 강하게 나타난다. (이순영, 위 논문, 2012, p. 68.)

사진 84. 정혜사지 십삼층석탑 1층 옥개받침

사진 85-1. 경주 미탄사지 삼층석탑

사진 85-2. 미탄사지 삼층석탑 옥개받침

혜사지 석탑은 귀마루 끝이 생략되어 있는데[346] 실제 목조건축에서도 추녀마루는 지붕 끝까지 표현되어 있지 않으며 미륵사지 석탑 역시 귀마루 표현이 끝에서 생략되어 있는 것으로 보아 실제 목조건축을 보다 더 충실히 재현한 것으로 생각되므로[347], 귀마루가 돌출돠 다른

[346] 박홍국은 귀마루가 돌출된 석탑들의 건립시기를 대략 7세기 말~9세기 초 사이에 건립된 것으로 추정하고 있는데, 같은 양식의 탑에서 어느 부분이 생략된 예가 그렇지 않은 예보다 빨리 조성되었다고 보기 어렵다고 판단하여 정혜사지 십삼층석탑은 귀마루 끝이 생략되어 있다는 점에서 9세기 초로 추정하였다. (박홍국, 앞의 논문, 2000, pp. 117~119.)

[347] 실상사 백장암 삼층석탑 옥개석에서도 귀마루 끝이 생략되어 있는데, 백장암 삼층석탑은 전체적으로 실제 목조건축적 요소를 충실히 재현하고 있어 이러한 표현이 좀 더 고식으로 생각된다. 아울러 지붕부에 기와골까지 세밀하게 표현된 쌍봉사 철감선사탑, 연곡사 동부도, 태안사 적인선사탑 등 목조건축적 요소가 충실히 재현된 석조부도의 옥개석을 보면, 마찬가지로 귀마루는 끝에서 생략 표현되어 있어

석탑들보다 정혜사지 석탑이 가장 이른 시기에 건립된 것으로 생각된다.

아울러 옥개받침은 4매의 석재로 결구되었고, 지붕면은 8매의 부재가 위(囲)자형으로 정연한 결구방식을 보인다. 옥개받침은 각형 3단으로 미륵사지 석탑과 동일한 수법을 보여주고 있어 1층 탑신의 결구방식과 옥개석 형식은 전체적으로 백제석탑 양식과 유사하다. 그러나 처마의 아래는 수평 직선으로 물끊기 홈이 새겨져 있고, 처마는 수평을 이루다가 전각부에서 약간 반전을 이루고 있어 신라 일반형석탑의 옥개석 형식도 분명히 반영하고 있다.[348] 신라석탑은 각형5단의 받침 형식이 전형이므로 받침 수의 감소는 그동안 시대하강의 요소[349]로 인식되어 왔다. 그러나 미탄사지 삼층석탑에서도 각형 3단 옥개받침 형식인데 이 석탑의 편년이 780년 경을 전후한 시기에 건립된 것으로 추정되므로[350] 각형 3단의 옥개받침 형식이 시대 하강의 절대적인 기준이 될 수 없다. 따라서, 『동경통지』의 정혜사 창건 기록 및 석탑의 양식 특징을 종합해 보면 정혜사는 780년을 전후한 시기에 창건되었고, 석탑 역시 8세기 후반 무렵에 건립된 것으로 추정된다.(〈표 12〉

이러한 수법이 실제 목조건축을 충실히 재현한 방식으로 생각된다.

[348] 전지혜, 「백제양식석탑의 양식과 건립연대에 대한 검토」, 『불교미술사학』12집, 불교미술사학회, 2011, p. 107.

[349] 정영호, 「韓國石塔의 特殊樣式考察」(上), 『論文集』3, 단국대학교, 1969, p. 54.

[350] 傳 미탄사지 석탑은 하층기단 모서리에 귀틀석을 사용하고 상층기단은 4매의 판석형 면석을 엇물림 결구하였는데, 특히 초층탑신에 4매의 판석을 이용해 엇물림식 결구법을 보여주는 것은 감은사지 석탑 2층 탑신과 나원리 석탑 초층탑신에서 보이는 결구법이다. 또한 초층 옥개 역시 2매로 결구하고 있어 1기와 2기 초기형 탑에서의 고식 결구법을 찾아 볼 수 있다. 그러나 옥개받침의 숫자가 3단인 점에서 탑의 편년은 780년을 전후한 시기로 파악할 수 있다.(申龍澈, 「統一新羅 二重基壇 石塔의 形式과 編年」, 『東岳美術史學』9, 동악미술사학회, 2008, p. 209.)

참조)

<표 12> 8세기 변형 석탑 양식 특징과 건립시기

연번	석탑명	시기	기단부		탑신부			상륜부	비고
			형식	탑신받침	탑신	탑신받침	옥개		
1	불국사 다보탑	8C후반	십자형, 계단, 난간	별석	별석 우주, 두공, 심주		난간, 팔각형	노반, 복발, 앙화, 보륜, 보개, 보주	
2	청송사지 삼층석탑	8C후반	이중기단 (탱주 1:2) 탱주별석	별석 각형2단	우주, 1석	각형 2단	옥개받침 5단	노반	
3	향성사지 삼층석탑	8C후반	이중기단 (탱주 2:1)	별석 각형2단 (추정)	우주	각형 2단	옥개받침 5단	-	
4	국사곡4사지 삼층석탑	8C후반	단층기단 (탱주 1) 탱주별석	별석 각형2단	우주, 1석	각형 2단	옥개받침 4단	노반	
5	천관사지 석탑	8C후반	이중기단 (탱주 2:2)	각형2단	탑신 팔각형, 우주		팔각형, 연화문 옥개받침		
6	정혜사지 십삼층석탑	8C후반	단층기단 (추정)	별석 각형2단	별석 우주, 심주, 감실	2층:별석 각형1단 3~13층 :각형2단	옥개받침 3단, 귀마루	노반	
7	남산 늠비봉 오층석탑	8C후반~ 9C초	자연석 단층기단 (별석)	별석 각형1단	우주X	매층 각형2단	옥개받침 3단	노반	

2) 9세기

9세기 일반형석탑의 변화 현상은 8세기에 시작된 석탑 양식의 다양화의 연장이자 더욱 발전되는 단계로 볼 수 있다. 이 시기에는 다보탑과 같이 전체가 변형된 석탑은 더 이상 등장하지 않지만 사사자기단, 단층기단, 불대좌형 기단 등 기단부 변화 유형이 더욱 다양해지고, 초층탑신받침 역시 굽형괴임 형식, 변형 별석받침 등 변화 유형이 풍부해지는 등 9세기 석탑의 양식적 특징을 명확히 보여주고 있다. 아울러 9세기 석탑은 건립지역이 전국적으로 확산되는 현상이 역력한데 이는 건탑 수요의 증가와 그에 따른 양식 변화가 연관성이 있는 것으로 볼 수 있다. 또한 9세기 석탑 중 법광사 삼층석탑(828년), 성주사지 석탑 4기(847년), 동화사 비로암 삼층석탑(863년), 도피안사 삼층석탑(865년) 등은 석탑의 건립시기를 추정할 수 있는 기록 또는 사리장엄이 남아 있다는 점에서 석탑 편년에 중요한 자료를 제공해주고 있다. 위와 같이 구체적인 시기를 알 수 있는 석탑을 제외하고 변화 유형별로 건립시기를 살펴보고자 한다.

사사자기단 석탑은 화엄사 사사자삼층석탑과 주리사지 사사자석탑을 볼 수 있다. 화엄사 사사자삼층석탑의 건립시기는 기존에는 다보탑과 같이 8세기 중엽으로 보는 것이 일반적이었으나[351] 사자상이 배치된 상층기단부를 제외하면 일반형석탑과 동일한 양식 변화를 보이고 있다. 따라서 8세기 중엽의 다른 석조물과 양식을 비교한 결과 오히려 9세기 석조물의 양식 흐름을 보이고 있어 9세기 전기에 건립된 것으로 생각된다.[352] 주리사지 사사자석탑 사자상의 크기는 화엄사 석탑 사자상보다 작아졌으며, 조각 수법이나 자세 등이 형식적으로 변하였다. 그러나 고려시대로 추정되는 화엄사 원통전 앞 사사자석탑

---

351 張忠植, 『新羅石塔硏究』, 일지사, 1987, pp. 151~154.
352 이에 대해서는 다음의 논문에서 자세히 검토하였다.
李順英, 「華嚴寺 四獅子三層石塔의 건립시기에 關한 考察」, 『文化史學』34, 한국문화사학회, 2010, pp. 82~84.

사진 86. 화엄사 사사자삼층석탑 상층기단부   사진 87. 함안 주리사지 사사자석탑 상층
기단부

보다는 비교적 사실적인 조각수법을 보여주고 있고 현재 남아 있는 옥개석의 치석수법과 전각의 반전 등을 고려할 때 통일신라 9세기 말에 조성된 것으로 추정된다.

백장암 삼층석탑은 1층의 문비 조각이 자물쇠와 원형 문고리가 결합되는 형태로 9세기 석조물에서 주로 확인되는 형식[353]이고 1층에 새겨진 오방신상 도상이 9세기 전반 통일신라와 일본에 공유되는 현상을 보인다.[354] 또한 주악천인상이 화엄사 사사자삼층석탑과 유사성[355]을 보이는 등 전반적인 양식 특징으로 보아 9세기 전반에 건립된 것으로 생각된다.

9세기 석탑 변화 유형으로 가장 많이 확인되는 것이 단층기단 석탑인데, 초기 단층기단 석탑일수록 이중기단 일반형석탑의 외형이 가

---

353 신용철, 「신라석탑 문비조각에 대한 고찰」, 『정신문화연구』37, 한국학중앙연구원, 2014. 6, p. 107.
354 허형욱, 「實相寺百丈庵석탑의 五方神像에 관한 고찰」, 『미술사연구』19, 미술사연구회, 2005. 12, p. 26.
355 최선일, 「統一新羅時代 天人像 研究」, 홍익대학교 석사논문, 1994, p. 80.

장 잘 남아 있다.[356] 따라서 9세기 전반의 단층기단 석탑은 대체적으로 기단부 구성에 있어 여러 매로 결구하는 결구방식과 초층탑신받침은 전형석탑과 같은 조출형을 특징으로 한다. 9세기 전반의 단층기단 석탑으로 천룡사지 삼층석탑, 용장사지 삼층석탑, 봉암사 삼층석탑, 표충사 삼층석탑, 전(傳) 강락사지 삼층석탑, 화달리 삼층석탑을 들 수 있다. 기단부는 탱주 1주를 두었고, 면석은 1면 2매의 판석형 결구방식을 보이며, 갑석도 4매 또는 2매로 정형화되어 결구하고 있다. 이 가운데 화달리 삼층석탑은 면석 일부를 함께 조성한 탱주를 감입하는

사진 88. 경주 천룡사지 삼층석탑

사진 89. 경주 용장사지 삼층석탑

사진 90. 전(傳) 강락사지 삼층석탑

사진 91. 밀양 표충사 삼층석탑

---

356 신용철은 단층기단 석탑 기단부 결구방식을 판석형과 귀틀형으로 구분하고, 결구 방식과 비례 등을 고려하여 9세기 전기와 9세기 중·후기로 편년하고 있다. (신용철, 위 논문, 2013, pp. 133~138.)

사진 92. 문경 봉암사 삼층석탑　　　　사진 93. 상주 화달리 삼층석탑

방식을 보이고 있어 별석 결구방식의 흔적이 남아 있는 것이 특징이다. 초층탑신받침은 각형1단, 각형2단, 호각형2단 형식이 갑석 상면에 조출되는 방식이 대부분이며 호각형2단은 용장사지 삼층석탑에서 처음 나타난 것으로 단층기단으로의 변화와 함께 탑신받침도 변화되었음을 알 수 있다.

9세기 후반의 단층기단 석탑은 경주 황오동 삼층석탑, 내화리 삼층석탑, 도천사지 삼층석탑(3기), 봉서리 삼층석탑, 우천리 삼층석탑, 하동 탑리 삼층석탑, 마석산 삼층석탑, 덕양동 삼층석탑, 경주 남산 탑곡 삼층석탑, 박곡리 석탑 등을 들 수 있다. 이 석탑들은 기단부 면석 구성이 1면 1매의 완전한 판석형으로 변화하고 탱주가 생략되는 등 기단부 규모가 축소되는 현상을 보인다. 이 시기 단층기단 석탑에서 초층탑신받침이 별석형이 다수 보이고 있는 점이 주목되는데, 특히 문경지역의 단층기단 석탑 5기 중 4기에서 별석 탑신받침을 보이고 있어 단층기단과 별석 초층탑신받침의 변화 현상이 중복되어 나타나는 것을 특징적 현상으로 볼 수 있다. 한편, 산청 덕산사 삼층석탑은 이중기단 석탑 중 유일하게 별석 초층탑신받침을 채택한 석탑으로

사진 94. 경주 황오동 삼층석탑

사진 95. 문경 내화리 삼층석탑

사진 96. 문경 봉서리 삼층석탑

사진 97. 보성 우천리 삼층석탑

사진 98. 하동 탑리 삼층석탑

사진 99. 경주 마석산 삼층석탑

사진 100. 청도 덕양동 삼층석탑

사진 101. 청도 박곡리 석탑

지리산 지역에 등장하는 이중기단 석탑으로 9세기 전반으로 볼 수 있다. 인근의 하동 탑리 삼층석탑은 단층기단이지만 별석 초층탑신받침을 보이고 있어 통일신라 석탑의 별석 초층탑신받침의 확산 경로를 보여준다.

도피안사 삼층석탑은 도피안사 철조비로자나불좌상에 있는 명문에 의하여 865년(경문왕 5년) 지방 호족에 의해 불상이 발원될 당시 함께 조성된 것으로 알려져 왔다.[357] 기단부는 전체적으로 상·중·하대로 구성된 3단의 팔각형의 불대좌 형식과 동일하지만, 상대와 하대의 연화문 표현과 중대석의 우주 유무 등에서 뚜렷한 차이를 보이고 있다. 이와 함께 초층탑신받침이 굽형괴임으로 변화되었고, 옥개받침은 각형이 아니라 호형으로 변화하여 1층이 4단, 2층과 3층은 3단으로 줄어드는 현상이 확인되어 전체적으로 9세기 후반의 양식 특징으로 생각된다. 광주 약사사 삼층석탑과 화엄사 구층암 삼층석탑에서도 초층탑신받침이 굽형괴임 형식을 보이고 전체적인 양식과 치석 수법 등으로 볼 때 9세기 후반에 건립된 것으로 여겨진다.

석굴암 삼층석탑은 석굴암 본존불 대좌를 모방한 것으로 생각되지만, 세부적으로는 약간의 차이짐이 있다. 석굴암 본존불 대좌는 하대석과 상대석에 각각 복련과 앙련의 연화문을 조식하였는데, 석굴암 석탑에서는 이러한 조식이 없다. 그리고 하대에서 중대, 중대에서 상

---

357 香徒佛銘文幷序」夫釋迦佛晦影歸眞遷儀越世紀世掩色不鏡三」千光旣一千八百六載耳惟斯彫此金容入」入來哲因立願之唯願卑姓遂粲椎自擊入」入覺長昏換庸鄙志契眞源恕以色莫朴入見」唐天子咸通六年正月日新羅國漢州北界」鐵員郡到彼岸寺成佛之入士入龍岳堅淸于時入」覓居士結緣一千五百餘人堅金石志勤不覺勞因」(한국고대사회연구소 편, 『譯註 韓國古代金石文』III, 1992.)

대를 받치는 부분의 받침 형태도 석굴암 석탑에서는 간략화되는 모습을 보이고 있어, 불상 대좌와 석탑이라는 조형물의 차이도 있지만 조성시기의 차이도 있는 것으로 생각된다. 전체적인 석탑 규모와 양식으로 미루어 석굴암 창건보다 늦은 9세기 말에 건립된 것으로 보인다.

자연석기단 석탑으로는 경주 남산 비파곡 2사지 삼층석탑, 경주 남산 지암곡 3사지 삼층석탑, 경주 남산 삼릉계 삼층석탑이 있다. 이들은 모두 각형 2단의 별석 초층탑신받침을 올렸고, 탑신과 옥개는 각각 1석으로 조성하였다. 옥개받침은 비파곡 2사지 석탑과 지암곡 3사지 석탑은 매층 4단, 삼릉계 석탑은 1~2층 5단, 3층 4단으로 비교적 정연한 모습을 보이고 전체적인 치석수법 등으로 볼 때 9세기 후반에 건립된 것으로 생각된다.

삼중기단 석탑으로는 해인사 삼층석탑, 연곡사 삼층석탑, 취서사 삼층석탑, 영암사지 삼층석탑, 부인사 동서 삼층석탑, 홍전리사지 삼층석탑 등이 해당된다. 삼중기단 석탑은 기단이 한 단 더 있다는 것을 제외하면 전형양식의 특징을 그대로 보여준다. 해인사 삼층석탑은 상층기단 탱주가 1주 줄어들고 3층 옥개받침만 4단으로 줄어드는 등의 특징으로 보아 9세기 전반에 건립된 것으로 보인다. 연곡사 삼층석탑은 기단부 탱주가 1주로 줄어들었고 전체적인 치석수법으로 보아 9세기 후반 건립으로 생각된다. 취서사 삼층석탑은 탑 안에서 발견된 사리합 명문에 의하여 경문왕 7년(867)에 건립되었음을 알 수 있다. 영암사지 삼층석탑 역시 기단부 탱주 수의 감소 특징으로 보아 9세기 후반 건립으로 생각된다. 부인사 동서 삼층석탑 중 동탑은 무너져있으나 서탑은 비교적 온전하다. 중층기단 탱주가 2주이고 옥개받침이 5단으로 조성되어 있는 것으로 보아 9세기 전반 건립으로 생각된다. 홍전리사지 삼층석탑은 남아 있는 하층기단의 4구 안상, 각호각형 3단 받침이 나타나는 특징을 볼 때, 9세기 후반에 건립된 것으로 추정된다.

지금까지 일반형석탑에서 변형된 석탑의 건립시기에 대해 시기별로 살펴보았다. 일반형석탑이 본격적으로 변화되는 시기는 전형양식

사진 102. 합천 해인사 삼층석탑

사진 103. 합천 영암사지 삼층석탑

사진 104. 대구 부인사 서삼층석탑

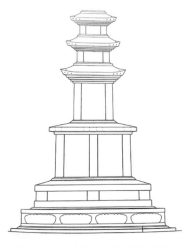

사진 105. 홍전리사지 삼층석탑 복원도

연번	석탑명	시기	기단부		탑신부			상륜부	비고
			형식	탑신받침	탑신	탑신받침	옥개		
1	법광사 삼층석탑	828년 추정	이중기단 (탱주1:1) 판석형	굽형 괴임	우주모각, 1석	각형 2단	옥개받침 5단		
2	화엄사 사사자 삼층석탑	9C전반	사사자 기단	각형2단	우주 모각, 문비, 제석·범천, 사천왕상, 인왕상	각형 2단	옥개받침 5단	노반, 복련, 복발, 보주	
3	백장암 삼층석탑	9C전반		별석 각형2단	오방신상, 문비, 기둥, 공포, 천인상	난간	옥개받침 연화문, 여래상, 귀마루	노반, 복발, 보륜, 보개, 수연	
4	덕산사 삼층석탑	9C전반	이중기단 (탱주1:2) 판석형	별석 각형2단	우주 모각, 1석	각형 1단	옥개받침 4단		
5	천룡사지 삼층석탑	9C전반	단층기단 (탱주 1) 판석형	각형2단	우주 모각, 1석	각형 2단	옥개받침 5단	노반	
6	용장사지 삼층석탑	9C전반	단층기단 (탱주 1) 판석형	호각형 2단	우주 모각, 1석	각형 2단	옥개받침 4단	-	
7	봉암사 삼층석탑	9C전반	단층기단 (탱주 1) 판석형	호각형 2단	우주 모각, 1석	각형 1단	옥개받침 1~2층:5단 3층:4단 물끊기 홈	완형	
8	표충사 삼층석탑	9C전반	단층기단 (탱주 1) 판석형	각형2단	우주 모각, 1석	각형 2단	옥개받침 4단	노반, 앙화, 보륜	
9	傳강락사지 삼층석탑	9C전반	단층기단 (탱주 1) 판석형	호각형 2단	우주 모각, 1석	각형 2단	옥개받침 5단	-	
10	화달리 삼층석탑	9C전반	단층기단 (탱주 1) 별석형	각형1단	우주 모각, 1석	각형 1단	옥개받침 1~2층:5단 3층:4단	-	
11	해인사 삼층석탑	9C전반	삼중기단 (안상:2:1)	각형2단	우주모각, 1석	각형 2단	옥개받침 4-5-5단	노반, 복발, 보륜	

연번	석탑명	시기	기단부		탑신부			상륜부	비고
			형식	탑신받침	탑신	탑신받침	옥개		
12	부인사 동·서삼층 석탑	9C전반	삼중기단 (-:2:1)	호각형 2단	우주모각, 1석	각형 2단	옥개받침 5단	노반	
13	성주사지 오층석탑	847년 추정	이중기단 (탱주1:1) 판석형	각호각 3단+별석	우주 모각, 1석	각형 1단	옥개받침 4단	노반	
14	성주사지 동삼층석 탑	847년 추정	이중기단 (탱주1:1) 판석형	각호각 3단+별석	우주 모각, 1석 1층 문비	각형 2단	옥개받침 4단		
15	성주사지 중앙삼층 석탑	847년 추정	이중기단 (탱주1:1) 판석형	각호각 3단+별석	우주 모각, 1석 1층 문비	각형 2단	옥개받침 4단 물끊기 홈		
16	성주사지 서삼층석 탑	847년 추정	이중기단 (탱주1:1) 판석형	각호각 3단+별석	우주 모각, 1석 1층 문비	각형 2단	옥개받침 4단 물끊기 홈	노반	
17	동화사 비로암 삼층석탑	863년 추정	이중기단 (탱주1:1) 판석형	굽형 괴임	우주 모각, 1석	각형 2단	옥개받침 4단 물끊기 홈	노반, 복발, 보주	
18	도피안사 삼층석탑	865년 추정	불대좌형	굽형 괴임	우주 모각	각형 1단	옥개받침 호형 1~2층: 4단 3층:3단	노반	
19	취서사 삼층석탑	867년	삼중기단	각호각 3단	우주 모각,	각형 2단	옥개받침 4단	-	
20	주리사지 사자석탑	9C후반	사사자 기단	-	우주 모각	각형 2단	옥개받침 4단		
21	석굴암 삼층석탑	9C후반	팔각형, 원형	각형2단	우주 모각	각형 2단	옥개빈침 3단	노반, 보륜	
22	남산 비파곡 2사지 삼층석탑	9C후반	자연석 기단	별석 각형2단	우주 모각, 1석	각형 2단	옥개받침 4단	노반	
23	지암곡 3사지 삼층석탑	9C후반	자연석 기단	별석 각형2단	우주 모각, 1석	각형 2단	옥개받침 4단	노반	
24	남산 삼릉계 삼층석탑	9C후반	자연석 기단	별석 각형2단	우주 모각, 1석	각형 1단	옥개받침 1~2층:5단 3층:4단	노반	

연번	석탑명	시기	기단부		탑신부			상륜부	비고
			형식	탑신받침	탑신	탑신받침	옥개		
25	경주 황오동 삼층석탑	9C후반	단층기단 (탱주 1) 별석형 (추정)	별석형	우주 모각, 1석	각형 1단	옥개받침 4단		
26	내화리 삼층석탑	9C후반	단층기단 (탱주 1) 판석형	별석형 (추정)	우주 모각, 1석	각형 2단	옥개받침 4단	노반	
27	도천사지 삼층석탑 2기	9C후반	단층기단 (탱주 1) 판석형	별석 각형2단	우주 모각, 1석	각형 1단	옥개받침 1~2층:5단 3층:4단		
28	도천사지 삼층석탑	9C후반	단층기단 (탱주 1) 판석형	각형2단	우주 모각, 1석	각형 2단	옥개받침 1~2층:5단 3층:4단		
29	봉서리 삼층석탑	9C후반	단층기단 (탱주 1) 판석형	별석 각형2단	우주 모각, 1석	각형 2단	옥개받침 5단		
30	우천리 삼층석탑	9C후반	단층기단 (탱주 1) 판석형	각형2단	우주 모각, 1석	각형 2단	옥개받침 4단		
31	하동 탑리 삼층석탑	9C후반	단층기단 (탱주1) 판석형	별석 각형2단	우주 모각, 1석	각형 1단	1층 옥개받침 일부 별석 옥개받침 4단	노반	
32	마석산 삼층석탑	9C후반	단층기단 판석형	각형2단	우주 모각, 1석	각형 2단	옥개받침 4단	-	
33	덕양동 삼층석탑	9C후반	단층기단 판석형	각형2단	우주 모각, 1석	각형 2단	옥개받침 4단	노반	
34	경주 남산 탑곡 삼층석탑	9C후반	단층기단 판석형	별석 각형2단	우주 모각, 1석	각형 1단	옥개받침 3단 귀마루		
35	박곡리 석탑	9C후반	단층기단 판석형	별석 각형2단	우주 모각, 1석	각형 1단	옥개받침 3단		
36	약사사 삼층석탑	9C후반	단층기단 판석형	굽형 괴임	우주 모각, 1석	각형 1단	옥개받침 4단	노반	
37	화엄사 구층암 삼층석탑	9C후반	이중기단 (탱주1:1) 판석형	굽형 괴임	우주 모각, 1석 1층 여래상	각형 1단	옥개받침 4단	노반	

연번	석탑명	시기	기단부		탑신부			상륜부	비고
			형식	탑신받침	탑신	탑신받침	옥개		
38	영암사지 삼층석탑	9C후반	삼중기단 (-:1:1)	각형2단	우주모각, 1석	각형 2단	옥개받침 4단	-	
39	연곡사 삼층석탑	9C후반	삼중기단 (-:1:1)	각형2단	우주모각, 1석	각형 1단	옥개받침 4단	-	
40	홍전리사지 삼층석탑	9C후반	삼중기단 (안상:1:1)	각호각형 3단, 갑석측면 장엄공	우주모각, 1석	각형 2단	옥개받침 4단	-	

이 완전히 정착되고 양식적 완성을 이루는 8세기 중반을 넘어서부터이다. 이와 같은 석탑의 양식적 완성은 오히려 새로운 변화를 추구하게 되었고 그 결과 다양한 양식 변화가 시작될 수 있었던 것으로 생각된다. 불국사 다보탑은 일반형석탑에서 전체가 변형된 석탑으로 파악하였으나, 일반형석탑과 공통된 특성을 찾아보기 어려운 독자적인 양식으로 매우 이례적인 경우이다. 8세기에 다보탑과 같은 특수한 조형이 등장한 것으로 보아 석탑 변화 현상이 일반형석탑에서 점진적 변화가 아닌 파격적인 변화도 가능했던 것으로 생각된다. 이는 8세기 당시 신라문화의 예술적 창작 욕구와 새로운 조형물을 개방적으로 수용했던 사회 분위기의 반영의 결과물로 여겨진다.

8세기 일반형석탑의 변화 현상을 보면 한 가지 유형이 뚜렷하게 유행하는 것이 아니라 다양한 변화가 시도되는 현상을 볼 수 있다. 다보탑과 같은 파격적인 양식도 등장하였지만 전형양식의 기본을 고수하면서 기단부에서는 별석 결구방식, 단층기단이 등장하며 탑신부에서는 별석 초층탑신받침, 팔각형 탑신부 등이 확인된다. 또한 밀첨식 탑신이라는 새로운 양식을 받아들여 신라화하는 현상을 볼 수 있다. 이는 신라사회에서 중국뿐만이 아니라 동남아시아 불교미술의 영향도 있었음을 보여주는 것으로 이국적인 양식을 신라석탑에 적용하여 변화시킨 유일한 사례로 주목된다. 이러한 8세기 변화 양상은 석탑 변화 초기에 다양한 방식을 시도하고자 했던 창작의지로 볼 수 있으며, 다음 시기에 석탑 변화가 더욱 다양해 질 수 있는 경험이 밑바탕으로 작용했다.

9세기는 일반형석탑의 변화가 더욱 다양하게 발전되는 시기이다. 기단부 변화는 사사자기단, 단층기단, 불대좌형 기단, 자연석기단, 삼중기단 등이 나타나며 탑신부 변화는 별석 초층탑신받침, 변형 별석받침, 굽형괴임 형식 등이 나타나고 있어 변화 유형이 더욱 풍부해지는 현상을 볼 수 있다. 이 가운데 9세기에 새로 나타나는 변화 유형은 사사자기단, 불대좌형기단, 자연석기단, 삼중기단, 변형 별석 받침, 굽형괴임 형식 등이며 8세기에 나타났던 변화 유형 중 단층기단, 별석 초층탑신받침만 9세기에 지속되는 것을 볼 수 있다. 이를 통해 볼 때 9세기 석탑의 양식 변화는 이전 시기의 변화 유형을 선택적으로 계승하여 더욱 광범위하게 적용되고 있는 것으로 생각되며 9세기에도 새로운 양식에 대한 수요와 창안이 끊임없이 이어지고 있었던 것을 짐작해 볼 수 있다. 그리고 이러한 9세기 석탑의 변화 현상은 이후 고려석탑의 양식에도 영향을 미친다. 고려석탑 양식에 적용되는 변화 유형을 보면 8세기보다 9세기에 발생한 변화 유형이 대부분 계승되고 있어 결국 통일신라 9세기 석탑이 고려시대 석탑의 양식적 모태가 되었다는 측면에서 중요한 의미가 있다.

V. 모전석탑의
양식과 변천

V

·

모전석탑의 양식과 변천

1. 전축모방형 석탑 양식 특징

1) 양식특징

모전석탑은 분황사 석탑과 탑리리 오층석탑을 시원으로 양식이 정립된 후 독자적인 양식 계보를 형성하며 전개된다. 그러나 전축형 석탑은 기단부가 단층기단, 자연석기단으로 변화하면서 1층 탑신의 감실 규모 및 크기에서 차이가 날 뿐, 모전석을 사용하여 쌓는 축조방식은 고려시대까지도 큰 변화가 없어 양식적 특징이 잘 드러나지 않는다. 반면 전축모방형 석탑은 기단부가 가구식기단, 자연석기단, 괴체석기단으로 변화하며 확연한 양식 변화를 보여주고 있어 통일신라 석탑의 다양한 변화상을 알 수 있는 중요한 자료가 된다. 따라서 본 절에서는 비교적 뚜렷한 양식 특징을 보이는 전축모방형 석탑을 중심으로 기단 형식별로 세부 양식 변화상을 자세히 살펴보고자 한다. 아울러 자연석기단과 괴체석기단 전축모방형 석탑은 입지 변화를 통한 양식 변천 과정에 대해 구체적으로 고찰하고자 한다.

(1) 의성 탑리리 오층석탑

전축모방형 석탑의 가구식기단은 다시 단층기단과 이층기단으로 구분할 수 있다. 단층기단은 탑리리 오층석탑이 최초로 건립된 후 이를 모방한 빙산사지 오층석탑이 해당되는데, 탑리리 오층석탑이 시원이라고 할 수 있다. 탑리리 오층석탑은 분황사 석탑과 함께 시원양식으로 신라석탑의 양식 발달 과정을 규명하기 위해 일찍부터 주목받았다.[358] 탑리리 오층석탑에 대한 가장 큰 쟁점 중의 하나는 과연 이 탑의 원형이 전탑인지 목탑인지 또는 전탑과 목탑의 영향을 동시에 받았는지에 대한 것이다. 지금까지 이에 대해 다양한 견해가 제시되어 왔으며 현재까지도 논의가 진행되고 있다.[359] 필자는 박홍국의 의견

---

[358] 고유섭, 『韓國塔婆의 研究』, 을유문화사, 1948, pp. 49~52; 고유섭, 「朝鮮塔婆의 樣式變遷」, 『東方學志』2, 1955, pp. 223~225; 秦弘燮, 「韓國模塼石塔의 類型」『文化財』3, 1967; 張忠植, 「新羅 模塼石塔考」『新羅文化』1, 1984, pp. 154~155; 천득염, 『백제계석탑 연구』, 전남대학교출판부, 2000, pp. 157~161; 박경식, 「新羅 始原期 石塔에 대한 考察」, 『문화사학』19, 한국문화사학회, 2003, pp. 79~95; 김창호, 「삼국시대 석탑의 선후관계와 의성 탑리 석탑의 창건시기」, 『과기고고연구』제9호, 아주대학교박물관, 2003; 李善喆, 「韓國의 塼塔形 石塔 研究-義城塔里五層石塔을 中心으로-」, 충북대학교 석사논문, 2007; 김지현, 「의성 탑리리 오층석탑에 대한 고찰」, 『불교미술사학』22집, 불교미술사학회, 2016, pp. 7~56. 등
[359] 탑리리 오층석탑의 가장 큰 특징은 목조건축적 요소와 전탑적 요소가 동시에 보인다는 것이다. 이에 대한 탑리리 오층석탑의 양식에 대해 크게 세 가지 견해가 있는데, 첫째, 1층 탑신의 목조건축적 요소는 목탑에서 영향을 받았고, 계단형 옥개석은 전탑에서 영향을 받았다는 견해(고유섭, 위 책, 1948, pp. 50~51; 장충식, 위 논문, p. 154; 진홍섭, 위 논문, 1967 p. 12. 등), 둘째, 목탑과 전탑의 혼합양식이나 模木塔에 가까우며 목조탑형식의 의장요소가 많이 나타나고 있어 백제석탑의 영향이라는 견해(천득염, 『백제계석탑 연구』, 전남대학교출판부, 2000, pp. 158~160.), 넷째, 탑리리 석탑과 유사한 외관을 가진 전탑을 모방했다는 견해(박홍국, 『한국의 전탑연구』, 학연문화사, 1998, pp. 174-175; 국립문화재연구소, 『경상북도의 석탑』VI, 국립문화재연구소, 2012, pp. 125-126.)가 있다.

과 같이 탑리리 오층석탑이 이러한 외관을 가진 전탑을 충실히 모방한 석탑이었을 것이라는 견해에 동의한 바 있다.[360] 가장 최근에도 탑리리 오층석탑이 목탑적 요소가 잘 반영된 전탑의 모습을 모방하였다는 견해[361]가 발표된 바 있다. 그러나 탑리리 오층석탑은 계단형 옥개석의 외형만 모방했을 뿐, 전탑의 구조와는 본질적으로 다르다. 또한 탑리리 오층석탑의 가구식기단은 신라 석탑에서 처음 등장하는 것으로 이후 전형석탑의 가구식기단 발생의 시원적 형태를 보여주고 있다. 따라서 탑리리 오층석탑의 양식 특징에 대해 구체적으로 살펴보고자 한다.

먼저 탑리리 오층석탑의 기단부[362]부터 살펴보면, 가구식 단층기단으로 별석으로 지대석을 놓고 그 위에 면석과 우주, 탱주 역시 모두 별석 24매의 석재를 사용하였다. 우주와 탱주는 위쪽의 너비가 좁고 아래쪽이 약간 넓은 민흘림을 보이고 있는데, 별석을 사용하여 결구하는 방식과 민흘림을 보인다는 점에서 그동안 백제석탑과의 관련성이 꾸준히 언급되어 왔다. 그러나 미륵사지 석탑의 기단은 탱주

---

360 이순영, 「新羅 塼築模倣型 石塔의 특징과 전개과정」, 『미술사학연구』285, 한국미술사학회, 2015. 3, p. 11.

361 김지현, 위 논문, 2016, pp. 7~56.

362 본 연구에서 기단부는 가구식 석조 단층기단만 한정한다. 한편, 탑리리 오층석탑은 단층기단 아래가 높은 토단으로 그 위에 건립되어 있는데, 이 토단이 인위적으로 쌓은 것으로 주변에 자연석을 배치하고 있어 삼국시대 능묘의 호석과 유사성이 있다는 견해(박홍국, 앞 책, p. 172.)와 뚜렷한 토단의 존재는 이 탑이 하층(토단)과 상층(석조기단)의 이중기단 위에 건립된 것처럼 보이게 한다는 견해(국립문화재연구소, 위 보고서, p. 123.), 중국 전탑을 모방한 석탑이라는 전제하에 중국 전탑의 높은 석조기단을 재현하였을 가능성이 있다는 견해(김지현, 위 논문, p. 26.)도 있다. 토단 주변에 대한 조사가 이뤄지지 않은 상태에서 현재의 모습으로 기단 원형을 단정짓기는 어려우나, 주변보다 높은 토단에 탑을 세운 것은 탑 입지 선정과 관련이 있을 것으로 생각된다.

사진 106. 의성 탑리리 오층석탑 기단부 　　사진 107. 의성 탑리리 오층석탑 기단부
(해체수리 시)

없이 면석만으로 결구되어 있어 차이가 있다. 최근 이러한 차이에 주
목하여 사천왕사지 목탑의 전축기단이 형식화되어 가구식 석조기단
으로 발생하였다는 견해가 있다.[363] 그러나 부정할 수 없는 것은 미륵
사지 석탑과 탑리리 오층석탑은 목조건축을 석재로 번안하여 발생한
가구식 결구방식이라는 동일한 축조방식을 사용하였다는 것이다.

　탑리리 오층석탑 기단부 축조방식을 자세히 보면, 기단 지대석 상
면에는 탱주석의 밀림을 방지하기 위해 'T'자형 모양으로 홈을 파서
결구하였고, 탱주석 역시 'T'자형으로 가공하였다. 면석 모서리에 탱
주석이 결구되는 부분도 약간의 홈을 파서 치석하였으며 석재와 석재
의 사이는 'ㄷ'모양의 은장으로 연결하여 고정하였다. 미륵사지 석탑
은 탱주없이 면석만을 결구하였으므로 지대석 상면에는 면석이 밀리
지 않게 'ㅡ'자형으로 홈을 팠는데, 모서리 기둥 부분을 세우는 부분만
약간 더 크게 홈을 파서 '凸'형을 보이고 있다.[364] 따라서 이와 같이

---

363 김지현, 위 논문, pp. 27~30.
364 국립문화재연구소·전라북도, 『미륵사지석탑 해체조사보고서』Ⅲ, 2011, p. 173 〈그
　　림 4-26〉 참조.

사진 108-1. 탑리리 오층석탑 탱주석 배면

사진 108-2. 탑리리 오층석탑 기단면석
이음부 은장 흔적

사진 109-1. 사천왕사 금당지 석조기단

사진 109-2. 사천왕사 금당지 탱주 홈

석재를 'T'자형으로 가공하여 이음부를 맞추는 방식은 미륵사지 석탑
이 시원임을 알 수 있다.

탱주를 별석으로 감입하는 가구식기단 축조방식은 석탑 외에 건축
기단에서도 확인할 수 있는데 사천왕사 금당지를 들 수 있다. 금당지
면석은 2매가 확인되었는데, 탱주석은 확인되지 않았다. 그러나 지대
석 상면에 우주홈과 탱주홈이 남아 있어 탱주를 별석으로 감입한 가
구식 석조기단이었음을 알 수 있다. 우주홈은 각 모서리에 방형으로
조성하고 우주의 촉을 끼우는 방식으로 가운데에 원형 또는 방형 홈
을 두었다. 탱주홈은 장방형과 'T'자형이 확인되는데, 발굴조사 보고
서에서는 탱주홈의 모양이 다른 것은 사용시기의 차이로, 창건 후 오

랜 시간이 흐르지 않은 시점에 중수과정에서 장방형 홈에서 'T'자형
홈으로 변경시켰다고 추정하였는데 동서목탑지 기단에서는 'T'자형
홈이 확인되지 않고 장방형 홈만 확인되기 때문이라고 하였다. 이로
인해 금당지 기단도 목탑지와 같이 녹유신장벽전이 사용된 전축기단
이었을 가능성도 배제할 수 없다고 하였다.[365] 이를 근거로 사천왕사
목탑지의 가구식 전석축기단이 가구식 석조기단으로 전이되었고,
700년경 사천왕사 금당지를 전축기단에서 가구식 석조기단으로 수리
하면서 탑리리 오층석탑에서 나타난 'T'자형 홈을 사용한 것으로 파악
한 견해도 있다.[366] 즉, 사천왕사 목탑지의 가구식 전석축기단 → 탑
리리 오층석탑 가구식 석조기단 → 사천왕사 금당지 가구식 석조기단
으로 기술력이 발전하였다는 것으로 탱주 결구방식이 방형 탱주 →
'T'자형 탱주로 변환되었다는 것을 의미한다. 그러나 'T'자형 결구방식
이 미륵사지석탑에서 가장 먼저 확인된 것으로 보아 'T'자형 탱주 →
방형 탱주 → 면석에 탱주를 모각(예 : 감은사지 석탑)하는 방식으로의 변
화가 기술력의 발전이라는 측면에서 훨씬 자연스러운 전개과정이라
고 생각된다. 또한 700년 경에 중수하였다는 보고서의 연대 역시 절
대연대가 아니므로[367] 이 연대에 얽매일 필요는 없다고 생각된다. 결
국 사천왕사 목탑지의 방형 탱주가 갖는 시기성의 문제인데, 그렇다
면 사천왕사 목탑의 기단방식과 금당의 기단방식은 별개의 것으로 생

---

365 국립경주문화재연구소, 『四天王寺 I 』, 2012, pp. 336~339.

366 김지현, 위 논문, p. 40.

367 이 연대는 금당지 동편 협시불 지대석 하부에서 출토된 목탑의 방사성 탄소연대
    결과이므로 참고사항이지 절대 연도로 볼 수 없다. (국립경주문화재연구소, 위 보
    고서, p. 336.)

각해 볼 수 있다. 즉, 사천왕사 목탑지에서 'T'자형 탱주가 아닌 방형 탱주가 감입되는 것은 녹유신장벽전을 사용하는 전축기단을 안정적으로 구축하기 위해서 자연스럽게 발생한 것으로 생각하면 오히려 쉽게 이해가 된다.

사천왕사 목탑지의 기단 구성을 보면, 우주와 탱주 사이에 당초문전을 쌓아 올렸고, 이 당초문전으로 구획된 공간 안에 녹유신장벽전을 세웠으며, 뒤편으로 기와 또는 전을 쌓아 토압으로부터 보호하는 구조이다.[368] 이 경우 좌우에 세우는 탱주에 턱을 마련하여 감입할 경우, 양 옆에 쌓아 올린 전돌과 맞닿는 부분에 벽돌이 걸리게 되므로 탱주석보다 상대적으로 약한 벽돌은 뒤로 밀리거나 전면의 문양이 훼손된다. 또한 탱주에 턱을 만들지 않으면 탱주석은 뒤쪽으로 돌뿌리가 길게 들어가지 못하게 되므로 탱주석의 이탈이 발생할 수 있다. 따라서 탱주석을 방형으로 만들고 결구를 강화하기 위해 방형의 탱주홈을 파서 올리는 방식을 사용한 것이다. 즉, 사천왕사 목탑지 전석축 기단의 방형 탱주는 기단 구성 재료에 의해 발생한 것으로 생각된다.

이러한 관점은 신라석탑의 전개 과정에서 목탑이 완전히 단절된 이후에 석탑이 발생한 것이 아니라 동 시기에 목탑과 석탑이 공존했으며, 오히려 이 당시에는 가구식 석조기단을 만드는 기술력보다 목탑 건립 기술력이 상당했음을 전제로 한다. 당시 신라는 가구식 결구법을 사용한 석탑에 대한 인식이 있었으나, 조탑술은 없었던 것으로 보인다. 기술의 발전은 시대 흐름을 추월할 수가 없다는 점에서 단기

---

368 국립경주문화재연구소, 위 보고서, pp. 70~71.

간에 쌓을 수 있는 것이 아니며 건축으로 승화되기에는 선진의 기술
자가 직접 도래하든가 아니면 자생적으로 많은 시간이 필요하다[369].
이를 통해 볼 때, 사천왕사 목탑의 전석축기단 방식과 금당의 가구식
석조기단 방식은 출발이 달랐던 것으로 추정된다. 따라서 사천왕사
목탑은 지속적으로 목탑을 조성하던 당시 신라의 최고 기술력을 바탕
으로 건립되었고, 사천왕사 금당은 이와 달리 가구식 석조기단으로
조성하고자 했던 것이다. 이를 위해 탑리리 오층석탑에서 만들어 본
가구식 석조기단의 기술력이 어느 정도 안정적이라는 것이 검증되자
도입한 것으로 볼 수 있다.

이에 대해 탑리리 오층석탑과 사천왕사지에서 'ㅣ'모양의 은장을
사용한 이형석재[370]가 공통으로 나오므로 탑리리 오층석탑에 참여했
던 장인이 사천왕사지 목탑을 만들 때도 관여했다는 견해가 있다.[371]
이처럼 같은 모양의 은장 사용으로 미루어 탑리리 오층석탑에 참여했
던 장인이 사천왕사 목탑에도 참여했다고 한다면, 사천왕사 목탑의
기단에서도 탑리리 오층석탑과 마찬가지로 'T'자형 탱주홈이 동일하
게 발견되어야 한다. 그러므로 사천왕사 금당지에서 'T'자형과 방형의
두 가지 탱주홈이 나오는 것의 선후관계는 탑리리 오층석탑의 'T'자형
탱주석을 사용하는 가구식 석조기단 기술력의 영향으로 'T'자형 홈을
먼저 사용하였고, 이후 금당지 중수 시에는 사천왕사 목탑 기단의 방

---

369 신용철, 「통일신라 석탑 연구」, 동국대학교 박사학위논문, 2006, p. 116.
370 동탑지와 서탑지에서 발견된 것으로 중앙에 직경 46cm의 반원의 구멍이 있고, 마치
옥개받침처럼 3단으로 처리되었으며 두 개의 석재가 연결되는 지점에 은장홈이 남
아 있다. 모양으로 보아 목탑의 노반석으로 추정된다.(김지현, 위 논문, p. 40.)
371 김지현, 위 논문, p. 40.

형의 탱주홈을 사용한 것으로 생각된다.

따라서 'T'자형 탱주를 사용하는 가구식 석조기단은 앞서 언급한 것과 같이 백제 미륵사지 석탑에서 시원을 볼 수 있으며 신라에서는 탑리리 오층석탑에서 가장 먼저 발생하였고 이 기술력은 이후 사천왕사 금당의 기단으로 이어진 것으로 생각된다. 이후 'T'자형 탱주 조성 방식은 682년 감은사지 석탑에서는 면석에 탱주를 모각하는 가구식 석조기단으로 발달한 것이다.[372]

탑신부는 1층 탑신에서 목조건축적 요소가 가장 적극적으로 재현된 것을 볼 수 있다. 초층탑신받침은 각형 1단의 별석형으로 별석 초층탑신받침의 시원형식이다. 우주는 면석의 일부와 함께 만들었는데 남면은 그 사이로 감실을 개설하였고 북면은 양쪽 우주가 일부만 새겨진 부재 안으로 면석을 1면만 결구했다. 측면은 양쪽 우주에 면석을 함께 만들되 면석이 중앙에서 만나서 2분되게 하였다. 이처럼 우주에 면석이 함께 붙어 있는 방식은 우주를 별도로 세운 정림사지 석탑과 비교해보면 보다 발전된 형태로 보인다.[373] 기둥과 면석을 별석으로 조성하던 방식에서 면석에 기둥을 붙여서 만드는 방식은 이후 감은사지 석탑에서 우주와 면석이 한 면을 구성하게끔 완성적인 모습으로 나타나는 것을 볼 때, 탑리리 오층석탑은 과도기적 모습을 보여준다고 생각된다. 4개의 우주는 모두 민흘림을 보이고 있고 그 위로

---

[372] 감은사지 금당지 기단부는 탱주없이 면석만을 결구한 순수 백제기단 형식을 보이고 있어, 682년 감은사 창건무렵까지도 신라식의 탱주를 모각하는 가구식 석조기단이 완전히 정립된 것은 아닌 것으로 보인다.

[373] 신용철, 「新羅石塔의 발생과 成立過程에 대한 고찰」, 『건축역사연구』제19권 4호 통권 71호, 한국건축역사학회, 2010, p. 43.

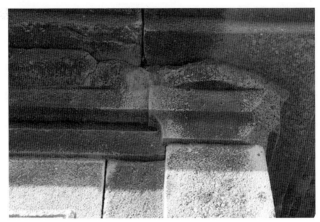

2단으로 된 주두가 조각되어 있는데 우주와는 별석이다. 주두의 하단에는 굽받침이 없으며 안쪽으로 굽은 안허리굽을 표현하였고 주두 사이로는 창방과 평방이 모각되어 있다.

탑리리 오층석탑의 이와 같은 목조건축적 의장은 미륵사지 석탑과 차이가 있는데 초층 탑신의 주두, 신방석의 표현 등은 미륵사지 석탑에서는 나타나지 않는다. 주두는 시대에 따라 약간씩 형식이 변화하는데 삼국시대의 건축부재가 흔치 않지만, 고구려의 고분과 벽화에서부터 확인할 수 있다. 덕흥리 고분 벽화와 쌍영총의 실제 팔각기둥은 하단에 두꺼운 굽받침을 두고 주두는 오목굽 형식을 보이고 있다. 신라의 경우 안압지에서도 굽받침이 없는 오목굽 형태의 목조 주두가 출토되었는데374 굽받침이 있는 고구려의 것과는 차이가 있다. 이처

---

374 문화공보부 문화재관리국,『雁鴨池 發掘調査報告書』, 1978, p. 250.

럼 고려시대 이전까지는 하단을 안쪽으로 둥글게 곡선으로 표현하는 오목굽 형식을 보이는데 조선시대에는 직선으로 사절된 형식이다. 석탑에서 목조건축적 요소 중 주두를 차용한 것은 신라에서 처음 발생한 것으로 주두의 곡선처리나 돌출된 신방석 등은 신라화된 목조건축의 번안 표현으로 생각된다. 이는 미륵사지 석탑의 계단, 초반석, 초석, 내부 공간, 벽선 등 목조건축의 세세한 부분을 번안한 것과 차이를 보이는데, 석탑 규모 변화와도 관련이 있는 것으로 생각된다.

미륵사지 석탑은 1층부터 상층까지 3칸×3칸을 유지하고 있으나, 이후에 조영되는 대부분의 석탑은 1층부터 상층까지 1칸×1칸을 유지한다. 그에 반해 탑리리 오층석탑은 기단은 3칸×3칸, 1층은 1칸×1칸인데, 2층부터 5층은 가운데 탱주로 인하여 2칸×2칸을 보이고 있다. 2층부터 5층은 우주와 탑신 중앙에는 탱주가 1주씩 모각되어 있는데 정도의 차이는 있지만 모두 민흘림을 보이고 있어 목조건축의 번안임을 보여준다. 그러나 실제 목조건물에서 층별로 주칸이 다른 경우는 없으며, 2층 이상에 탱주를 두어 1칸 이상의 주칸을 보이는 신라석탑으로도 이 탑이 유일하다.

사진 111. 미륵사지 서석탑 탑신 주칸   사진 112. 탑리리 오층석탑 2층 탑신 주칸

이러한 특징에 대해 고유섭 역시 '탑 자체에 있어 의사의 불통일이며 실제 목조탑에 있어 있을 수도 없는 약식적 양식'[375]이라고 하여 이 석탑의 목조건축 번안이 실제 목탑과 다름을 지적하고 있다. 그러나 주칸의 차이는 탑리리 오층석탑이 미륵사지 석탑 이후 신라의 시원석탑으로서 전형양식이 정착되기까지의 과도기 현상을 보여주는 특징으로 생각된다. 이는 미륵사지 석탑이 석재로 목구조를 재현하는 과정에서 여러 취약점이 발생하자 정림사지 석탑에서 가구방식의 구조적 결함을 상당부분 보완하여 목구조를 따르면서 석조에 맞는 탑구조로 크게 변형시킨 것을 보아 알 수 있다.[376] 이러한 주칸의 변화로 볼 때 탑리리 오층석탑은 이미 미륵사지 석탑의 구조적인 문제를 알고 있었던 것으로 추정된다. 따라서 주칸의 변화를 통해 여러 구조적인 문제를 해결하고자 했던 것이다. 그리고 전반적인 석탑 규모의 변화는 탑신에 표현할 수 있는 목조건축 요소도 간략해져야 함을 의미하는 것으로 미륵사지 석탑의 구조적인 목조건축 요소와 달리 부재에 조각하여 표현하는 방식으로 주두, 신방석 등의 요소들을 선택하여 번안한 것으로 생각된다.

그렇다면 전체적으로 목조건축의 번안 요소가 강한 탑리리 오층석탑이 어떻게 옥개석 지붕면만 계단형으로 조성했는지 검토할 필요가 있다. 백제에서도 미륵사지 석탑과 정림사지 석탑에서 보듯이 경사진 곡면지붕을 표현하고 있는 것으로 볼 때, 탑리리 오층석탑의 계단형

---

[375] 고유섭, 『韓國塔婆의 硏究』, 을유문화사, 1948, p. 51.
[376] 남시진, 「신라석탑의 시원 고찰」, 『문화재』42호 2권, 2009, p. 162.

옥개석은 필연적인 이유가 있었을 것으로 생각된다. 탑리리 오층석탑의 계단형 옥개석 발생에 대해 전탑의 영향이라는 견해[377]가 우세한 가운데 분황사 석탑의 영향으로 발생하였다는 견해가 있다.[378] 발생적인 측면에서 전탑과 모전석탑의 차이가 있을 뿐, 두 견해 모두 이러한 외관을 보이는 선례를 모방했다는 관점은 동일하다.

분황사 석탑은 전탑과는 별개로 성립된 신라의 독자적인 석탑양식으로 재료에 의해 필연적으로 지붕면이 계단형으로 발생한 것으로 파악하였다. 당시 신라는 분황사 석탑 외에 석탑을 건립한 예가 없다는 점에서 탑리리 오층석탑의 선례작은 분황사 석탑뿐이었을 것이므로[379] 분황사 석탑이 탑리리 오층석탑의 옥개석 형태에 부분적으로 영향을 주었을 것으로 생각되지만 전체적인 발생원인은 아니라고 생각된다. 오히려 이와 같은 외형은 구조적인 측면에서 발생한 부분도 있을 것이다. 왜냐하면 계단형은 어떠한 물체를 일정한 면적 내에서 중첩하여 쌓을 때 구조적 안정성을 위해서 나타나는 보편적인 방식이므로[380], 이 석탑이 앞서 건립된 미륵사지 석탑에서 나타난 여러 구조

---

377 고유섭, 『韓國塔婆의 研究』, 을유문화사, 1948, p. 45; 장충식, 앞 책, 1987, pp. 81~90; 박홍국, 앞 책, 1998, pp. 173~175.

378 정영호, 『한국의 석조미술』, 서울대 출판부, 1998, p. 40~41; 박경식, 「新羅 始原期 石塔에 대한 고찰, 『문화사학』19, 한국문화사학회, 2003. 6, p. 90; 신용철, 「統一新羅 石塔 研究」, 동국대학교 박사학위 논문, 2006, p. 118.

379 이에 대해 박홍국은 분황사 석탑 이전에 경주에서 다수의 전탑이 존재했을 것으로, 이 석탑이 전탑의 모방이라고 주장하였으며, 그러한 전탑을 중국에서 찾았다. (박홍국, 앞 책, 1988, p. 174.) 그러나 분황사 모전석탑보다 앞서 건립된 중국의 전탑과 비교해 보았을 때, 옥개석이 층단형이라는 공통점 외에는 축조 형태가 완전히 다르므로(박경식, 앞 책, 2016, pp. 162~165.) 탑리리 오층석탑이 전탑에서 외형을 모방했을 가능성은 낮은 것으로 생각된다.

380 고유섭, 「朝鮮塔婆의 研究(二)」, 『震檀學報』10, 1939, pp. 75~77.
이러한 방식은 고대에 석성을 쌓을 때, 석재를 약간씩 들여 쌓아 계단형을 보인다

사진 113-1. 탑리리 오층석탑 탑신부   사진 113-2. 탑리리 오층석탑 5층 옥개석
사용 은장

적 취약점을 해결하기 위해 착안한 새로운 시도라고 생각된다.

탑리리 오층석탑을 만드는 장인은 미륵사지 석탑과 같이 목탑양식
을 거의 그대로 재현한 석탑은 이미 구조적으로 결함이 있다는 것을
알고 있었던 것으로 생각되며 이를 해결하기 위해 주칸의 변화를 통
해 규모를 축소시키는 등 미륵사지 석탑과 동일한 양식은 지양했을
것이다. 그러나 규모에 변화를 주었지만 별석을 사용하는 가구식 결
구방식은 여전히 상부의 하중을 분산시키는 구조체를 조성하는 것이
매우 중요했을 것이다. 따라서 안정적인 구조를 유지하기 위한 방법
으로 분황사 석탑의 옥개석과 같은 계단형에 착안하여 옥개석 형태의
변화를 시도했던 것으로 생각된다.

미륵사지 석탑은 각 층을 구성하는 옥개석에서 낙수면을 구성하는
석재는 대부분 뒤 뿌리를 길게 조성해 내부에 놓이는 석재들과 물리
도록 구축하여 부재의 낙하 방지 및 옥개석 상면에 충적된 석재와 맞

거나, 고구려의 태왕릉, 장군총 등 거대한 석재를 쌓아 구조물을 만들 때도 나타나
는 방식으로 특정한 문화에 의한 것보다는 물리학적 원칙에 의해 보편적으로 나타
날 수 있는 방식이다.

물려 인장력을 높이는 방식을 사용하였다.[381] 또한 구조적 문제점을 보완하기 위해 미륵사지 석탑 기단부는 가구식으로, 탑신 내부는 조적식의 이원구조체 방식으로 하중을 분산시키는 방법을 사용하였다.[382]

탑리리 오층석탑도 상부의 하중을 기단으로 전달하기보다는 외부로 분산시키기 위해 탑신 내부를 조적식 방식으로 조성한 것으로 보이며, 이러한 방식을 위해 옥개석을 계단형으로 만들어 조적식 방식의 효과를 낸 것으로 생각된다. 그렇다고 해도 석재는 목재와 달리 휨과 전단력에 대한 저항력이 매우 작아서 횡부재의 석재는 구조적으로 매우 취약하다. 만약 탑리리 오층석탑이 전탑을 모방했다면, 계단형의 층단을 층단별로 분할하여 쌓는 방식이어야 할 것이다. 그러나 탑리리 오층석탑의 옥개석 부재 구성을 보면, 각 층단으로 분할하여 적층하는 것이 아니라 종방향으로 층단의 분할선이 엇물리게끔 하여 석재를 괴체석화하여 결구하는 방식으로 인장력을 높이고 있다. 이는 전반적으로 옥개석 부재 구성을 괴체석화하여 횡부재를 사용하는 가구식 구조의 단점을 보완하기 위한 것으로 생각된다.

지금까지 탑리리 오층석탑의 양식적 특징에 대해 살펴보았다. 신라 시원기 석탑임과 동시에 목조건축적 의장이 적극적으로 번안되어 있으며 신라 최초의 가구식 석조기단이자 전축모방형 석탑의 시원이라는 점에서 중요한 의의를 갖는 것으로 파악하였다. 또한 가구식 기

---

381 박경식, 앞 책, 2016, p. 247.
382 박경식, 앞 책, 2016, pp. 245~252.

단과 1층 탑신부의 목조건축적 요소는 미륵사지 석탑에서 나타나던 취약점을 해결하기 위해 선택과 변화를 준 것으로 생각되므로, 미륵사지 석탑, 즉 백제석탑의 영향을 받았음을 추정해 볼 수 있다. 이는 백제에서 이미 석탑 제작을 경험했던 장인의 직·간접적인 참여에 의한 기술적 영향이 있었던 것으로 생각되는데, 이와 관련하여 의성의 지역적 특성을 살펴볼 필요가 있다.

신라는 527년 흥륜사(興輪寺) 창건383을 시작으로 영흥사(永興寺)(514년~536년), 황룡사(皇龍寺)(553년), 천주사(天柱寺)(6세기 후반~7세기 전반?), 분황사(芬皇寺)(634년), 영묘사(靈廟寺)(635년), 사천왕사(四天王寺)(679년), 망덕사(望德寺)(685년) 등의 사찰이 건립되었다. 분황사 석탑(634년) 건립을 전후하여 감은사 석탑(682년)이 등장하기 전까지는 황룡사, 영묘사, 사천왕사, 망덕사 등 왕경 주변 사찰에서는 주로 목탑 건립이 성행했으며, 7~8세기 무렵 이 일대에 창건되는 사찰에서도 석탑이 건립된 흔적은 확인되지 않는다.384 여러 이유가 있겠으나 당시까지 경주는 목탑이 주류 문화였던 것으로 생각되는데, 사천왕사 목탑 기단에서 당초문전과 녹유신장벽전을 사용한 것으로 보아 그동안 축적되어 온 목탑 건조술이 매우 뛰어났던 것으로 보인다. 그러나 석재를 일일이 가공하여 만든 분황사 석탑을 제작한 경험으로 보아 신라에서도 석재를 다루는 기술력은 어느 정도 갖추고 있었을 것이다. 또한 사천왕사 금당 기단에서 석조기단을 사용한 것으로 보아 가구식 석조기단을 조

---

383 『三國遺事』卷3 興法 第3 原宗興法 厭髑滅身條.
384 이순영, 「新羅 石塔의 展開過程에 있어 建立地域과의 關係」, 『문화사학』43호, 한국문화사학회, 2015. 6, p. 14.

성하고자하는 의사가 없었던 것은 아니지만, 판석형의 석탑 전체를 만들 수 있는 독자적인 기술력을 갖고 있지는 못했던 것이 아닐까 생각된다.

불탑 건립이 점차 목탑에서 석탑으로 전환되어가는 것이 일반적인 건탑문화의 흐름이지만 경주 시내는 우수한 목탑이 이미 다수 만들어져 있던 상황[385]이므로 초기에는 석탑건립에 대한 수요가 많지 않았던 것으로 생각된다. 다만 분황사 석탑은 선덕왕의 즉위와 왕위 보전의 정당성을 위한 정치적 배경[386] 아래 조성된 것으로 특별한 건탑목적이 작용했던 것으로 볼 수 있다. 따라서 이러한 사회 분위기로 인해 경주보다는 지방에서 먼저 판석형의 가구식 석탑이 성립·발전된 것으로 생각된다.[387]

그렇다면 당시 의성은 신라에서 어떤 위치를 차지하고 있었던 지역인지 살펴볼 필요가 있다. 신라는 의성군 금성면 대리리 및 탑리리 일대에 있던 조문국을 복속시킨 이래 그에 대한 통제의 강도를 단계적으로 높여나가다가 궁극적으로 그것을 해체하고 530년대 무렵 추문군(鄒文郡)을 설치하면서 국가의 직접적인 영역으로 편제하였던 것[388]으로 보인다. 또한 진한 소국에 대한 복속을 완료하는 과정에서 서북방면 교통로의 중심지인 조문국을 병합하면서 이들과 경주를 연

---

385 『三國遺事』의 '寺寺星張 塔塔雁行'은 상당수의 고층목탑이 경주 곳곳에 세워져 있었던 것을 보여주는 내용으로 생각된다.

386 박대남, 「사찰구조와 출토유물로 본 芬皇寺 성격 고찰」, 『한국고대탑구』3, 한국고대사탑구학회, 2009. 12, p. 76.

387 이순영, 위 논문, 2015. 6, p. 14.

388 전덕재, 「고대 의성지역의 역사적 변천에 관한 고찰」, 『新羅文化』39, 동국대학교 신라문화연구소, 2012, pp. 8~12.

결하는 교통로 역시 모두 개척되었던 것으로 보인다.[389] 조문국의 중심지인 의성군 금성면은 경주에서 영천 또는 대구를 지나 계립령과 죽령, 그리고 화령에 이르는 루트를 통괄할 수 있는 지역적 조건을 갖춘 곳이다.[390] 따라서 신라에 복속되어 실질적인 지배를 받게 되었어도, 교통의 요충지로서 외래문화의 전파와 확산에 있어 중요한 지역이었을 것으로 생각된다. 또한 최근 금성산 고분군의 발굴조사 결과 금동관모, 은제관식 등의 유물이 출토[391]된 적이 있고 2015년에는 의성 대리리 45호분 발굴조사 결과 출토된 세환이식 1쌍이 천마총 출토품 형식을 보이는데 경주의 것을 모방하여 의성지역의 공방에서 제작한 것으로 추정[392]되는 등 이 지역이 신라에 복속된 이후에도 어느 정도 독자적인 세력을 구축했었을 것으로 보인다. 또한 조문국이 신라에 병합된 후 그 후예들은 신라로부터 거의 반독자적인 세력으로 인정을 받았던 것으로 추정되며 고구려나 백제 등 대외관계에서 자주

---

389 서영일, 『신라 육상 교통로 연구』, 학연문화사, 1999, p. 70.

390 전덕재, 위 논문, p. 18.

391 2015년 금성산 고분군 발굴 당시, 출토된 금동관모, 은제관식이 백제의 금동관과 흡사한 것으로 보인다는 견해가 있었다. (노중국, 「신라와 백제의 교섭과 교류」, 『新羅史學報』33, 新羅史學會, 2015. 4, p. 308.) 이후 간행된 정식 발굴조사 보고서에 따르면, 고고학적으로 본 유적 출토 관모와 유사한 것이 경주지역에서는 출토되지 않아 현재까지 상호 교류를 통해 백제의 관모가 신라로 유입되었을 가능성도 있으나, 본 유적에서 출토된 관모의 제작기법이 백제 관모의 제작기법과 차이를 보여 '백제에서 제작된'이라는 연결은 속단하기 어려울 것으로 보았다. 또한 수리흔적을 통해 자체 제작보다는 중앙 정부에서 사여받아 사용했던 것으로 보고 있다. (성림문화재연구원, 『의성 대리리 고분군-본문-』, 2016, pp. 569~574.) 그러나 본 연구에서 살펴본 바와 같이 탑리리 오층석탑에서 백제석탑의 특징이 분명 보이고 있어 당시 의성지역 세력이 어느 정도 독자적이고 강력한 세력을 구축하고 있었던 것으로 보인다. 따라서 백제와의 교류가 반드시 중앙을 거쳐 유입되었던 것은 아닌 것으로 생각된다.

392 성림문화재연구원, 『의성 대리리 45호분』, 2015, p. 82.

적 교류를 한 것으로 상정해 볼 필요가 있다.[393] 그러나 의성뿐만 아니라 경상북도 북부지역은 고대부터 신라의 선진문화 수입경로와 밀접한 연관이 있다. 이는 일찍이 내물왕때 고구려의 묵호자가 일선군의 모례집에 왔었던 기록과[394] 순흥, 영주, 봉화, 안동, 영양, 선산, 의성 등지에 밀집해 있는 고분과 삼국시대 불교유물 등으로 볼 때 이지역은 일찍부터 선진 문물 수용에 적극적이었던 것으로 생각된다. 이러한 지역적 특성으로 인해 최근 탑리리 오층석탑의 조형에서 고구려적 요소가 간취된다는 견해가 제기되기도 하였다.[395]

분황사 석탑의 전축형 방식과 달리 화강암에 착안한 탑리리 오층석탑을 건립할 때 목조건축의 세부 요소를 구현한 것은 석탑 건립 초기에 나타나는 필연적인 방식이었을 것이다. 그러나 전술한 바와 같이 탑리리 오층석탑에 나타난 목조건축의 번안 요소들은 미륵사지 석탑과 같이 목탑을 직역하는 방식에서 나름의 방식으로 한 단계 진전된 양식을 구현한 것으로 생각된다. 이는 미륵사지 석탑과 같이 목조건축을 최대한 직역한 석탑의 구조적 취약성은 탑리리 오층석탑의 제작 장인에게 많은 시사점을 주었기 때문으로 생각된다. 따라서 탑리리 오층석탑의 제작에 목탑을 석탑으로 직역했을 때 발생하는 문제점을 이미 알고 있던 장인들의 참여가 있었을 것으로 추정되며 아마도

---

393 박광열, 「의성 금성산 고분군 발굴조사 성과와 의의」, 『新羅史學報』32, 新羅史學會, 2014. 12, p. 475.

394 『三國遺事』卷3, 興法 3, 阿道基羅條.

395 김지현, 위 논문, 2016, pp. 41~43.
이 지역이 삼국의 접경에 해당하므로 각국의 문화가 수용될 수 있었을 것으로 생각되나 현재 고구려의 석탑을 확인할 수 없어 고구려의 영향은 단정짓기 어렵다고 생각된다.

당시에 먼저 석탑을 건립한 경험이 있는 백제장인의 참여가 있었을 가능성이 매우 높다고 생각된다. 결국 탑리리 오층석탑에 반영된 목조건축 요소는 석탑 발달 과정에서 필연적으로 변안된 것이며, 석조 가구식 결구방식의 문제점이 개선되었다는 것은 이미 석조 가구식 방식의 구조적 취약점을 알 고 있었다는 것으로 해석할 수 있다. 나아가 탑리리 오층석탑의 석조 가구식 기단, 목조건축 요소 등은 앞서 석탑을 건립한 백제장인의 기술적 영향을 받은 것으로 생각된다.

(2) 구미 죽장사지 오층석탑

탑리리 오층석탑에서 정립된 전축모방형 석탑의 단층 가구식기단은 통일신라 8세기 이후가 되면 전형석탑과 같이 이중기단으로 변화하고 있어 가구식기단의 형식은 일반형석탑의 양식 흐름과 동일하게 변화한다. 단층기단은 탑리리 오층석탑에서 정립된 양식이 크게 벗어나지 않는 형태인 빙산사지 오층석탑 외에는 더 이상 건립되지 않는다. 반면 이중기단의 전축모방형 석탑은 세부 형식이 변화하면서 기단부에 특이한 의장이 나타나거나, 별석 결구방식에서 판석형 결구방식으로 변화하는 등 다양화되는 현상을 볼 수 있다.

먼저 죽장사지 오층석탑을 살펴보면, 상층기단 받침에 원공(圓孔)이 뚫려 있는 특이점이 관찰된다. 남아있는 사진자료를 검토해보면, 상층기단은 이미 무너져서 1910년대부터 내부의 적심석이 드러나 있었다.[396] 1969년 역시 상층기단 적심석이 노출된 상태[397]였고, 1972년

---

396 朝鮮總督府, 『大正六年度古蹟調査報告書』, 1917, p. 149.

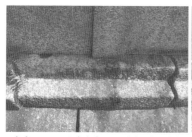

사진 114-1. 죽장사지 오층석탑 상층기단 북면 원공

사진 114-2. 죽장사지 오층석탑 상층기단 원공 세부

사진 115. 죽장사지 오층석탑(1910년대)

복원 공사시에도 같은 모습이다. 즉, 1910년대 이미 죽장사지 오층석탑은 상층기단부의 면석이 훼손되었고, 이후 현재 상태로 복원되었으나 이 과정에서 원공의 특이점은 고려되지 않았다. 그러나 이 원공은 죽장사지 오층석탑의 기단부 원형을 추정할 수 있는 중요한 특징으로 생각되므로 이를 중심으로 기단부 원형에 대해서 검토해보고자 한다.

죽장사지 오층석탑의 기단부 원형을 검토하기 위해 고유섭의 논고398에서 언급한 다음의 내용들을 중심으로 살펴보고자 한다.399

---

397 鄭永鎬, 앞의 논문, 1969, p. 189. 사진 (1), (2) 참조.

398 고유섭의 연구는 당시 철저한 현지조사를 통해 이루어졌다.(박경식, 「고유섭과 탑파연구」『미술사학연구』248, 2005, pp. 49~52.) 죽장사지 석탑이 복원되기 이전의 상황을 직접 답사하고 양식에 대해 구체적으로 서술하였다는 점에서 본 글에서는 고유섭의 논고를 1차 사료로 활용하고자 한다.

399 고유섭의 논고를 내용에 따라 (A)는 상층기단부의 원공 및 원기둥 구조, (B)는 기단부의 탱주, (C)는 특수한 기단부 양식 등 크게 세 부분으로 구분하였다.

(가) "…그런데 죽장사지 오층탑은 우선 (B-1)**기단이 제3기 작품과 공동되는 형식을 갖고 있다. 그러나 이 기단은 탱주의 수효만에서** 그러한 것이요 전체로는 특수한 기단이니 하대 복석이 일반, 제2기나 제3기의 작품들의 그것과 같이 평박 광활한 것이 아니라 상부 경사가 촉급한, 따라서 외모적으론 옥개와도 근사한 것으로 되어 있고, 또 일반 하대 복석에서와 같이 각과 4분의 2 호의 「몰딩」이 있는 것이 아니라 중단의 계단이 있고 (A-1)**그 4모서리(隅)에 원주(圓柱) 공혈(孔穴)이 있어 상대 복석과 사이에 중대석과는 따로이 원주가 4모서리(隅)에 경영되었던 것이 짐작되며** (B-2)**중대석 그것은 전부 헐어져 원상 불명이나 낙산동탑에 견주어 중대석은 그것과 같이 각 면 4개 탱주 조각식의 것이었음이 추측되는** 바이다. 이 (A-2)**기단 4모서리(隅)의 4개 원주가 섰던 양식은 쉽게 그 유례를 가져온다면 저 경주 석굴암 중앙 본존불대좌석의 양식과 유사한 것**이라 하겠으니 그것은 상단 중대석이 팔각원형을 이루고 그 밖에 다시 오각형 보주가 경영된 의사와 의사가 동일한 것이라 할 수 있다. (C)**석탑파 기단에 있어서의 이러한 경영은 현재 이 탑만에서 상정되어 있는 것으로 이것은 특수한 기단**이라 할 수 있다."[400]

(나) "…상층기단은 붕괴하였지만, 이층기단임을 볼 수 있다. (B-3)**하단은 비교적 완존한데, 하단에는 탱주 2주가 있어서 모서리 기둥(隅柱)과 함께 각면의 신부(身部)를 삼간으로 구획하였다. 상단은 붕괴하였지만,** 이 탑을 모방하여 축소시킨 해평면 낙산동의 삼층탑 형식에서 미루어, (B-4)**상단신부도 탱주**

---

400 高裕燮, 앞의 책, 1948, pp. 106~107.

264 통일신라 석조미술사

2주로써 신부를 삼간벽으로 나누었음을 생각게 한다. 하단 갑석은 별석으로서 사면구배는 높고 위에 (A-3)**이단의 단층형 지대가 있는데, 그 상단의 각 모서리에는 원공이 있어서 상단갑석의 아래에도 이것과 상응하는 원공이 있다. 즉 4모서리에 원통형의 별우주(別隅柱)가 섰던 것을 짐작**게 하는 특수한 기단임을 생각게 한다."[401]

먼저 하층기단부에 대해서는 (B-3)부분에서 언급하고 있는데, 하층기단이 비교적 완전하며 우주와 탱주 2주가 있다고 서술하고 있다. 만약 우주와 탱주가 있었다면 현재 하층기단 면석이 여러 부재로 구성된 것으로 보아 별석 상태로 감입되어 있었을 가능성이 높다. 고유섭의 서술대로 죽장사지 석탑의 하층기단에 우주와 탱주가 있었다면 현재의 하층기단 복원 상태는 우주와 탱주가 없는 상태로 수리된 것이다. 그렇다면 고유섭이 답사한 이후 하층기단만 수리했을 가능성과 고유섭의 착오로 우주와 탱주가 있다고 기술하였을 가능성이 생긴다. 그러나 직접 석탑을 답사하고 철저한 고증을 거치는 고유섭이 우주와 탱주를 구분하지 못하여 착오로 서술했을 가능성은 매우 낮다. 그렇다면 현재처럼 면석만으로 조성된 기단부는 1972년 수리되기 이전에 변형이 이루어진 것으로 추정된다. 따라서 (B-3)과 (B-1)의 내용을 본다면 적어도 고유섭이 답사한 시점에는 하층기단에 우주와 탱주가 남아 있었던 것으로 추정할 수 있으며 현재 면석의 형식으로 보아 우

---

401 高裕燮 遺著, 『考古美術資料』14卷(韓國塔婆의 研究 各論草稿), 考古美術同人會, 1967, pp. 128~129.

주와 탱주는 별석이었을 가능성이 높다.

　상층기단부는 (B-2)내용을 보면 고유섭 역시 상층기단이 무너져 있는 상태를 보았으며, 이 역시 낙산리 삼층석탑과 비교하여 면석에 탱주가 조각되어 있었을 것으로 추측하였다. 그러나 현재 상층기단의 구 면석부재들이 별석으로 조성되어 있는 것으로 보아 만약 우주와 탱주가 있었다면 별석 형태로 감입되었을 것이다. 앞서 장충식은 상층기단의 우주와 탱주가 별석으로 감입된 형식은 잘못된 복원이라고 지적하고, 이는 하층기단부에 우주와 탱주가 없는 형식에 따라 상층기단 역시 마찬가지였을 것이라 하였다. 그러나 검토한 바와 같이 하층기단부에도 우주와 탱주가 있었을 가능성을 배제할 수 없고, 장충식의 견해대로 상하층 기단의 형식이 다를 수 없다고 한다면, 오히려 상층기단 역시 별석의 우주·탱주가 있었을 가능성이 높다.

　다만 고유섭은 하층기단의 탱주가 2주이고 상층기단 역시 2주의 탱주가 있었을 것으로 추정하였다. 죽장사지 오층석탑의 크기와 상하층 기단의 규모와 비례를 고려한다면, 하층기단에 3주의 탱주가 있었을 가능성이 높다고 생각된다. 이는 낙산리 삼층석탑의 하층기단 탱주가 3주인 것이 참고가 되는데, 낙산리 삼층석탑은 죽장사지 오층석탑보다 후대에 건립된 것으로 추정되므로 죽장사지 오층석탑이 낙산리 삼층석탑보다 탱주 수가 적을 수 없다고 판단되기 때문이다. 이와 같은 근거로 죽장사지 오층석탑 하층기단 탱주가 3주라고 추정한다면, 현재 죽장사지 오층석탑 상층기단의 탱주가 3주로 복원된 것도 의문이 생긴다. 신라의 이중기단 석탑 중에 상층기단에 탱주가 3주인 경우는 없다. 만약 상층기단에 탱주가 3주라면, 하층기단에는 탱주가

4주 또는 3주가 들어가야 하는데, 현재까지 이런 형식을 보이는 신라 석탑은 확인되지 않는다. 따라서 죽장사지 오층석탑의 기단부는 낙산리 삼층석탑을 참고한다면, 하층기단은 3주, 상층기단은 2주의 탱주가 들어가는 이중기단이었을 것으로 여겨진다.

상층기단과 관련하여 주목되는 또 다른 내용이 (A-1, 2, 3)부분이다. 각형 2단의 상층기단 받침 상면의 네 모서리에 원형의 구멍이 있어 중대석과 분리되어 별도의 원주가 결구되어 있다는 것인데, 고유섭의 언급 이후 죽장사지 오층석탑에 대한 논고에서는 이 원공에 대한 설명은 누락되어 그다지 주목되지 않았다.[402] 현재 상층기단받침 위로 면석이 올려져 있어 모든 원공을 확인하기 힘드나, 상층기단 북면 기단받침에서 원공이 노출되어 있다. 이 원공은 지름 약 12cm, 깊이 약 5cm 크기로 고유섭이 확인한 그것이 틀림없다고 생각된다. 현재 노출된 것은 북면의 한 개이지만, 남면의 좌측 모서리 부분과 동면의 기단받침에서도 원공으로 보이는 흔적이 확인[403]되고 있어 고유섭

---

[402] 죽장사지 오층석탑의 기단부 원형에 대한 기존 연구자들의 견해를 살펴보면 다음과 같다.

연구자	견 해
고유섭	별석의 가구식기단, 상하층기단 탱주 2:2, **상층기단 원공 확인, 바깥 원기둥 추정**
정영호	하층기단과 비슷한 방식을 따랐을 것으로 추정**(원공에 대한 서술 없음)**
진홍섭	상층기단이 붕괴되어 단층기단같이 보임**(원공에 대한 서술 없음)**
장충식	상하층기단 우주와 탱주 생략되어 면석으로만 결구되었을 것으로 추정 **(원공에 대한 서술 없음)**

[403] 상층기단 면석이 올려져 있어 육안으로는 원공의 유무가 잘 확인되지 않지만, 실측조사보고서에서도 원공이 가공되어 있다고 하였다. (구미시, 『善山 竹杖洞 五層石塔 實測調查報告書』, 2004, p. 56.)

의 언급대로 상층기단 면석 바깥을 둘러서 원기둥이 별석으로 세워져 있었던 것으로 추정된다.

이와 같은 기단부 원형에 대한 검토를 바탕으로 현재의 복원상태를 면밀히 살펴본 결과, 현재 상태 및 장충식의 복원안404과는 다른 새로운 기단부 복원안을 다음과 같이 제시하고자 한다. 죽장사지 오층석탑은 상하층 기단이 별석의 우주와 탱주가 감입되는 가구식기단으로 탱주 수는 하층기단은 3주, 상층기단에는 2주로 전형석탑과 동일한 규모로 생각된다. 특히 상층기단부는 네 모서리 및 면석부 바깥으로 원기둥을 별석으로 세우는 매우 특이한 기단형식으로 추정된다. 현재 상층기단받침의 상면 폭이 약 15cm정도이므로 원기둥을 두르면 최소 15cm정도 안쪽으로 면석이 세워졌을 것으로 생각된다. 이러한 기단부 복원안은 고유섭이 (A-2)부분에서 경주 석굴암 본존불 대좌의 양식과 유사하여 동일한 의사라고 한 것과 일치한다. 이와 같은 기단부 구조는 다른 신라석탑에서는 볼 수 없는 공간감과 입체감을 주는 형식으로 죽장사지 오층석탑이 전축모방형 석탑으로서 뿐만 아니라 통일신라 일반형석탑에서도 볼 수 없는 특수한 기단 형식이라는 점에서 통일신라 석탑의 다양한 변화상을 나타내주는 중요 사례로 생각된

---

404 장충식은 하층기단이 우주와 탱주가 없는 상태인 것을 근거로 1972년 상층기단의 복원 공사에서 우주와 탱주를 복원한 것이 잘못된 점이라고 지적하였다. 우선 복원 공사 당시 관련 기록을 찾을 수가 없고, 신라 석탑의 결구방식이 이와 같은 별주의 삽입이 아니고 기단 면석이나 탑신부에 붙여서 모각되는 것이 원칙으로 되어 있어 현재의 복원안이 양식 수법상 근거가 결여된 것이라고 하였다. 또한 모전석탑의 경우 우주와 탱주가 없는 것이 일반적 형식이라 하여 상층기단 역시 하층기단처럼 우주와 탱주가 없는 형식으로 복원안을 제시하였다. (張忠植, 앞 논문, 2002, pp. 22~26.)

다.

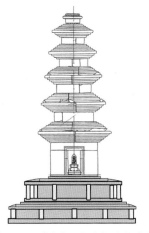

삽도 7. 죽장사지 오층석탑 필자 복원안

이와 같은 죽장사지 오층석탑의 특이한 기단형식의 조형 연원을 검토하기 위해서는 당시 목조건축을 확인해 볼 필요가 있다. 일본 호류지에 남아 있는 5층 목탑은 7세기의 목탑 양식을 그대로 보여주는 현존 가장 오래된 목조건축으로 내부에 기둥을 세워 외벽과 분리된 공간을 조성하였다. 즉, 7세기에 건립된 목조건축에서도 공간을 구분하는 의사가 보이고 있다는 점이 주목된다. 이러한 이중 구조는 고대 불전에서도 '내외진(內外陣) 이중 평면' 형식으로 등장하고 있다.405 고대 불전 가운데 내진부(속칸)와 외진부(겉칸)를 구분하는 양식으로 황룡사지 중앙 금당406, 합천 영암사지 금당407, 포항 법광사지 금당408 등이 확인된다. 그러나 이러한 내외진 기둥 구조는 건물 내부 공간의 구성으로 겉으로는 드러나지 않는

---

405 이강근은 佛殿의 평면 형식을 3가지 형식으로 분류하였는데 첫째는 직사각형의 평면으로 내부에 內陣柱를 배열하기는 하되 내진주 사이에 벽체를 가설함 없이 內陣과 外陣 사이가 개방되도록 만든 單室 형식, 두 번째는 뒤쪽에는 불상을 봉안하기 위한 後室(혹은 主室)을, 그 앞쪽에는 사람이 예불을 드리기 위하여 드나드는 前室을 만들어 하나의 평면 구조 속에 배치하는 前後 二室 형식이고 세 번째는 내진부(속칸)와 외진부(겉칸)를 벽체로 구분한 형식 즉, 내진주 사이에 벽체를 둘러 불상 봉안부를 폐쇄적 龕室로 조성한 형식으로 內外陣 二重 平面 형식이다(李康根, 「韓國 古代 佛殿建築의 莊嚴法式에 관한 연구」『美術史學』12, 1998, p. 66.).

406 문화재관리국 문화재연구소, 『皇龍寺』-유적발굴조사보고서 I-, 1984.

407 동아대학교박물관, 『陜川 靈巖寺址 I』-古蹟調査報告書 11册-, 1985.

408 경주문화재연구소, 『年報』, 1992, pp. 114~146.

다. 이와 다르게 주목되는 것이 목조건물 외부에 조성되는 차양칸 기둥이다. 앞서 살펴본 호류지 5층 목탑, 황룡사지 금당409을 비롯하여 경주 사천왕사지 금당410, 부여 정림사지 금당411 등에서는 건물 외부에 차양칸을 두었던 것이 확인된다. 차양칸은 외부에 별도의 기둥을 세워 건물 주위에 공간을 두는 것으로 건물 본체에는 구조적인 영향을 끼치지 않는다.412

죽장사지 오층석탑이 과거 기단부 면석이 훼손되어 내부 적심이 노출되었어도 무너지지 않았던 원인은 탑리리 오층석탑과 같이 이원구조체 공법을 적용했기 때문이다. 따라서 상층기단 면석 바깥에 세워진 원기둥은 석탑의 하중을 직접적으로 지탱하는 역할은 하지 않았을 것으로 생각된다. 오히려 이원구조체 공법이 사용되었기 때문에 기단 외부에 별도의 기둥을 세우는 구조가 가능했던 것으로 보인다. 위에서 목조건축에서도 차양칸 기둥이 건물 본체에 구조적으로 영향을 끼치지 않는 구조라는 것과 같은 맥락으로 볼 때, 죽장사지 오층석탑 상층기단 외부에 세워진 별도의 기둥은 의장적 성격이 강한 것으로 생각된다.

고대의 목조건축에서 외부에 기둥을 세워 별도의 공간을 조성하는 구조가 이미 등장하고 있으므로 목조건축을 충실히 번안한 조형물인

---

409 문화재관리국 문화재연구소, 『皇龍寺』-유적발굴조사보고서 I -, 1984, pp. 51~53.
410 국립경주문화재연구소, 『四天王寺 I 金堂址 발굴조사보고서』, 2012, p. 105.
411 윤무병, 『定林寺址發掘報告書』, 충남대학교 박물관, 1981; 국립부여문화재연구소, 『부여 정림사지』, 2011, p. 50.
412 임남수, 「고대 한국 佛殿의 기능과 형식」, 『美術史學』25, 한국미술사교육학회, 2011, p. 313.

석탑 역시 외진기둥을 세우거나 차양칸을 부속시킨 목조건물을 모델로 하여 번안되었을 가능성이 충분히 있다고 생각된다. 따라서 죽장사지 오층석탑의 상층기단부는 실제 목조건축에서 공간을 분리하기 위해 구성한 외진기둥 또는 차양칸 기둥의 번안 결과일 것이다.

구조적으로 외진기둥은 목조건축의 실내공간을 구성하고 있고, 차양칸 기둥은 기단 바깥에 조성된다. 죽장사지 오층석탑의 경우 상층기단에서 외부 기둥이 나타나고 있어 기단부의 개념이 강하므로 외진기둥보다는 차양칸 기둥에 좀 더 가까운 것으로 생각된다. 차양칸 기둥은 상층기단 위에 건물을 세우고 하층기단에 기둥을 세워 차양칸이 설치되므로 차양칸 기둥 안쪽에 기단의 면석부가 조성된다. 반면 죽장사지 오층석탑은 상층기단부에만 외부 기둥이 표현되어 있어 차이가 있다. 그러나 사천왕사 금당지에서 차양칸 초석 한 면을 가공하여 상층기단에 바짝 붙여 놓은 것이 확인되는데 차양칸의 너비가 좁아지고 상층기단과 차양칸 기둥이 인접되는 구조를 보이고 있는 점을 볼 수 있다. 이를 통해 본다면 차양칸 기둥이 기단부쪽으로 인접되는 구조가 없지 않았던 것으로 생각되며, 이러한 구조가 죽장사지 오층석탑에서는 상층기단으로 외부기둥이 옮겨진 것으로 추정된다.

건축물의 내외진 구조와 차양칸 구조가 등장하게 된 것이 불교의 발전과 더불어 부처에 대한 의례공간의 필요에 따라 생겨난 것[413]이라는 점에서 건축물에서 공간은 매우 중요하다. 불탑의 기단 역시 부

---

[413] 황룡사 중금당지 내부에서는 전돌이 발견되지 않고 차양칸의 동서남북 사방에서 전돌이 발견된 것으로 볼 때, 차양칸이 내부 불상을 예배하기 위한 의례공간으로 사용된 것으로 보인다(임남수, 앞 논문, pp. 312~314.).

처의 사리를 모신 탑신을 받치고 있는 중요한 공간이다. 따라서 죽장사지 오층석탑의 1층에 사리를 모시는 감실을 조성한 것과 이를 직접 받치는 상층기단에 이중으로 기둥을 둘렀다는 것은 공간에 대한 중요성을 인식하고 있었던 것으로 생각되므로, 죽장사지 오층석탑에서 이중으로 기둥을 세워 공간감을 표현하는 구조가 나타났다는 것은 시사하는 바가 크다.

목조건물 외에도 이중으로 공간을 구성하여 공간감과 입체감을 주는 사례는 동 시기 다른 불교미술에서도 찾아볼 수 있다. 대표적으로 고유섭이 언급한 석굴암 본존불 대좌를 들 수 있다. 석굴암 본존불 대좌의 전체 평면은 원형이며 중대석의 내부는 팔각형으로 모서리마다 우주를 모각하였고, 바깥쪽으로 중대석의 모서리에 맞춰 오각형 석주가 세워져 있다. 이 오각형 석주는 팔각형 중대석의 모서리 우주를 별주로 분리해 내었을 때의 형태로, 중대석과 일체감을 주기 위해 채택된 형식인 것으로 생각된다. 이러한 형식은 석굴암 본존불 외에 경주 안계리 석조석가여래좌상 대좌에서도 확인되고 있어 당시 신라에서 이와 같은 구조에 대한 인식이 이미 있었던 것으로 확인된다.[414]

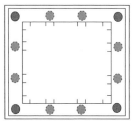

삽도 8. 죽장사지 오층석탑 상층 기단 평면 추정 모식도 (필자 작성)

---

414 이러한 이중기둥 대좌 형식은 6세기 후반 북제 석조불좌상에서 이미 찾아볼 수 있다. 이 불좌상 중대의 八方에는 여덟 개의 기둥을 세웠는데, 내부의 팔각기둥과 함께 입체적으로 조형되었다. 원통형 기둥의 팔방에 각각 隅柱를 세워 입체적으로 표현한 대좌는 석굴암 본존의 대좌와 동일한 형식이며, 이를 통해서도 석굴암 본존 대좌가 8세기 중엽 중국 대좌와 관련 아래 형성되었음을 짐작해 볼 수 있다(임영

사진 116. 석굴암 본존불 대좌   사진 117. 불국사 다보탑 2·3층 탑신부

석탑에서는 이중으로 구성된 공간을 입체적으로 표현한 예가 드문데 다보탑에서 이러한 조형의사를 극명하게 볼 수 있다. 다보탑이야말로 일반형석탑과 비교하면 목조건축의 공간을 구조적·상징적으로 충실히 재현한 석탑이다. 기단 위 네 모서리에 우주를 세우고 내부에 심주석을 노출하는 구조는 벽체가 없어도 공간성을 입체적으로 보여주고 있다. 그 위로 방형 옥개석 상층의 탑신부를 보면, 바깥은 평면 방형의 난간으로 둘러져있고 내부에 팔각형의 탑신석이 있으며, 탑신석 바깥으로 위와 아래부분이 넓고 가운데가 좁은 모양의 기둥이 둘러져 있다. 이 기둥들에 대해 공간적 거리를 두고 안상을 표현한 특수한 경우로 보기도 하지만[415], 이 역시 내부와 바깥을 분리하여 공간감과 입체감을 보이는 조형의사는 같은 맥락으로 생각된다. 그리고 3층 탑신부 역시 팔각형의 난간 안쪽으로 팔각형 탑신과 그 바깥으로 죽절형의 기둥이 분리되어 조성된 구조로, 이 역시 동일한 조형의사

애, 앞 논문, p. 286.).

[415] 이러한 안상형에 대해 '平頂形' 안상으로 분류하기도 한다(진홍섭, 「韓國의 眼象文樣」『東洋學』4, 1974, p. 263.).

로 생각된다.

한편, 감은사지 삼층석탑 출토 사리장엄구에서도 이중 공간의 조형의사를 찾아볼 수 있다. 감은사지 동탑과 서탑에서 출토된 사리기는 방형의 기단을 갖추고 그 위에 사리를 모시는 구조이다. 그런데 기단부를 보면 복련으로 장식된 하대부분 위로 기단면 바깥을 안상형으로 투조하여 내부와 분리시켜 완전히 공간을 두고 그 안쪽의 내면에는 천인상이 돋을새김으로 조각되어 있다. 이러한 기단부 조형은 내부의 조각을 장엄하려는 의도로 바깥의 안상을 입체적으로 표현한 것으로 보이지만 몸체와 바깥을 구분하여 분리된 공간을 조성한 구성 역시 동일한 조형의사로 생각된다.

이와 같은 사례로 볼 때, 죽장사지 오층석탑 상층기단의 외부기둥은 기본적으로 외부 차양칸이 부설된 목조건축을 재현한 것이면서 기단과 탑신에 대한 중요성을 표현하기 위해 의도적으로 공간감과 입체감을 나타낸 특이한 조형으로 볼 수 있다. 또한 불상대좌, 사리장엄, 석탑 등 다양한 불교미술에서 동일한 조형의사가 확인되고 있어 동시기 조형물 간에 양식 및 조형이 내포하는 의미가 공유되고 있었던 것으로 생각된다.

(3) 구미 낙산리 삼층석탑

죽장사지 오층석탑의 인근에 위치한 낙산리 삼층석탑은 이중 가구식기단을 갖추고 있어 죽장사지 오층석탑과 중요한 비교 대상이 되어 왔다. 그러나 낙산리 삼층석탑은 전체적으로 죽장사지 오층석탑과 비슷한 양식을 보이고 있으나 기단부 결구방식이 판석형이라는 점에서 가장 큰 차이를 보이고 있다. 두 석탑의 양식을 비교하면 〈표 14〉와 같다.

〈표 14〉 죽장사지 오층석탑과 낙산리 삼층석탑 양식 비교

석 탑 명	공통점			차이점		
	기단부	1층 탑신	옥개석	기단부	1층 탑신	옥개석
죽장사지 오층석탑	가구식 2층 기단	감실 / 감실 안쪽 지도리구멍	계단형 옥개석	우주, 탱주 별석, 각형 2단 기단받침	각형 2단 별석 탑신받침, 감실 문틀표현 (굵은 돋을대 +호각형)	낙수홈, 상층으로 갈수록 부재 감소
낙산리 삼층석탑				우주, 탱주 면석에 모각(판석형), 호각형 2단 기단받침	호각형 2단 탑신받침 (탑신받침 외부 노출), 감실 문틀 표현(돋을대 생략)	낙수홈X, 층수에 따른 결구방식의 규칙성 없음

낙산리 삼층석탑은 상하층 기단의 탱주수가 2:3으로 조성되어 있는데, 상층기단의 서쪽면에서만 탱주 1주를 보수공사시 신재로 감입하였을 뿐[416], 전체적으로는 면석에 우주와 탱주를 같이 모각하여 부재를 줄이는 방식을 보이고 있다. 그러나 면석에 우주와 탱주를 모각한 방식이 우주+면석+탱주, 탱주+면석+탱주, 면석+탱주 등 규칙성은

---

[416] 감입된 탱주석은 원래 부재는 아니고 보수공사 시 새로 조성하여 감입한 것이다. 전체적으로 기단부 부재가 면석에 탱주와 우주가 모각되는 방식으로 이 부분만 별석으로 조성되어 있어 특이한데, 신재로 복원되어 있어 원형을 단정짓기 힘들다. 원래부터 별석의 탱주가 감입되었을 경우와 다른 부재처럼 원래는 탱주가 면석에 모각되어 있었지만 훼손되어 후대에 별석으로 보수되었을 경우 모두 가능성이 있다.

사진 118. 낙산리 삼층석탑 탑신부　　사진 119. 죽장사지 오층석탑 탑신부

보이지 않는다. 상하층기단 탱주수가 2:3을 보이는 석탑은 감은사지 삼층석탑, 고선사지 삼층석탑 등 주로 전형기 석탑에서 확인된다. 그러나 이들은 모서리에 귀틀석을 사용하고 탱주 1주와 면석 한 칸을 함께 조성하는 등 부재 구성에 규칙성을 보이고 있어 낙산리 삼층석탑과는 차이가 있다.

이와 함께 주목되는 특징은 낙산리 삼층석탑의 상층기단 갑석과 초층탑신받침의 조성방식이다. 상층기단 갑석은 4매의 부재로 1층 탑신의 하부를 감싸듯이 결구되어 있는데 탑신석 하부가 갑석 안쪽으로 30cm 이상 깊게 끼워져 있어 1층 감실의 문지방석까지 바깥에서 보이지 않는다. 이러한 결구방식으로 인해 탑신석은 탑신받침 위에 올려져 있는 것이 아니라 갑석 속에 묻힌 형태가 된다. 이처럼 갑석이 탑신 주위를 에워싸듯이 결구하는 방식은 별석으로 초층 탑신받침을 조성하는 경우에 나타난다. 그러나 낙산리 삼층석탑은 별석 탑신받침이 아니라 갑석 상면에 2단 받침이 조출되어 있어 차이가 있다. 또한 탑신받침은 원래 탑신석을 올려놓으면 안쪽 부분은 보이지 않는데, 낙산리 삼층석탑은 거칠게 치석한 상태 그대로 노출되어 있어, 원래

사진 120. 낙산리 삼층석탑 1층 탑신부　　사진 121. 죽장사지 오층석탑 1층 탑신부

부터 이렇게 조성되었는지 의문이 든다. 받침이란 어떠한 조형물을 구성하는 구조체의 지지하는 아래쪽에 조성되는 부분으로 필수적으로 상부의 구조를 받는 역할을 한다. 그러나 낙산리 삼층석탑은 탑신 하부가 갑석 안쪽으로 파묻혀있고, 탑신받침은 탑신을 받치는 기능적인 역할을 하지 않을 뿐만 아니라 외부로 거친 치석 상태가 노출되어 있어 다른 석탑에서도 찾아보기 힘든 모습을 하고 있다.

감실은 목조건축의 내부공간을 재현한 것으로 감실을 조성한 석탑 중 감실 하부를 의도적으로 보이지 않게 조성한 경우는 없다. 낙산리 삼층석탑은 하단에 문지도리구멍이 남아 있어 실제 문짝을 달았던 것으로 추정되는데 하부가 갑석 아래로 파묻혀 있어 이 상태로는 실제 문짝을 달아 사용할 수 없는 구조가 된다. 또한 탑신이 상층 갑석에 30cm 이상 깊게 끼워져 있어 부재 간 이음부가 밀리지 않게 하기 위한 의도로 보기는 힘들다. 따라서 이러한 갑석과 탑신받침 결구방식은 최초 건립 시에 특별한 의도를 갖고 조성하였거나 후대에 보수되었을 가능성이 높다. 그러나 최초부터 특별한 의도성을 갖고 조성되었다면 현재처럼 감실과 탑신받침이 제 역할을 할 수 없는 구조가 선

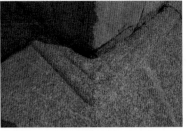

사진 122-1. 낙산리 삼층석탑 감실 문지방석 사진 122-2. 낙산리 삼층석탑 갑석과 탑신부
결구 현황

뜻 이해되지 않는다. 이를 종합적으로 유추해보면 이러한 현상은 탑
건립 이후 어느 시점에 보수가 있었던 것으로 보는 것이 합리적일 것
이다.

양식적으로 낙산리 삼층석탑이 죽장사지 오층석탑보다 후대에 건
립된 것에는 이견이 없다. 최초에는 죽장사지 오층석탑과 같이 상하
층 탱주가 2:3의 별석을 사용하는 가구식기단이었을 가능성이 높은
것으로 생각된다. 이후 어느 시점에 기단 면석이 훼손되었으나 외벽
만 탈락되어 석탑 전체가 무너지지 않았고, 이에 기단부를 보수할 당
시에 신라석탑은 판석형 결구방식이 주류를 이루었던 시기로 생각된
다.[417] 갑석 상면은 경사형으로 모서리에는 미세한 합각선이 남아 있
고 탑신받침은 호각형 2단으로 조출되어 있는데 이 역시 당시 주류의
형식을 따른 것으로 생각된다. 신라석탑의 초층 탑신받침은 각형 2단
이 기본형식으로 호각형 2단 탑신받침 형식은 경주 남산 용장사지 삼

---

[417] 상층기단 면석이 남쪽면 1석, 북쪽면 2석, 동쪽과 서쪽면 3석으로 결구되어 4면
모두 기본적으로 우주와 탱주를 모각하는 방식을 따랐으나 서쪽면의 별석 탱주 1
주를 감입하는 방식이 기존의 별석 결구방식을 고수했던 흔적일 가능성이 있다.

층석탑, 안동 평화동 삼층석탑, 전(傳) 구미 강락사지 삼층석탑(현 위치
:직지사 청풍료 앞) 등 9세기 전기 이후 나타나는 탑신받침의 변화 형식
이다.

따라서 낙산리 삼층석탑의 기단은 최초에는 별석의 가구식기단으
로 상하층 기단 탱주는 2:3 형식이었을 것으로 생각되며 건립 이후
어느 시점에 훼손이 발생하여 보수가 이뤄져 현재의 상태로 변형된
것으로 추정된다. 크기의 차이는 있지만 죽장사지 오층석탑을 비교적
충실히 모방한 것으로 볼 때, 최초 건립시기의 차이는 크지 않을 것으
로 생각된다. 기단부의 상하층 탱주 형식을 2:3으로 유지하고 있는
것으로 보아 기단부의 훼손과 보수도 최초 건립 시점과 차이가 크지
않을 것으로 생각된다. 판석형의 결구방식과 호각형 2단의 초층 탑신
받침이 조출된 것으로 볼 때, 보수 시점은 9세기 전기로 추정된다.

(4) 상주 낙상동사지 석탑

전축모방형 석탑으로 알려진 상주 낙상동사지[418] 석탑은 발견 당시

---

[418] 경북 상주시 낙상동 산95번지 일대에 위치하고 있는데, 정확한 寺名은 알려지지
않았다. 임진왜란 때 활약한 鄭起龍 장군을 모신 忠毅祠에서 서쪽으로 난 성문지
골을 따라가다 성문지고개를 넘어 농로로 500m 가량 오르면 협곡사이에 있는 과
수원 일대가 사지로 추정되는 곳이다. (한국문화재보호재단·한국도로공사, 『尙州洛
上洞寺址·推定 安賓院址』, 2000, p. 3.) 이 낙상동사지의 석탑재는 1982년 4월에
발견되었고, 1985년 8월에 경상북도 문화재자료 제127호로 지정되었다. 이후
1988년 상주시에 의해 정비·복원을 목적으로 탑지와 석탑재에 대한 시굴조사가 실
시되었다. (상주시, 『洛上洞廢塔 試掘調査報告書』, 1988.) 1995년에는 상주시의 학
술조사 의뢰로 고대 사벌국관련 문화유적 지표조사에서도 낙상동사지에 대한 보고
가 있었다. (상주시·상주산업대학교부설 상주문화연구소, 『古代沙伐國 關聯 文化遺
蹟 地表調査報告書』, 1996, pp. 318~324.) 1999년에는 중부내륙고속도로 건설공
사로 인하여 발굴조사가 실시되었는데, 절터의 중심사역으로 추정되는 부분은 고
속도로 건설구간의 노선 밖에 위치하여 발굴조사를 실시하지 못하였고, 탑 기단의

부터 폐탑으로 쓰러져 있어서 그동안 주목받지 못했다. 그러나 발굴 조사 보고서에서 평면 형태가 정방형에 가까운 거대한 적심석이 확인 된다는 점으로 볼 때,419 가구식기단을 갖춘 큰 규모의 석탑이었을 가 능성이 크다.

상주박물관 야외에 전시된 낙상동사지 석탑 부재 23매420를 통해 석탑에 대한 기본정보 확인도 가능하다. 23매의 부재 중 계단형 옥개 석으로 추정되는 부재가 11점, 탑신부로 추정되는 부재가 3점, 기타 부재 9점으로 구분할 수 있다. 용도를 알 수 없거나 양식 특징을 살피 기 어려운 소형 부재를 제외하고 주요 부재 위주로 17점을 선별하여 현황과 특징을 정리하면 다음 〈표 15〉와 같다.421

적심석을 중심으로 탑재 수습조사의 성격이 강하였다. (한국문화재보호재단·한국도 로공사, 앞 책, p. 10.) 시굴조사 및 발굴조사에서 출토된 유물로는 사격자문, 세선 문, 태선문 등이 시문된 암키와와 수키와가 주로 출토되었는데, 문양과 내면의 정 연한 마포흔, 태토와 분할방법 등으로 미루어 통일신라시대에 제작된 것으로 추정 된다. (한국문화재보호재단·한국도로공사, 앞 책, p. 51.)

419 주변에 깔린 부석을 포함한 적심석의 규모는 바깥쪽의 남북길이가 690cm, 동서길 이는 680cm 정도이며, 큰 돌로 구획된 내부의 남북길이는 276cm, 동서길이는 290 cm 정도이다. 구획석 바깥으로는 잔돌을 깔아 보강하였는데, 부석은 정연한 형태를 띠고 있지는 않으나 구획석에 잇대어 동쪽면은 110cm, 남쪽면은 130cm, 서쪽면은 124cm 정도까지 깔려 있었다. 탑기단의 북쪽은 250cm, 서쪽은 150cm가량 떨어져 급경사를 이룬다. (한국문화재보호재단·한국도로공사, 앞 책, p. 10~15.)

420 1999년 발굴조사 이후 2000년 2월 23일 임시로 충의사에 옮겼다가, 2007년 11월 2일 상주박물관을 개관하면서 야외전시장으로 옮겨 현재에 이르고 있다(상주박물 관, 『상주지역 석탑 조사연구 보고서』, 상주박물관, 2008. 6, p. 24.).

421 석탑부재에 대한 현황 및 특징은 발굴조사 보고서의 번호대로 정리하였으며, 부재 의 실측치는 대체적으로 발굴조사 보고서를 그대로 인용하였으나, 일부는 필자의 실측치로 수정하였다. 또한 보고서 번호 10, 12, 13, 20, 21, 22번의 석탑 부재는 일정한 형태를 갖추지 않거나 특징이 명확하지 않아 발굴조사 보고서에서는 미완 성 탑재로 추정하였다. 현재 상태로는 용도 추정도 명확하지 않아 본 연구에서는 자세한 설명은 생략하였으며, 이들에 대한 설명은 발굴조사 보고서를 참조하기 바 란다.

〈표 15〉 낙상동사지 석탑 양식 특징

연번	보고서 번호	사진	도면	특징
1	1			- 한쪽 모서리에는 별석 부재를 끼우도록 조성 - 층급 : (위)5단, (아래)1단, 높이 6~8cm - 모서리 풍경공 지름 : (위)1cm, (아래)4cm - 크기(cm) : 168×158×52 - 옥개석 하면 옥개받침석으로 추정422
2	2			- 모서리 부분에 별석 부재를 끼우도록 조성 - 윗면에 100cm×100cm×23cm 크기로 돌출됨 - 층급 : (아래)4단, 높이 5cm - 크기(cm) : 168.5×169×46 - 옥개석 하면 옥개받침으로 추정423
3	3			- 상면에 부재를 올리기 위한 홈 치석 - 층급 : 4단, 높이 7~8cm - 크기(cm) : 79×62.5×37 - 옥개석 하면 옥개받침으로 추정
4	4			- 상면에 부재를 올리기 위한 홈 치석, 17cm×6cm 크기의 장방형 홈 관통, 표면 치석 상태 비교적 매끄러움 - 층급 : 4단, 높이 7~9cm - 크기(cm) : 125×59.5 × 37.5 - 옥개석 상면 부재로 추정

---

422 발굴조사 보고서에서는 옥개석 상면 부재로 추정하였으나, 죽장사지 오층석탑의 예로 비추어 볼 때, 옥개석 하면의 옥개받침 부분일 것으로 생각된다.

423 시굴조사 보고서에서는 2층 기단 부재로 추정하였고, 발굴조사 보고서에서는 윗면에 돌출된 방형 부분을 근거로 탑신부 부재일 가능성을 배제할 수 없다고 하였으

연번	보고서 번호	사진	도면	특징
5	5			- 모서리 부분에 별석 부재를 끼우도록 조성(46cm×37cm), 표면 치석 상태 비교적 매끄러움 - 층급 : 6단, 높이 5~8cm - 크기(cm) : 117.5×92×46 - 옥개석 상면 부재로 추정
6	6			- 탑재 2매로 분리, 중앙에 15cm×11cm 크기의 장방형 홈 관통, 표면 치석 비교적 거친 다듬 상태 - 층급 : 4단, 높이 6~9cm - 크기(cm) : 134×74.5×36 - 옥개석 하면 옥개받침으로 추정
7	7			- 장방형 형태로, 상면에 안쪽으로 계단형 홈이 83.5cm×31cm×15cm 크기로 조성 - 바닥 크기 64cm×64cm로 추정 - 계단 중앙에 지름 약 7cm의 원형 홈 - 측면에 너비 15.5cm 장방형 단 조성 - 야질흔 6곳, 길이 7~9cm, 너비 4cm - 크기(cm) : 101.5×71.5×45 - 1층 탑신(감실 추정) 부재로 추정

나, 만약 돌출된 부분을 탑신석 부분으로 본다면, 옥개석 상면의 계단형 부분이 생략되는 형식이 되므로 전체적인 조형이 맞지 않다. 전체적인 형식과 결구방식 등으로 볼 때, 옥개석 하면의 옥개받침 부분으로 추정된다.

424 발굴조사 보고서에서는 평면형태와 층급 수, 층급 조각 상태가 3번 부재와 유사하여 동일 부재로 추정하였으나, 3번 부재는 상면에 부재를 올리기 위한 홈이 치석되어 있으나 11번 부재에서는 확인되지 않아 다른 부재로 판단된다.

연번	보고서 번호	사진	도면	특징
8	8			- 장방형으로 2면에만 계단 형 층급 조성, 4매를 결구 하여 한 층을 이루었을 것으로 추정됨 - 층급 : 4단, 높이 7~10㎝ - 층급의 치석 상태가 비교 적 정연함 - 크기(㎝) : 116×73×37 - 옥개석 하면 옥개받침으 로 추정
9	9			- 장방형 형태, 한쪽에 야질 흔 7곳 확인 - 층급없음 - 크기(㎝) : 96×48.5×22.5
10	11			- 장방형으로, 일부 층급 결 실되었으나, 2면에만 층 급을 조성하였음 - 층급 : 4단, 높이 7~9㎝ 층급 간격 : 8㎝ - 크기(㎝) : 86×51×39 - 전체적으로 치석 상태가 정연하고, 8번 석탑재와 동일한 형태로 층급 면을 조성한 것으로 보아 동일 부재로 추정됨 - 5번 석탑재 하면의 옥개 받침으로 추정424
11	14			- 부정형 평면 형태, 측면 일부는 정연하게 치석되 었음 - 크기(㎝) : 57×58.5×41.5 - ㄱ자 형태를 보이는 것으 로 보아 다른 부재와 결 구되었을 것으로 추정됨

425 시굴조사 보고서 추정복원도에는 기단부 부재로 추정하였으나, 이 역시 2번 부재 와 마찬가지로 옥개석 하면의 옥개받침으로 추정된다.

연번	보고서 번호	사진	도면	특징
12	15			- 방형에 가까운 평면 형태, 한쪽 모서리는 둥글게 치 석됨 - 비교적 정연한 치석 상태 를 보임 - 크기(㎝) : 46×43×17 - 잔존 형태로 보아 상륜부 부재로 추정
13	16			- 방형의 평면 형태이나, 2 면에 야질흔이 남아 있어 도괴 이후 훼손된 것으로 추정 - 윗면에 104㎝×107㎝×22 ㎝ 크기로 돌출, 2번 부재 와 동일한 형태 보임 - 층급 : (아래)3단, 높이 6~8㎝ - 크기(㎝) : 169×151.5×48 - 옥개석 하면 옥개받침으 로 추정425
14	17			- 평면 장방형, 윗면에 71㎝ ×28㎝×6㎝의 홈이 파여 있고 윗면은 채석을 위한 야질흔이 남아 있음 - 측면은 비교적 정연한 치 석 상태를 보이나 밑면은 거칠게 다듬어져 있음 - 크기(㎝) : 97.5×71×38.5 - 내부 홈으로 보아 7번 부 재와 같이 감실을 조성한 탑신부로 추정
15	18			- 장방형 평면형태, 2면에 만 층급 조성 - 층급 : 5단, 높이 6~7㎝ 층급 간격 : 10~12㎝ - 크기(㎝) : 92×77.5×35 - 전체적으로 치석 상태가 정연하나, 밑면은 다소 거칠게 치석되었음 - 옥개석 상면으로 추정

연번	보고서 번호	사진	도면	특징
16	19			- 세장방형 형태로 모서리에 야질흔 8곳 확인 - 상면은 돌을 떼어 낸 흔적이 그대로 남아 있으나, 측면은 비교적 정연하게 치석됨 - 크기(㎝) : 104.5×62×48 - 부재의 크기 및 측면 치석 상태 등으로 보아 탑신석으로 추정
17	23			- 두 조각으로 분리되었으나, 깨진 것이 아니라 별석으로 조성하여 면을 맞춤 - 모서리 부분에 뚫린 구멍을 이용해 연결했던 것으로 추정 - 크기(㎝) : 83×29×6 - 높이가 낮은 것으로 보아 다른 탑재의 일부에 끼우도록 한 것으로 추정

    조선시대 상주읍지인 『상산지(商山誌)』 고도조(古都條)에 "사벌촌(沙伐村)과 흔국촌(欣國村)에 문석(文石)과 초석(礎石)이 많이 묻혀 있고, 석탑 5기가 있었는데, 도남서원(道南書院) 창건 시 이들을 헐어내고 부재를 옮겨 계단과 초석으로 사용하였으며, 다만 1기의 석탑만 남았다"[426]는 내용이 보인다.[427] 현재 도남서원 도정사(道正祠)와 강당의 계단, 초석 등에 사용된 장대석을 살펴보면 낙상동사지 석탑과 거의 비슷한 크기

---

[426] "沙伐村及欣國村多有文石雕礎埋土中且有五石塔道南書院創建時毁運爲階礎祇有一塔"

[427] 낙상동사지 및 도남서원에서 가장 가까운 곳에 화달리 삼층석탑이 남아 있는 것으로 볼 때, 1기 남은 석탑은 바로 이 화달리 삼층석탑으로 생각된다.

사진 123-1. 도남서원 도정사 초석 석재　　사진 123-2. 도남서원 도정사 계단 석재

의 야질흔이 확인되고 있어 낙상동사지 석탑 또는 건물에 사용된 부재였음을 알 수 있다.[428]

　지금까지 낙상동사지 석탑의 원형에 대해서 구체적으로 검토된 적이 없었다. 탑재의 가공 상황과 기단부에 해당하는 부재가 확인되지 않는 점 등으로 미루어 조성 도중 중단된 미완성 석탑이었을 가능성이 제기되기도 하였으나,[429] 거대한 적심석을 사용한 탑지까지 조성한 점, 용도를 추정하기 어려워 미완성 탑재로 분류한 부재들은 5~6점에 불과하다는 점, 현재 확인된 옥개석 부재들의 치석 상태 및 완성

---

[428] 현재 道正祠 건물에는 장대석에 야질흔이 남아 있는 석재와 원형주좌가 있는 초석이 함께 사용되었다. 이를 두고 발굴조사 보고서에서는 두 석재 간에 석질의 차이가 보이므로 도남서원 창건시 과연 낙상동사지에서 탑재를 운반해 갔는지에 대해서 의문을 제기하기도 하였다. (한국문화재보호재단한국도로공사, 앞 책, p. 51.) 그러나 두 석재의 차이는 낙상동사지에서 가져간 탑재 중에서 초석으로 사용 가능한 것들을 제외하고 나머지는 도남서원 건립 당시 일반적인 초석 형식인 원형주좌가 있는 초석으로 새로 조성하였던 것으로 추정된다. 또한 도남서원 건립이 1606년이고, 『商山誌』가 쓰여진 것이 1617년이므로, 낙상동사지 석탑을 비롯하여 도남서원 창건에 사용된 다른 석탑들은 적어도 17세기 초까지는 원형을 유지하고 있었을 것으로 추정된다. (이순영, 「尙州 洛上洞寺址 石塔의 樣式과 復元 檢討」, 『한국고대사탐구』24, 한국고대사탐구학회, 2016. 12, pp. 260~265.)

[429] 상주시, 『洛上洞廢塔 試掘調査報告書』, 1988, p. 31; 한국문화재보호재단한국도로공사, 앞 책, p. 49.

도 등으로 볼 때, 낙상동사지 석탑은 미완성 석탑으로 보기 어려울 것으로 생각된다. 또한 『상산지』의 기록과 도남서원에서 확인되는 석탑재로 볼 때, 확인되지 않는 부재는 이미 훼손되거나 다른 곳으로 옮겨졌을 가능성도 높으므로 현재의 상태로 미완성 석탑 또는 탑재 제작장이었을 것이라는 추정은 확률적으로 낮다고 생각된다. 1988년 시굴조사 보고서에서 수습된 부재만으로 복원안을 추정하였으나, 옥개석 부재를 기단부로 판단하는 등 당시에는 석탑의 구조와 양식에 대한 이해가 부족했던 것으로 보인다. 또한 발굴조사에서 확인된 탑지로 보아 가구식기단이었을 가능성이 크므로 석탑부재를 통해 파악한 내용을 종합하여 낙상동사지 석탑의 복원안에 대해 고찰해 보고자 한다.

먼저 기단부를 살펴보면, 기단부로 확실시되는 부재들을 거의 확인할 수 없어 발굴조사 보고서에서는 장방형의 석재들을 기단부로 추정하여 경주 남산리 동삼층석탑, 경주 서악리 삼층석탑 등과 같은 괴체석기단이었을 것으로 추정하였다.[430] 낙상동사지 석탑과 다른 전축모방형 석탑의 기단부 크기를 비교해보면 다음의 〈표 16〉과 같다. 이를 통해 보면 낙상동사지 석탑은 괴체석기단보다는 가구식기단에 가까운 규모를 보이고 있다. 석탑의 기단부는 규모에 따라 기단부의 구조 및 결구방법, 양식을 결정하는 중요한 요인이 된다는 점을 고려한다면, 낙상동사지 석탑의 규모 차이는 기단부를 추정하는 매우 중요한 근거가 된다.

---

430 한국문화재보호재단한국도로공사, 앞 책, p. 50.

<표 16> 전축모방형 석탑 기단부 비교

석탑명		기단부 규모	비고
낙상동사지 석탑		6.9m×6.9m	발굴조사 탑지 규모
가구식 기단	탑리리 오층석탑	4.5m×4.5m	현존 지대석 규모
	죽장사지 오층석탑	6.7m×6.7m	〃
	낙산리 삼층석탑	4.0m×4.0m	〃
	빙산사지 오층석탑	4.0m×4.0m	〃
괴체석 기단	남산리 동삼층석탑	3.5m×3.5m	〃
	서악리 삼층석탑	2.3m×2.3m	〃
	남산 용장계 삼층석탑	2.4m×2.4m	〃

　　탑리리 오층석탑, 죽장사지 오층석탑은 별석을 사용한 가구식기단으로 기단부 외벽을 구성하는 면석은 직접적으로 무게를 받지 않는 구조이다. 따라서 기단부 내부는 안정적인 적심체를 구성하고 있다. 낙상동사지 석탑의 탑지 발굴조사 결과를 보면 적심 내부에 거대한 자연석을 놓고 중앙에도 거대한 적심석을 위아래로 겹쳐 놓는 등 비교적 안정적인 구조를 보이고 있다. 이러한 기단 적심 현상으로 보아 낙상동사지 석탑의 기단부는 방형 석재를 쌓아 올리는 괴체석기단보다는 가구식기단을 갖추었을 것으로 추정된다. 또한 괴체석기단이 전축모방형 석탑 중 경주지역에서만 확인되는 지역성을 보인다는 점[431]을 고려하면 낙상동사지 석탑은 가구식기단이었을 가능성이 매우 높다. 그러나 현재 기단부로 추정할 부재들이 확인되지 않아 구체적인 형식은 알 수 없다. 다만 기단부의 크기와 탑지 적심의 조성 방식에

---

431 이순영, 「新羅 塼築模倣型 石塔의 특징과 전개과정」, 『美術史學硏究』285, 한국미술사학회, 2015. 3, p. 22.

서 전체적으로 죽장사지 오층석탑과의 유사성이 관찰되므로, 가구식 이중기단이었을 것으로 추정된다.

탑신부 역시 원형을 추정할 수 있는 부재가 많지 않으나 7번, 17번 부재를 통해 1층 탑신에 감실을 조성하였던 것을 알 수 있다. 특히 7번 부재의 문지도리 구멍으로 추정되는 원형 홈이 감실 조성의 결정적인 증거로 생각된다. 괴체석기단은 규모가 작아지면서 서악리 삼층석탑만 문비가 조성되어 있다는 점 역시 낙상동사지 석탑이 가구식기단이었을 가능성에 무게가 실린다. 탑신은 다른 전축모방형 석탑과 마찬가지로 우주가 생략되었던 것으로 보인다.

낙상동사지 석탑 부재 가운데 가장 많이 남아 있는 것이 옥개석 부재인데, 시굴조사 보고서에서는 3층으로 추정하였다.[432] 옥개석이 한 층으로 구성된 개체가 확인되지 않고 별석으로 조성된 것으로 보아 여러 매를 결구하여 층을 이루었던 것으로 생각된다. 1번, 2번, 4·6번, 5번, 16번의 부재 형태 및 크기로 볼 때, 전체 층수는 3층 이상이었을 것으로 추정된다. 특히 2번과 16번 부재는 윗면 중앙에 방형으로 돌출되도록 치석하였는데, 옥개석 상면을 별석으로 결구하기 위한 것으로 보인다. 만약 돌출된 부분을 시굴조사 보고서의 복원도처럼 탑신으로 본다면, 옥개석 상면의 계단형 부분이 생략되는 형식이 되므로 전체적인 조형이 어색하게 된다. 그리고 이 부분이 후대에 폐탑된 후 절단된 것으로 볼 수도 있겠으나, 그렇다면 방형 모양으로 반듯하게 남겨두고 치석할 이유가 없다. 낙상동사지 석탑 옥개석의 돌출된 부

---

[432] 상주시, 위 책, 1988, p. 32.

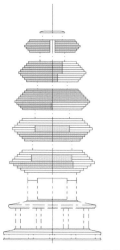

삽도 9. 낙상동사지 석탑 필자 복원안

분은 의도적으로 일종의 심주 역할로 조성하였으며 이러한 역할로 옥개받침 부분과 같이 조성되었던 것으로 생각된다.

현재 남아 있는 크기로 보아 2번 부재가 1층, 16번 부재가 2층의 옥개받침으로 추정된다. 4·6번 부재에는 내부를 관통하는 장방형 홈이 조성된 것으로 보아 이 옥개석 부재가 위아래로 결구되었던 것으로 보이는데, 4번 부재 상면에 얕은 홈이 치석된 것으로 볼 때 이 위에 상륜부를 올렸던 것으로 생각된다. 옥개석 부재의 층급 수를 보면 3단, 4단, 5단, 6단으로 확인되는데, 현재 상태로는 옥개석 상·하면 구분이 쉽지는 않다. 죽장사지 오층석탑, 낙산리 삼층석탑 등을 보면 옥개석 아래 층급보다 상면 층급의 수가 더 많거나 동일하게 조성되었는데 받침부와 낙수면의 내밀기 차이에서 비롯된 것이다. 이를 통해 낙상동사지 석탑 옥개석 역시 이러한 층급 규칙을 유지하며 조성되었던 것으로 생각된다.

지금까지 낙상동사지 석탑 부재에서 찾아낸 정보들을 종합해 본 결과, 낙상동사지 석탑은 이층의 가구식기단을 갖추고 1층 탑신에는 감실을 조성하였으며, 5층으로 구성된 전축모방형 석탑이었을 것으로 추정된다. 그리고 기단부 규모와 구조, 탑신과 옥개석의 구성 및 결구 방식 등을 전체적으로 고려했을 때, 전체 석탑의 높이는 7~8미터 이상 되었을 것으로 추정된다.

한 가지 흥미로운 점은 낙상동사지 석탑은 죽장사지 오층석탑, 낙산리 삼층석탑과 함께 낙동강을 따라 위치하고 있다는 점이다. 낙상동사지는 낙동강 지류인 동천과 병성천이 합류하는 지점에서 강변을 내려다보는 곳에 위치하고 있으며, 죽장사지 역시 낙동강 지류인 감천이 흘러가는 곳을 바라보는 곳에 위치하고 있다. 낙산리사지 역시 낙동강에서 멀지 않은 곳에 위치하고 있어 모두 낙동강 지역에 집중적으로 건립되고 있다. 이러한 전축모방형 석탑이 낙동강에 집중되어 있는 구체적인 이유는 알 수 없으나, 이들의 위치가 낙동강 수계를 따라 경상도 내륙 깊숙이까지 드나들 수 있는 교통로의 요충지에 해당하였고, 이로 인해 석탑 양식의 확산이 이루어진 것이 아닐까 생각된다.[433]

2) 변천과정

전축모방형 석탑의 기단형식이 가구식기단, 자연석기단, 괴체석기단으로 변화했음은 Ⅲ장에서 살펴보았다. 가구식기단인 탑리리 오층석탑이 가장 먼저 등장하고 이후 죽장사지 오층석탑, 낙산리 삼층석탑, 빙산사지 오층석탑 등이 건립되었다는 것에 대해서는 별다른 이견이 없는 편이다. 괴체석기단과 자연석기단은 탑신과 옥개가 각각 1석으로 부재가 단일화되는 모습을 보이고 기단부 역시 자연암석 또

---

[433] 이들 석탑 건립과 직접적인 영향관계 여부는 알 수 없으나, 낙상동사지 인근에는 병성동 고분군, 이부곡토성 등 사벌국의 중심부였을 것으로 추정되는 유적이 위치하고 있고, 낙산리사지 역시 고대 선산지역의 최고 지배층 집단의 무덤으로 알려져 있는 낙산리 고분군이 매우 가까운 곳에 위치하고 있는 점이 흥미롭다.

는 장방형의 거석을 사용하여 가구식기단에 비하면 축약되고 생략되는 느낌을 주고 있다. 따라서 괴체석기단과 자연석기단이 가구식기단보다 나중에 발생한 것으로 판단되지만 양식적으로 영향 관계는 쉽게 이해되지 않는다.

지금까지 괴체석기단과 자연석기단 전축모방형 석탑의 발생과 선후관계에 대해서는 그동안 구체적으로 검토되지 않았고, 막연히 자연석기단이 괴체석기단 이후에 건립된 것으로 보는 경향이 있었다. 이는 괴체석기단에 비해 자연석기단이 오야리 삼층석탑 1기만 남아 있어서 그다지 주목받지 못했던 것도 이유로 작용한 것으로 생각된다. 따라서 이러한 내용을 바탕으로 전축모방형 석탑의 기단부 형식 변화과정을 자세히 고찰하여 변천과정에 대해 살펴보겠다.

괴체석기단 전축모방형 석탑으로 남산리 동삼층석탑, 서악리 삼층석탑, 용장계 지곡 삼층석탑이 해당되는데 경주에서만 나타나는 지역특징을 보인다. 이들은 기단부를 장방형의 괴석 8매로 구성한 것이 가장 큰 특징인데, 전축모방형 석탑의 다른 기단 형식은 일반형석탑에서도 찾아볼 수 있으나 이러한 기단 형식은 일반형석탑에서는 보이지 않아 매우 독특한 양식의 석탑이라고 할 수 있다. 자연석기단 전축모방형 석탑은 경주시 천북면 오야리에 위치한 오야리 삼층석탑 1기만 확인된다. 마을 뒤편의 산자락 중턱에 형산강이 내려다보이는 자연 암석 위에 건립되어 있으며 현재 3층 탑신부와 상륜부가 결실된 상태이다. 1층 탑신부에 감실이 조성되어 있으며 옥개석이 계단형으로 조성되어 있다.

전축모방형 석탑의 분포 현황을 살펴보면 의성, 구미, 상주, 경주 등 경북지역에만 집중되어 있어 지역적 특징을 보이는데 특히 가구식 기단 석탑 4기를 제외하고 괴체석기단과 자연석기단 형식은 모두 경주에서만 나타나고 있다. 가구식기단은 탑리리 오층석탑에서 출발하여 인접지역에 영향을 준 결과 경북 북부지역에 집중된 것으로 생각된다. 그러나 괴체석기단과 자연석기단과 같이 새로운 형식 변화와 창안이 경주에서 이뤄졌다는 점은 중요한 지역적 특징으로 생각된다.

우선 괴체석기단 전축모방형 석탑의 입지조건을 보면, 남산리 동삼층석탑은 남산 아래의 평지에 위치하고 있고, 서악리 삼층석탑은 선도산 능선 말단의 골짜기 안쪽에 위치하고 있으며 용장계 지곡 삼층석탑은 해발 380m 정도의 남산 정상부와 가까운 골짜기 안에 위치하고 있다. 살펴본 바와 같이 이들의 입지는 평지에서 점차 산지쪽으로 올라가는 현상을 보인다.

이런 현상에 대해 진홍섭은 괴체석기단의 발생이 돌출된 암석을 이용하여 혹은 조망이 좋은 산 정상에 건탑하는 일이 유행되어 평지에서도 이러한 의도를 나타낸 것[434]으로 보았다. 장충식은 "기단 그 자체에 대한 무한적집(無限積集) 또는 공덕적취(功德積聚) 등의 사상이 남산리 동삼층석탑과 서악리 삼층석탑과 같은 기단의 괴체형에서 출발하여 산 정상의 암반 전체를 기단으로 삼은 것과 같은 특례를 형성한 것으로, 괴체석기단 석탑의 기단이 평지 또는 산록에서 출발하여 산봉우리의 암반에서 보다 적극적으로 그 본지를 노정시킨 과감한 발전 형식으로 봐야한다"[435]는 견해를 피력하였다.

---

434 秦弘燮, 「韓國模塼石塔의 類型」, 『文化財』3호, 국립문화재관리국, 1967, p. 18.

이처럼 산 정상의 자연암반을 기단으로 삼는 형식에서 영향을 받아 평지에서 괴체석기단이 등장했다고 한다면, 산지→평지 방향으로 입지조건이 변화했다는 가정이 성립된다. 그렇다면 남산 정상부 근처에 위치한 용장계 지곡 삼층석탑이 가장 먼저 건립되고 이후 점차 평지로 내려와서 남산리 동삼층석탑이 건립되었다는 것을 의미한다. 또한 이처럼 산지의 자연암반 기단에서 영향을 받았다고 한다면, 남산에는 옥개석 낙수면이 계단형으로 조성된 자연암반 기단의 전축모방형 석탑이 남아 있어야 괴체석기단의 발생과정이 자연스러울 것으로 생각된다. 그러나 세 석탑의 규모나 전체적인 치석수법 등으로 볼 때, 남산리 동삼층석탑이 가장 먼저 건립되었고 서악리 삼층석탑, 용장계 지곡 삼층석탑의 순서로 건립된 것으로 추정되고 있어 석탑의 입지가 평지→산지로 옮겨가는 현상을 보이고 있다. 따라서 괴체석기단 형식이 과연 산 정상의 자연암반 기단 형식에서 영향을 받아 평지에서 재현된 것인가에 대해 의문이 생긴다. 더욱이 경주 남산에는 용장사지 삼층석탑과 같이 자연암반을 기단으로 삼아 올리는 일반형석탑이 등장한 것으로 보아 용장계 지곡 삼층석탑이 자연암반을 기단으로 삼을 수 있는데도 굳이 괴체석기단을 채택한 점 역시 양식적으로 어색하다. 따라서 괴체석기단의 발생 원인에 대해서 재고해 볼 필요가 있다.

괴체석기단이 평지에서 자연암반을 인위적으로 재현하려는 의도로 조영되었다면, 이보다 먼저 자연암반을 기단으로 하는 전축모방형 석탑이 존재했고 여기에서 영향을 받았다고 보는 것이 합리적이다. 즉,

---

435 張忠植, 『新羅石塔硏究』, 일지사, 1987, pp. 96~97.

자연석 또는 자연암반을 기단으로 삼은 전축모방형 석탑이 괴체석기단에 선행하는 모델이었을 것으로 여겨진다. 따라서 자연석기단의 전축모방형 석탑이 먼저 발생되었고, 이후 평지에서 자연암반을 재현하고자 하는 의도로 남산리 동삼층석탑이 발생하였으며, 기단 발생의 본래의 의도를 적극적으로 구현하기 위해 입지를 산지로 옮겨가는 것이 자연스러운 전개로 생각된다. 그렇다면 전축모방형 석탑 기단부 형식 변화는 가구식기단→자연석기단→괴체석기단의 순서로 전개되었을 것으로 생각되는데, 자연석기단 형식은 오야리 삼층석탑이 유일하다. 그리고 이러한 전개가 성립되려면 오야리 삼층석탑이 가구식기단과 괴체석기단 석탑 중간의 과도기적인 모습이 확인되어야 하므로 오야리 삼층석탑의 양식 특징에 대해서 살펴보고자 한다.

오야리 삼층석탑은 기단으로 삼은 암석 상면을 약간의 치석만 했을 뿐 거의 평면을 이루고 있으며 이 위로 각형 2단의 탑신 받침을 2매의 석재로 조성하여 올려놓았다. 탑신받침석 하단에 그랭이질이 되어 있는 것으로 보아 원래부터 자연석을 기단으로 하여 조성한 것임을 알 수 있다. 오야리 삼층석탑에서 주목되는 특징은 1층 탑신의

사진 124-1. 오야리 삼층석탑 1층 감실　　사진 124-2. 오야리 삼층석탑 2층 탑신 우주

감실이다. 오야리 삼층석탑은 1층 탑신에 감실을 조성하고 입구 하단에 문지방과 상단에 문둔테를 돌출시켰으며 위아래로 문짝을 달았던 구멍이 남아 있어 괴체석기단 석탑보다 목조건축적 요소를 뚜렷하게 반영하고 있다. 문둔테와 문지방이 외부로 돌출되었다는 것은 석탑의 규모가 작아지면서 감실의 공간도 작아지게 되자 내부 공간 확보를 위해 바깥에 문짝을 달기 위한 것으로 생각된다. 이는 자연석기단으로 변화하는 과정에서 석탑 전체 규모가 작아지게 되자 감실의 크기도 자연스럽게 작아지며 발생한 변화이다. 또한 전축모방형 석탑의 감실 조성 과정으로 볼 때 괴체석기단 단계에서는 감실이 생략되었다는 것도 오야리 삼층석탑이 괴체석기단보다 먼저 건립되었음을 보여준다고 생각된다. 1층 탑신에는 우주가 생략되었지만 2층 탑신에는 우주가 모각되어 있는데 우주의 상하폭이 1cm 이상 차이가 나는 민흘림 기법이 적용되었다.[436] 대부분의 신라석탑이 민흘림을 보이고 있으나 시각적으로 강하게 표현된 예는 드문 편인데, 전축모방형 석탑 중 탑신에 민흘림 우주가 표현된 석탑은 탑리리 오층석탑과 오야리 삼층석탑이 유일하다.

또한 가구식기단 전축모방형 석탑이 석탑 전체를 대부분 별석을 사용하여 조성한 것과 달리 괴체석기단 석탑들은 탑신부 구성에 있어 탑신과 옥개를 각각 1석으로 조성하여 부재를 단일화하는 의도를 보이고 있는데 비해 오야리 석탑은 1층 옥개와 2층 옥개를 각각 4석으

---

[436] 우주와 면석 간의 깊이가 하부는 3.5cm, 상부는 5cm로 차이가 있으며, 우주의 상하폭도 11.5cm, 12.5cm로 1cm의 차이를 보이고 있어 아래에서 올려보아야 하는 입지조건 때문에 실제보다 훨씬 큰 上促下寬의 인상을 받는다(박홍국, 앞의 책, p. 184.).

로 결구하고 있어 별석으로 조영 의사가 여전히 남아 있는 것을 알 수 있다. 따라서 별석 조영 의도, 1층 탑신부의 감실 조성 수법, 우주의 민흘림 등 전체적으로 목조건축 기법이 표현된 것으로 볼 때, 오야리 삼층석탑의 자연석기단이 먼저 건립되었고, 이러한 기단 형식을 평지에 재현하고자 한 조형의지로 인해 괴체석기단이 발생된 것으로 보인다. 그렇다면 오야리 삼층석탑의 자연석기단 발생과정에 대해 살펴볼 필요가 있는데, 자연석을 기단으로 삼은 전축형 석탑인 영양 삼지동 석탑, 안동 대사동 석탑 등이 주목된다.

삼지동 석탑, 대사동 석탑과 오야리 삼층석탑은 자연석을 기단으로 삼은 점과 강가를 내려다보는 산 중턱에 입지하고 있는 점 등의 공통 요소를 갖고 있다. 또한 모전석탑 계열이라는 점에서도 양식적으로 친연성을 보이고 있어 오야리 삼층석탑의 자연석기단은 이들 석탑의 영향을 받은 것으로 추정된다. 그러나 오야리 삼층석탑의 탑신부 구성은 전축형 방식이 아니라 탑리리 오층석탑 계열의 전축모방형 석탑을 보이고 있는데 두 석탑 양식이 혼재되어 자연석기단 전축모방형 석탑이라는 새로운 양식이 발생된 것으로 추정된다. 이러한 변화 발생은 오야리 삼층석탑의 위치와 함께 살펴볼 필요가 있다.

전축형 석탑은 경주에서 처음 분황사 석탑으로 발생하였는데 이후 영양과 안동 등 경북 북부지역을 중심으로 건립된다. 또한 전축모방형 석탑은 탑리리 오층석탑을 중심으로 구미, 의성, 상주 등의 지역에 주로 건립되었다. 이러한 모전석탑의 발생 루트를 보면 전축형 석탑은 경주-영양-안동으로 전축모방형 석탑은 의성-상주-구미-경주로 이어지는 것을 알 수 있다. 이를 통해 알 수 있는 것은 전축형 석탑은 경주에서 발생하여 지방으로 확산되었다는 것이고, 전축모방형 석탑은 의성에서 발생하여 경주로 유입되었다는 것이다. 이와 관련하여 고대 신라의 교통로를 살펴보면 당시 수도인 경주에서 무역항이었던 경기도 남양만의 당은포에 이르는 교통로는 두 가지의 경로가 있었다. 경주-건천-영천-대구-선산-상주-함창-계립령-충주-여주-이천-당은포의 길과, 경주-영천-대구-군위-의성-안동-영주-죽령-단양-충주-여주-이천-당은포의 길이다.[437] 신라의 불교 유입이 경북 북부지역에서 위의 교통로를 통해 경주 중심으로 들어왔다는 것은 주지의 사실이며, 문화의 전파가 반드시 수도에서 지방으로 전해지는 것이 아니라는 점을 상기한다면, 전축모방형 석탑 역시 나름의 계보를 만들어가며 인접 지역으로 전개된 것으로 보인다. 따라서 이러한 석탑의 새로운 양식은 당시 교통로를 따라 경북 북부 지방에서 경주방향으로 유입된 것으로 생각된다.

오야리 삼층석탑이 위치한 곳은 경주 외곽에 해당하는데 경북 북부에서 영천 또는 포항을 거쳐 경주로 들어오는 길목에 해당하는 곳으로 의성, 구미 등에서 발생한 가구식기단 전축모방형 석탑과 영양, 안동 등의 자연석기단 전축형 석탑이 경주지역으로 들어올 때 접점으로 생각된다. 따라서 경주에서 괴체석기단 형식으로 발전하기 전 단계인 오야리 삼층석탑에서 전축형 석탑의 자연석기단과 전축모방형 석탑의 탑신 형식이 혼재되어 자연석기단 전축모방형 석탑이 발생하였고, 이러한 양식이 경주로 유입되어 괴체석기단 발생으로 이어진

---

437 강우방·신용철, 『탑』, 솔출판사, 2003, pp. 127-130.

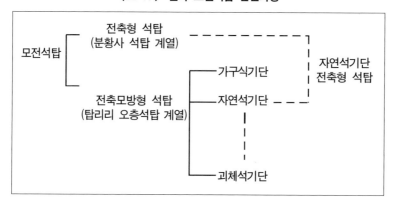

것으로 추정된다. 따라서 오야리 삼층석탑은 전축모방형 석탑이 가구식기단→자연석기단→괴체석기단으로 전개되는 과정을 연결시켜주는 과도기적 단계로서 중요한 석탑이 된다.

앞에서 살펴본 것처럼 신라 전축모방형 석탑은 나름의 양식적 변화를 보이며 전개되어 왔음을 알 수 있다. 특히 괴체석기단은 전축모방형 석탑의 기단형식 변화의 마지막 단계이자 다른 석탑과 비교해도 독특한 기단형식으로 매우 주목되는 석탑이지만 현재 완전하게 남아 있는 것은 3기에 불과하다. 그러나 국립경주박물관 야외 전시장과 동국대학교 경주캠퍼스 박물관 야외전시장, 경주 교동 최씨고택, 경북대학교박물관 야외전시장, 영남대학교박물관 야외전시장 등에서도 계단형 옥개석이 더 확인되고 있어 경주를 중심으로 경상도 지역에 괴체석기단 전축모방형 석탑이 현재보다 더 건립되었을 것으로 생각된다.438

이밖에도 경주 석장사지 출토 탑상문전, 울산 농소사지 출토 탑상

사진 125. 국립경주박물관 계단형 옥개석

사진 126. 동국대학교 경주캠퍼스 박물관
계단형 옥개석

사진 127. 경주 교동 최씨고택 내 계단형
옥개석

사진 128. 경주 석장사지 출토 탑상문전

사진 129. 청도 불령사 전탑 탑상문전

문전, 청도 불령사 전탑 탑상문전에 삼층탑이 시문되어 있는데 단층기단에 계단형 옥개석을 갖춘 불탑 문양이 확인되고 있어 주목된다. 이들은 계단형 옥개석으로 보아 전축모방형 석탑이었을 가능성이 높은데 특히 방형의

---

438 국립경주박물관 야외 전시장에 위치한 계단형 옥개석 1점의 경우 계단형 층급부분과 연결되어 탑신부의 일부가 함께 조성되어 있어 용장계 지곡 삼층석탑의 2-3층 옥개석과 마찬가지로 옥개부와 함께 부재를 단일화하여 탑신부를 조성하려했던 것으로 생각되며, 동국대학교 경주캠퍼스 야외에 위치한 옥개석은 상부에 찰주공으로 추정되는 원형의 구멍이 남아 있어 최상층 옥개석으로 추정된다.

단층기단은 우주나 탱주가 없어 괴체석기단을 표현한 것으로 추정된다. 아울러 전탑의 전돌문양으로 계단형 옥개석이 시문된 것도 이러한 옥개석 조형을 의도적으로 표현한 것으로 생각된다. 이를 통해 보면, 경주에는 현재 남아 있는 것보다 많은 수의 괴체석기단 석탑이 존재하였을 가능성이 높다. 이는 신라 전축모방형 석탑이 독자적인 계보를 형성하며 발전해왔다는 것을 의미하며 괴체석기단 석탑은 이후 건립되는 다른 석탑에도 영향을 주게 된다.

괴체석기단은 평지에서 석재를 가공하여 자연암반을 재현하려는 것보다 원래 의도대로 자연암반을 기단으로 삼는 합리적인 방법을 다시 찾은 것으로 보이며 이는 앞에서 살펴본 바와 같이 괴체석기단의 입지조건 변화를 보아도 잘 알 수 있다. 결국 남산 산지로 올라가게 되면서 괴체석기단은 더 이상 자연석기단을 재현할 필요가 없게 되었고 경주 남산의 특수성439과 더불어 적극적으로 자연암반 자체를 기단으로 삼는 석탑으로 발전한 것이다.

이러한 괴체석기단의 변화는 경주 남산의 자연석기단 석탑 발생에 영향을 주었던 것으로 생각된다. 남산에서 나타나는 자연석기단 석탑으로는 비파곡 2사지 삼층석탑, 지암곡 3사지 삼층석탑, 삼릉계 삼층석탑 등이 있는데, 자연석 상면을 치석하여 탑신이 놓일 자리를 마련한 후 각형 2단의 별석 초층탑신받침을 놓고 탑신부를 올린 석탑으로

---

439 자연 암반을 기단으로 삼아 탑신을 올리는 형식이 등장한 배경으로 기단 자체를 불교 우주관에서 말하는 수미산으로 보는 의미가 반영된 것으로 보고 경주 남산에서 발생한 단층기단 석탑은 이러한 의미를 극대화한 조영으로 이는 경주 남산이라는 특수성과 결합하여 등장한 것이라는 견해가 있다.(신용철, 「신라 단층기단 석탑의 편년과 특징」, 『한국민족문화』47, 부산대학교 한국민족문화연구소, 2013, pp. 24-26.)

발전하게 된다. 이러한 자연석기단 석탑 발생이 자연암반 위에 단층기단을 올린 용장사지 삼층석탑의 영향으로 파악하는 견해440도 있지만, 자연암반을 하층기단으로 삼아 일반형석탑의 상층기단을 올린 형태와 자연석 전체를 기단으로 삼은 것과는 조형적 차이를 보인다. 왜냐하면 단층기단 석탑 중 실질적으로 자연암반에 일반형 기단을 올린 석탑은 용장사지 삼층석탑과 문경 봉서리 삼층석탑 밖에 확인되지 않고 있기 때문이다. 오히려 기단 자체를 자연석으로 대치한 석탑의 발생은 자연암반을 의도적으로 기단으로 삼은 괴체석기단에서 영향을 받았을 것으로 생각된다. 주목되는 점은 위에서 언급한 자연석기단 석탑들이 모두 별석 초층탑신받침을 마련했다는 것인데, 괴체석기단을 자연석으로 대치하면 이와 같은 형태가 되므로 여기에서 영향을 받아 발생한 것으로 추정된다. 그러나 자연석기단 석탑은 옥개석이 계단형이 아니라 일반형석탑의 탑신부 형태가 올려져 차이를 보이는데 이는 신라에서 용장계 지곡 삼층석탑을 마지막으로 괴체석기단 형식이 사라졌기 때문으로 생각된다.

지금까지 모전석탑 중 전축모방형 석탑을 중심으로 양식특징과 변천과정에 대해 살펴보았다. 모전석탑은 전축형 석탑, 전축모방형 석탑이 각각 나름으로 독자적인 양식 계보를 이루며 전개되었다. 모전석탑의 독자성을 보여주는 대표적인 사례는 분황사 석탑인데 동아시아에서 최초로 건립된 전축형 석탑으로 소형석재를 사용하여 목조건축을 재현한 순수 신라에서 창안된 석탑이다. 이후 전축형 석탑 나름

---

440 신용철, 위 논문, p. 144.

으로 독자적인 양식 계보를 형성하지만, 축조방식에 큰 변화가 없어 두드러진 양식 특징을 보이지는 않는다.

전축모방형 석탑인 탑리리 오층석탑 역시 미륵사지 석탑의 구조적 문제를 해결하고 전형양식이 발생하기 전 과도기적인 양식 변화441를 보인다는 점에서 분황사 석탑과 마찬가지로 신라에서 자생적으로 발생한 양식으로 볼 수 있다. 이후 가구식기단 전축모방형 석탑의 대부분은 탑리리 오층석탑의 기본 양식에서 크게 벗어나지 않지만 단층기단에서 이중기단으로 변화하면서 다양화되는 것을 볼 수 있다. 또한 기단부 형식은 통일신라 전형석탑의 보편적인 양식 흐름과 동일하게 변화하였지만 죽장사지 오층석탑에서 상층기단 바깥에 기둥을 두르는 특이한 이중 구조가 나타나는 점이 주목된다. 이러한 변화는 일반형석탑에서도 나타나지 않는 특징으로 전축모방형 석탑의 보편적 변화 현상 속에서 독자적인 특수성을 보인다는 점에서 중요 사례로 여겨진다.

또한 자연석기단, 괴체석기단 전축모방형 석탑의 기단부 변화 현상을 입지조건 변화와 함께 살펴본 결과 자연암반 자체를 기단으로 삼고자 하는 자연석기단에서 괴체석기단으로 변화된 것으로 파악하였는데, 괴체석기단의 입지 변화 결과 경주 남산의 일반형석탑 탑신부를 올린 자연석기단 석탑 발생에 영향을 준 것으로 추정하였다. 이

---

441 이와 관련하여 탑리리 오층석탑에 대해 백제의 시원석탑인 미륵사지 석탑과 신라의 시원석탑인 분황사 석탑의 양식을 받아들여 시원석탑에 이어 전형석탑을 이끌어 내는 과도기의 先-典型石塔(Pre-Typical Stone Stupa)으로 해석하는 견해가 주목된다. (채무기, 「7세기 석탑에 관한 연구」, 단국대학교 석사학위논문, 2005, p. 100.)

를 통해 모전석탑과 일반형석탑의 양식 변화가 상호 유기적 관계 속에서 영향을 끼치고 있음을 알 수 있다. 따라서 모전석탑은 한국석탑의 양식적 근간을 이루는 시원양식임과 동시에 독자적인 양식 계보를 형성한다는 점에서 의미가 있다. 아울러 그 속에서도 특이한 양식 변화를 볼 수 있어 통일신라 석탑의 변화 현상의 다양성을 보여준다는 점에서도 의미를 찾을 수 있다.

2. 모전석탑의 편년 검토

모전석탑 중 유일하게 건립시기를 알 수 있는 석탑은 634년에 건립된 분황사 석탑이다. 그러나 분황사 석탑을 제외하고 다른 전축형 석탑은 시대에 따른 변화가 거의 없어 양식 특징으로 건립시기를 추정하기 쉽지 않다. 전축모방형 석탑은 양식 변화가 비교적 뚜렷하지만, 앞에서 전축모방형 석탑의 기단부 형식 변화 과정을 살펴본 결과 자연석기단인 오야리 삼층석탑이 괴체석기단보다 먼저 발생한 것으로 추정되고 있어 양식 변천에 따른 편년에 대한 면밀한 검토가 필요하다.

1) 7세기

7세기에 건립된 모전석탑은 634년의 분황사 석탑과 탑리리 오층석탑, 구황동 석탑(폐탑)을 들 수 있다. 분황사 석탑과 탑리리 오층석탑은 신라 시원석탑이면서 모전석탑의 시원이므로 7세기는 모전석탑 양식이 확립되는 시기이다. 분황사 석탑은 634년이라는 확실한 연대를 갖고 있으며, 구황동 석탑은 분황사 석탑과 같이 문비 입구에 금강역사상이 들어가는 형식이었을 것으로 추정되므로 분황사 석탑 이후에 조성된 것으로 보인다. 구황동 석탑의 금강역사상의 제작시기가 분황사 석탑보다 진전된 모습으로 대략 7세기 중엽 경[442]에 제작된 것으로 판단되어 석탑 건립도 이 시기에 해당될 것으로 생각된다. 다만 탑리리 오층석탑은 건립시기에 대해서 이견이 있으므로 본 연구에서 구체적으로 고찰해 보겠다.

그동안 탑리리 오층석탑의 건립시기에 대해서는 647년[443], 통일 전후 시기[444], 7세기 전반설[445], 7세기 후반설[446], 700년을 전후한 시기[447] 등 연구자마다 약간씩 다른 견해가 발표되었다. 최근에는 이보다 구체적으로 탑리리 오층석탑에 보이는 정림사지 오층석탑 양식으로 보아 백제석탑 양식을 받아들이는 시간을 감안하여 660~670년으로 보는 견해,[448] 정림사지 석탑의 건립시기 하한이 660년일 뿐, 정확한 조성연대를 알 수 없으므로 탑리리 석탑과의 선후 관계를 논하기는 어렵다는 주장[449]도 있다. 또한 정림사지 오층석탑과 탑리리 오층

---

442 경주시·경주대학교, 『경주지역 폐사지 석조문화재 조사 연구』, 2010, p. 45.
443 高裕燮, 『高裕燮全集1』, 通文館, 1993, pp. 82~83.
444 秦弘燮, 「韓國模塼石塔의 類型」『文化財』3, 1967, p. 18.
445 박경식, 「新羅 始原期 石塔에 대한 考察」, 『문화사학』19, 한국문화사학회, 2003. 6, pp. 87~90.
446 박홍국, 『한국의 전탑연구』, 학연문화사, 1998, p. 171.
447 장충식, 『新羅石塔硏究』, 일지사, 1987, p. 90.
448 채무기, 「7세기 석탑에 관한 연구」, 단국대학교 석사학위논문, 2005, p. 99.

〈표 18〉 연구자별 탑리리 오층석탑 편년에 대한 견해

연구자	추정연대	편년 이유	비고
고유섭	647년	상한은 634년, 하한은 682년의 중간 위치, 통일 이전기 신라 유작임	
진홍섭	통일 전후시기	전형석탑보다는 앞서지만 모전형식이 남아 있어 (모)전탑에서 석탑으로 넘어가는 단계	
장충식	700년 전후	목탑에서 석탑으로 넘어가는 과도기 양식이면서 목조양식에 미련을 버리지 못한 공상적인 석탑으로 감은사지 석탑, 고선사지 석탑 등 전형양식 이후 등장한 석탑임	
박홍국	7세기 후반	중국 전탑과 같이 목탑을 충실히 재현한 이러한 양식의 전탑을 석탑으로 번안함	
박경식	7세기 전반	미륵사지 석탑과 정림사지 석탑과 같이 목조건축의 충실한 재현	
채무기	660~670년	백제 멸망(660년) 이후 정림사지 오층석탑 양식을 받아들이는 시간 고려	
신용철	660~682년	백제 멸망 660년에서 감은사지 삼층석탑 건립 682년 사이	

석탑 간의 영향관계 및 선후관계가 명확치 못하다고 하여도, 탑리리 오층석탑에서 보여지는 양식적 특징은 정림사지 오층석탑을 전후한 시기임은 확실하므로 백제 멸망 660년에서 감은사지 석탑이 건립되는 682년 이전에 건립[450]되었다는 견해도 있다.

지금까지의 연구 성과를 정리한 〈표 18〉을 보면, 장충식을 제외하고는 대부분 7세기 대에 건립된 시원석탑으로 이해하고 있으며, 최근에는 백제석탑의 영향이라는 전제 아래 백제 멸망 시점 전후인 7세

---

[449] 李善喆, 「韓國의 塼塔形 石塔 硏究-義城塔里五層石塔을 中心으로-」, 충북대학교 석사논문, 2007, p. 10.

[450] 신용철, 앞 논문, 2010, pp. 43-44; 김지현, 「新羅 石塔의 構造와 造營 硏究」, 동아대학교 박사논문, 2012, p. 20.

기 후반 경에 건립되었을 것이라는 견해가 많다. 이러한 견해는 백제 석탑의 영향이 백제 멸망 이후라는 시점을 설정하고 있다는 점이 공통적이다. 그러나 통일 이전에도 신라와 백제는 불탑 건립에 장인들의 교류가 꾸준히 있었으므로[451] 탑리리 오층석탑의 백제석탑 영향에 대해 반드시 백제 멸망 시점 이후로 설정해야 하는 것인지에 다소 의문이 생긴다. 또한 신라 초기석탑에서 나타나는 의장은 오히려 미륵사지 석탑 쪽에 가까운 형식이 더 많다는 견해[452]는 정림사지 오층석탑과 탑리리 오층석탑의 선후 관계에 대해서도 재검토해 볼 필요성이 있다. 따라서 탑리리 오층석탑의 구체적인 건립시기를 살펴보기 위해 정림사지 오층석탑과의 선후관계를 고찰해보고자 한다. 두 석탑은 외관상 차이가 많지만, 양식적으로 기단과 탑신 규모, 감실 유무, 면석과 기둥 구성 등을 비교해 볼 수 있다.

고유섭은 탑리리 오층석탑의 기단에 대해 조선 석탑 중 가장 원시적인 형태를 보이며 정림사지 오층석탑보다 더 고고(高古)한 양식이라고 하였다.[453] 기단 탱주의 수가 2주로 정림사지 오층석탑보다 1주 많고, 뚜렷한 민흘림 형식을 보이는 등 보다 원시적인 형태라는 것이다. 미륵사지 석탑은 기단부터 탑신부 모두 3칸×3칸으로 이후 조영되는 석탑은 기단부 규모는 차이가 있지만 탑신은 1칸×1칸을 보인다. 단순히 기단부 탱주의 수로만 선후를 비교할 수는 없으나, 전체적인 기단 규모와 함께 탑신 규모를 살펴보면 탑리리 오층석탑과 정림사지

451 『三國遺事』 권 제3, 塔像4, 皇龍寺九層塔條 및 『三國遺事』 제2권, 紀異2, 武王條.
452 천득염, 『百濟系石塔 研究』, 전남대학교 출판부, 2000, p. 160.
453 고유섭, 위 책, p. 64.

사진 130-1. 부여 정림사지 오층석탑   사진 130-2. 정림사지 오층석탑 기단부

오층석탑의 비교점을 찾을 수 있다. 정림사지 오층석탑의 탑신은 1층부터 5층까지 1칸×1칸을 유지하고 있는 반면 탑리리 오층석탑은 1층 1칸×1칸, 2층부터 5층은 2칸×2칸을 보이고 있다. 탑리리 오층석탑이 2칸의 탑신을 보이는 것은 미륵사지 석탑의 구조적 결함을 해결하기 위해 탑신의 주칸을 줄이는 변화를 시도한 것으로 생각되므로 전체 탑신부를 1칸으로 조영하고 있는 정림사지 오층석탑보다 미륵사지 석탑에 가까운 과도기적 모습으로 볼 수 있다.

　다음으로 1층 탑신에 개설된 감실의 유무이다. 감실은 목조건축의 내부공간을 재현한 것으로 미륵사지 석탑과 분황사 석탑 등 초기석탑일수록 목조건축을 사실대로 재현하기 위해 가구식 구조 및 세부 형식을 최대한 번안하고자 하였다. 따라서 목조건축의 잔흔이 많을수록 시원적인 형태를 보이며, 시간이 흐를수록 점차 목조건축의 잔흔은 간략해진다. 그러나 초기석탑의 가구식 구조는 상부석재의 하중에 대한 구조적인 문제에 부딪히게 되므로 탑신의 주칸이 1칸으로 축소되면서 감실도 남면에만 조성하는 등 전체적으로 규모가 축소되고 의장

이 단순해진다.[454]

탑리리 오층석탑과 정림사지 오층석탑은 모두 1층 탑신의 주칸을 1칸으로 줄여 미륵사지 석탑에 비해 규모를 확연히 축소하였다. 그러나 탑리리 오층석탑은 여전히 1층에 감실을 개설하고 있어 차이를 보인다. 신라석탑에서 감실 조성의 일반적인 변화흐름은 4면 감실 개설→1면 감실 개설→4면 문비 조각→1면 문비조각 방식으로 구조적 결함을 극복하고 1층 탑신에 공간성을 재현하려는 문제를 해결해 나가고 있다. 물론 감실의 유무로 석탑의 선후관계를 단순 비교하기 어렵지만, 미륵사지 석탑 단계 이후 정림사지 오층석탑은 사리를 안치하는 1층 내부 공간을 과감히 생략하여 구조적 취약점을 극복하고자 한 것으로 생각된다.

부재의 정연한 결구방식 역시 석탑이 원시성을 얼마나 탈피하였는지를 살피는 요소가 된다. 이러한 결구방식의 차이는 두 석탑의 면석과 기둥을 처리하는 방식에서도 확인할 수 있다. 탑리리 오층석탑은 기단부는 면석과 우주 및 탱주를 모두 별석으로 처리하였는데, 탑신에서는 면석에 우주를 모각하는 방식을 보이고 있다. 그러나 우주에 붙은 면석의 길이가 일정하지 않은 모습을 보이는데 1층의 남면과 북면은 우주에 면석이 약간만 붙어 있거나, 측면은 1/2정도를 우주와 붙여서 만든 형태가 나타난다. 마찬가지로 2층부터 5층까지도 우주와 면석을 1석으로 처리하는 방식에서 규칙성을 찾기 어렵다. 반면 정림사지 오층석탑은 기단과 1층 탑신은 면석과 우주를 모두 별석으로 처

---

[454] 천득염·강철홍·송영아, 「한국불탑에 나타난 龕室과 門扉의 의장적 특성」, 『大韓建築學會論文集 計劃系』第22卷 第12號, 2006. 12, p. 189.

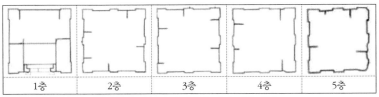

삽도 10. 탑리리 오층석탑 탑신 결구 상태

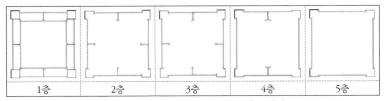

삽도 11. 정림사지 오층석탑 탑신 결구 상태

리하였는데 1층 면석은 2매로 분할하였다. 그리고 2층 이상부터는 면석에 우주를 모각하였는데, 2층과 3층은 전(田)자형으로 4매씩, 4층은 2매, 5층은 1석으로 조성하여 정연한 결구방식을 보인다.

이와 같은 두 석탑의 탑신 결구방식에 대해 1층 탑신에서 정림사지 오층석탑은 우주와 면석을 각각 별석으로 조성한 반면, 탑리리 오층석탑은 우주와 면석 일부가 붙어서 조성되고 있어 정림사지 오층석탑보다 발전된 형태이므로 이 점이 탑리리 오층석탑이 정림사지 오층석탑 이후에 만들어졌다는 근거로 보는 견해도 있다.[455] 그러나 2층 이상의 탑신 결구방식은 비교하지 않은 것으로 전체 탑신 결구방식을 비교해야 할 것으로 생각된다. 2층부터 5층까지의 탑신석 구성을 보면 정림사지 오층석탑은 상층으로 올라갈수록 정연한 결구방식을 보

---

[455] 신용철, 앞 논문, 2010, p. 43.

이며 부재의 수도 12매, 4매, 2매, 1매로 줄어들면서 면석에 우주를 붙이는 방식도 정연성을 보인다. 반면 탑리리 오층석탑은 2층 이상의 탑신은 면석에 우주를 붙이는 방식이 정연하지 못하고 결구방식에서도 규칙성을 찾기 어렵다. 따라서 전체적으로 두 석탑의 탑신 구성을 살펴보면 오히려 정림사지 오층석탑이 정연한 결구성과 규칙성을 보이고 있어 탑리리 오층석탑보다 발전된 형태라고 생각된다.

위와 같이 두 석탑을 비교해 보면, 탑리리 오층석탑의 옥개석이 계단형이라는 것을 제외하면, 가구식의 별석 결구방식, 1층 탑신의 감실 개설, 우주 상부의 주두 표현, 감실 하단부의 신방석 조성, 2층 이상 탑신은 2칸의 주칸 형성 등 전체적으로 탑리리 오층석탑이 정림사지 오층석탑보다 미륵사지 석탑의 목조건축 의장과 가깝다는 것을 알수 있다. 따라서 정림사지 오층석탑이 미륵사지 석탑의 구조적 결함을 획기적으로 보완하여 양식적 완성을 이룬 석탑[456]이라고 한다면 탑리리 오층석탑은 이보다 과도기적인 발전상을 보이므로 정림사지 오층석탑보다 먼저 만들어졌을 가능성을 배제할 수 없게 된다. 결국두 석탑은 모두 미륵사지 석탑 이후에 발생한 것이지만, 탑리리 오층석탑에 목조건축 잔흔이 강하게 남아 있는 것으로 보아 정림사지 오

---

[456] 이에 대해 고유섭은 "이 塔은 무엇보다도 먼저 彌勒寺塔과 같이 純全한 木造塔婆의 形式을 그대로 충실히 재현한 것이 아니요 王宮坪塔과 같이 벌써 그 樣式을 公約시켜서 새로운 樣式의 産出을 꾀한 것으로 樣式 發展史上 이것은 彌勒塔에 다음가는 것으로 設定할 수 있다. 뿐만 아니라 그 細部 手法으로 말하더라도 彌勒塔의 純「架構的」築造 手法과 定林塔의「結構的」手法(예컨대 定林塔의 斜菱形 받침 아래의 長方石이 전체 四板으로 되었으며 全 평면이 四分派된 田字形이라든지 口字形의 배치가 아니라 回形 배치로 서로 엇물리게 되었으니 前者를「架構的」이라 形言한다면 後者는「結構的」이라 할 수 있다)이 發生史的 차이를 또한 말한다 할 수 있다."고 하였다. (고유섭, 『韓國 塔婆의 硏究』, 을유문화사, 1954, pp. 40~41.)

내용		정림사지 오층석탑	탑리리 오층석탑
건립연대		상한 : 639년 하한 : 660년	상한 : 639~660년 하한 : 679년
규모		5층	5층
조성재료		화강암	응회암
조성방식		가구식	가구식
평면형태		방형	방형
기단부	규모	단층기단	단층기단
	결구방식	별석	별석
	기둥	우주2, 탱주1 민흘림 기둥(2칸×2칸)	우주2, 탱주2 민흘림 기둥(3칸×3칸)
탑신부	탑신		
	1층 탑신받침	없음	별석 1단
	감실	없음	1층 있음 (신방석, 문지도리 구멍)
	기둥	민흘림 기둥(1층만 별석)	면석에 모각, 민흘림, 주두 모각
	면석	판석형	판석형 2층 이상 가운데 탱주
	주칸	1칸×1칸	1층 : 1칸×1칸 2층~5층 : 2칸×2칸
	내부구조	적심체로 추정	적심체
	기타	창방	창방, 평방
	옥개		
	옥개받침	하층 경사형	계단형
	옥개석	전각 반전, 귀마루	수평(전각 미세한 반전)
	지붕면	귀마루 표현	계단형

층석탑보다 먼저 만들어진 것으로 볼 수 있다.

정림사지 오층석탑이 백제의 마지막 석탑임은 분명하나, 정확한 건립시기를 알지 못하므로 백제 멸망인 660년을 하한 연대로 보는 것이 어느 정도 일반화된 견해이다. 또한 정림사지 오층석탑이 미륵사지 석탑에 비해 정돈된 형식미와 양식적으로 완성된 모습을 보인다는 점에서 미륵사지 석탑 이후에 건립된 것으로 파악하는 것도 어느 정도 인정되고 있다.457 최근 미륵사지 석탑 해체과정 중 심주석 내부에서 발견된 사리 봉안기를 통해 639년(백제 무왕 40년)에 건립된 것으로 확인되어 정림사지 오층석탑의 건립시기는 639년~660년 사이로 볼 수 있다.

따라서 탑리리 오층석탑과 정림사지 오층석탑을 비교한 결과, 탑리리 오층석탑이 미륵사지 석탑에 좀 더 가까운 양식과 건축 의장을 보인다는 점에서 정림사지 오층석탑보다 먼저 건립되었을 것으로 생각된다. 두 석탑은 미륵사지 석탑이 갖고 있는 구조적 문제점을 많이 해소하였고, 결구방식이 간결화 되는 등 진전된 양식을 보이고 있지만, 정림사지 오층석탑이 탑리리 오층석탑보다 양식적으로 더 발전된 형태를 보이고 있다. 따라서 두 석탑 모두 미륵사지 석탑이 건립된 639년과 백제 멸망 660년 사이로 편년을 설정할 수 있고, 그 사이 안에서 탑리리 오층석탑이 정림사지 오층석탑보다 먼저 건립된 것으로 추정된다. 석탑 건립에 소요되는 기간에 대해서는 자세한 자료나 기록이 남아 있지 않아 확실히 알 수 없다. 다만 황룡사의 경우를 보면 553년에 공사가 시작되어 566년 완료되어 사찰 공사에는 13년이 소요되었고 감은사는 682년 완공되었는데, 문무왕이 왜를 진압하기 위

---

457 두 석탑의 선후 관계에 대해서는 여전히 논란이 있지만, 석탑이 목탑을 번안해서 발생하였다는 점과 석탑의 발전이 직접적으로 표현되던 목조건축적 의장이 간결해지는 과정으로 양식이 전개된다는 점을 감안한다면 정림사지 오층석탑이 미륵사지 석탑보다 후대에 건립된 것으로 보는 것이 어느 정도 인정되는 견해이다. 두 석탑의 선후 관계에 대한 논란은 다음의 논문에서 자세히 정리된 바 있다.
엄기표, 「百濟 石塔의 先後에 대한 考察-木造建築 요소를 중심으로-」, 『文化史學』 16, 한국문화사학회, 2001. 12, pp. 29~86.

한 목적으로 창건한 것으로 당군을 완전히 축출한 매소성 전투(675년) 이후에 창건한 것으로 추정되므로 약 8년여의 기간이 소요된 것으로 추정된다. 사천왕사는 669년부터 짓기 시작하여 679년 완공되어 약 11년의 기간이 소요되었다. 이를 통해보면 당시 석탑이 세워지기까지 약 10여년 내외의 시간이 소요된 것으로 생각된다. 탑리리 오층석탑의 가구식 석조기단 제작 기술이 사천왕사보다 먼저 발생한 것으로 파악되므로, 탑리리 오층석탑의 건립 하한은 사천왕사가 완공된 679년 이전에 건립되었을 것으로 추정해 볼 수 있다. 그렇지만 당시 사찰 건립에 대략 10년을 전후한 기간이 소요되었던 것으로 추정해 볼 때, 639년~660년의 약 20여 년의 기간 속에서 탑리리 오층석탑과 정림사지 오층석탑도 10여년의 시기차를 두고 건립되었을 것으로 생각된다.

〈표 20〉 탑리리 오층석탑의 양식 계보

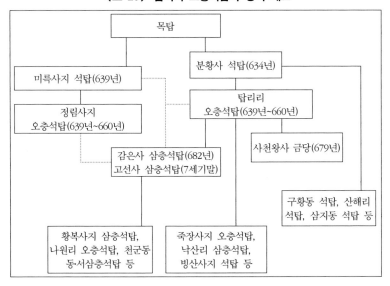

<표 21> 7세기 모전석탑 양식특징과 건립시기

연번	석탑명	시기	기단부		탑신부		상륜부	비고
			형식	탑신받침	탑신	옥개		
1	분황사 석탑	634년	단층기단 (자연석+ 장대석)	각형1단	우주×, 탱주× 1층 감실, 인왕상	상하 층단형	노반, 앙화	
2	탑리리 오층석탑	639~660 년 사이	가구식 단층기단	별석 각형1단	우주○, 탱주○ 별석, 1층 감실	별석 상하 층단형	노반	
3	구황동 석탑(폐탑)	7C 중엽	?	?	1층 감실, 인왕상	상하 층단형 (추정)	-	

2) 8세기

8세기에 건립된 전축모방형 석탑은 죽장사지 오층석탑, 낙산리 삼 층석탑, 낙상동사지 석탑, 오야리 삼층석탑이 해당되며 전축형 석탑 은 산해리 오층석탑, 삼지동 석탑이 해당된다. 전축모방형 석탑은 주 로 가구식기단으로 8세기 중반 이후부터 건립되고 있어 통일신라 석 탑의 변화 현상이 시작되는 시대 흐름과 같은 양상을 보인다. 양식 특징으로 보아 죽장사지 오층석탑이 가장 먼저 건립된 것으로 보이는 데, 앞에서 살펴본 결과 낙산리 삼층석탑과 낙상동사지 석탑은 모두 죽장사지 오층석탑의 양식적 영향을 받아 이후에 건립된 것으로 보이 므로 죽장사지 오층석탑의 건립시기에 대한 면밀한 고찰이 필요하다.

죽장사지 오층석탑은 주로 인근에 위치한 낙산리 삼층석탑과 함께 비교·언급되는데, 두 석탑의 건립시기에 대해서는 그동안 신라 중대 후기와 신라 하대 전기 사이(8세기 말~9세기 전기)[458], 8세기 후반[459],

9세기 전기460 등으로 알려져 왔다. 죽장사지 오층석탑의 옥개석을 살펴보면 전각부를 중심으로 옥개석의 낙수면과 옥개받침부가 대칭 되듯이 조성되어 있고 받침부가 4매로 분할되어 있다. 이러한 옥개석 구성 방식은 고선사지 삼층석탑, 감은사지 삼층석탑과 유사한 방식이다. 이러한 특징에 대해서 고유섭은 "옥개석은 처마와 옥개받침을 합쳐서 전후4석의 등분배치의 조합으로 하였고, 옥개상면도 단층형으로 쌓아서 만들었지만, 이것도 4석의 등분배치로서 이음매가 중앙에 보이는 점은 저 고선사탑과 유사하다."461 라고 이미 언급한 바 있다. 즉, 옥개받침부가 4매의 석재로 등분되어 규칙성을 보이며 결구되는 방식이 고선사지 삼층석탑과 비교 가능하다는 것은 죽장사지 오층석탑의 건립시기를 올려볼 수 있는 실마리가 된다.

신라석탑에서 옥개받침부를 4등분으로 분할 구성하는 방식은 감은

사진 131. 죽장사지 오층석탑 옥개받침   사진 132. 감은사지 동삼층석탑 옥개받침

---

458 고유섭, 앞의 책, 1948, p. 108.
459 鄭永鎬, 앞의 논문, 1969, p. 190.
460 박경식, 『탑파』, 예경, 2001, pp. 212~213.
461 高裕燮 遺著, 『考古美術資料』14卷(韓國塔婆의 硏究 各論草稿), 考古美術同人會, 1967, p. 129.

사지 삼층석탑, 고선사지 삼층석탑 등 전형석탑에서 나타나고, 이후 나원리 오층석탑 1·2층 옥개석에서 받침부와 지붕부가 각 1석씩 분리되는 방식을 보이다가 황복사지 삼층석탑에서 옥개석이 1석으로 정착된다. 죽장사지 오층석탑이 여러 부분에서 탑리리 오층석탑의 영향을 받았지만 옥개받침부를 4등분으로 균일하게 분할하는 방식은 탑리리 오층석탑과 다르며 오히려 고선사지 삼층석탑, 감은사지 삼층석탑 등 전형석탑의 결구방식이 정착된 이후에 나타난 것으로 생각된다.

앞에서 죽장사지 오층석탑의 기단부는 별석의 우주와 탱주가 감입되는 형식이었을 것으로 추정하였다. 아울러 죽장사지 오층석탑의 상하층 기단부 탱주수를 2:3으로 추정하였는데 이 역시 감은사지 삼층석탑, 고선사지 삼층석탑 등 전형석탑과 동일하다. 신라석탑의 발전과정이 탱주의 숫자를 줄여가면서 부재의 수를 최소화하고 동시에 결구법도 단순하게 바뀌어 가는 것[462]이라고 할 때, 죽장사지 오층석탑 역시 별석 결구방식을 보이고, 상하층 탱주의 수가 2:3으로 추정되며 귀틀석을 사용하고 있는 등 전형석탑과 매우 유사한 기단부 형식을 보이고 있다.

한편, 죽장사지 오층석탑의 옥개석 하면의 물끊기 홈이 주목된다. 물끊기 홈은 석탑의 세부 가공기법으로 우수로부터 옥개받침석과 탑신석을 보호할 목적으로 옥개석 하면에 가공한 홈을 말한다. 통일신라 시기에 물끊기 홈이 가공된 대다수의 석탑은 옥개석과 옥개받침석이 일체형인 것을 볼 수 있고 별석이거나 전축모방형 석탑일 경우 물

---

462 申龍澈, 「統一新羅 石塔 硏究」, 동국대학교 대학원 박사학위논문, 2006, p. 135.

사진 133. 죽장사지 오층석탑 물끊기홈   사진 134. 창림사지 삼층석탑 물끊기홈

끊기 홈이 거의 보이지 않는다.[463] 따라서 전축모방형 석탑 중에서 옥
개석 하면에 일반형석탑과 같은 물끊기 홈이 조성된 석탑은 죽장사지
오층석탑이 유일하다. 미륵사지 석탑, 정림사지 오층석탑을 비롯하여
탑리리 오층석탑, 감은사지 삼층석탑 등 이른 시기의 석탑에서는 물
끊기 홈이 가공되지 않았는데 초기 석탑은 실제 목조건물에서 막새
또는 내림새 기와를 사용하여 처마 끝에서 우수처리를 하였으므로 지
붕부에서 낙수에 대한 별도의 고려를 하지 않았던 것으로 보인다.[464]
물끊기 홈의 가공형태는 홈을 판 형태와 처마부분을 제외한 옥개석
전체를 가공한 형태로 나누어 볼 수 있다. 두 형태에 따른 시기 구분
이 명확하지는 않으나, 옥개석 처마면과 옥개받침 사이에 홈을 파는
형식이 비교적 이른 시기의 가공법으로 추정된다.[465]

옥개석 하면의 물끊기 홈은 일반적으로 9세기 석탑의 주요 의장
가운데 하나로 알려져 있지만, 8세기 석탑에서부터 확인된다. 물끊기

463 조은경 외 2인, 「전라도 석탑의 세부 기법 고찰 : 옥개석 물끊기홈과 풍탁공을 중심
　　으로」, 『文化財』40, 국립문화재연구소, 2007, pp. 278~280.
464 조은경 외 2인, 위 논문, p. 279.
465 조은경 외 2인, 위 논문, p. 281.

홈이 조성된 가장 이른 시기의 석탑은 758년에 건립된 갈항사지 삼층석탑466으로 옥개석 아래 옥개받침 최상단과 전각면 사이에 별도로 둥근 홈을 가공한 형태이다.467 경주 창림사지 삼층석탑 역시 별도로 둥근 홈을 가공한 형태로 갈항사지 삼층석탑과 같은 형식을 보이고 있다. 최근 이 석탑의 건립시기가 기존의 9세기가 아니라 8세기 중기 이전으로 편년되므로 물끊기 홈의 시초를 여기에서 찾을 수 있다는 견해468가 주목된다. 이를 통해 보면, 석탑에서 물끊기 홈은 8세기부터 등장한 수법임을 알 수 있으며, 죽장사지 오층석탑의 물끊기 홈 역시 처마면 하부에 각형의 홈을 파서 가공한 형태로 비교적 이른 수법을 보이고 있다.

이에 대해 일찍이 고유섭은 "옥개 처마 밑에 1조의 홈 모양이 있어, 저 갈항사(葛項寺)의 그것보다 원시적인 형태를 가졌다고 하겠는데, 만약 이 점에서 본다면, 갈항사, 불국사 다보탑의 그것보다 선행할 것인가 생각된다. 소위 모전탑양식으로서 저 의성탑의 다음가는 연차의 대작이라 하겠다."469라고 하여 죽장사지 오층석탑의 건립시기가 8세기 중엽 이전으로 올라갈 가능성에 대해 언급한 바 있다. 따라서 죽장사지 오층석탑의 물끊기 홈 형태는 이 석탑의 편년을 8세기 중엽까지 올려볼 수 있는 요소로 생각된다.

---

466 "二塔, 天寶十七年戊戌中立在之, 娚姊妹三人, 業以成在之.」 娚者, 零妙寺言寂法師在㫆, 姊者, 照文皇太后君妳在㫆, 妹者, 敬信太王妳在也."(황수영,『韓國金石遺文』, 一志社, 1976).

467 조은경 외 2인, 위 논문, p. 279.

468 申龍澈, 앞의 논문, 2006, p. 159.

469 高裕燮 遺著,『考古美術資料』14卷(韓國塔婆의 研究 各論草稿), 考古美術同人會, 1967, p. 130.

죽장사지 오층석탑은 상층기단 외부에 별도의 기둥이 둘러지는 특이한 의장이 가장 주목된다. 이처럼 입체적인 공간성을 부각하는 현존하는 석조물은 석굴암 본존불 대좌, 불국사 다보탑이 대표적인데 이들은 통일신라 8세기를 대표하는 작품들이다. 따라서 이와 같이 이중으로 입체적인 공간성을 강조한 의장이 석조물 조성에 유행한 시기가 8세기로 죽장사지 오층석탑 역시 동일한 시기성을 갖는다. 다만 일반적으로 석탑에서 경사진 갑석 상면은 연대가 하강되는 요소로 파악되는데[470] 죽장사지 오층석탑의 하층기단 갑석이 경사형으로 조성되어 있어 시대 하강의 가능성을 상정할 수 있으나, 하층기단의 경사진 갑석의 한 요소만으로 상정하긴 어렵다. 따라서 죽장사지 오층석탑의 전체적인 양식 특징으로 보아 건립시기는 8세기 중엽~8세기 말로 생각된다.

한편, 오야리 삼층석탑과 삼지동 석탑은 같은 자연석기단 형식이지만 오야리 삼층석탑의 자연석기단 등장에 삼지동 석탑이 영향을 준

사진 135. 오야리 삼층석탑 감실 입구
문지도리 구멍

사진 136. 탑리리 오층석탑 감실 내부
문지도리 구멍

---

470 박홍국, 앞 책, 1998, p. 179.

것으로 생각되므로 두 석탑의 건립시기에 대해 비교·검토할 필요가 있다. 오야리 삼층석탑의 건립시기에 대해서는 그동안 신라말[471] 또는 9세기 후반경[472]으로 추정되어 왔다. 이 석탑 형식은 1기만 남아 있어 다른 전축모방형 석탑에 비해 그다지 주목받지 못하였으나 앞에서 검토한 결과 유일한 자연석기단 전축모방형 석탑으로 괴체석기단의 발생에 중요한 매개체 역할을 한 것으로 추정된다. 또한 전축형 석탑의 기단부와 전축모방형 석탑의 탑신부가 혼재되어 나타난 형식으로 전축모방형 석탑과 전축형 석탑과의 영향 관계를 살피기 위해서 건립시기에 대한 검토가 필요하므로 오야리 삼층석탑과 삼지동 석탑의 양식 비교를 통해 건립시기를 살펴보고자 한다.

오야리 삼층석탑의 건립시기를 추정하는데 있어 가장 주목되는 부분이 1층 감실의 건축 의장 표현이다. 오야리 삼층석탑은 감실 입구에 문둔테를 돌출시켜 표현하여 실제 문을 달았던 것으로 보인다. 일반적으로 통일신라 석탑 양식 발달은 목조건축 의장이 간략화되는 과정과 같은 흐름을 보인다. 따라서 석탑에 목조건축 의장의 직접적인 표현 정도에 따라 어느정도 건립시기를 가늠할 수 있다. 통일신라 일반형석탑은 전형양식에서부터 목조건축 요소가 간략화된 양식적 완성을 이룩한 후 동일한 양식으로 지속된다. 따라서 직접적으로 감실을 개설하는 방식은 사라지고 고선사지 삼층석탑은 4면 문비와 신방석, 장항리 오층석탑, 간월사지 삼층석탑 등은 인왕상과 문비를 새기

---

471 朴日薰, 「月城郡 吾也里 三層石塔」, 『考古美術』第5卷 第5號(通卷46號), 韓國美術史學會, 1964, p. 520.
472 박홍국, 앞 책, p. 184.

는 방식으로 나타나고 있어 직접적으로 목조건축 의장을 표현한 경우는 흔치 않다. 이는 석탑을 건립할 때 이전보다 탑신의 면적이 좁아지는 형태에서 내부에 공간을 조성할 경우 상층부의 하중을 견디기 어렵기 때문에 직접 감실을 조성하는 것과 표면에 새기는 것은 기술적으로 큰 차이가 있다. 그런 까닭에 일반형석탑에서는 문비의 의미를 살리면서도 비교적 표현이 자유로운 조각을 통해 공간을 암시하는 방법을 사용한 것으로 생각된다. 이와 같은 일반적인 양식 흐름은 전축모방형 석탑도 예외로 볼 수 없다.

통일신라 석탑에서 문둔테를 표현한 것은 오야리 삼층석탑이 유일하며, 이와 같은 건축 의장은 감실 입구의 문지도리 구멍을 내부에 두는 것과 외부에 두는 것의 차이에서 나타난 것으로 생각된다. 오야리 삼층석탑은 문지방석 위에 방형 1단의 신방석 자리가 표현되어 있고 그 위로 문지도리 구멍이 뚫려 있다. 따라서 오야리 삼층석탑의 문둔테는 자연석기단을 적용하면서 필연적으로 석탑의 규모가 작아지자 감실 공간을 최대한 확보하기 위해 문짝을 외부에서 여닫을 수 있게끔 만든 것으로 보인다. 이는 규모의 변화에 따라 최대한의 목조건축 의장을 구현한 것으로 괴체석기단 석탑보다 적극적으로 감실 및 건축의장을 반영한 것이다. 이와 같은 목조건축 의장은 앞서 건립된 대형의 가구식기단 전축모방형 석탑들보다는 간략화되었지만, 목조건축 의장이 거의 사라진 괴체석기단보다는 앞선 시기에 건립된 것으로 볼 수 있는 중요한 양식 특징이 된다.

오야리 삼층석탑의 자연석기단 발생에 영향을 준 것으로 생각되는 삼지동 석탑의 건립시기는 그동안 막연히 고려시대로 추정되어 왔다.

삼지동 석탑은 1999년 수리공사 시 2층 옥개석에서 석재 사리함이 발견되었는데, 사리함에서 사리 1~2과를 비롯하여 사리병, 패각류, 지류편, 금박편 등이 나왔으며 이에 대해 석재 사리함과 사리병 등의 형태로 보아 사리장엄의 조성시기가 8~9세기일 것으로 추정하기도 한다.[473] 특히 사리병은 얇은 기벽과 녹색의 색조를 띠고 있는데 경부는 짧고 동체부가 원에 가까울 정도로 만곡된 형태를 보여주고 있어 경주 불국사 삼층석탑 사리장엄 내 사리병과 유사하다는 점[474]에서 중요 편년 자료가 되고 있다.

7세기에 경주에서 최초로 건립된 분황사 석탑을 생각한다면 여타의 전축형 석탑의 건립시기 역시 막연히 고려시대로 하강될 이유가 없다. 뒤에서 언급하겠지만, 삼지동 석탑 인근의 산해리 오층석탑 또한 기존의 고려시대 조성설과는 달리 통일신라 8세기 말에 건립된 것으로 추정할 수 있어 삼지동 석탑 역시 통일신라시대에 건립되었을 가능성을 전혀 배제할 수 없다고 생각된다.[475] 물론 일반적으로 규모가 큰 석탑이 규모가 작은 석탑보다 앞선다고 여겨지지만, 전축형 석탑은 축조방식은 분황사 석탑 이후 큰 변화가 없으므로 외관의 형식만으로 건립시대를 판단하기 어렵다. 또한 삼지동 석탑은 자연석을

---

473 申大鉉, 「英陽 三池洞 模塼三層石塔 舍利莊嚴 小攷」, 『文化史學』11·12·13號, 한국문화사학회, 1999, pp. 457-461.

474 申大鉉, 위의 논문, pp. 458-459; 주영희, 「新羅 琉璃製舍利容器 研究」, 『東岳美術史學』4호, 동악미술사학회, 2003, p. 180.

475 이 탑의 암자는 원래 영혈사로 건립되었는데, 영혈사를 주제로 한 조선시대 지방 사림인 柱江 趙是光(1669~1740)이 지은 《柱江文集》의 시에서 영혈사를 '千年廢寺址'라고 표현한 구절을 통해 당시 17~18세기 사람들도 이 탑을 신라시대에 건립된 것으로 인식하였다는 견해가 있다. (안선우, 앞 논문, p. 40.)

기단으로 삼으면서 필연적으로 규모가 작아진 것으로 추정되므로 석탑의 규모로만 절대적인 시기성을 파악하기 어려울 것으로 생각된다. 특히 삼지동 석탑의 내부에서 발견된 사리장엄의 조성시기가 8~9세기로 편년되는 점을 고려한다면, 삼지동 석탑의 시기도 8세기대로 올려 볼 수 있어 오야리 삼층석탑보다 선행하거나 비슷한 시기에 건립되었던 것으로 추정 가능하므로 오야리 삼층석탑이 삼지동 석탑의 기단부 형식에 영향을 받았을 가능성은 충분하다. 이를 종합해 본다면 먼저 오야리 삼층석탑의 1층 탑신부 감실에서 보이는 문둔테, 문지도리 구멍 등 뚜렷한 목조건축적 요소, 별석 조영 방식, 치석수법 등은 9세기 이전 석탑의 특징으로 볼 수 있다. 그리고 삼지동 석탑은 내부에서 발견된 사리장엄의 시기가 8세기까지 소급 가능하며, 두 석탑의 공통된 자연석기단 영향관계로 볼 때, 오야리 삼층석탑과 삼지동 석탑의 건립시기는 8세기 말로 추정할 수 있다.

산해리 오층석탑은 그동안 건립시기에 대해 통일신라[476]와 고려시대[477]로 대별되고 있어 양식적 특징을 통해 건립시기를 살펴보고자 한다. 산해리 오층석탑이 다른 전축형 석탑과 차별되는 가장 큰 양식적 특징은 2~5층까지 탑신 중간에 2단으로 조성된 턱이 돌출되어 있는 것이다. 옥개 상면 바로 위에 모전석재보다 크게 가공된 석재를 1~3단 쌓되 그 평면이 탑신 상부보다 조금 내쌓은 위에 2단으로 구성되어 있다.[478] 이 돌출된 턱은 고려시대 석탑의 별석 탑신받침의 변형

---

476 박홍국, 앞 책, p. 160.
477 김지석, 「고려시대 모전석탑 연구」, 단국대학교 석사학위논문, 2006, p 13; 박경식, 『한국의 석탑』, 학연문화사, 2008, p. 460.

사진 137. 산해리 오층석탑 탑신부   사진 138. 일본 호류지 5층탑 2층 탑신부

으로 보기도 하지만,[479] 탑신받침이라면, 말 그대로 탑신을 받치는 역할을 해야하므로 탑신 바로 아래, 즉 옥개석 상면 바로 위에 조성되어야 한다. 그러나 이 탑의 턱은 탑신 중간에 조성되어 있어 받침이라는 견해는 설득력이 떨어진다.[480] 또한 무게를 감당하기 위한 것이며 당대 간쑤성(甘肅省) 영현고탑(寧縣古塔)과 비교하여 주목된다는 견해가 있으나,[481] 탑의 수직하중을 덜어주기 위해 조성되었다고 하기에는 2단의 돌출된 턱이 얼마나 효과적인 기능을 발휘할 수 있는지 의문이다.

한편, 이와 유사한 턱이 지붕면에 기와가 남아 있는 안동 운흥동 오층전탑에도 있다는 것과 수리 시에 산해리 오층석탑의 상부와 탑 주위에 기와가 많았다는 것을 근거로 기와를 얹기 위한 장치[482]라는 것이 최근 견해이다. 즉, 기와를 얹을 경우 이 돌출 턱은 탑신을 타고

---

478 국립문화재연구소, 『경상북도의 석탑Ⅵ』, 2012, p. 204.

479 진홍섭 編, 『國寶』, 웅진출판사, 1992, p. 233.

480 돌출된 턱이 아래층 옥개석과 석재 두 장 정도의 거리를 두고 있어 탑신받침으로 보기 어렵다는 견해가 있다.(안동시, 『안동 신세동 칠층전탑-정밀 사진실측 및 보수복원방안 조사보고서』, 2003, p. 55.

481 박홍국, 위 책, p. 160.

482 강우방·신용철, 『탑』, 솔출판사, 2003, p. 37.

내려오는 물을 막아 기와 위로 떨어지게 하는 장치로, 모전석재와 다른 석재로 쌓은 것은 기와를 얹을 경우 외부에 노출되지 않으며, 기와 아래의 알매흙이 보다 잘 접착되는 효과를 가져왔다는 것이다.[483] 그러나 최초부터 전탑에 기와를 올렸는지에 대해서는 정확히 알 수 없지만 최근에는 처음부터 기와가 없었던 것으로 보는 견해가 일반적이다.[484] 또한 운흥동 전탑의 기와가 연결되는 탑신은 정연한 벽돌을 사용하고 있어 산해리 오층석탑과 차이가 있다. 전탑은 구워진 벽돌을 일괄적으로 사용하고, 모전석탑은 모전석을 가공하여 사용하는 것으로 단순 비교하기 어려우나, 계획된 소형 부재를 사용하여 쌓기 방식으로 탑을 조성한다는 방식은 같다. 그렇다면 운흥동 전탑의 턱 아랫부분도 기와와 연결되어 외부에 보이지 않으므로 굳이 벽돌을 사용하지 않아도 되는 것이다. 따라서 산해리 오층석탑에서 탑신 중간에 돌출된 턱을 조성하고 그 아래에는 모전석재가 아닌 다른 크기의 석재를 사용한 것은 분명 다른 의미가 있는 것으로 생각된다.

그렇다면 산해리 오층석탑의 이 부분은 어떤 건축적 의장을 표현한 것인지에 대해 자세히 살펴보고자 한다. 석탑 건립에 있어서 목조건축의 재현에 가장 충실하고자 했던 방법이 1층 탑신에 공간을 개설하는 것이다. 산해리 오층석탑 역시 분황사 석탑과 같이 1층에 감실

---

483 국립문화재연구소, 『경상북도의 석탑Ⅵ』, 2012, p. 205.
484 목조건축의 잔흔으로 기와를 올렸다는 의견이 일반적이었으나, 조선시대에 전탑을 수리하면서 기와를 올렸을 것이라는 견해도 있다. 전탑 틈으로 수분이 들어가 동결과 해빙으로 훼손되는 것을 방지하기 위해 후대에 보수한 것으로 보는 견해도 있다. (신용철, 「경북 안동지역 불탑의 편년과 특징」, 『한국민족문화』34, 부산대학교 한국민족문화연구소, 2009. 7, pp. 107~108.)

을 조성하였는데, 규모와 형식이 축소되었지만, 남면에 감실을 조성하고 있어 직접적으로 공간성을 보여주고 있다. 그렇다면 산해리 오층석탑의 탑신 중간에 돌출된 턱 부분도 목조건축적 요소의 번안으로 추정해 볼 수 있는 여지가 있다.

산해리 오층석탑의 탑신부에 돌출된 턱은 1층을 제외하고 매층마다 재현되었다는 것이 특징이다. 목조 중층건물에서도 이와 유사한 구조를 찾을 수 있는데, 1층을 제외하고 매층마다 지붕 위에 조성되는 구조로 난간과 평좌를 들 수 있다. 산해리 오층석탑도 1층을 제외하고 매 층마다 턱이 돌출되어 있어 목조건축의 난간 또는 평좌가 번안되었을 가능성이 있다. 평좌는 적층식 중층건물에서 아래층과 위층을 연결하기 위해 조성하는 부분으로 하층 옥개 내부에서 결구되어 입면상으로는 나타나지 않고, 상층의 바닥과 하층의 천장사이에 위치하는 암층형식485으로 외부에서는 잘 보이지 않는다. 이에 비해 난간은 중층 목탑에서 상층부를 활용할 때 외부통행로로서의 역할을 하거나 단순 장식용으로 설치되기도 한다. 전자는 중국 불궁사(佛宮寺) 석가탑(1056년)이 대표적이며 후자는 일본 호류지 5층탑(670년경)이 대표적이다. 불궁사 석가탑은 각 층에 바닥과 난간이 실제 사용되었고 이러한 구조기법은 『영조법식(營造法式)』의 차주조(叉柱造)에 해당하는 것으로서 고대부터 널리 사용된 구조기법으로 볼 수 있다. 반면 일본 목탑에서는 2층 이상의 층을 사용하지 않으므로 각 층에 바닥과 보랑은 설치되지 않고 의장용 난간만 설치된다. 이 난간은 실제 사용되지

---

485 장헌덕, 『목조건축의 구성』, 한국문화재보호재단, 2006, p. 149.

않기 때문에 단지 지붕 위에 올려놓는 처리가 가능했던 것으로 보인다.[486] 불궁사 석가탑은 2층 이상의 난간은 외관상 보랑과 난간이 탑신에서 돌출하여 아래층의 지붕과 분리되어 있어 실제 사용하는 난간과 장식용 난간은 구조상 차이가 있다.

한편, 지금까지 탑신받침의 기원에 대해 목조건축의 구조를 번안한 요소라는 근거로 난간[487] 또는 평좌[488]로 보는 견해가 있는데, 그리고 불궁사 석가탑은 각 층 사이에 평좌를 두어 적층하는 방식으로 축조되었는데 하층의 기둥 위에 평좌를 설치하고 그 위에 상층 기둥을 세워 상하층을 연결하는 방식이다. 따라서 전체 구조는 독립된 구조의 각 층이 연결되는 구조를 갖는데, 여기서 평좌는 독립된 인공기단 역할을 하게 된다는 것으로 볼 때[489] 탑신받침의 기원은 상부의 구조를 지지하는 역할을 하는 평좌설이 좀 더 설득력이 있어 보인다.[490]

---

[486] 홍대한, 위 논문, pp. 608~609.

[487] 杉山信三, 『朝鮮の石塔』, 彰國社, 1944, p. 40.

[488] 洪大韓, 「高麗初 石塔의 塔身받침 造形特性에 관한 研究-塔身받침의 起源과 變化를 중심으로-」, 『文化史學』27, 한국문화사학회, 2007. 6, pp. 603~613; 曺永洙, 「石塔에 있는 塔身받침의 起源과 變化에 관한 研究」, 성균관대학교 석사학위논문, 2005, pp. 48~51.

[489] 홍대한, 위 논문, p. 605.

[490] 한편, 통일신라 9세기 석탑에서 별석 초층탑신받침의 등장이 목조탑의 난간이 석재로 변형되어 나타난 것으로 보기도 한다. 1층 탑신에 별석 받침이 목조탑의 난간이 변형된 것으로(김동욱, 『한국건축의 역사』, 기문당, 2002, p. 101.) 이에 대해 목탑에 있어서의 난간의 수법을 '모디파이(modify)'한 조형으로 파악한 견해가 있다.(황수영, 『황수영전집』3, 혜안, 1998, p. 174.) 이와 같은 별석 초층탑신받침의 변화 1층에 등장하는 것은 9세기 석탑에서 초층탑신에 안치된 사리에 대한 숭앙의식의 결과로 나타난 것으로 생각되는데, 목탑에서 모든 층에 난간이 나타나는 것과 달리 9세기 석탑에서 1층 탑신에만 별석받침이 나타나는 것으로 보아 난간의 실제 사용 역할과 관련이 있을 것으로 생각된다.

산해리 오층석탑의 탑신에 돌출된 턱은 1층을 제외하고 2층~5층까지 조성되어 있고, 아래층 지붕과 일정 간격을 두고 조성되어 아래층의 지붕과 분리되어 있으며 탑신받침의 역할을 하고 있지 않다는 점으로 미루어 보아 적층식 중층목탑의 난간을 표현한 것으로 추정된다. 석탑에서 난간의 직접적인 표현은 일반형석탑에서는 볼 수 없고, 불국사 다보탑, 백장암 삼층석탑 등에서만 확인된다. 이를 통해 볼 때 산해리 오층석탑의 돌출된 턱은 모전석탑에서 유일하게 나타나는 난간 의장으로 생각된다. 다만 이 석탑이 소형석재를 사용하는 전축방식으로 석탑을 쌓고 있어 일반형석탑과 같이 난간 의장을 세밀하게

〈표 22〉 8세기 모전석탑 양식특징과 건립시기

연번	석탑명	시기	기단부		탑신부		상륜부	비고
			형식	탑신받침	탑신	옥개		
1	죽장사지 오층석탑	8C 중엽~ 8C 말	가구식 이층기단	별석 각형2단	우주× 별석, 1층 감실	별석 상하 층단형	노반	
2	낙산리 삼층석탑	8C 후반	가구식 이층기단	각형2단	우주× 별석, 1층 감실	별석 상하 층단형	노반	
3	낙상동사지 석탑(폐탑)	8C 후반	가구식 이층기단 (추정)	?	우주× 별석, 1층 감실(추정)	별석 상하 층단형		
4	삼지동 석탑	8C말	자연석 기단	-	우주×, 탱주×, 1층 감실	상하 층단형	-	
5	오야리 석탑	8C말	자연석 기단	별석 각형2단	2층만 우주○, 부분 별석, 1층 감실	부분 별석 층단형	결실	
6	산해리 오층석탑	8C말	단층기단	별석 각형2단	우주×, 탱주×, 1층 감실, 탑신 턱 돌출	상하 층단형	노반	

표현하지 못하고 돌출된 2단의 턱으로 표현한 것으로 생각된다. 인근의 현이동 모전석탑과 시기를 비교해 보면, 박홍국은 현이동 석탑의 감실 입구 석주의 당초문과 출토된 용문암막새가 경주의 전 이거사지 출토 암막새와 같은 문양으로서 아마도 8세기 중엽에 해당할 것으로 추정하였다.491 그러나 현이동 모전석탑은 석재의 상태로 보아 잦은 보수가 있었던 것으로 보이며, 사찰 마당에 있는 계단 소맷돌의 형식으로 보아 통일신라까지 올리기에는 무리가 있을 것으로 생각된다. 이와 비교하면 산해리 오층석탑은 석재의 치석상태 및 축조상태가 이보다 앞서는 것으로 판단되므로 통일신라로 생각되며 다른 전축형 석탑보다 목조건축 세부 의장이 남아 있는 것으로 볼 때 8세기 말까지 올려볼 수 있는 여지가 충분하다.

3) 9세기

9세기에 건립된 전축모방형 석탑은 남산리 동삼층석탑, 서악리 삼층석탑, 남산 지곡 용장계 삼층석탑, 빙산사지 오층석탑이 해당되며 전축형 석탑은 대사동 석탑이 해당된다.

전축모방형 석탑은 괴체석기단이 대부분인데, 앞서 8세기에 건립된 자연석기단 이후 석탑 입지가 변화하면서 9세기에 들어 괴체석기단이 발생한 것으로 생각된다. 괴체석기단 석탑은 모두 탑신에 우주가 생략되어 있고 서악리 삼층석탑에서만 문비와 인왕상이 남아 있어

---

491 박홍국, 앞 책, p. 160.

전체적으로 건축적 요소가 거의 사라졌음을 알 수 있다. 괴체석기단 석탑의 입지가 평지에서 점차 산지로 변화되는 것으로 보아 남산리 동삼층석탑이 가장 먼저 건립된 것으로 보이는데, 기단 구성 석재가 세 석탑 중 가장 정연하고, 옥개석의 치석수법으로 보아 대체적으로 9세기 전반 경 건립된 것으로 추정된다.[492] 서악리 삼층석탑과 용장 계 지곡 삼층석탑은 기단을 구성하는 석재의 치석수법과 전체적인 양 식으로 보아 남산리 동삼층석탑보다 후대에 건립된 것으로 볼 때 두 석탑은 9세기 후반으로 보인다. 다만 서악리 삼층석탑은 1층에 문비 가 남아 있고 입지 위치로 보아 용장계 지곡 삼층석탑보다는 앞서 건 립된 것으로 생각된다. 용장계 지곡 삼층석탑은 기단 석재의 중간에 소형 석재를 감입하는 등 정연성이 더욱 떨어진다. 또한 탑신 구성에 서 옥개와 탑신을 같이 조성하려는 의도가 엿보이고 있어 괴체석기단 석탑 중 가장 늦게 건립된 것으로 생각된다.

빙산사지 오층석탑은 단층의 가구식기단으로 탑리리 오층석탑을 따르고 있지만 기단부 탱주가 1주로 줄어들어 전체적인 규모가 축소 되고 결구방식에서도 부재의 단일화 의도가 보이는 것으로 보아 그동 안 탑리리 오층석탑을 모방한 고려시대에 건립된 것으로 알려져 왔 다.[493] 그러나 전체적인 비례감이나 석재의 짜임 등 결구방식에서 통

---

492 이에 대해 8세기 전반에 건립되었을 것이라는 견해가 있으나,(박흥국, 「경주 남산 리 3층 석탑의 특이점에 대한 고찰」, 『新羅文化』36(동국대학교 신라문화연구소, 2010), p. 163.) 정황적인 증거로 추정한 것이므로 재론의 여지가 있다. 현재 남산 리 동삼층석탑의 각형 3단의 탑신받침과 옥개석의 치석수법 등으로 보아 9세기 전 반 경에 건립된 것으로 생각된다.
493 박경식, 『한국의 석탑』(학연문화사, 2008), pp. 469-472.

일신라시대의 치석술을 엿볼 수 있고[494] 사지에서 고식의 와편이 수습되고 있는 점[495], 석탑에서 발견된 녹색사리병의 제작시기를 9세기로 보고 있는 점[496] 등을 종합해보면 통일신라 9세기 후반에 건립된 것으로 보인다.

대사동 석탑은 현재 남아 있는 높이가 2m 남짓되는 것으로 보아 원래도 소형이었을 것으로 생각된다. 석탑을 구성하는 석탑재는 정교하게 가공하지 않은 것을 사용하여 탑재의 크기는 고르지 못한 편이다. 전체적으로 잔존 상태가 좋지 못하고 분황사 석탑과 같이 석재를 정연하게 절단하여 가공한 것은 아니지만 상주 석심회피탑보다는 석재의 표면이 정제되어 있어 나은 편[497]이라는 점과 삼지동 석탑과 유사한 입지조건과 기단형식을 갖추고 있다는 점으로 볼 때, 고려시대보다는 통일신라 9세기 말에 조성된 것으로 여겨진다.

지금까지 모전석탑의 건립시기에 대해 살펴보았다. 모전석탑은 7세기 전반 분황사 석탑과 탑리리 오층석탑에서 시작되어 신라석탑의 시원과 동시에 출발하고 있음을 알 수 있다. 이후 7세기 후반까지는 분황사 석탑을 모방하여 만든 구황동 석탑 외에는 모전석탑이 보이지 않는데, 이는 이 시기가 신라 전형양식이 정착하고 발달하는 시기로 모전석탑의 건립이 많지 않았던 것으로 생각된다.

---

494 국립문화재연구소, 『경상북도의 석탑』Ⅵ, 국립문화재연구소, 2012, p. 166.
495 박홍국, 앞 책, 1998, p. 176.
496 주영희, 「新羅 琉璃製舍利容器 硏究」, 『東岳美術史學』4호, 동악미술사학회, 2003, pp. 180-181.
497 秦弘燮, 「安東 吉安面 模塼塔」, 『考古美術』第6卷 第3·4號, 한국미술사학회, 1965. 4, p. 52.

연번	석탑명	시기	기단부		탑신부		상륜부	비고
			형식	탑신받침	탑신	옥개		
1	남산리 동삼층석탑	9C 전반	괴체석 기단	별석 각형3단	우주×, 각 1석	각 1석 상·하 층단형	노반	
2	서악리 삼층석탑	9C 후반	괴체석 기단	별석 각형1단	우주×, 각 1석 1층 문비, 인왕상	각 1석 상·하 층단형	결실	
3	용장계 지곡 삼층석탑	9C 후반	괴체석 기단	별석 각형3단	우주×, 각 1석	각 1석 상·하 층단형	노반 (복원)	
4	빙산사지 오층석탑	9C 후반	가구식 단층기단	별석 각형1단	우주× 별석, 1층 감실	별석 상·하 층단형	노반	
5	대사동 석탑	9C말	자연석 기단	-	우주×, 탱주×	상·하 층단형	-	

  모전석탑의 건립이 다시 본격화되는 것은 8세기 중반 이후부터인데 통일신라 석탑의 다양한 변화 현상이 나타나는 것과 같은 시대흐름을 보이고 있어, 이 시기 석탑의 다양성을 볼 수 있다. 주로 가구식 기단 전축모방형 석탑이 건립되는데, 탑리리 오층석탑의 양식을 따르면서 세부 형식의 변화를 보이고 있음을 알 수 있다. 또한 대부분 구미, 상주 등 경북 북부지역을 중심으로 지속 건립되고 있어 의성을 중심으로 한 지역적인 특성을 보인다. 8세기 후반에는 전축형 석탑과 전축모방형 석탑 모두 자연석기단으로의 변화가 나타나고 있어 양식적 영향관계를 살필 수 있다. 또한 자연석기단의 입지조건 변화로 인해 9세기 괴체석기단 석탑이 발생한 것으로 보아 전축모방형 석탑의 전개과정에서 중요한 매개 역할을 한 것으로 생각된다. 단층기단 전

축형 석탑도 분황사 석탑의 기본 조형을 충실히 따르고 있지만, 세부 건축의장이 표현되는 등 다양화되는 현상을 볼 수 있다.

　9세기에 건립되는 모전석탑은 전축모방형 석탑은 경주를 중심으로 괴체석기단으로 변화하였는데, 조형에 있어 다양한 창작 의지를 볼 수 있다. 그러나 괴체석기단 석탑은 전반적으로 석탑의 규모가 축소되며 건축적 의장도 매우 간소화되었고 9세기를 끝으로 더 이상 건립되지 않는다. 가구식기단도 빙산사지 오층석탑이 거의 마지막 단계로 통일신라시대 전축모방형 석탑은 9세기를 마지막으로 더 이상 건립되지 않는 것을 볼 수 있다. 전축형 석탑은 자연석기단이 지속적으로 건립되는 것을 볼 수 있는데, 자연석기단은 더욱 소형화되면서 더 이상 건립되지 않는 현상을 볼 수 있다.

Ⅵ. 통일신라 석탑의
조형적 특징

VI
·
통일신라 석탑의 조형적 특징

　지금까지 통일신라 일반형석탑과 모전석탑이 변화되는 양상과 양식 특징, 건립시기 등에 대해 살펴보았다. 불국사 다보탑과 같이 전형석탑과 전혀 다른 양식의 석탑이 새롭게 창안되는 경우도 있었으나 대부분은 전형석탑의 기본 틀을 계승하면서 부분적인 변화를 통해 양식이 다양화되는 과정을 볼 수 있었다. 또한 모전석탑은 나름의 양식을 정착시키며 별도로 양식이 계승되는 현상을 보인다. 이러한 변화는 신라의 전형석탑이 완전히 정착되는 과정 속에서 건탑 기술에 대한 자신감, 새로운 양식에 대한 예술적 창작 욕구와 개방성, 교리에 따른 신앙심의 표현 등이 유기적으로 결합된 결과 다양한 변형이 이뤄질 수 있었던 것으로 생각된다.

　이처럼 통일신라 석탑은 8세기, 9세기를 거치면서 다양한 변화 속에서 새로운 양식을 발생시켰으며, 지속적으로 시대 양식을 반영하며 고려시대까지 계승, 발전되는 현상을 볼 수 있어 통일신라 석탑 변화에 따른 영향관계를 잘 보여준다. 따라서 본 장에서는 지금까지 검토한 통일신라 석탑의 변화 양상과 양식 특성을 바탕으로 통일신라 석탑의 조형적 특징을 다양성과 독창성이라는 측면에서 정리하고자 하며 이후 고려시대 석탑에 어떻게 계승되어 영향을 끼쳤는지 살펴보고자 한다.

1. 다양성과 독창성

1) 다양한 양식 창안

통일신라 일반형석탑의 변화 양상과 양식 특징을 살펴본 결과, 통일신라 석탑은 양식적 완성 이후 새로운 변화가 추구되었고 그 결과 다양한 양식의 석탑이 창안되었다. 불국사 다보탑과 같이 전형석탑과 전혀 다른 양식의 석탑이 새롭게 창안되는 경우도 있지만 대부분은 전형석탑의 기본 틀을 계승하면서 기부단, 탑신부 등에서 부분적인 변화를 통해 양식이 다양화되는 과정을 볼 수 있었다.

이 같은 통일신라 석탑의 다양성은 일반형석탑과 달리 특수양식석탑 또는 이형석탑으로 불리는 통일신라 석탑만의 독자적인 영역을 구축했다는 점에서 중요한 의미를 둘 수 있다. 특수양식석탑 또는 이형석탑이란 전형양식으로 대표되는 일반형석탑과는 전혀 다른 새로운 양식이거나 전형양식에서 변형되어 다른 양식을 보이는 석탑을 가리키는 것이다. 따라서 전형적인 양식을 기본으로 하는 석탑에서 기본 양식과 형태를 달리 하는 특수양식이 발생한 것으로 이해할 수 있다.[498] 이 책에서 살펴본 통일신라 석탑의 변화 양상 중에서 특수양식

석탑 또는 이형석탑을 명확하게 구분할 수 있는 기준이 뚜렷하지 않지만, 불국사 다보탑과 같이 전체가 변형되거나 화엄사 사사자삼층석탑, 정혜사지 십삼층석탑, 도피안사 삼층석탑 등 부분적인 변형을 통해 새로운 조형을 보이는 석탑들이 해당된다.

사사자기단 석탑은 『화엄경』의 「입법계품」의 내용을 경전적 배경으로 하고 전형석탑의 상층기단 모서리에 네 마리의 사자를 배치하는 발상을 통해 그 자체로 새로운 양식을 창안하였다. 기본적인 틀은 유지하면서 부분적인 변화를 통해 새로운 양식을 창출한 결과 다른 나라에서 사례를 찾을 수 없는 신라만의 독창성이 인정된다. 마찬가지로 천관사지 석탑, 도피안사 삼층석탑, 석굴암 삼층석탑 역시 탑신부와 기단부를 팔각형의 구조로 변화시켜 새로운 양식의 발생을 도모하

---

498 일찍이 고유섭은 "…이리하여 탑파에 대한 장식 의사는 한갓 재래 전형 탑파 외부에 加飾하려는 의사에 그치지 않고 탑파 그 자신의 외양에까지 특별한 외양의 것을 내려 한 것이다. 이곳에 비로소 전형적 양식 외에 특수 양식의 성립을 보게 된 것이니 그 좋은 예가 불국사 다보탑이라든지 善山 기타에 보이는 모전석탑이라든지 이러한 것들이 나오기 시작하여 代가 내릴수록 여러 가지 類型의 발생을 보게 된 것이며 동시에 전형적 탑파 그 자신에도 여러 가지 변천을 보게 된 것이니…"라고 하여 통일신라 석탑의 변화상을 특수양식으로 인식하였다(高裕燮, 『韓國塔婆의 硏究』, 동화출판공사, 1981, pp. 95~96.). 또한 진홍섭 선생은 "우리가 異型이라고 呼稱하는 石塔 中에는 여러 가지 形式이 포함되어 있다. 異型石塔의 槪念은 始原樣式을 除하고 典型樣式에서 벗어난 樣式의 石塔을 總稱하는 말로서 基壇이 單層 혹은 三層이거나, 上基壇에 獅子를 配置하거나, 塔身部가 層級에 따라 같은 比率로 遞減되지 아니한 塔 또는 一轉하여 佛壇같은 基壇으로 된 塔 등을 모두 異型石塔 속에 포함시키고 있다."고 하여 시원양식과 전형양식에서 벗어난 석탑 유형을 언급하고 있다(秦弘燮, 「異型石塔의 一基壇形式의 考察」, 『考古美術』138·139, 한국미술사학회, 1978. 9, p. 96.). 정영호는 특수양식 석탑에 대해서는 '방형중층의 형태를 基本型으로 삼고 있는 一般型石塔의 그 基本儀軌는 고수하면서 特異한 외양을 이루고 있는 類型'이라고 개념을 정의(정영호, 「韓國石塔의 特殊樣式考察」(下), 『論文集』4, 단국대학교, 1970, p. 55.)하는 등 통일신라 석탑의 다양한 변화상을 특수양식 석탑이라는 통일신라 석탑의 독자적인 특수한 영역으로 이해하고 있음을 알 수 있다.

였다. 또한 백장암 삼층석탑과 같이 표면 전체에 목조건축적 요소가 뚜렷하게 반영되는 것 역시 신라의 독창적인 석탑 사례로 볼 수 있다.

이 책에서는 특수양식석탑 외에도 일반형석탑의 양식을 유지하면서 단층기단, 초층탑신받침의 변화 유형도 살펴보았다. 이들은 기본적인 일반형석탑의 양식을 크게 벗어나지 않기 때문에 일반형석탑의 범주 안에 포함시킬 수도 있지만, 이러한 변화상 역시 통일신라 석탑의 다양한 변화 현상으로 이해해야 할 것으로 생각된다. 따라서 이와 같은 변화양상 및 새로운 양식의 창안은 통일신라 석탑의 다양성을 보여주는 특징이다.

한편, 통일신라 일반형석탑의 변화 양상을 양식 계통으로 구분한다면, 순수 신라 창안 양식과 백제석탑 양식의 영향을 받은 것으로 나눌 수 있다. 대부분의 통일신라 석탑의 변화는 자생적으로 발생한 것으로 생각되는데 이는 통일신라 석탑의 독자성이 석탑 조형으로 표출된 결과이다. 신라석탑의 독자성을 대표하는 분황사 석탑은 신라 시원석탑이자 동아시아에서 최초로 건립된 모전석탑으로 소형석재를 사용하여 목조건축을 재현한 신라만의 유일한 석탑으로[499] 순수 신라에서 창안된 석탑이다. 이러한 분황사 석탑은 이후 건립되는 전축형석탑의 독자적인 양식 계보를 형성함과 동시에 신라 전형석탑의 양식 성립과 석탑 표면의 문비조식 및 표면장엄의 효시로서 한국석탑의 양식적 근간을 이룩하는데 중요한 위치를 차지하는 석탑으로 평가된다.

---

[499] 박경식, 『한국석탑의 양식기원-미륵사지석탑과 분황사모전석탑』, 학연문화사, 2016, p. 304.

통일신라 일반형석탑의 다양화에 백제석탑 양식이 변화 요인으로 작용하였다는 점도 중요한 의미가 있다. 물론 당시 신라석탑 양식이 주도적인 조형의지였을 것으로 생각되나 분명 부수적인 조형의지로 백제양식이 공존했을 가능성이 있다.[500] 이는 통일신라 석탑 변화 유형 중 백제석탑의 양식 요소로 보이는 특징이 다수 관찰되는 것을 통해 확인할 수 있다. 먼저 신라석탑 중 최초로 가구식기단을 갖춘 탑리리 오층석탑은 기단부 면석, 우주, 탱주를 모두 별석으로 결구하는 방식으로 미륵사지 석탑의 가구식기단 방식으로 시원양식 성립부터 백제석탑의 영향을 받았음을 알 수 있다.

불국사 다보탑은 신라의 조형의지가 반영된 독창적인 통일신라 석탑이지만 세부적으로는 별석으로 구성된 우주와 내부 심주, 상부의 십자형 두공, 갑석의 전각 반전 등의 수법은 미륵사지 석탑, 정림사지 오층석탑과 유사성을 보이고 있어 백제석탑 양식의 영향이 있었던 것으로 생각된다. 특히 다보탑의 옥개석 형태에 대해서는 일찍이 고유섭은 "우주의 좌두형식에서 옥개석의 광활한 형식에서 옥판석의 엇맞춤 수법에서 후에 말할 옥산 정혜사지 13층탑과 함께 백제의 유구인 정림사지탑의 조형 의사와 일맥 통하는 점이 없지도 않으니 즉 백제의 여운이 그윽히 숨어져 있다고도 할 만한 것"[501]이라 하여 백제석탑의 영향을 언급한 바 있다. 또한 경주 남산의 늠비봉 오층석탑 역시 백제석탑 양식이 반영되어 있는데, 평박한 옥개석, 별석 탑신받침, 귀

---

500 전지혜, 「백제양식석탑의 양식과 건립연대에 대한 검토」, 『불교미술사학』12집, 불교미술사학회, 2011, p. 122.
501 高裕燮, 「朝鮮塔婆의 硏究(三)」, 『震檀學報』14, 震檀學會, 1941, pp. 237~238.

사진 139-1. 김제 귀신사 삼층석탑 1층   사진 139-2. 귀신사 삼층석탑 옥개석 귀마루
탑신부

마루 조식 등은 경주에서 조성된 석탑 중 가장 백제양식이 농후하게 반영되어 있어 신라지역 석탑에서 백제양식이 공존하고 있음을 보여준다.

정혜사지 십삼층석탑은 결구방식, 1층 옥개받침, 귀마루 표현에서 백제석탑양식이 뚜렷하게 확인된다. 특히 전북 김제의 귀신사 삼층석탑과 매우 유사한 모습을 보이고 있는데, 이 두 석탑은 1층 탑신부 양식에서 강한 유사성이 확인되어 비교가 가능하다. 귀신사 삼층석탑은 정혜사지 십삼층석탑과 같이 1층 탑신 우주와 면석을 별석으로 조성하였으며, 지대석에 우주를 받치는 부분에 별도의 홈을 파서 결구하였다. 그리고 정혜사지 십삼층석탑은 옥개받침을 각형 3단으로 조성하였고, 귀신사 삼층석탑은 정림사지 오층석탑과 같이 경사형의 1단 받침을 보이고 있어 차이를 보이고 있지만, 옥개석 구성에 있어 옥개받침을 제외하면, 초층 옥개석은 두 석탑이 거의 동일한 모습을 보이고 있다. 즉, 옥개석 지붕의 처마선이 수평을 유지하고 있는 점과 이를 위해 총 8매의 석재를 사용하여 위(囲)자형으로 결구한 점, 또한 옥개석 모서리의 귀마루 표현은 정혜사지 십삼층석탑이 끝 부분이 생

락되어 있는 점을 제외하고는 역시 공통적인 모습을 보이고 있다.[502]

이처럼 신라지역에서 백제양식 석탑이 건립되었다는 것은 현재 백제 고토의 백제양식 석탑이 고려시대 이전에 발생했을 수도 있다는 가능성을 시사해 주는 것이다.[503] 따라서 정혜사지 십삼층석탑, 늠비봉 오층석탑 등으로 미루어 볼 때, 8세기 후반부터 신라지역에서도 백제양식석탑이 건립되었을 가능성을 보여주는 것이다. 이는 특정양식 석탑의 건립시기를 지역적 범위라는 한계로 미리 단정지을 필요가 없다는 것을 보여준다는 점에서도 의미가 있지만, 통일신라 석탑 변화 현상에 백제석탑 양식이 요인으로 작용하였다는 점에서 석탑 변화의 다양성을 볼 수 있다.

2) 목조건축적 요소의 반영

한국 석탑의 시원을 가늠하는 가장 중요한 요소는 목조건축적 요소인데 석탑에 목조건축적인 요소가 어떻게 반영되어 재현되었는지가 시원양식의 척도가 된다. 미륵사지 석탑과 정림사지 오층석탑 등 백제석탑에서 보여지는 목조건축적 요소는 이후 통일신라 석탑이 감은사지 삼층석탑, 나원리 오층석탑, 황복사지 삼층석탑, 불국사 삼층석탑 등을 거치면서 양식이 정립되는 과정에서 과감한 생략과 부재의 간결화 등 정제된 양식으로 변화한다. 물론 신라 석탑의 전개와 발전

---

502 이순영, 「慶州 淨惠寺址十三層石塔의 樣式과 特徵」, 『동악미술사학』13, 동악미술사학회, 2012, pp. 113~114.
503 전지혜, 앞의 논문, p. 105.

과정에서 건탑 기술력과 양식이 미륵사지 석탑에 기반을 두고 있고[504], 석탑 자체가 목탑의 번안으로서 발생한 조형물이지만, 시간이 흐를수록 목조건축적 요소의 직접적인 번안은 점차 생략된다. 따라서 통일신라 초기에 건립된 일반형석탑들은 전체적인 조영 기법이나 외관 등에서 목조건축적 요소를 함유하고 있으나 표준화된 전형양식이 정립된 이후에는 목탑의 번안으로서의 석탑이 아니라 목탑의 요소가 제한적으로 적용된 석탑화된 석탑으로 건립된다.[505]

이 책에서 통일신라 석탑의 양식 흐름 속에서 8세기 중반 이후부터 나타나는 석탑의 다양한 변화 양상을 검토하였다. 통일신라 석탑의 양식 변화는 일반형석탑에서 기단부, 탑신부 등이 변화되기도 하지만, 다보탑과 같이 전체가 변형된 석탑이 등장하기도 하며 정혜사지 십삼층석탑의 밀첨식 조형이라는 새로운 양식이 적용되기도 하였다. 이러한 변화 현상에 대해서는 그동안 대체적으로 석탑의 장식적 의사가 가미되어 표면 장엄에서 나아가 석탑 조형 자체를 변화시킨 것으로 이해되어 왔다. 그러나 지금까지 통일신라 8세기 중반 이후 다양하게 나타나는 석탑 조형의 변화상을 살펴본 결과 단순히 장식화, 공예화되는 형식적인 변화가 아니라 목조건축적 요소가 변화 요인으로 작용하여 석탑에 반영되었다는 것을 공통 특징으로 볼 수 있다.

---

504 박경식, 『한국 석탑의 양식 기원 -미륵사지석탑과 분황사모전석탑-』, 학연문화사, 2016, p. 268.
505 엄기표, 「韓國 古代의 石造美術에 반영된 木塔 要素에 대한 考察」, 『역사와 담론』54집, 호서사학회, 2009. 12, p. 43.

통일신라 석탑 변화 요인으로 작용한 목조건축적 요소를 보면 기단부의 별석 결구방식과 탑신부에 직접적인 감실 조성, 별석 초층탑신받침, 옥개석 지붕면의 귀마루 표현, 탑신 표면에 목조건축 세부기법을 표현하는 방식 등으로 볼 수 있다.

기단부 변화 유형 중에서 별석 결구방식은 목조건축의 가구식 구조를 석조로 재현하면서 발생한 것으로 단순히 여러 매의 석재를 사용하는 것과 달리 목조건축의 결구방식을 최대한 따르기 위한 것으로 석재간 이음 부분에 턱을 마련하여 서로 밀리지 않도록 하는 방식을 말한다. 이와 같은 별석 결구방식의 근간은 우리나라 시원석탑인 백제석탑에서 비롯되었다고 할 수 있으며, 마찬가지로 위에서 살펴본 옥개석 지붕면의 귀마루 표현 역시 목조건축 요소의 표현이지만 백제석탑 양식으로 볼 수 있다.

별석 초층탑신받침은 목탑에서 기단과 건물 사이에 본 건물을 받치는 별도의 받침부가 석탑으로 전환되면서 의도적으로 번안한 목조건축의 잔흔이다. 별석 초층탑신받침이 탑리리 오층석탑에서 가장 먼저 확인된다는 점은 이러한 받침형식이 초기에 목탑에서 변화된 요소라는 점을 방증해주는 것이므로 이 역시 목조건축적 요소의 반영으로 볼 수 있다.

난간은 중층목조건물에서 장식용 또는 실제 사용 목적으로 조성하는 부분이지만, 불교경전 중 조탑을 언급하는 부분에는 반드시 난간, 난순을 언급하고 있어 불탑에서 중요 의미를 갖는다. 난간은 전형석탑에서는 외형적인 형태로는 거의 표현되지 않는데, 불국사 다보탑, 백장암 삼층석탑에서는 매우 사실적으로 표현하고 있다. 그리고 산해리 오층석탑은 모전석탑에서 유일하게 난간이 표현되었는데, 모전석탑에도 감실뿐만 아니라 다양한 목조건축 의장이 반영되었음을 보여주는 사례로 생각된다.

탑신부에 직접적으로 감실을 조성하는 것은 주로 모전석탑에서 확인되는데, 모전석탑은 분황사 석탑과 탑리리 오층석탑이 시원양식인 만큼 목조건축적 요소가 충실하게 재현되었다. 석탑에서 내부 공간을 표현하는 것은 목조건축을 충실히 계승하고 있다는 반증이다. 내부 공간은 직접 감실을 조성하는 방법과 표면에 문비를 새겨 간접적으로 공간을 암시하는 방법이 있다. 직접 감실을 조성하는 방법은 주로 모전석탑에서 나타나는데 분황사 석탑, 구황동 석탑, 산해리 오층석탑, 삼지동 석탑, 탑리리 오층석탑, 죽장사지 오층석탑, 빙산사지 오층석탑, 낙산리 삼층석탑, 낙상동사지 석탑, 오야리 삼층석탑 등이 있다.

분황사 석탑은 4면에 모두 감실과 문비를 조성한 유일한 신라석탑으로 초기에 얼마나 충실히 목조건축을 재현하려 했는지를 보여준다. 다만 미륵사지 석탑은 4면에 출입구를 만들고 내부 공간이 연결되어 있는 반면, 분황사 석탑은 4면의 공간이 각각 밀폐된 공간으로 구성되어 있어 차이가 있다. 이후 발생한 모전석탑의 감실은 4면이 아니라 1면에만 조성하는 것으로 변화하였으며 이들은 규모와 형식의 차이는 있지만 1층 탑신에 내부 공간을 직접적으로 재현하고 있다. 또한 대부분 감실 입구에는 사용 흔적이 있는 문지도리구멍이 남아 있어 실제로 문을 달아 사용하였음을 알 수 있다. 오야리 삼층석탑은 석탑 규모가 작아지며 내부 공간도 작아지게 되자 감실 입구 상하에 문둔테를 돌출시켜 문을 달았는데, 공간 조성을 고수하기 위해 석탑

의 규모에 따라 적정한 방식을 고안한 것으로 생각된다. 주목되는 점
은 가구식기단 전축모방형 석탑은 옥개석 지붕면만 계단형일뿐 기단
과 탑신 구성에서 일반형석탑과 큰 차이가 없음에도 불구하고 적극적
으로 감실 공간을 조성하고 있다는 점이다. 이는 가구식기단 전축모
방형 석탑은 기본적으로 내부 공간 조성이 목조건축의 번안이라는 의
도를 충실히 반영한 것으로 동일한 구조의 일반형석탑과 달리 목조건
축의 내부 공간 재현에 좀 더 주력하고 있음을 보여준다.

모전석탑에 반영된 목조건축 의장 중 가장 주목되는 것은 죽장사
지 오층석탑 상층기단부의 차양칸 구조이다. 상층기단 바깥으로 별도
의 기둥을 세워 기단에 입체감과 공간감을 주는 구조로 실제 고대 목
조건축의 내외진 기둥 구조와 건물 외부 두었던 차양칸 구조를 석탑
에서도 표현된 유일한 사례로 의미가 있다. 실제 고대 불전에서 내외
진 구조와 차양칸 구조는 의례공간으로서 중요 공간으로 인식하고 있
었다. 죽장사지 오층석탑에서 이러한 이중 공간구조가 반영되었다는
것은 죽장사지 오층석탑이 다양한 목조건축적 표현이 반영되어 있음
을 보여주는 사례로 중요성을 보여준다. 또한 정형화된 가구식 기단
부 구조를 벗어나 다양성을 추구하여 목조건축적 의장을 반영한 특수
한 양식을 만들었다는 점에서도 독창적 조형성을 보여준다.

기본적으로 석탑이 목탑에서 출발하였다는 것은 재론할 필요가 없
는 사실이므로 석탑에 목조건축적 요소가 반영되는 것은 당연한 현상
이다. 목조건축의 세부 건축의장을 석재로 그대로 재현하는 것은 재
료의 특성상 쉽지 않았지만 미륵사지 석탑은 최대한 번안하려 노력하
였다. 그러나 이미 통일신라 일반형석탑에서는 목조건축적 요소들이

간결화된 전형양식이 정착된 속에서 본연의 목조건축적 요소가 변화 요인으로 작용했다는 점은 통일신라 석탑 변화가 다양화될 수 있는 독창적 요인으로 생각된다.

2. 고려시대 석탑으로의 계승

일반적으로 특이한 양식의 불탑이 있다면 대개 1차 이상의 모방 작품들이 나오는데 불국사 다보탑은 독특한 의장과 복잡한 구조를 다시 재현하기 어려웠던 것으로 생각된다. 또한 다보탑은 일반형석탑의 양식 발전 과정 속에서 자연스럽게 발생한 것이 아니라 석가탑과 함께 경전의 교리적 내용을 실제 조형으로 구현하여 예술성을 극대화하고자 한 목적이 뚜렷했기 때문으로 모방작이 나오지 않은 것으로 보인다. 불국사 다보탑의 팔각형의 탑신, 난간 표현, 내외부 공간 분리 구성 등은 부분적으로 다른 석조물에 차용되기도 하지만, 이후 완전히 동일한 양식은 건립되지 않는다.

고려석탑은 통일신라 석탑 양식을 계승하는 것과 동시에 통일신라 석탑의 정형성을 탈피하려는 경향을 보인다는 것을 특징으로 볼 수 있다. 이는 고려석탑 유형이 고려인의 미감이 반영된 새로운 유형의 고려양식506을 창안하였지만 신라식, 백제식 등의 지역성을 보이며

---

506 고려의 독자적 석탑 양식을 지칭하는 것으로 고려 초에 개경을 중심으로 한 지역에 건립된 석탑에서 이러한 특징을 볼 수 있다. 주로 단층기단 또는 대좌형기단이며 5층 이상의 고층을 지향하고, 옥개석이 짧고 둔중해지는 등의 변화를 볼 수 있다. 현화사 칠층석탑, 남계원 칠층석탑, 신복사지 오층석탑, 미륵리사지 오층석탑 등을

다양하게 분화, 발전되는 것을 통해서도 알 수 있다. 그러나 고려양식
도 결국 평면과 구성에 있어 신라 일반형석탑을 기본형으로 삼고 있
다는 점에서 통일신라 석탑에서 발생한 양식 변화가 고려석탑의 모태
가 되었음을 알 수 있다. 본 장에서는 통일신라 일반형석탑에서 기단
부, 탑신부 변형 유형과 모전석탑 양식이 고려석탑으로 어떻게 계승
되고 있는지에 대해 살펴보고자 한다.

1) 기단부 양식 계승

고려석탑의 기단부 평면 형태는 방형, 팔각형, 육각형, 원형, 십자
형 등으로 구분되며, 외형적으로는 단층기단, 이중기단, 사사자기단,
자연석기단 형식으로 구분할 수 있다. 이 중 육각형, 원형, 십자형 등
은 고려석탑에서 새로 창안된 양식이며 단층기단, 팔각형, 자연석기
단, 사사자기단은 통일신라 석탑에서 양식이 계승된 유형이다.

통일신라 석탑에서 단층기단으로의 변화는 8세기 후반 경주 남산
에서 처음 등장하여 9세기 이후 다른 지역으로 확산되는데 9세기 후
반으로 편년되는 보성 우천리 삼층석탑만이 전라도지역에 위치하고
있는 것으로 보아 통일신라시대에는 경상도 지역에 집중되어 있었다.
따라서 단층기단 석탑이 본격적으로 전국적 확산이 이뤄진 것은 고려
시대로 볼 수 있다. 이는 고려시대에 석탑 건립이 전국적으로 증가하
면서 하층기단의 생략으로 석탑 건립의 효율성이 높은 단층기단이 선

대표적인 예로 들 수 있다.

사진 140. 광주 서오층석탑 | 사진 141. 안성 죽산리 오층석탑

사진 142. 서천 성북리 오층석탑 | 사진 143. 부여 무량사 오층석탑

호되었던 것으로 보인다. 또한 이와는 별도로 백제석탑을 계승한 백제양식석탑이 유행함에 따라 단층기단이 성행하였는데, 백제 옛 영토를 중심으로 건립되어 지역성을 강하게 보인다. 그러나 단층기단은 백제식, 신라식 양식과 무관하게 고려석탑에 공통적으로 적용되는 특징을 보여준다.[507] 따라서 단층기단은 고려 전 기간에 걸쳐 주된 기단양식으로 유지될 수 있었던 것으로 생각된다.

한편, 기단부를 별석으로 결구하는 방식은 통일신라 석탑에서는 탱주를 별석으로 감입하는 방식을 보이는데 고려석탑에서는 주로 백제양식석탑에서 나타난다. 이는 백제석탑이 목조건축의 충실한 번안을

---

[507] 홍대한, 위 논문, 2011, p. 311.

사진 144. 영명사 팔각오층석탑　　　사진 145. 율리사지 팔각오층석탑

사진 146. 개성 관음사 칠층석탑　　　사진 147. 강릉 등명사지 오층석탑

특징으로 하고 있기 때문으로 고려석탑에서의 별석 결구방식은 신라석
탑의 영향보다는 백제양식석탑으로 인한 지역적 특징이 확인된다.

　불대좌형기단은 팔각형의 불상대좌 형식을 석탑에 차용한 것으로
탑신에 안치한 사리와 부처를 동일하게 숭앙하는 의미를 갖는다. 이
리한 불대좌형 기단은 고려시대에도 팔각형기단 석탑으로 이어지는
데, 신라는 탑신을 방형으로 유지한 것과 달리 고려는 석탑 전체를
팔각형 평면으로 변화시켜 차이가 있다. 이러한 팔각형 불대좌형 기

단 석탑으로는 영명사 팔각 오층석탑, 율리사지 팔각오층석탑 등이 대표적이다.[508] 도피안사 삼층석탑은 하대석 연판문이 간략한데 비해

사진 148. 제천 사자빈신사지 석탑

사진 149. 홍천 괘석리 사사자석탑

사진 150. 화엄사 원통전 앞 사사자석탑

사진 151. 선암사 화산대사사리탑

---

508 월정사 팔각구층석탑과 신복사지 석탑은 하대석과 상대석에 연판문으로 장식한 불대좌형 기단과 달리 상대석 하부에는 하대석과 대칭되는 연판이 없어 차이가 있다. 오히려 월정사 팔각구층석탑은 팔각형 건축기단을 모방한 가구식기단 형식을 보이고 있어 이 두 석탑은 불대좌형 기단 형식에서 제외하였다.

고려석탑의 불대좌형 기단은 연판문이 다양해지고 모서리에 귀꽃을 장식하는 등 화려한 장엄이 더해진다. 또한 고려시대에는 불대좌형이 팔각형에서 방형으로 변화하는데 개성 관음사 칠층석탑, 개성 홍국사 석탑, 강릉 등명사지 석탑을 볼 수 있다. 이러한 다각형 석탑과 불대좌형 기단 석탑이 주로 개성을 중심으로 한 북한지역과 강원도 지역에 한해서 나타나고 있어 지역성을 보이는 것이 특징이다. 이는 이 지역이 고구려의 옛 영토로 고구려 국계의식이 강하게 남아 있었던 것이 작용한 것과 함께 도피안사 삼층석탑에서 팔각형 불대좌형 기단으로의 변화 경험이 영향을 준 것으로 생각된다.

사사자기단 석탑은 신라 전형석탑의 상층기단 모서리에 네 마리의 사자를 배치하는 발상을 통해 그 자체로 새로운 양식을 창안하였다. 전형양식의 기본적인 틀은 유지하면서 기단부의 변화를 통해 독창적인 형태를 보인다. 통일신라시대의 화엄사 사사자삼층석탑을 시작으로 주리사지 사자석탑 이후에도 꾸준히 계승되고 있다. 고려시대에는 제천 사자빈신사지 사사자석탑[509], 홍천 괘석리 사사자석탑, 금강산 금장암지 사사자석탑, 화엄사 원통전 앞 사사자석탑 등 4기가 건립되었으며 조선시대까지 선암사 화산대사 사리탑[510]이 꾸준히 지속되는 현상을 보인다. 뒤에서 언급하겠지만, 고려시대 사사자석탑 4기 중 2

---

[509] 이 석탑에는 다음과 같은 명문이 있어 1022년 조성되었음을 알 수 있다.
"佛弟子高麗國中州月 岳獅子頻迅寺棟梁 奉爲代代 聖王恒居萬歲天下大 平法輪常轉此界他方 永消怨敵後愚生婆娑 卽知花藏迷生卽悟正 覺敬造九層 石塔一坐永充供養 大平二年四月日謹記"(朝鮮總督府, 「獅子頻迅寺石塔記」, 『朝鮮金石總覽』, 1919, pp. 252~253.)

[510] 崔容完, 「仙巖寺의 獅子塔」, 『考古美術』제6권 제5호, 韓國美術史學會, 1965.

기가 강원지역에 해당하고 있어 지역성을 보이는 것으로 파악된다.

사사자기단 석탑은 통일신라시대부터 조선시대까지 전체적으로 보면 소수에 불과하지만 시대마다 건립되고 있어 나름의 양식 계보를 형성하며 꾸준히 건립되었다. 이들은 후대로 내려올수록 이중기단에서 단층기단으로 간략화되고, 장엄조식 또한 간소화·생략화된다. 사자상은 높이가 낮아지고 더불어 중앙의 존상도 입상에서 좌상으로 바뀌다가 마지막 단계에서는 생략된다. 사자상의 배치방향도 네 모서리의 중간 방향에서 앞뒤 방향으로 바뀌는 경향을 보인다. 그러나 탑신부는 해당 석탑의 조성시기에 만들어진 일반형석탑의 양식 특징과 동일한 변화 양상을 보여주고 있어 마찬가지로 당대의 일반적인 양식을 기본으로 하고 있음을 알 수 있다.

〈표 24〉 통일신라~조선 사사자기단 석탑 양식 편년

| 석탑명 | 위치 | 시대 | 하층기단 | | | 상층기단 | | | | 탑신석 | 옥개석 | | 상륜부 | 비고 |
			우주	탱주	면석받침	사자상	중앙존상	탑신받침			옥개받침	탑신괴임		
화엄사 사사자 삼층석탑	전남 구례	9C 전반	2	×	각호 각 3단	119cm / 모서리 중간	입상	각형 2단		우주	5단	각형 2단	노반 복발 보주	하층기단: 안상, 천인상 초층탑신: 문비, 부조상
함안 주리사지 사사자 석탑	경남 함안	9C 후반	?	?	?	70cm / 모서리 중간	분실	?		우주	4단	각형 2단	복원	2005년 복원
사자빈신 사지 사사자 석탑	충북 제천	1022년	2	×	×	64cm / 앞뒤 방향	좌상	복련		우주	3단	×	×	하대석: 안상 하층기단: 명문
금장암지	강원도	11C				94cm	좌상	각호		우주	4단	각형	노반	석탑 앞

석탑명	위치	시대	하층기단			상층기단			탑신석	옥개석		상륜부	비고
			우주	탱주	면석받침	사자상	중앙존상	탑신받침		옥개받침	탑신괴임		
사사자석탑	금강군	전반				모서리중간		각3단			2단	보주	인물상 석등
홍천 괘석리 사사자삼층석탑	강원도 홍천	11C 후반	×	×	각형괴임	90cm / 모서리중간	분실	각형2단	우주	3단	×	노반	하층기단: 안상
화엄사 원통전 앞 사사자석탑	전남 구례	고려 후반	×	×	각형1단	77cm / 모서리중간	×	복련	×	앙련	×	×	초층탑신: 신장상
선암사 화산대사 사리탑	전남 순천	조선				68cm / 앞뒤방향	분실	이중몰딩	우주	4단	각형2단	노반2 복발2 보개1 보주1	갑석상면: 중판앙련, 난간 초층탑신: 명문

통일신라 석탑의 변화 유형 중 단층기단과 자연석기단은 모두 경주 남산에서 발생하였는데, 두 석탑 유형 모두 입지 위치에 따른 영향을 받은 것으로 생각된다. 자연암반을 하층기단으로 삼는 발상을 통해 하층기단을 생략하여 자연암반 위에 단층기단을 조성한 것과 전형양식의 기단 전체를 생략하여 자연석으로 기단을 대치하는 유형으로 구분된다. 그러나 두 유형은 모두 경주 남산에서부터 발생한 것으로 이와 같은 입지적 특징은 고려시대에 높은 지대이거나 강을 끼고 넓은 시계를 확보하는 위치에 불탑을 건립하여 불력에 의한 산천비보사상의 뜻이 담겨져 있는 비보탑의 성격을 갖는 석탑들로 계승된 것으로 보인다. 비보탑 성격의 석탑은 주로 산 정상의 자연석기단 석탑으로 지속적으로 건립되고 있어[511] 경주에서 발생한 자연석기단 석탑이

고려시대에 전국적으로 확산되어 양식 계보를 형성한 것으로 생각된
다. 이러한 비보탑 성격의 석탑을 모두 '자연석기단'으로 이해하고 있
으나 자연암반 위에 단층기단을 세운 석탑과 자연암반 자체를 기단으
로 삼은 석탑은 외형적으로도 차이가 있고 발생 원인도 자연석기단
석탑은 괴체석기단 석탑의 영향으로 판단되므로 각각 별도의 유형으
로 구분할 필요가 있다고 생각된다.

자연암반 위에 단층기단을 세운 것은 통일신라시대에 용장사지 삼
층석탑을 시작으로 문경 봉서리 삼층석탑에서 볼 수 있으며, 고려시

사진 152. 대흥사 북미륵암 동삼층석탑

사진 153. 월출산 영암사지 삼층석탑

사진 154. 산청 법계사 삼층석탑

사진 155. 영동 영국사 망탑봉 삼층석탑

---

511 홍대한, 「高麗時代 塔婆 建立에 反影된 裨補風水」, 『역사와 경계』82, 부산경남사학
회, 2012. 3, pp. 76~77.

대에는 대흥사 북미륵암 동삼층석탑, 월출산 영암사지 삼층석탑, 안동 막곡동 삼층석탑, 안동 이천동 삼층석탑, 청도 대산사 삼층석탑 등이 있다. 월출산 영암사지 삼층석탑, 대흥사 북미륵암 동삼층석탑 등은 고려시대 자연암반 단층기단 석탑 중 가장 이른 시기에 건립된 것으로 보인다. 이후 자연암반 단층기단 석탑은 기단 전체를 1석으로 조성하여 규모가 작아지는데, 자연암반의 가용 면적과 구조적 안정성을 위해 변화한 것으로 생각된다.

자연암반 또는 자연석 자체를 기단으로 삼은 자연석기단 석탑은 Ⅳ장에서 살펴본 바와 같이 경주 남산에서 괴체석기단의 입지조건 변화로 발생한 것으로 초층 탑신받침이 별석으로 조성되는 특징을 보인다. 이와 같은 양식의 고려시대 자연석기단 석탑으로는 증평 남하리사지 삼층석탑[512], 산청 법계사 삼층석탑, 영암 월출산 용암사지 서삼층석탑 등을 볼 수 있는데 자연암반을 기단으로 삼고 여전히 별석 초층탑신받침이 나타나고 있어 원래 의도를 따르고 있는 것으로 생각된다. 그러나 영동 영국사 망탑봉 삼층석탑, 인제 봉정암 오층석탑 등은 자연암반 자체를 다듬어 돌출시켜 암반과 일체화된 탑신받침을 조성하고 있어 초기 별석 탑신받침의 조성의도가 이후에는 점차 변화되고 있음을 알 수 있다.[513]

지금까지 살펴본 통일신라 석탑의 기단부 변형 유형이 고려석탑으

---

[512] 자연암반 위에 판석 1매로 별석받침을 조성한 후 탑신부를 올렸는데, 탑신부에는 우주가 모각되지 않았고 옥개받침도 큼직한 각형 3단으로 조성되어 있으며 1층 탑신부가 경주 남산리 동삼층석탑과 같이 일부가 절삭되어 있는 점이 특이하다.

[513] 봉정암 오층석탑은 받침 주위에 음각으로 연판을 장식하여 차이가 있다.

로의 계승 양상에서 나타나는 지역적 특징을 보면, 백제양식석탑과 같이 특정 지역의 복고양식이 집중되어 있는 것을 제외하면 단층기단, 자연석기단 등은 전 시대에 걸쳐 계승되면서 지역적 편중이 특별히 눈에 띄지 않는다는 점이 확인된다. 그러나 불대좌형 기단과 사사자기단 석탑은 비교적 지역 분포가 확실하게 나타나고 있어 주목해 볼 필요가 있다. 즉, 불대좌형 기단은 철원 도피안사 삼층석탑에서 발생한 이후 고려석탑에서는 북한지역과 강원도지역에 집중되어 있는 것과 고려시대 사사자기단 석탑은 금강산 금장암지 석탑, 홍천 괘석리 사사자석탑 등 2기가 강원지역에 해당하고 있어 지역적 특징으로 볼 수 있다. 또한 굽형괴임 형식, 별석받침 형식, 변형 별석받침 형식 등 초층탑신받침 변형 유형이 모두 확인되고 있는 지역은 강원지역이 유일하다는 점과 삼중기단도 확인된다는 점에서 신라의 북방에 해당하지만 강원지역 석조미술의 조성과 변화가 매우 활발했던 것으로 짐작된다. 따라서 강원지역의 통일신라 석탑의 확산 경로와 범위가 고려석탑의 양식과 분포에도 영향을 미쳤다는 점에서 주목해볼 필요가 있다.

신라는 일찍부터 동해안을 따라 올라가는 경주 ↔ 울진 ↔ 삼척 ↔ 강릉 ↔ 고성 ↔ 안변으로 이어지는 북방진출로를 개척하였던 것[514]으로 알려져 있지만, 현재 강원지역의 신라 석조미술의 분포현황[515]

---

514 金昌謙,「新羅 中祀의 '四海'와 海洋信仰」,『한국고대사연구』47, 한국고대사학회, 2007, p. 178.
515 강원지역 사지 및 석조미술 현황 등에 대해서는 아래의 논문 참조.
   嚴基杓,「高麗時代 江原地域의 佛敎文化-石造美術을 中心으로-」,『文化史學』36, 한국문화사학회, 2011; 洪永鎬,「江原道 嶺東地域의 廢寺址 現況」,『博物館誌』20, 강

으로 볼 때, 석조미술의 전파 경로로 이 동해안 교통로가 활발히 이용되지는 않았던 것으로 보인다. 강원지역에서 가장 이른 시기의 신라 석조미술로 생각되는 향성사지 삼층석탑은 세부 치석 수법은 떨어지는 경향을 보이지만, 경주지역을 중심으로 한 8세기 석탑의 양식 특징을 보이고 있어, 직접적인 영향이 있었을 것으로 생각되는데 아마도 경주 출신의 강력한 호족세력의 후원으로 가능했었던 것으로 추정된다.[516]

강원지역의 신라 석조미술이 전파되는 경로에 대해서는 경주부터 설악산지역에 이르기까지 토함산 ↔ 팔공산 ↔ 상주 ↔ 충주 ↔ 원주 ↔ 홍천 ↔ 설악산의 경로를 통해 석조미술이 전파된 것으로 보는 견해가 일찍부터 있어 왔다.[517] 이를 좀 더 구체적으로 살펴보면, 영동지방의 경우 태백 ↔ 삼척 ↔ 동해 ↔ 강릉 ↔ 양양 ↔ 속초로 이어지는 경로에 석조미술이 집중되어 있고 영서지방의 경우는 인제 ↔ 홍천 ↔ 횡성 ↔ 원주로 이어지는 경로에 집중되어 있어 9세기에 신라

원대학교 박물관, 2013, pp. 119~158; 홍성익, 「강원 영서지역 寺址조사의 현황과 과제」, 『인문과학연구』40집, 강원대학교 인문과학연구소, 2014. 3, pp. 419~448; 전지혜, 「강원도지역 석탑 조영(造營)의 양식적 교류 양상」, 『문화재』49, 국립문화재연구소, 2016. 6. 강원지역 전체에서 신라 석조미술의 위치를 살펴보면 영동지방에 좀 더 집중되어 있는데, 특히 양양에 집중되어 있는 것을 알 수 있다. 이는 진전사지, 선림원지, 오색석사지, 서림사지 등 불교유적이 가장 많이 남아 있는 데에서 비롯된 것으로 양양을 중심으로 한 설악산지역이 강원 영동지방 불교미술의 중심이었던 것으로 보인다. 영서지방은 홍천과 인제가 주목되는데 각각 물걸리사지와 한계사지에 석탑, 석불, 석등 등 다양한 석조미술이 집중되어 있기 때문이다.

516 이 호족세력은 원성왕에 의해 왕위계승에 실패한 후 명주에 정착한 김주원계가 유력한 것으로 생각된다.(박경식, 「9世紀 新羅 地域美術의 硏究(Ⅰ)-雪嶽山의 石造造形物을 中心으로-」, 『史學志』28, 檀國大史學會, 1995, pp. 607~608; 이순영, 「新羅 香城寺址 三層石塔의 樣式 特徵과 建立時期」, 『新羅史學報』35, 신라사학회, 2015. 12, p. 129.)

517 박경식, 『통일신라 석조미술 연구』, 학연문화사, 2002, p. 45.

석조미술이 강원지역으로 확산되는 경로는 동해안 경로보다 경북 북부 내륙지역을 통하는 경로가 주로 활용되었던 것으로 보인다. 지역을 보면, 안동 ↔ 예안·봉화 ↔ 태백 ↔ 삼척 ↔ 강릉으로 이어지는 역로에 봉화 서동리 동·서삼층석탑-태백 본적사지 삼층석탑-삼척 흥전리사지 삼층석탑-삼척 대평리사지 삼층석탑-동해 삼화사 삼층석탑-강릉 옥천동·방내리 삼층석탑으로 이어지고 있는 것을 볼 수 있다.[518]

영서지방에서 주목되는 곳으로 인제 한계사지와 홍천 물걸리사지를 살펴 볼 수 있다. 두 사지의 석조미술은 동일한 양식과 도상이 확인되고 있다는 것과[519] 두 사지가 인제와 홍천을 잇는 신라의 간선교통로인 '삭주로(朔州路)'의 경로상에 위치하고 있다는 점이 주목된다. '삭주로'는 경주에서 서북쪽으로 죽령과 철령을 넘는 교통로로서, 주요 경유지는 죽령과 북원경, 벌력천정, 삭주 주치 등인데[520] 북원경은 현재의 원주, 벌력천정은 10정 중 하나로 현재의 홍천, 삭주는 현재의

---

518 江原文化財研究所·三陟市, 『三陟 興田里寺址 地表調査 및 三層石塔材 實測 報告書』, 2003, p. 40.

519 한계사지의 석등과 석조대좌는 영주 부석사의 것과 매우 유사한데 특히 석조대좌는 팔각형 안쪽이 둥글게 곡선을 이루는 형식과 각 면에 안상과 사자상을 동시에 조식하는 방식은 한계사지와 영주 부석사 자인당 석조대좌, 傳 법주사 수정암 출토 석조여래좌상에서만 확인되고 있어 한계사지 석조물은 경북 북부 내륙과 영동지역이 연결되는 경주→대구(팔공산)→안동→영주→봉화→삼척→강릉→속초의 교통로를 통해 인제까지 확산된 것으로 생각된다. 또한 한계사지와 물걸리사지의 불상대좌에 부조된 중대석 보살상과 하대석의 가릉빈가상 조각에서 공통된 도상과 형식을 보이고 있어 한계사지와 물걸리사지는 동일한 설계도면 또는 동일 장인집단에 의해 만들어졌을 가능성이 높은 것으로 생각된다. (이순영, 「江原地域의 新羅 石造 美術 擴散과 傳播經路-인제 한계사지 석조미술을 중심으로-」, 『豪佛 鄭永鎬 博士 八旬頌祝紀念論叢』, 2015. 12, pp. 387~396.)

520 정요근, 「통일신라시기의 간선 교통로-王京과 州治·小京 간 연결을 중심으로」, 『한국고대사연구』63, 한국고대사학회, 2011. 9, p. 175.

춘천에 해당된다. 이를 바탕으로 신라 석조미술이 강원 영서지방으로 확산되는 경로를 추정해 보면, 충주 탑평리사지-원주 거돈사지-횡성 중금리사지-홍천 물걸리사지-인제 한계사지로 연결되고 춘천, 철원까지 삭주로 경로를 이용해 확산된 것으로 생각된다.

이와 같은 강원지역의 통일신라 석조미술의 분포와 확산 범위를 볼 때, 금강산 금장암지 사사자석탑과 홍천 괘석리 사사자석탑의 위치는 기존의 통일신라 석조미술의 전파경로의 영향을 받아 건립된 것으로 생각된다. 이는 통일신라 일반형 삼층석탑의 북방한계가 금강산-속초 향성사지 삼층석탑-인제 한계사지 삼층석탑-홍천 물걸리사지 삼층석탑-횡성 중금리 삼층석탑-원주 거돈사지 삼층석탑-안성 (봉업사지) 죽산리 삼층석탑으로 이어지는 것으로 볼 때,[521] 통일신라 석탑이 고려석탑에 영향을 주는 북방 한계도 이 범위를 크게 벗어나지 않았음을 알 수 있다. 또한 불대좌형 기단 형식이 철원 도피안사에서 발생하여 북한지역과 강원지역의 고려석탑에 주로 영향을 주었다는 것도 같은 맥락으로 볼 수 있다. 아울러 사사자기단과 불대좌형기단이 중앙이 아닌 지역에서 발생한 양식이라는 점에서 이미 성립된 기존 교통로를 따라 지역과 지역 간에 석탑 양식이 전파되었다는 것도 의미있는 시사점이라고 생각된다.

---

[521] 정성권, 「경기도 내 통일신라 석불의 존재 가능성에 대한 고찰-죽산리 석불입상을 중심으로-」, 『역사와 경계』86, 부산경남사학회, 2013. 3, pp. 28~29.

2) 탑신부 양식 계승

고려석탑의 탑신부 변화 유형은 기단부 평면형태와 같이 방형, 팔
각형, 육각형, 원형, 십자형 등으로 구분할 수 있다. 이는 통일신라의
천관사지 석탑, 석굴암 삼층석탑 등과 같이 기단부와 탑신부 평면이
다른 형태를 보이는 경우가 고려석탑에서는 나타나지 않기 때문에 평
면 형태는 기단부를 따라간다. 따라서 탑신부 변화에서 눈에 띄는 현
상은 주로 초층탑신받침 변화를 살펴 볼 수 있는데 통일신라 석탑에
서 나타난 별석형, 변형 별석형, 굽형괴임 형식을 기본으로 좀 더 다
양한 유형으로 변화하는 특징을 보인다.

이 책에서는 신라 일반형석탑의 초층탑신받침 변화 양상 중 갑석
에 조출되는 일반적인 받침형식과 별도로 받침 자체를 별석으로 조성
하는 형식에 주목하였다. 이러한 별석 초층탑신받침의 변화는 성주사
지 석탑에서 조출된 탑신받침 위에 별석을 감입하는 방식이 나타난
이후 통일신라 석탑에서는 탑신받침 자체를 별석으로 조성하는 방식
은 더 이상 보이지 않는다. 고려시대에 들어서면 초층탑신받침의 변
화는 1층 탑신받침 뿐만 아니라 각 층마다 별석받침을 감입하는 방
식, 초층탑신받침 자체를 연화문으로 변화시키는 방식, 탑신받침을 1
층 탑신석 하단에 모각하는 방식과 별석받침을 앙련형 또는 복련형의
연화형으로 조성하는 등 이전보다 더욱 다양한 변화를 보인다.[522]

---

522 고려석탑의 탑신받침 변화에 대해서는 다음 논문 참조.
  홍대한, 「高麗初 石塔의 塔身받침 造形特性에 관한 研究-塔身받침의 起源과 變化를
  중심으로-」, 『文化史學』27, 한국문화사학회, 2007, pp. 615~62.

사진 156-1. 아산 관음사 삼층석탑

사진 156-2. 아산 관음사 삼층석탑
초층탑신받침

사진 157. 용인 어비리 삼층석탑
초층탑신받침

사진 158. 동해 삼화사 삼층석탑
초층탑신받침

사진 159-1. 예천 향석리 삼층석탑
초층탑신받침

사진 159-2. 예천 향석리 삼층석탑
초층탑신받침

사진 160-1. 원주 용운사지 삼층석탑

사진 160-2. 원주 용운사지 삼층석탑
초층탑신받침

VI. 통일신라 석탑의 조형적 특징 363

사진 161. 안동 임하동 동삼층석탑
초층탑신받침

성주사지 석탑과 같은 변형 별석 받침 형식으로는 아산 관음사 삼층석탑, 용인 어비리 삼층석탑, 동해 삼화사 삼층석탑, 예천 향석리 삼층석탑 등에서 볼 수 있다. 별석받침을 연화형으로 변형한 석탑은 원주 용운사지 삼층석탑, 군위 지보사 삼층석탑, 원주 서곡사지 삼층석탑, 안동 임하동 동삼층석탑, 논산 관촉사 삼층석탑 등에서 볼 수 있다. 이러한 고려석탑의 초층탑신받침의 변화는 통일신라부터 탑신에 안치된 사리에 대한 상징성을 강화하고 고려석탑이 고준화되면서 상승감을 높여주기 위한 시각적 목적 등이 반영되어 다양하게 변화된 것으로 보인다. 이와 같이 나타나는 고려석탑의 다양한 탑신받침 변화 역시 기본적으로 갑석 상면에 조출한 탑신받침 위에 다시 별석받침을 올리는 구조를 보이고 있어 성주사지 석탑에서 보이던 별석 탑신받침에서 직접적인 영향을 받은 것으로 보인다.[523] 매 층마

사진 162. 정읍 은선리 삼층석탑 탑신받침   사진 163. 강릉 신복사지 삼층석탑 탑신받침

---

523 신용철, 「軍威 持寶寺 三層石塔에 대한 考察」, 『東岳美術史學』16, 동악미술사학회, 2014, p. 61.

다 별석받침을 감입하는 방식은 남원 만복사지 오층석탑, 담양 읍내
리 오층석탑, 정읍 은선리 삼층석탑 등 주로 백제양식석탑에서 나타
나는데 강릉 신복사지 삼층석탑, 서울 홍제동 오층석탑 등으로 확대
되는 것을 볼 수 있다.

이 책에서 살펴본 초층탑신받침 자체를 별석으로 조성하는 방식은
고려시대에도 나타나고 있다. 증평 남하리사지 삼층석탑, 법계사 삼
층석탑 등 자연석기단 석탑에서 확인되는데 이는 앞에서 언급한 것처
럼 자연석기단 석탑의 발생과 입지 변화와 관련이 있는 것으로 생각
된다. 특히 별석 초층탑신받침의 전개과정에서 주목되는 것은 해남
대흥사 북미륵암 동삼층석탑, 강진 금곡사 삼층석탑, 영암 월출산 용
암사지 삼층석탑 등 호남지역 바닷가 주변의 고려시대 단층기단 석탑
에서 각형2단 별석 초층탑신받침을 채택하고 있다는 점이다.

대흥사 북미륵암 동삼층석탑은 문경 봉서리 삼층석탑과 같이 자연
암반 위에 단층기단을 올린 형태인데 기단부 면석 아래쪽을 그랭이질
하여 암반의 요철에 맞추는 방식을 보인다. 탑신받침은 판석형으로

사진 164. 대흥사 북미륵암 동삼층석탑
초층탑신받침

갑석 상면에 받침자리 홈을 치석
하지 않고 각형 2단의 별석 초층
탑신받침을 올렸다. 또한 희미하
지만 옥개석 귀마루가 돌출되어
있는 등 목조건축의 번안 요소가
표현되어 있다. 강진 금곡사 삼
층석탑은 백제양식 석탑524으로

사진 165-1. 강진 금곡사 삼층석탑
사진 165-2. 강진 금곡사 삼층석탑
초층탑신받침

분류되는데 다수의 부재를 별석화하여 결구하고 옥개석 귀마루가 돌출되어 있어 마찬가지로 목조건축의 번안 요소가 재현되어 있음을 알수 있다. 영암 월출산 용암사지 삼층석탑은 기단 주변에 탑구를 조성하고 탱주에 면석 일부가 모각되어 있는 별석으로 결구한 단층기단에 각형 2단의 별석 초층탑신받침을 올렸다. 용암사지 삼층석탑도 금곡사 삼층석탑과 같이 옥개석 귀마루가 돌출되어 있어 목조건축적 요소가 번안되었음을 알 수 있다.

백제양식석탑 가운데 담양 읍내리 오층석탑, 남원 만복사지 오층석탑 등에서도 별석 탑신받침을 보이고 있지만 이들은 매 층 탑신 아래에 별석받침을 감입하는 형식이다. 그러나 대흥사 북미륵암 동삼층석탑, 금곡사 삼층석탑, 월출산 용암사지 삼층석탑은 이들 백제양식석탑과 달리 초층탑신받침만 별석으로 조성되어 있어 차이가 있다. 또한 백제양식석탑에서 별석받침은 각형 1단 형식이 대부분으로 각형 2단으로 조성된 경우는 확인되지 않는다. 각형 2단의 받침형식은

524 천득염, 『백제계석탑 연구』, 전남대학교 출판부, 2003, pp. 66~68.

신라의 전형적인 받침형식으로 대흥사 북미륵암 동삼층석탑, 금곡사 삼층석탑, 월출산 용암사지 삼층석탑의 초층탑신받침은 백제양식석탑에서 나타나는 별석받침보다는 신라석탑의 별석 초층탑신받침 형식의 영향을 받은 것으로 생각된다. 따라서 이들 석탑에서 나타나는 옥개석의 귀마루 표현과 별석 결구방식 백제양식의 영향을 받은 것으로 보이며, 각형 2단의 별석 초층탑신받침은 신라석탑의 영향으로 볼 수 있다.

신라 이중기단 석탑은 9세기 이후가 되어서야 지리산을 넘어 비로소 호남지역으로 확산하였으며, 단층기단 석탑 역시 9세기 이후 지리산을 넘어 보성 우천리 삼층석탑 1기가 확인된다. 신라의 별석 초층

사진 166-1. 화순 한산사지 삼층석탑

사진 166-2. 화순 한산사지 삼층석탑
초층탑신받침

사진 167-1. 장성 천방사지 오층석탑

사진 167-2. 장성 천방사지 오층석탑
초층탑신받침

탑신받침 형식도 신라 이중기단 석탑의 확산 경로를 따라 지리산 일
대와 해안지역을 통하여 호남지역에 영향을 주었던 것으로 생각되는
데, 산청 덕산사 삼층석탑과 하동 탑리 삼층석탑이 그 경계에 해당된
다. 따라서 대흥사 북미륵암 동삼층석탑과 금곡사 삼층석탑, 용암사
지 삼층석탑이 고려시대로 편년되고 있어 신라의 각형2단 별석 초층
탑신받침 형식이 호남지역으로 유입된 것은 고려시대 이후로 볼 수
있다. 그리고 이러한 별석 초층탑신받침 형식은 호남지역의 고려석탑
에도 지속적으로 영향을 준 것으로 생각되는데 화순 한산사지 삼층석
탑, 장성 천방사지 오층석탑에서도 각형 2단 별석 초층탑신받침이 조
영되고 있어 고려후기까지도 별석 초층탑신받침 형식에 지속적으로

사진 168-1. 보은 원정리 삼층석탑

사진 168-2. 보은 원정리 삼층석탑
초층탑신받침

사진 169-1. 충주 창동 오층석탑

사진 169-2. 충주 창동 오층석탑
초층탑신받침

영향을 끼친 것으로 생각된다.

한편, 위에서 살펴본 것과 같이 통일신라 석탑의 각형 2단의 별석 초층탑신받침이 그대로 고려석탑으로 계승되기도 하지만, 별석의 형태가 보은 원정리 삼층석탑은 각호각형 3단, 충주 창동 오층석탑은 각호형 2단, 춘천 칠층석탑은 연화형 등으로 변화되면서 전국적으로 확산되는 현상도 확인할 수 있다. 이들은 성주사지 석탑의 변형 별석받침과는 다르게 여전히 갑석 상면에 받침을 조출하지 않은 상태로 별석받침을 올리고 있어 초층탑신받침 자체를 별석으로 조성하는 방식도 고려석탑에서 다양하게 변화하고 있음을 알 수 있다. 또한 초층탑신받침이 매우 다양하게 변화하면서 전국적으로 확산되는 양상을 보이는데 백제양식석탑을 제외하면 받침형식에 따른 지역적 편중 현상은 그다지 눈에 띄지 않는다. 이는 그만큼 고려석탑의 다양성을 보여주는 것으로 전대의 양식에서 탈피하고 다양한 변화를 추구하는 조형의지로 볼 수 있다.

이밖에 옥개석에 귀마루가 표현되는 변화 역시 고려석탑에서는 주로 백제양식석탑에서 나타나고 있어 통일신라 석탑의 변화 영향보다는 백제 고토의 지역 양식의 특징이 반영된 것으로 생각된다. 정혜사지 석탑에서 나타난 탑신부의 밀첨식 체감 변화는 고려석탑에서는 확인되지 않는데, 이는 정혜사지 석탑이 국제적 양식 불탑의 영향을 받은 유일한 사례로 이국적인 조형으로 인해 고려에서는 계승되지 못한 것으로 생각된다. 또한 백장암 삼층석탑과 같이 탑신 표면에 목조건축 세부기법을 표현하는 변화 역시 고려석탑으로는 계승되지 않는 현상을 확인할 수 있다. 신라석탑은 천관사지 석탑처럼 기단부는 방형이고 탑신과 옥개석이 팔각형으로 변화하는 유형도 나타났지만, 고려석탑에서는 평면 구도를 중복시키는 변화는 나타나지 않는데, 전체가 팔각형인 석탑으로 발전한 것으로 보아 평면 구도를 통일함으로써 심미성을 높이고자 한 것으로 생각된다. 이를 통해 볼 때, 통일신라 석탑의 탑신부 변화 유형 중에서 초층탑신받침의 변화가 고려석탑 양식에 가장 많은 영향을 준 것으로 볼 수 있다.

지금까지 통일신라 일반형석탑의 변화 특성이 고려석탑의 양식 변화에 다양하게 계승되는 양상을 살펴보았다. 이는 통일신라 석탑의 변화가 고려석탑의 양식적 모태가 되었다는 것을 보여주는 것으로 중요한 의미가 있다. 그러나 통일신라 석탑에서 발생된 변화 유형이 모두 고려석탑 양식에 영향을 준 것은 아니고 선택적으로 계승되고 있다는 것은 고려석탑이 통일신라 석탑 양식을 유기적으로 계승하고 있지만 한편으로는 통일신라 석탑과 차별화된 고려석탑 나름의 독자성을 구축해 나가기 위한 현상으로 생각된다. 아울러 고려석탑의 불대좌형 기단과 사사자기단 석탑의 분포 현황으로 보아 강원지역의 통일신라 석탑의 확산 경로와 범위가 고려석탑의 양식과 분포에도 영향을 미쳤다는 점에서 지역적 특징을 볼 수 있다.

3) 모전석탑 양식 계승

모전석탑은 주로 경상도지역에 집중되어 지역적 특징이 강하게 나타나는데, 고려시대 이후가 되면 충청도, 강원도 등 전국적으로 확산되는 모습을 보인다. 고려시대 전축형 석탑으로는 영양 현이동 오층

사진 170. 영양 현이동 오층석탑

사진 171. 제천 장락리사지 칠층석탑

사진 172. 군위 남산동 모전석탑

사진 173. 정선 정암사 수마노탑

석탑, 군위 남산동 석탑, 제천 장락리사지 칠층석탑, 제천 교리 모전
석탑, 정선 정암사 수마노탑, 상주 석심회피탑 등으로 꾸준히 지속되
어 독자적인 계보를 형성하고 있다.

　전축형 석탑은 분황사 석탑을 시작으로 경주에서 발생하여 영양,
안동 등 주로 경북 북부지역에 건립되었는데, 고려시대 이후에는 다
른 지역으로 확산되는 양상을 보인다. 영양 현이동 석탑은 인근의 산
해리 오층석탑의 영향으로 건립된 것으로 생각되며, 제천의 2기의 석
탑은 경북 북부에 집중 건립된 전축형 석탑이 죽령을 넘어 충청지역
까지 확산된 것으로 보인다. 정선 수마노탑은 전축형 석탑의 분포 범
위 중 최북단에 위치하고 있어 경북 북부지역에 집중되었던 신라계
전축형 석탑이 고려시대에는 강원도, 충청도 지역까지 확산되는 모습

을 보인다. 한편, 정선 수마노탑은 다른 석탑들이 낮은 단층기단을 보이는 것과 달리 장대석을 사용하여 6단으로 기단을 쌓았는데 고려석탑의 방형 불대좌형기단, 청석탑 등에서 나타난 계단식 기단방식을 모전석탑에서도 차용한 것으로 생각된다. 제천 교리 모전석탑은 훼손이 많이 되어 원형을 알 수 없으나 정상 가까운 산 중턱 암반에 위치하고 있어[525] 삼지동 석탑, 대사동 석탑과 같이 자연암반을 입지로 삼는 방식을 계승하고 있는 것으로 생각된다.

한편, 군위 남산동 모전석탑은 군위 삼존불의 건립시기에 함께 건립되었을 것이라는 견해[526]와 전형양식의 낮은 단층기단 위에 축조되었음을 근거로 8세기 초 통일신라시대에 건립되었다는 견해[527]가 있지만, 우선 현재의 축조상태가 원형인지 확실치 않다. 또한 외형적으로는 우주와 탱주가 모각되어 전형석탑의 하층기단 형태를 보이고 있지만, 하층기단에 3주의 탱주를 갖는 다른 전형석탑과 비교해 보면 차이가 있다. 아울러 전축형 석탑 중 오직 이 석탑에서만 전형석탑의 기단을 차용한 것에 대해서도 좀 더 검토가 필요할 것으로 생각된다. 또한 현재 남아 있는 모전석재의 가공 상태와 잔존 수량으로 보아 대형의 전축형 석탑은 아니었을 것으로 생각되므로 고려시대로 추정된다.

전축모방형 석탑은 통일신라시대에 가구식기단, 괴체석기단, 자연석기단 등 기단형식이 분화되며 다른 모전석탑에 비해 눈에 띄는 양

---

525 鄭永鎬, 「堤川의 模塼石塔 二基」, 『考古美術』 第1卷 第2號 (通卷2號), 한국미술사학회, 1960. 9, p. 20.
526 문명대, 「통일신라시대 조각」, 『한국미술사』, 대한민국예술원, 1984, p. 190.
527 박홍국, 위 책, 1998, pp. 168~169.

기단부 형식	시대	석탑명	소재지	비고
단층기단	고려	영양 현이동 석탑	경북 영양군 영양읍	
단층기단 (전형양식)	고려	군위 남산동 석탑	경북 군위군 부계면	
단층기단	고려	제천 장락리사지 석탑	충북 제천시 장락동	
자연암반	고려	제천 교리 석탑	충북 제천시 청풍면	일부 훼손
장대석 6단	고려	정선 정암사 수마노탑	강원도 정선군 고한읍	
단층기단	고려	상주 석심회피탑	경북 상주시 외남면	현재 망실

식 변화 과정을 겪으면서 나름의 독특한 양식을 생성하였다. 이와 같
은 조탑의지는 고려시대에도 계승되어 기단부 변화와 함께 꾸준히 건
립되는 양상으로 이어지고 있다. 고려시대 전축모방형 석탑의 기단부
변화는 지대석과 같이 방형 1매의 석재로 단층기단을 갖춘 형식으로
변화되어 나타나는 것을 볼 수 있다. 이는 방형의 괴체석 4매로 조성
하던 것이 1매의 지대석처럼 간략화된 것으로 생각되는데 석탑의 규
모 역시 전대에 비해 소형으로 변화하는 모습을 보인다. 한편 죽장사
지 오층석탑에서 나타난 상층기단 바깥에 기둥을 둘러 입체적인 공간

사진 174. 음성 읍내리 오층석탑   사진 175. 안동 하리동 삼층석탑

사진 176-1. 화순 운주사 대웅전 앞 석탑

사진 176-2. 화순 운주사 입구 석탑

사진 177. 청원 영하리사지 석탑

을 구성하는 기단 형식은 통일신라시대에도 오직 죽장사지 석탑에서만 나타나는 특징으로 고려시대에는 계승되지 않은 것으로 생각된다.

신라 전축모방형 석탑이 경북 북부 및 경주지역을 중심으로 건립되었던 것과 달리 고려시대에는 경상도 지역을 벗어나 충청북도, 전라남도 등의 지역에서도 건립된다. 현재 남아 있는 것으로는 군위 압곡사 삼층석탑, 음성 읍내리 오층석탑, 안동 하리동 삼층석탑, 화순 운주사 대웅전 앞 다층석탑, 운주사 입구 석탑, 청원 영하리사지 석탑 등 6기 정도가 확인된다. 음성 읍내리 오층석탑을 제외하고 대부분이 지대석기단 형식으로 별도의 탑신받침 없이 1매의 지대석 위에 바로 탑신을 올렸다. 군위 압곡사 삼층석탑은 1층에 문비와 감실이 남아 있으며 형태로 보아 자연석 또는 단층기단이었을 것으로 추정되는데 정확한 원형은 알 수 없다. 안동 하리동 삼층석탑은 자연석 여러 매를 불규칙하게 쌓고 그 위로 지대석을 올리고 있어 주목되는데 이처럼 지대석 하단에 여러 매의 자연석을 쌓은 것이 괴체석기단이 자연암반을 재현하려던 의도가 여전히 남아 있었던 것으로 추정된다. 이는 경주와 그리 멀지 않은 경상도 지역에 건립된 것으로 보아 괴체석기단에 대한 이해가 있었던 것으로 생각된다.[528]

음성 읍내리 오층석탑만 가구식 단층기단을 보이고 있는데 1층 탑신 4면에는 장방형의 얕은 감실이 조성되어 있어 가구식기단 전축모방형 석탑의 여운이 남아 있다. 초층 탑신받침은 갑석 상면에 각형 1단 받침이 조출되어 있어 별석 탑신받침의 의도보다는 일반형석탑의 방식을 따른 것으로 보인다. 1층 옥개석은 받침부와 지붕부가 대칭되도록 분리되어 있어 별석 방식의 여운이 남아 있다. 현재 2층과 5층 탑신이 결실되었는데, 탑신부에 우주가 생략된 것과 옥개석이 계단형으로 조성된 것을 제외하면 괴산 보안사 삼층석탑, 안성 봉업사지 오층석탑 등 고려시대 일반형 석탑과 비슷한 치석수법과 체감율을 보이고 있어 전축모방형 석탑의 양식과 함께 고려석탑의 특징을 함께 보여주고 있다.

화순 운주사에는 2기의 전축모방형 석탑이 확인되는데, 운주사에는 일반형 석탑 외에도 원형석탑, 발형석탑 등 다양한 양식의 이형석탑들이 건립되어 있어 전축모방형 석탑 양식도 이러한 운주사의 건탑 의도에 따라 다양한 양식의 하나로 채택된 것으로 생각된다. 청원 영하리사지 석탑은 계단형 옥개석 3매와 기타 부재들을 확인할 수 있는데, 현재는 무너져 있어 기단부 원형을 알 수 없다. 그러나 쌓여있는

---

[528] 이순영, 「新羅 塼築模倣型 石塔의 특징과 전개과정」, 『미술사학연구』285, 한국미술사학회, 2015. 3, pp. 28~29.

〈표 26〉 고려시대 전축모방형 석탑 현황

기단부 형식		시대	석탑명	소재지	비고
가구식기단	단층	고려	읍내리 오층석탑	충북 음성군 음성읍	
지대석기단		고려	압곡사 삼층석탑	경북 군위군 삼국유사면	기단 추정
		고려	하리동 모전삼층석탑	경북 안동시 풍산읍	
		고려	운주사 다탑봉 석탑(現 대웅전 앞 다층석탑)	전남 화순군 도암면	
		고려	운주사 입구 석탑	전남 화순군 도암면	
		고려	영하리사지 석탑	충북 청원군 북이면	기단 추정

옥개석 옆에 놓인 방형 1매의 부재로 보아 안동 하리동 석탑과 같은 지대석 기단 형식이었을 것으로 추정된다.[529]

지금까지 모전석탑이 고려석탑으로 계승되는 양상에 대해 살펴보았다. 전축형석탑은 소형 석재를 사용하여 전축하는 축조방식이 대체적으로 큰 변화없이 유지되면서 계승되었다. 또한 대부분 1층 탑신에 감실을 조성하고 있어 이 계통의 석탑 양식을 충실히 계승하고 있다. 그러나 감실과 문비의 형태는 입구에 특별한 조식이 없는 형식으로 간략화되었다. 또한 전축형 방식이 석재를 일일이 다듬어 건립해야 한다는 조형상의 문제점으로 인해 크게 성행하지 않았던 것으로 보이는데, 고려시대에도 소수만 남아 있으며, 이후에는 더 이상 건립되지 않은 것으로 생각된다.

---

[529] 이순영, 위 논문, pp. 29~30.

전축모방형 석탑은 기단부 변화를 보이며 고려시대까지 꾸준히 건립되어 왔음을 알 수 있다. 그러나 기단부는 더욱 간략화되고 탑신받침도 생략되었으나 옥개석을 계단형으로 조성하는 기본 특징은 그대로 남아 있다. 또한 음성 읍내리 오층석탑과 같이 가구식기단 형식도 건립되고 있는 것으로 보아 전축모방형 석탑 중 가장 먼저 나타난 가구식기단 형식도 계승되고 있음을 알 수 있다. 이처럼 전축모방형 석탑은 다양한 기단부 형식으로 발전하면서 나름의 양식 변화를 이루며 꾸준히 계승되었으나, 고려시대 이후로는 더 이상 건립되지 않는다. 그러나 고려시대까지 꾸준히 양식이 계승되는 것으로 보아 전축모방형 석탑이라는 양식 자체에 대한 인식이 후대까지 이어지고 있었던 것으로 생각된다.

이상에서 살펴본 바와 같이 고려석탑은 통일신라 석탑의 양식을 계승하는 한편으로 독자적인 변화를 통해 새로운 양식을 창안하는 등 다양하게 발전하는 모습을 보여주는 것을 확인할 수 있다. 결국 통일신라 석탑의 변화가 고려석탑 양식에 직접적인 영향을 준 것에서 한 걸음 더 나아가 통일신라부터 쌓아온 석탑 변화에 대한 자신감과 창의적 발상이 고려석탑에서도 새로운 석탑 유형이 창안·발전할 수 있는 내재적 원동력으로 작용하였다는 것이 특징이라고 할 수 있다. 즉, 통일신라 석탑에서 발생한 다양한 변화 현상은 고려석탑의 직·간접적인 양식적 모태가 되었다는 측면에서 한국석탑사에서 중요한 의의를 갖는다.

VII. 맺음말

참고문헌

Ⅶ

·

맺음말

이 책에서 통일신라 석탑의 조성배경과 변화 원인에 대해 살펴보았다. 이와 더불어 통일신라 석탑의 변화 유형과 건립시기를 검토하였으며, 통일신라 석탑의 조형적 특징과 고려석탑으로의 계승과 변화에 끼친 영향에 대해서도 고찰하였다.

신라석탑은 전형양식의 성립과 발전 과정에서 불탑관의 변화, 조탑경의 출현, 건탑 요인의 다양화 등 여러 요인에 의해서 정형에서 탈피한 다양한 변화가 발생하고 있다. 이러한 변화는 결국 고려석탑의 양식적 모태가 되는 것이므로 양식의 계승과 발전이라는 측면에서 신라석탑과 고려석탑을 이해하기 위해 연구대상으로 다룰 가치가 충분하다.

이 책에서는 먼저 신라석탑의 조성배경을 살펴보기 위해 신라의 불탑관에 대해 고찰하였다. 신라의 불탑관은 불국토사상과 함께 전개되었다. 초기에는 불탑이 불사리신앙 공간으로서 조영되었으나 황룡사 구층탑을 기점으로 호국적 염원이 불탑에 투영되어 조탑경이 출현하기 이전까지 국가 주도의 호국적 대상체로서 불탑이 건립되었다.

조탑경 유입 이후 불탑관은 호국적 성격에서 벗어나 개인 공덕 성취로 변화하였다. 이러한 불탑관의 변화는 9세기 이후 건탑 원인이 다양화될 수 있는 동인이 되었고 이로 인해 석탑 양식도 다양하게 변화할 수 있는 길을 열어 주었다.

신라석탑은 시원기에 모전석탑이 건립된 이후 화강암의 전형석탑으로 석탑 조형이 변화하고 있다. 이와 같은 석탑 조형의 변화를 살펴보기 위해 신라인의 석탑 조형에 대한 관점을 고찰하였다. 『반니원경』과 『불반니원경』 등 초기 경전을 보면 재료를 벽돌 모양으로 가공하여 불탑을 건립하는 것은 일찍부터 불탑을 건립하는 한 방법으로 불탑재의 기원, 오리진(Origin)으로 인지되었던 것으로 보인다. 또한 분황사 창건은 선덕왕의 즉위 과정에서 있었던 여러 정치적 불안요소를 극복하기 위한 당위성 확보가 필요하였던 까닭에 불탑 원류에 대한 인식과 동경으로 벽돌모양으로 가공한 석재를 불탑재로 선택했던 것으로 생각되며, 불사리신앙을 강조하기 위해 부처의 사리를 모시는 묘탑이라는 근본에 충실하기 위해 목조건축에 근본을 두는 조형으로 제작되었음을 논하였다. 전형석탑은 통일 이후 새로운 석탑 조형의 필요에 의해 발생한 것으로 생각되며, 본질적 신앙에 대한 경외심을 나타내고, 통일의 위업을 기념하고자 하는 기념비적 성격을 표현할 수 있는 숭고미 등의 성격이 반영된 신라만의 새로운 석탑 조형으로 창안된 것으로 파악하였다.

다음으로 통일신라 석탑의 변화 양상을 특성에 따라 일반형석탑에서 전체가 변형된 석탑, 기단부 또는 탑신부가 부분적으로 변화된 석탑, 모전석탑 등 크게 세 유형으로 구분하였다. 대상 석탑을 유형별로 살펴본 결과 기단부 변화는 단층기단으로의 변화가 가장 많았으며, 탑신부 변화는 초층탑신받침의 변화가 가장 많았다. 또한 한 석탑에서 여러 변화 현상이 중복되어 나타나는 경우도 확인하였는데 변화 현상이 적극적이고 다양하게 나타난 것으로 파악된다.

전체가 변형된 유형은 불국사 다보탑이 유일하다. 기단부의 면석 구성과 계단이 수직적 상승작용과 함께 시각적 상승효과를 높이고 있어 『법화경』의 '종지용출 주재공중(從地踊出 住在空中)'의 장면을 조형화하기 위해 상승감을 강조하는 구조로 재현한 것으로 파악하였다. 또한 『삼국유사』의상전교조의 기사 내용을 분석한 결과 탑돌이의 주체자는 의상이 아닌 표훈이며 장소는 황복사 석탑이 아닌 불국사의 석가탑과 다보탑일 가능성을 논하였다.

기단부 변형 유형은 별석 결구방식이 완전히 소멸하는 단계에서 별석 결구방식이 등장하고 있어 구조적 변화를 확인하였다. 외형적 변화는 단층기단, 불대좌형 기단, 사사자형 기단, 자연석 기단, 삼중기단으로의 변화 양상에 대해 고찰하였다. 탑신부 변형 유형은 탑신석과 옥개석의 별석 구성은 구조적 변화로 파악하였고, 외형적 변화는 별석 초층탑신받침, 굽형괴임 형식 등 초층탑신받침의 변화, 탑신부의 팔각형으로의 변화, 옥개석 낙수면에 귀마루를 조식한 변화, 밀첨식 체감율, 탑신 표면에 목조건축적 세부기법의 표현 등으로 살펴보았다. 모전석탑은 분황사 석탑 계열인 전축형 석탑과 탑리리 오층석탑 계열인 전축모방형 석탑의 변화 양상에 대해 고찰하였다.

Ⅳ장에서는 통일신라 석탑의 양식 변화에 따른 조형적 특성을 일반형석탑을 중심으로 살펴보았다. 일반형석탑에서는 기단부 별석 결

구방식과 별석 초층탑신받침 변화 현상에 대해 살펴보았는데 이러한 변화는 전형석탑을 기본으로 하여 나타난 신라석탑의 자생적인 변화 현상으로 파악하였다. 또한 통일신라 석탑 중 밀첨식 조형을 보이는 정혜사지 십삼층석탑은 양식 연원이 당시 국제적으로 유행하던 불탑 양식이었던 것으로 추정하였는데 신라에 유입되어 신라화된 새로운 유형이 발생하였음을 고찰하였다.

일반형석탑 가운데 변형된 석탑들의 편년과 흐름에 대해 살펴본 결과, 8세기는 석탑 변화가 시작되는 단계로 볼 수 있다. 8세기 중반 이후부터 본격적으로 석탑 변화 현상이 나타나기 시작하는데 일반형 석탑은 전체 변형, 부분 변형 등 다양한 방식을 시도하고 있어 다음 시기에 석탑 변화가 더욱 다양해질 수 있는 기초를 마련하고 있다. 9세기는 석탑 변화 현상이 더욱 다양해지고 발전되는 단계이다. 일반 형석탑은 8세기에 나타나지 않던 새로운 변화 유형이 창안되는 등 기 단부, 탑신부 변화 유형이 더욱 풍부해지고 광범위하게 나타난다. 아 울러 이 시기 변화 유형은 고려석탑의 양식적 모태가 된다는 점에서 중요한 의미가 있다.

Ⅴ장에서는 모전석탑 중 전축모방형 석탑의 양식 특징과 기단부 변화 유형에 주목하여 살펴보았다. 모전석탑은 전축형 석탑과 전축모 방형 석탑 유형이 나름의 독자적인 양식 계보를 형성하며 전개되었 다. 전축형 석탑의 축조방식은 큰 변화가 없는 까닭에 석탑별로 양식 특성이 잘 드러나지 않지만, 분황사 석탑은 동아시아에서 최초로 건 립된 전축형 석탑으로 소형석재를 사용하여 목조건축을 재현한 순수 신라에서 창안된 석탑이라는 점에서 의의가 있다.

전축모방형 석탑인 탑리리 오층석탑 역시 신라에서 자생적으로 발생한 양식으로 이후 건립되는 전축모방형 석탑의 대부분은 탑리리 오층석탑의 기본 양식에서 크게 벗어나지 않는다. 그러나 이러한 보편적인 현상 속에서도 죽장사지 오층석탑은 상층기단 바깥에 기둥을 두르는 특이한 이중 구조를 보이고 있어 보편적 변화 현상 속에서 독자적인 특수성을 보인다는 점에서 중요 사례로 생각된다. 이후 전축모방형 석탑은 가구식기단에서 자연석기단, 괴체석기단으로 변화되는 과정을 고찰했으며, 괴체석기단의 입지 변화 결과 경주 남산의 일반형석탑 탑신부를 올린 자연석기단 석탑 발생에 영향을 준 것으로 추정하였다. 이를 통해 모전석탑과 일반형석탑의 양식 변화가 상호 유기적 관계 속에서 영향이 있는 것을 논하였다. 이를 통해 모전석탑은 한국석탑의 양식적 근간을 이루는 시원양식임과 동시에 독자적인 양식 계보를 형성한다는 점에서 의미가 있으며, 그 속에서도 독특한 양식 변화를 볼 수 있어 통일신라 석탑의 변화 현상의 다양성을 보여준다는 점에서 의의가 있다.

이어서 모전석탑의 편년과 흐름에 대해 살펴본 결과, 7세기의 모전석탑은 시원양식으로서 분황사 석탑, 탑리리 오층석탑이 건립되고 있어 새로운 변화 단계보다는 기본양식이 정착되는 단계로 보인다. 8세기에 들어 모전석탑 역시 본격적으로 기단부 변화를 보이는데 그 안에서도 전축모방형 석탑에서만 보이는 특이한 의장을 볼 수 있어 일반형석탑과 같이 다양한 변화 현상이 시도되고 있다는 점이 주목된다. 이와 같은 현상은 8세기 당시 신라문화의 예술적 창작 욕구와 새로운 조형물을 개방적으로 수용했던 사회 분위기가 반영된 것으로 보인다. 9세기에도 기단부 변형 등 꾸준히 변화가 지속되는 현상을 보이지만, 전반적으로 양식이 간략화되는 경향을 확인할 수 있다.

마지막으로 통일신라 석탑의 변형에 따른 특성이 고려시대 석탑에 어떻게 계승되고 영향을 끼쳤는지에 대해 살펴보았다. 통일신라 일반형석탑의 변화 특성이 고려석탑의 양식 변화에 다양하게 계승되는 양상을 통해 통일신라 석탑의 변화가 고려석탑의 양식적 모태가 되었다는 것을 확인할 수 있었다. 그러나 통일신라 석탑에서 발생된 변화 유형이 모두 고려석탑 양식에 영향을 준 것은 아니고 선택적으로 계승되는 현상을 볼 수 있으며, 불대좌형 기단, 사사자기단 등은 지역적 분포 특징을 보이고 있음을 확인하였다. 고려시대 모전석탑은 소수지만 꾸준히 계승되고 있어 모전석탑에 대한 인식은 있었던 것으로 파악되나 전반적으로 양식이 간략화되고 이전보다 성행하지 않은 것으로 보인다.

통일신라 석탑에서 발생한 다양한 변화 현상은 신라 불탑관의 변화와 그로 인한 발원계층의 다양화, 신라인의 새로운 것에 대한 끊임없는 노력과 예술적 역량 발휘, 전통의 계승과 변화 의지 등이 복합적으로 작용하여 통일신라의 축적된 문화적 역량이 발휘된 결과물인 것이다. 그리고 이러한 통일신라 석탑의 변화 현상은 한국 석탑 발달과정에서 다양한 양식의 석탑이 창안될 수 있는 근간을 마련해 주었다는 점에서 중요한 의미가 있다. 아울러 통일신라 석탑의 다양성과 독창성이 결국은 고려석탑의 직·간접적인 양식적 모태로서 막대한 영향을 끼쳤다는 점에서 통일신라 석탑이 한국석탑사에서 차지하는 위치가 매우 중요함을 알 수 있다. 이 책에서 다루지 못한 미진한 부분은

향후 연구과제로 남기고자 하며, 이 책이 통일신라 석탑을 이해하는
데 작지만 의미있는 도움이 되길 바란다.

【參 考 文 獻】

1. 史料·經典

〈史料〉

『伽藍考』

『考往錄』

『廣輿圖』

『洛陽伽藍記』

『多武峯緣起』

『東京雜記』

『東京通誌』

『望月佛敎大辭典』

『梵宇攷』

『備邊司印方眼地圖』

『三國史記』

『三國遺事』

『商山誌』

『新增東國輿地勝覽』

『輿地圖』

『譯註 韓國古代金石文』

『魏書』

『朝鮮金石總覽』

『河西集』

〈經典〉

『灌頂伏魔封印大神呪經』

『金光明經』

『大正新修大藏經』

『敦煌本六祖壇經』

『無垢淨光大陀羅尼經』

『般泥洹經』

『法華經科註』

『佛般泥洹經』

『阿毘達磨集異門足論』

2. 논문

〈국문〉

강우방, 「韓國의 華嚴美術論」, 『伽山學報』4, 1995.

姜在光, 「文聖王代의 政局과 「昌林寺 無垢淨塔願記」 造成의 정치적 배경」, 『韓國古代史探究』7권, 한국고대사탐구학회, 2011. 4.

高榮燮, 「元曉의 念佛觀과 淸華의 念佛禪」, 『佛教學報』71집, 동국대학교 불교문화연구원, 2015. 7.

高裕燮, 「朝鮮塔婆의 研究」(其一), 『震檀學報』6, 1936.

_____, 「朝鮮塔婆의 研究(三)」, 『震檀學報』14, 震檀學會, 1941.

_____, 「朝鮮塔婆의 樣式 變遷」, 『佛教學報』3·4合輯, 동국대학교 불교문화연구소, 1966.

權江美, 「통일신라시대 사자상의 수용과 전개」, 『新羅의 獅子』, 국립경주박물관, 2006.

김덕원, 「신라 中古期 叛亂의 원인과 성격」, 『민족문화논총』38, 영남대학교 민족문화연구소, 2008. 4.

김동하, 「신라 사천왕사 창건가람과 창건기 유물 검토-발굴조사 성과를 중심으로-」, 『한국고대사탐구』23, 한국고대사탐구학회, 2016.8.

김버들, 「佛敎經典과 曼茶羅에 나타난 多寶塔의 造營特性에 關한 硏究」, 동국대학교 건축공학과 박사학위논문, 2007.

김버들·조정식, 「한·중·일 다보탑의 특징에 관한 상호 비교 연구」, 『대한건축학회 논문집 : 계획계』 26권 6호, 대한건축학회, 2010.

金福順, 「義湘과 皇福寺」, 『新羅文化祭學術發表會論文集』 第17輯, 1996. 10.

金相鉉, 「皇龍寺九層塔考」, 『중재장충식박사화갑기념논총』(역사학편), 단국대학교 출판부, 1992.

_____, 「사천왕사의 창건과 의의」, 『新羅文化祭學術發表會論文集』 第17輯, 1996. 10.

_____, 「新羅의 建塔과 『造塔功德經』」, 『文化史學』6·7호, 한국문화사학회, 1997. 6.

김성우, 「중국 사례와의 비교를 통해 본 5세기 고구려 사지의 역사적 의미」, 『大韓建築學會論文集』計劃系 제30권 제6호(통권308호), 大韓建築學會, 2014. 6.

김수현, 「불국사 다보탑 조성의 불교사상적 의의」, 동국대학교 석사학위논문, 1999.

金英美, 「統一新羅時代 阿彌陀信仰의 歷史的 性格」, 『韓國史硏究』50·51호, 한국사연구회, 1985. 12.

김영태, 「駕洛佛敎의 전래와 그 전개」, 『불교학보』27, 동국대학교 불교문화연구원, 1990.

김은화, 「慶州 九黃洞廢塔址의 復元的考察」, 『고구려발해연구』33, 고구려발해연구학회, 2009.

金正守, 「望德寺十三層木塔의 形態推定에 관한 硏究」, 『大韓建築學會誌』28卷 119號, 大韓建築學會, 1984.

_____, 「6~9세기 신라목탑 형태의 변천에 관한 연구」, 경기대학교 박사학위

논문, 2006.

김주성, 「화엄사 4사자석탑 건립배경」, 『한국상고사학보』18, 1995.

김준영, 「芬皇寺石塔 硏究」, 영남대학교 박사학위논문, 2013.

_____, 「동아시아 모전석탑의 기원에 대한 小考」, 『文物硏究』26, 동아시아문물연구학술재단, 2014.

김지윤, 「다보탑을 통해 본 통일신라시대의 營造尺」, 『미술사논단』44, 한국미술연구소, 2017.

김지석, 「고려시대 모전석탑 연구」, 단국대학교 석사학위논문, 2006.

김지현, 「新羅 石塔의 構造와 造營 硏究」, 동아대학교 박사학위논문, 2012.

_____, 「경주 鍪藏寺址 史蹟과 삼층석탑에 대한 再考」, 『新羅文化』43, 동국대학교 신라문화연구소, 2014.

_____, 「통일신라 典型樣式 석탑의 기단부 유형과 8세기 석탑의 편년 검토」, 『新羅文化』45, 동국대학교 신라문화연구소, 2015.

_____, 「경주 구황동 塔址의 石塔材 고찰 : 異型石塔說에 대한 再論을 중심으로」, 『불교미술사학』20, 불교미술사학회, 2015.

_____, 「의성 탑리리 오층석탑에 대한 고찰」, 『불교미술사학』22, 불교미술사학회, 2016.

金昌謙, 「新羅 中祀의 '四海'와 海洋信仰」, 『한국고대사연구』47, 한국고대사학회, 2007.

김창호, 「삼국시대 석탑의 선후관계와 의성 탑리 석탑의 창건시기」, 『과기고고연구』제9호, 아주대학교박물관, 2003.

김춘실, 「中國 山東省 佛像과 三國時代 佛像」, 『美術史論壇』19호, 한국미술연구소, 2004. 12.

김태식, 「文豆婁法과 경주 四天王寺址 출토 유물」, 『新羅史學報』21, 신라사학회, 2011. 4.

김희경, 「금강산의 異形石塔에 대하여」, 『문화사학』창간호, 한국문화사학회, 1994.

남권희, 「韓國 記錄文化에 나타난 眞言의 流通」, 『密敎學報』7, 위덕대학교 밀
　　교문화연구원, 2005.

남동신, 「新羅 中古期 佛敎治國策과 皇龍寺」, 『新羅文化祭學術發表會論文集』
　　22, 2001.

남동신·최연식, 「미술사의 과제와 역사학-불교미술사를 중심으로-」, 『미술사학
　　연구』268, 한국미술사학회, 2010. 12.

남시진, 「신라석탑의 시원 고찰」, 『문화재』42권 2호, 국립문화재연구소, 2009.

노중국, 「신라와 백제의 교섭과 교류」, 『新羅史學報』33, 新羅史學會, 2015. 4.

박광열, 「의성 금성산 고분군 발굴조사 성과와 의의」, 『新羅史學報』32, 新羅史
　　學會, 2014. 12.

박경식, 「9세기 신라 석조미술에 관한 연구」, 한국교원대학교 박사학위논문,
　　1992.

_____, 「9世紀 新羅 地域美術의 硏究(Ⅰ)-雪嶽山의 石造 造形物을 中心으로
　　-」, 『史學志』28, 檀國大史學會, 1995.

_____, 「芬皇寺模塼石塔에 대한 考察」, 『芬皇寺의 諸照明』, 신라문화선양회,
　　1999.

_____, 「新羅 始原期 石塔에 대한 考察」, 『文化史學』19, 한국문화사학회,
　　2003.

_____, 「新羅 典型期 石塔에 대한 考察」, 『文化史學』20, 한국문화사학회,
　　2003.

_____, 「新羅 定形期 石塔에 대한 小考」, 『文化史學』21, 한국문화사학회,
　　2004.

_____, 「고유섭과 탑파연구」, 『미술사학연구』248, 한국미술사학회, 2005.

_____, 「四門塔에 대한 考察」, 『文化史學』27, 韓國文化史學會, 2007.

_____, 「隨·唐代의 佛塔硏究(Ⅰ) : 亭閣形 石造塔婆」, 『文化史學』29, 한국문
　　화사학회, 2008.

_____, 「분황사 모전석탑의 양식 기원에 대한 고찰」, 『新羅文化』41, 동국대학

교 신라문화연구소, 2013.

_____, 「미륵사지 석탑과 분황사 모전석탑의 비교 고찰」, 『백산학보』98, 백산학회, 2014.

_____, 「미륵사지석탑과 수당대 정각형 불탑과의 비교」, 『백산학보』92, 백산학회, 2012.

박대남, 「사찰구조와 출토유물로 본 芬皇寺 성격 고찰」, 『한국고대사탐구』3, 한국고대사탐구학회, 2009. 12.

박보경, 「慶州 高仙寺址 伽藍配置와 三層石塔 硏究」, 동국대학교 석사학위논문, 2004.

朴相國, 「舍利信仰과 陁羅尼經의 寫經 片」, 『경주 나원리 오층석탑 사리장엄』, 국립문화재연구소, 1998.

박승범, 「7세기 전반기 新羅의 危機意識의 실상과 皇龍寺9층木塔」, 『신라사학보』30, 신라사학회, 2014.

박유정, 「미적 체험에서 본 아름다움의 본질에 관한 고찰」, 『문화와 융합』제38권 6호, 한국문화융합학회, 2016. 12.

朴日薰, 「月城郡 吾也里 三層石塔」, 『考古美術』5권 5호, 한국미술사학회, 1964. 5.

朴泰華, 「新羅時代의 密敎 傳來考」, 『曉成趙明基博士華甲記念 佛敎學論文叢』, 불교사학논총 간행위원회, 1965.

朴洪國, 「경주지역의 옥개석 귀마루(隅棟) 彫飾 석탑 연구」, 『경주사학』19, 경주사학회, 2000.

_____, 「慶州 安康邑 淨惠寺址 石塔의 持異點에 대하여」, 『佛敎考古學』4, 위덕대학교박물관, 2004.

_____, 「경주 남산리 3층석탑의 특이점에 대한 고찰」, 『新羅文化』36, 동국대학교 신라문화연구소, 2010.

박흥수, 「다보탑의 평면도와 영조척」, 『한국과학사학회지』1권 1호, 한국과학사학회, 1979.

徐延受,「實相寺百丈庵 三層石塔의 表面莊嚴에 對한 研究」,『梨大史苑』13, 이
　　　화여대 사학회, 1976.

宋芳松,「華嚴寺 三層石塔의 奏樂像」,『韓國學報』108, 일지사, 2002.

申大鉉,「英陽 三池洞 模塼三層石塔 舍利莊嚴 小攷」,『文化史學』11·12·13號, 한
　　　국문화사학회, 1999.

신동하,「新羅 佛國土思想의 展開樣相과 歷史的 意義」, 서울대학교 박사학위
　　　논문, 2000.

申龍澈,「慶州 南山 昌林寺址 三層石塔의 考察 - 石塔의 編年을 中心으로 -」,
　　　『東岳美術史學』3, 동악미술사학회, 2002.

　　　,「蔚山 望海寺 雙塔의 造塔 性格에 관한 考察」,『東岳美術史學』6, 동악
　　　미술사학회, 2005.

　　　,「華嚴寺 四獅子石塔의 造營과 象徵 : 塔으로 구현된 光明의 法身」,『美
　　　術史學研究』250·251, 한국미술사학회, 2006.

　　　,「統一新羅 石塔 研究」, 동국대학교 박사학위논문, 2006.

　　　,「統一新羅 二重基壇石塔의 形式과 編年」,『東岳美術史學』9, 동악미술
　　　사학회, 2008.

　　　,「일본 다층석탑의 성립과 발전-나라현 히노쿠마데라(檜隈寺) 석탑을
　　　중심으로-」,『미술사와 시각문화』8, 2009.

　　　,「경북 안동지역 佛塔의 편년과 특징」,『한국민족문화』34호, 부산대학
　　　교 한국민족문화연구소, 2009. 7.

　　　,「신라 불탑에 있어『無垢淨光大陀羅尼經』의 영향」,『불교학연구』23호,
　　　불교학연구회, 2009. 8.

　　　,「新羅石塔의 발생과 成立過程에 대한 고찰」,『건축역사연구』제19권 4
　　　호 통권 71호, 한국건축역사학회, 2010.

　　　,「신라 단층기단 석탑의 편년과 특징」,『한국민족문화』47, 부산대학교
　　　한국민족문화연구소, 2013.

　　　,「軍威 持寶寺 三層石塔에 대한 考察」,『東岳美術史學』16, 동악미술사

학회, 2014.

_____, 「신라석탑 문비조각에 대한 고찰」, 『정신문화연구』37, 한국학중앙연구
　　원, 2014. 6.

申昌秀, 「興輪寺의 發掘成果 檢討」, 『新羅文化』20, 동국대학교 신라문화연구
　　소, 2002.

안선우, 「慶北 北部地域의 模塼石塔 硏究」, 『안동사학』13, 안동사학회, 2009.

양승윤, 「인도네시아의 인도문화 영향에 대한 역사적 고찰」, 『인도연구』13, 한
　　국인도학회, 2008.

엄기표, 「百濟 石塔의 先後에 대한 考察-木造建築 요소를 중심으로-」, 『文化史
　　學』16, 한국문화사학회, 2001. 12.

_____, 「中國 云居寺의 唐代 石塔에 대한 考察」, 『東岳美術史學』9, 동악미술
　　사학회, 2008.

_____, 「韓國 古代의 石造美術에 반영된 木塔 要素에 대한 考察」, 『역사와 담
　　론』54집, 호서사학회, 2009. 12.

염중섭, 「多寶塔의 경전적인 건립시점 고찰 - 多寶塔과 法華思想의 의미구현
　　을 중심으로 -」, 『한국선학』29, 한국선학회, 2011. 8.

_____, 「釋迦塔과 多寶塔의 명칭적인 타당성 검토」, 『건축역사연구』19권 4호,
　　한국건축역사학회, 2010.

오세덕, 「경주 普門洞 寺址에 관한 고찰」, 『古文化』81, 한국대학박물관협회,
　　2013.

옥나영, 「新羅時代 密敎經典의 流通과 그 影響」, 숙명여자대학교 박사학위논
　　문, 2017.

禹仁寶, 「阿含部 經典의 佛塔信仰思想」, 『文化史學』33호, 한국문화사학회,
　　2010.

元善喜, 「신라하대 無垢淨塔의 건립과 《無垢淨光大陀羅尼經》신앙」, 국민대학
　　교 석사학위논문, 2004.

윤세원, 「『삼국유사』「요동성육왕탑」조에 관한 일고찰」, 『신라문화제학술발표

　　　　논문집』35, 동국대학교 신라문화연구소, 2014. 4.

尹容鎭, 「慶北 英陽郡의 塔像(一)」, 『考古美術』第4卷 第11號(通卷40號), 한국
　　　　미술사학회, 1963.

李康根, 「韓國 古代 佛殿建築의 莊嚴法式에 관한 연구」『美術史學』12, 한국
　　　　미술사교육학회, 1998.

이계표, 「新羅 下代의 迦智山門」, 전남대학교 석사학위논문, 1982.

이근우, 「통일신라시대 석탑의 기단 결구방식에 대하여-7~8세기 석탑을 중심
　　　　으로-」, 『역사와 경계』63, 부산경남사학회, 2007.

李善喆, 「韓國의 塼塔形 石塔 研究-義城塔里五層石塔을 中心으로-」, 충북대학
　　　　교 석사학위논문, 2007.

李順英, 「華嚴寺 四獅子三層石塔에 關한 研究」, 단국대학교 석사학위논문,
　　　　2007.

　　　, 「華嚴寺 四獅子三層石塔의 건립시기에 關한 考察」『文化史學』34, 한
　　　　국문화사학회, 2010.

　　　, 「榮州 宿水寺址 석조유물에 대한 考察」, 『史林』40권, 수선사학회,
　　　　2011.

　　　, 「華嚴寺 四獅子 三層石塔 建立背景 考察」, 『佛敎美術』22, 동국대학교
　　　　박물관, 2011.

　　　, 「蔚州 靑松寺址 三層石塔의 建立時期와 意義」, 『新羅文化』39, 동국대
　　　　학교 신라문화연구소, 2012.

　　　, 「慶州 淨惠寺址 十三層石塔의 樣式과 特徵」, 『東岳美術史學』13, 동악
　　　　미술사학회, 2012.

　　　, 「新羅 竹杖寺址 五層石塔의 樣式과 特徵」, 『韓國古代史探究』14, 韓國
　　　　古代史探究學會, 2013. 8.

　　　, 「新羅 石塔에서 別石 塔身받침의 形式과 特徵」, 『新羅史學報』32, 신라
　　　　사학회, 2014.

　　　, 「新羅 塼築模倣型 石塔의 특징과 전개과정」『美術史學研究』285, 한국

미술사학회, 2015. 3.

_____, 「新羅 石塔의 展開過程에 있어 建立地域과의 關係」, 『文化史學』43호, 한국문화사학회, 2015. 6.

_____, 「삼척지역 신라석탑의 양식과 특징」, 『이사부와 동해』10호, 한국이사 부학회, 2015. 8.

_____, 「신라 香城寺址 3층석탑의 양식 특징과 건립시기」, 『新羅史學報』35, 신라사학회, 2015.

_____, 「江原地域의 新羅 石造美術 擴散과 傳播經路-인제 한계사지 석조미술 을 중심으로-」, 『豪佛 鄭永鎬 博士 八旬頌祝紀念論叢』, 2015.

_____, 「尙州 洛上洞寺址 石塔의 樣式과 復元檢討」, 『한국고대사탐구』24호, 한국고대사탐구학회, 2016.

_____, 「의성 탑리리 오층석탑의 특징과 건립시기」, 『한국고대사탐구』29호, 한국고대사탐구학회, 2018.

李殷昌, 「保寧 聖住寺址 石塔考」, 『史學硏究』21, 한국사학회, 1969.

李垠澈, 「獅子石塔의 起源과 建立背景」, 『靑藍史學』3, 청람사학회, 2000.

이인철, 「분황사 창건의 정치·경제적 배경」, 『芬皇寺의 諸照明-신라문화제학술 발표회논문집』20, 신라문화선양회, 1999.

이해주, 「多寶塔의 美的 考察 : 曲線의 美와 空間 構成의 美를 中心으로」, 『사 학지』41권, 단국사학회, 2009.

이희봉, 「신라 분황사탑의 '模塼石塔 說'에 대한 문제 제기와 고찰」, 『건축역사 연구』20, 한국건축역사학회, 2011.

임남수, 「고대 한국 佛殿의 기능과 형식」, 『美術史學』25, 한국미술사교육학회, 2011.

임세권, 「새롭게 보는 한국 계단식 적석탑」, 『미술사학』16, 한국미술사교육학 회, 2002.

임영애, 「四天王寺址 塑造像의 尊名」, 『美術史論壇』27, 한국미술연구소, 2008.

_____, 「'삼단팔각' 연화대좌의 통일신라 수용과 전개」, 『신라문화』38, 동국대

학교 신라문화연구소, 2011. 8.

임재완, 「경주 불국사 다보탑 연구」, 동국대학교 석사학위논문, 2004.

_____, 「葛項寺址 東·西 三層石塔에 대한 考察」, 『동악미술사학』17, 동악미술
사학회, 2015.

張忠植, 「新羅 模塼石塔考」, 『新羅文化』1, 동국대학교 신라문화연구소, 1984.

_____, 「善山 竹杖寺 模塼石塔의 復元 問題」, 『東岳美術史學』3, 동악미술사학
회, 2002.

장활식, 「통일신라 출범기의 봉성사와 망덕사 창건목적」, 『新羅文化』57, 동국
대학교 신라문화연구소, 2011. 2.

_____, 「『해동고승전』『釋안함』전의 분석」, 『신라문화』46, 동국대학교 신라문
화연구소, 2015. 8.

전덕재, 「고대 의성지역의 역사적 변천에 관한 고찰」, 『新羅文化』39, 동국대학
교 신라문화연구소, 2012.

전지혜, 「백제양식석탑의 양식과 건립연대에 대한 검토」, 『불교미술사학』12집,
불교미술사학회, 2011.

정경재·박부자, 「화엄사 서오층석탑 발견『무구정광다라니』의 서지적 연구」,
『서지학연구』65, 한국서지학회, 2016. 3.

鄭善棕, 「百濟系石塔에 관한 一考察-建立 背景과 時期를 중심으로-」, 『史學志』
20, 단국사학회, 1986.

_____, 「華嚴寺의 石造文化財」, 『佛敎文化硏究』9집, 남도불교문화연구회,
2002.

정성권, 「泰封國都城(弓裔都城) 내 풍천원 석등 연구」, 『한국고대사탐구』7권,
한국고대사탐구학회, 2011. 4.

_____, 「高麗 建國期 石造美術 硏究」, 동국대학교 박사학위논문, 2012.

_____, 「경기도 내 통일신라 석불의 존재 가능성에 대한 고찰-죽산리 석불입
상을 중심으로-」, 『역사와 경계』86, 부산경남사학회, 2013. 3.

丁元卿, 「新羅下代 願塔建立에 관한 硏究」, 동아대학교 석사학위논문, 1982.

鄭永鎬,「堤川의 模塼石塔 二基」,『考古美術』第1卷 第2號 (通卷2號), 한국미술사학회, 1960. 9.

_____,「襄陽 禪林院址에 對하여」,『考古美術』第7卷 第6號, 한국미술사학회, 1966. 6.

_____,「韓國石塔의 特殊樣式考察」(上),『단국대논문집』3, 1969.

_____,「韓國石塔의 特殊樣式考察」(下),『단국대논문집』4, 1970.

_____,「善山 竹杖寺址 五層石塔」,『文化財』4, 1969.

_____,「模塼石塔의 類型 : 統一新羅의 代表作을 中心으로」,『월간중앙』29, 중앙일보사, 1970.

_____,「華嚴寺의 石造遺物」,『화엄사·화엄석경』, 화엄사, 2002.

정요근,「통일신라시기의 간선 교통로-王京과 州治·小京 간 연결을 중심으로」, 『한국고대사연구』63, 한국고대사학회, 2011. 9.

정해두·장석하,「석탑 기단부 적심구성방법에 대한 특성 고찰-7~8세기 석탑 중 해체 수리한 석탑을 중심으로-」,『건축역사연구』16-5(통권 54호), 2007.

_____,「석탑 탑구(塔區)의 역할 및 변천에 관한 연구」,『건축역사연구』19권 1호 통권 68호, 한국건축역사학회, 2010.

조경철,「신라 원측의 생애에 대한 검토」,『한국고대사연구』57, 한국고대사학회, 2010. 3.

曺永洙,「石塔에 있는 塔身받침의 起源과 變化에 관한 硏究」, 성균관대학교 석사학위논문, 2005.

조충현,「後漢代 佛塔 認識과 基源 問題」, 단국대학교 석사학위논문, 2010.

조은경·한주성·남창근,「전라도 석탑의 세부 기법 고찰-옥개석 물끊기홈과 풍탁공을 중심으로-」,『文化財』40, 국립문화재연구소, 2007.

조은경·박언곤,「고대 동아시아 불탑 구조체계로 본 미륵사지석탑」,『건축역사연구』78호, 한국건축역사학회, 2011.

주경미,「韓國 佛舍利莊嚴에 있어서『無垢淨光大陀羅尼經』의 意義」,『佛敎美術

史學』2, 불교미술사학회, 2004.

_____, 「원대 라마탑 양식이 한국 불교미술에 미친 영향」, 『미술사의 정립과 확산』2권, 사회평론, 2006.

_____, 「신라 중대 불사리장엄의 다양성과 문화사적 의의」, 『한국고대사탐구』 23, 한국고대사탐구학회, 2016. 8.

朱甫暾, 「『三國遺事』勝詮髑髏條의 吟味」, 『新羅文化祭學術發表會論文集』34輯, 동국대학교 신라문화연구소, 2013.

주영희, 「新羅 琉璃製舍利容器 硏究」, 『東岳美術史學』4호, 동악미술사학회, 2003.

진정환, 「高麗前期 佛教石造美術 硏究」, 동국대학교 대학원 박사학위논문, 2013.

秦弘燮, 「咸安 主吏寺 四獅石塔址의 調査」, 『考古美術』第3卷 第8號, 韓國美術 史學會, 1964.

_____, 「安東 吉安面 模塼塔」, 『考古美術』 第6卷 第3·4號, 韓國美術史 學會, 1965. 4.

_____, 「韓國模塼石塔의 類型」, 『文化財』3, 1967.

_____, 「石彫建造物의 獅子의 用例」, 『예술원논문』7집, 대한민국예술원, 1968.

_____, 「所謂 方壇式特殊形式의 石塔數例」, 『考古美術』110호, 한국미술사학 회, 1971.

_____, 「所謂 方壇式特殊形式의 石塔數例 補」, 『考古美術』121호, 한국미술사 학회, 1974.

_____, 「韓國의 眼象文樣」, 『東洋學』4, 1974.

_____, 「異型石塔의 一基壇形式의 考察」, 『考古美術』138·139, 한국미술사학 회, 1978.

_____, 「統一新羅時代 特殊樣式의 石塔」, 『考古美術』158·159, 한국미술사학 회, 1983.

채무기, 「7세기 석탑에 관한 연구」, 단국대학교 석사학위논문, 2005.

천득염·주남철, 「百濟系石塔의 構成要素分析에 관한 硏究」, 『大韓建築學會論文集』 6卷1號 通卷27號, 大韓建築學會, 1990.

천득염, 「백제계석탑의 양식분류와 특성 고찰」, 『백제 양식 석탑』, 미륵사지유물전시관, 2005.

천득염·강철홍·송영아, 「한국불탑에 나타난 龕室과 門扉의 의장적 특성」, 『大韓建築學會論文集 計劃系』 第22卷 第12號, 2006. 12.

최민희, 「『儀鳳四年皆土』글씨기와를 통해 본 新羅의 統一意識과 統一紀年」, 『慶州史學』21집, 경주사학회, 2002.

_____, 「통일신라 3층석탑의 출현과 『造塔功德經』의 관계 고찰」, 『佛敎考古學』3호, 위덕대학교 박물관, 2003.

최미순, 「佛國寺釋迦塔·多寶塔의 構成에 대한 解釋試論」, 이화여자대학교 석사학위논문, 2000.

최선일, 「統一新羅時代 天人像 硏究」, 홍익대학교 석사논문, 1994.

최선자, 「신라 황룡사의 창건과 진흥왕의 왕권 강화」, 『한국고대사연구』72, 한국고대사학회, 2013. 12.

최성은, 「綠釉塑造神將像과 四天王寺의 佛敎彫刻-硏究成果와 向後의 課題-」, 『사천왕사 녹유신장벽전』, 국립경주문화재연구소, 2012.

崔容完, 「仙巖寺의 獅子塔」, 『考古美術』제6권 제5호, 韓國美術史學會, 1965.

河善容, 「韓國塔婆의 造形史的 考察-宗敎的 崇高性과 美的 造形性으로서-」, 『西原大學 論文集』20, 서원대학교, 1987.

한정호, 「新羅石塔의 二重基壇 發生原因에 대한 고찰」, 『新羅文化祭學術發表會論文集』 第24輯, 동국대학교 신라문화연구소, 2003. 2.

_____, 「감은사지 삼층석탑 창건 과정과 意匠計劃에 대한 연구」, 『美術史學硏究』 253, 한국미술사학회, 2007.

_____, 「경주 구황동 삼층석탑 사리장엄구의 재조명」, 『미술사논단』22, 한국미술연구소, 2006.

_____, 「新羅 無垢淨小塔 硏究」, 『東岳美術史學』8, 동악미술사학회, 2007.

黃壽永, 「崇巖山聖住寺事蹟」, 『考古美術』9卷, 9號, 한국미술사학회, 1968.

_____, 「新羅敏哀大王石塔記-桐華寺毘盧庵三層石塔의 調査」, 『史學志』3, 단국 대학교사학회, 1969.

_____, 「多寶塔과 新羅八角浮圖」, 『考古美術』123·124호, 한국미술사학회, 1974. 12.

_____, 「石塔(Ⅰ)-典型期의 石塔」, 『考古美術』158·159합집, 한국미술사학회, 1983.

洪大韓, 「高麗初 石塔의 塔身받침 造形特性에 관한 硏究-塔身받침의 起源과 變化를 중심으로-」, 『文化史學』27, 한국문화사학회, 2007.

_____, 「신라와 고려시대 조탑(造塔) 경전의 역할과 기능」, 『史學志』42, 단국 사학회, 2011.

_____, 「高麗時代 塔婆 建立에 反影된 裨補風水」, 『역사와 경계』82, 부산경남 사학회, 2012. 3.

_____, 「高麗 石塔 硏究」, 단국대학교 박사학위논문, 2012.

洪思俊, 「扶餘 定林寺址 五層石塔-實測에서 나타난 事實-」, 『考古美術』통권 47· 48, 한국미술사학회, 1964.

홍윤식, 「新羅 皇龍寺 經營과 文化的 意味」, 『馬韓·百濟文化』7, 마한백제문화연 구소, 1984.

허형욱, 「實相寺百丈庵석탑의 五方神像에 관한 고찰」, 『미술사연구』19, 미술사 연구회, 2005.

〈일문〉

藤島亥治郞, 「朝鮮建築史論-其二」, 『建築雜誌』44, 1930.

藤島亥治郞, 『建築雜誌』47, 1933. 12.

米田美代治, 「佛國寺多寶塔の比例構成に就いて」, 『考古學』11-3, 東京考古學 會, 1940.

3. 단행본

〈국문〉

강우방·신용철, 『탑』, 솔출판사, 2003.

高裕燮, 『韓國塔婆의 硏究』, 乙酉文化社, 1948.

_____, 『松都의 古蹟』, 悅話堂, 1979.

_____, 『韓國塔婆의 硏究』, 동화출판공사, 1981.

_____, 『高裕燮全集1』, 通文館, 1993.

高裕燮 遺著, 『考古美術資料』14卷(韓國塔婆의 硏究 各論草稿), 考古美術同人
      會, 1967.

高翊晉, 『韓國古代佛敎思想史』, 東國大學校出版部, 1989.

國慶華·윤재신 譯, 『중국목조건축의 구조』, 동녘, 2006.

金禧庚, 『탑』한국의 미술2, 열화당, 1982.

박경식, 『탑파』, 예경, 2001.

_____, 『통일신라 석조미술 연구』, 학연문화사, 2002.

_____, 『한국의 석탑』, 학연문화사, 2008.

_____, 『한국석탑의 양식기원-미륵사지석탑과 분황사모전석탑-』, 학연문화
      사, 2016.

박홍국, 『한국의 전탑 연구』, 학연문화사, 1999.

서영일, 『신라 육상 교통로 연구』, 학연문화사, 1999.

水原白氏大同譜編纂委員會 編, 『水原白氏大同譜』1권, 1997.

이기백, 『新羅政治史硏究』, 일조각, 1974.

_____, 『新羅思想史硏究』, 일조각, 1996.

張忠植, 『新羅石塔硏究』, 일지사, 1987.

장헌덕, 『목조건축의 의장』, 한국문화재보호재단, 2008.

정수일, 『문명교류사의 연구』, 사계절, 2002.

정영호, 『한국의 석조미술』, 서울대학교 출판부, 1998.

정예경,『중국 불교조각사 연구』, 혜안, 1998.

천득염,『백제계 석탑 연구』, 전남대학교 출판부, 2003.

黃壽永,『韓國金石遺文』, 一志社, 1976.

한국정신문화연구원,『藏書閣圖書韓國本解題輯』地理類1, 1993.

〈중문〉

罗哲文,『中國古塔』, 中國靑年出版社, 1985.

常靑,『中國古塔的藝術歷程』, 陝西人民美術出版社, 1998.

楊超杰, 严辉,『龍門石窟 雕刻粹編 佛塔』, 大百科全書出版社, 2002.

张馭寰,『中國塔』, 山西人民出版社, 2000.

朱耀廷 外,『古代名塔』, 辽宁师范大学出版社, 1996.

〈일문〉

米田美代治,『朝鮮上代建築の硏究』, 2007, 慧文社.

杉山信三,『朝鮮の石塔』, 彰國社, 1944.

4. 도록·보고서

江原文化財硏究所·三陟市,『三陟 興田里寺址 地表調査 및 三層石塔材 實測 報
　　　告書』, 2003.

關野 貞,『韓國建築調査報告書』, 1904.

경주대학교,『경주지역 폐사지 석조문화재 조사 연구』, 2010.

구미시,『善山 竹杖洞 五層石塔 實測調査報告書』, 2004.

＿＿＿＿,『善山 洛山洞 三層石塔 精密 實測調査 報告書』, 2004.

국립경주문화재연구소,『年報』제9호, 1998.

＿＿＿＿＿＿＿＿＿,『慶州 南山』, 2002.

＿＿＿＿＿＿＿＿＿,『慶州 天官寺址 發掘調査 報告書』, 2004.

_____, 『慶州南山 石塔 發掘·復元整備 報告書』, 2004.

_____, 『傳 仁容寺址 發掘調査報告書』, 2009.

_____, 『慶州南山 南里寺址 東·西三層石塔』, 2010.

_____, 『경주 남산 삼릉계 석불좌상 보수·정비 보고서』, 2010.

_____, 『사천왕사 녹유신장벽전』, 2012.

_____, 『四天王寺Ⅰ金堂址 발굴조사보고서』, 2012.

국립문화재연구소, 『경주 남산의 불교유적Ⅱ-서남산 사지조사보고서』, 1997.

_____, 『日本 東京大學 所藏 韓國建築·考古資料』, 2005.

_____, 『경상북도의 석탑Ⅰ』, 2007.

_____, 『경상북도의 석탑』Ⅱ, 2008.

_____, 『彌勒寺址 解體調査報告書 Ⅵ』, 2011.

_____, 『경상북도의 석탑Ⅵ』, 2012.

_____, 『경상북도의 석탑』Ⅸ, 2015.

국립부여문화재연구소, 『부여 정림사지』, 2011.

南原市, 圓光大學校馬韓·百濟文化 硏究所, 『南原實相寺百丈庵試掘및金堂址 周邊發掘調査報告書』, 2001.

井內古文化硏究室編, 『朝鮮瓦塼図譜』Ⅴ 新羅3, 1976.

동아대학교박물관, 『陜川 靈巖寺址 Ⅰ』-古蹟調査報告書 11冊-, 1985.

문경시·재단법인 불교문화재연구소, 『문경 도천사지 탑지유적 시굴조사 보고서』, 2015.

문화공보부 문화재관리국, 『雁鴨池 發掘調査報告書』, 1978.

문화재관리국, 『芬皇寺石塔 實測調査報告書』, 1992.

문화재청·경주시, 『文化財大觀』, 경주시, 2004.

문화재청·불교문화재연구소, 『한국의 사지 현황조사 보고서(대구광역시·경상북도)』, 2015.

보령시·충남대학교박물관, 『聖住寺』, 1998.

상주시, 『洛上洞廢塔 試掘調査報告書』, 1988.

상주시·상주산업대학교부설 상주문화연구소,『古代沙伐國 關聯 文化遺蹟 地表
　　　調査報告書』, 1996.

상주박물관,『상주지역 석탑 조사연구 보고서』, 2008.

小場恒吉,『慶州南山の佛蹟』, 朝鮮總督府, 1940.

성림문화재연구원,『의성 대리리 45호분』, 2015.

　　　　　　　　　,『의성 대리리 고분군-본문-』, 2016.

신라문화유산연구원, 『경주 정혜사지 십삼층석탑 정비공사부지내 유적』,
　　　　　2013.

안동시,『안동 신세동 칠층전탑-정밀 사진실측 및 보수복원방안 조사보고서』,
　　　　　2003.

朝鮮總督府,『朝鮮古蹟圖譜』3, 1915.

朝鮮總督府,『大正六年度古蹟調査報告書』, 1917.

장충식,『新羅狼山 遺蹟調査』, 동국대경주캠퍼스박물관, 1985.

한국문화재보호재단·한국도로공사,『尙州洛上洞寺址· 推定 安賓院址』, 2000.

찾아보기

ㅂ

ㅇ

ㅈ

ㅊ

□ 자료 제공 및 소장처

국립중앙박물관

문화재청

기타 사진은 저자 촬영

* 표지 앞 : 구례 화엄사 사사자삼층석탑,   뒤 : 의성 탑리리 오층석탑

이서현(李抒炫)

서울 출생, 가천대학교에서 역사학을 전공하고 단국대학교에서 석사, 동국대학교 미술사학과에서 「통일신라 석탑의 특성과 조형 연구」로 박사학위를 받았다. 2010년부터 현재까지 용인시청 학예연구사로 재직 중이다. 대표 논문으로, 「경주 정혜사지 십삼층석탑의 양식과 특징」(2012), 「신라 전축모방형 석탑의 특징과 전개과정」(2015), 「북한산 불교 석조미술 연구」(2019), 「경기도지역 석탑의 전개과정과 조영특징」(2019), 「충남지역 통일신라~고려시대 석탑의 특징과 의의」(2021) 외 다수가 있다.

통일신라 석조미술사

초판 1쇄 인쇄 2022년 5월 20일
초판 1쇄 발행 2022년 5월 25일

지은이   이서현
발행인   박종서
발행처   도서출판 역사산책
출판등록 2018년 4월 2일 제2018-60호
주 소   (10477) 경기도 고양시 덕양구 은빛로 39, 401호
          (화정동, 세은빌딩)
전 화   031-969-2004
팩 스   031-969-2070
이메일   historywalk2018@daum.net
페이스북 https://www.facebook.com/historywalkpub/

ISBN 979-11-90429-24-5

값 30,000원